2553

HISTOIRE

DE LA

LITTÉRATURE

DRAMATIQUE

« Mais si, comme on l'a dit et comme de notre temps on ne se lasse pas de le prouver, l'histoire est toujours à faire, cela est vrai surtout de l'*histoire des lettres,* où les tentatives nouvelles du talent, les disputes des écoles, les prétentions du paradoxe et les démentis de l'expérience font incessamment découvrir des points de vue négligés dans l'art, des enseignements utiles pour le présent, des encouragements à la vraie nouveauté, des préservatifs contre la fausse et stérile hardiesse, et toute une étude d'imagination et de goût à faire pour l'avenir, sur les monuments du passé. »

M. VILLEMAIN.

HISTOIRE
DE LA
LITTÉRATURE
DRAMATIQUE

PAR

M. JULES JANIN

TOME DEUXIÈME.

PARIS

MICHEL LÉVY FRÈRES, ÉDITEURS

RUE VIVIENNE, 2 BIS

1853

HISTOIRE
DE LA
LITTÉRATURE DRAMATIQUE

CHAPITRE PREMIER

Nous entrons maintenant dans une critique à la fois plus regulière et plus suivie. Il est bon d'essayer ses forces, à condition que *l'essai* ne durera pas trop longtemps. Lorsque j'ai commencé ce grand travail de révision sur moi-même, au premier abord il me semblait que j'entreprenais une œuvre impossible. Où courir? où ne pas courir, et par quel chapitre allais-je commencer? Comment, dans cet amas énorme de choses écrites, chaque jour, pendant un quart de siècle, — « ce qui représente un grand chemin à parcourir dans la vie humaine, » allais-je trouver un fil à me conduire, et par quels efforts réunir cette idée à cette idée, et cette passion à cette passion? Autant valait rechercher, dans les catacombes romaines, les divers ossements qui avaient appartenu au même cadavre; poussières confondues en mille poussières. Allez donc leur dire, au milieu de ces ténèbres: levez-vous et suivez-moi! Allez donc ressuciter tout ensemble, par une résurrection doublement impossible, l'œuvre morte sous une critique oubliée, ou, ce qui revient à la même tentative, essayez de ranimer la critique inerte d'une œuvre sans nom! Ainsi, j'ai longtemps hésité; longtemps j'ai éloigné de mon esprit cette recherche à travers l'inconnu. C'est si triste et si lamentable d'ailleurs, cette récolte au milieu des jardins fanés, cette glane à travers les moissons stériles, cette façon de revenir sur les pas de sa jeunesse, et de ramasser çà et là, dans une corbeille à peu près vide, les fleurs incolores des printemps envolés. « Ici sont les reliques des poésies de mes plus jeunes ans ! » disait un vieux poëte au frontispice de son livre [1]. Quoi, ce peu là, c'était mon plus bel esprit? Quoi, ce faible écho, si faible que mon oreille a peine à le saisir, c'est donc tout ce qui reste des grands bruits d'autrefois? Ce néant, voilà mes plus vives colères ! Cette ombre, voilà mes clartés !

Ce morceau de papier moisi, voilà pourtant la colonne élevée à ma gloire ! Ces feuillets tachés de lie, où se voit encore la trace des lecteurs oisifs, voilà, voilà mon livre, et ma vie entière, et mon âme, et mon talent, et le bon sens que le bon Dieu m'avait donné pour me conduire, et tant de leçons de mes maîtres, tant d'études acharnées, tant de découvertes que j'avais faites, tant de zèle et de labeurs pour apprendre à l'écrire, à la parler cette langue française, mon ambition, mon orgueil, ma fortune — *hic jacent!*

Tout cela repose au milieu de cette confusion de l'abîme. O vanité de l'esprit ! Vanité du style, et tout est vanité, surtout dans ce grand art du journal qui est un art éphémère, un art passager, le bruit d'une heure, et la puissance d'un instant !

Chaque matin, quand se réveillent les grandes villes de l'Europe, — à peine réveillées, elles prêtent l'oreille à ce grand bruit qui leur sert de prière, à ce bruit qui les enseigne et qui les conseille. Elles veulent savoir la pensée et la parole du journal ! Après quoi elles se mettent à l'œuvre, et cette feuille imprimée, que la ville entière ouvrait, au matin, frémissante de curiosité et d'impatience... arrive, à la tombée du jour, un homme armé d'un crochet, qui de cette feuille jetée aux immondices fait sa proie et l'emporte, dédaigneux de savoir ce que ce vil chiffon peut contenir. O comble de la gloire ! — ô profondeur de l'humiliation ! — Le conseil des peuples devient le mépris du chiffonnier qui passe ! — un ver ! — un dieu !

> Impitoyable soif de gloire,
> Dont l'aveugle et noble transport
> Me fait précipiter ma mort
> Pour faire vivre ma mémoire !

---

1. *La Néotemachie poétique* du Blanc. — Paris, 1610. — 2 parties en 1 vol. in-4º.

Ces quatre vers sont revenus bien souvent à mon souvenir; ils expriment à merveille et d'une façon très-poétique ce besoin de vivre un moment, chaque matin, même à la condition certaine de mourir éternellement chaque soir. — *Quæ lucis miseris tam dira cupido?*

Eh bien (voilà où cela vous mène, la persévérance)! à peine eus-je pris la résolution de pénétrer dans ce vaste champ du repos définitif où mon œuvre était déposée, il me sembla que ma tentative n'était pas tout à fait une tâche désespérée. A je ne sais quels signes imperceptibles, l'écrivain le plus oublieux et le plus négligent de ses œuvres, une fois qu'elles sont lancées dans le torrent, les reconnaît cependant comme on reconnaît un vieil ami qui a fait un long voyage. Il était parti plein d'espérance et de jeunesse, vêtu à la dernière mode et paré de toute l'élégance maternelle; il revient, après vingt ans, d'un monde inconnu, il revient tout chargé de rides, tout couvert de haillons, et changé... Dieu le sait. Mais son ami le reconnaît à ce petit coin du sourire, à ce son argenté de la voix, au feu du regard; surtout il les reconnaît, parce qu'il a conservé le souvenir, le respect et la fidélité des jeunes années. L'homme est changé, l'esprit est le même; il rapporte à son ami les mêmes admirations, les mêmes répulsions, les mêmes instincts! Alors on se retrouve avec joie, et l'on s'embrasse, et l'on se dit, en fin de compte, que l'on a encore de longs jours à vivre pour s'aimer... Telle est, ou peu s'en faut, l'émotion de l'écrivain qui retrouve, après tant d'années, les premiers chapitres tombés de sa plume novice; il hésite, il s'inquiète, il se demande si véritablement il est fâché ou s'il est joyeux de sa découverte?

Voilà une page assez naïve... oui, mais dans sa grâce enfantine elle ne manque pas d'un certain charme; la jeunesse rachète et au delà, l'inexpérience. On ne savait pas écrire encore, on commençait, cela se voit, à se douter que l'on serait un écrivain quelque jour. — O page innocente... ô page empreinte de mes premiers doutes! peut-être aurais-je quelque honte à te reconnaître en public; en revanche, quand nul ne me verra, je te veux dévorer ligne à ligne! Ainsi, don Juan lui-même, au milieu de ses bonnes fortunes, porte à sa lèvre consolée le gage rustique de quelque villageoise! A reconnaître ainsi ses premiers essais au milieu des étincelles éteintes, on éprouve une tristesse qui n'est pas sans charme. Il semble que votre jeunesse vous revient, parée et charmante à l'unisson.

Bientôt, de ces profonds silences qui vous effrayaient tout d'abord, s'élèvent des bruits confus ; ce sont des voix aimées qui vous parlent toutes à la fois ; bientôt encore on dirait que la confusion s'arrête et que chaque voix veut parler à son tour.

Écoutez-les, et si chacune de ces voix, qui représente une année, une passion de votre vie, arrive à vous, racontant des opinions auxquelles vous êtes resté fidèle, des haines qui vivent encore en votre âme, et des admirations qui n'ont fait que grandir ; si en même temps vous rencontrez, dans ce concert qui ne vous déplaît pas, quelque souvenir de luttes généreuses, de résistances loyales, de combats courageux : le faible protégé dans sa faiblesse imméritée, et le fort attaqué dans sa gloire injuste ; et si vous pouvez dire à coup sûr : voilà une renommée que j'ai faite, voilà un esprit que j'ai découvert le premier, voilà un nom qui est un nom, grâce à moi ; et parmi vos erreurs, si vous en trouvez plusieurs qui vous ont été facilement pardonnées ; et parmi les hardiesses de votre goût, si vous en rencontrez quelques-unes qui aient été justifiées, et dans vos prévisions, s'il arrive que vous ayez deviné juste, une fois sur dix, et si, en fin de compte, vous avez pour amis les vaillants, les fidèles, les courageux, les grands esprits, et si les autres seuls vous haïssent ; les impuissants, les vaniteux, les faux poëtes, les faux historiens, les faux railleurs, les faux braves, les faux hommes de lettres ; et si parmi les choses que vous avez écrasées, il ne s'est pas rencontré un chef-d'œuvre, et si parmi les choses que avez le plus louées, il ne s'est pas découvert une honte, et si votre instinct vous a guidé dans les passages difficiles, de façon à vous faire éviter les trappes, les écueils et les abîmes dont le sentier des belles-lettres pratiques est semé de toutes parts, et si, de tous ces obstacles.....

Tant de violences, de haines, de cris étouffés, — tant de fureurs anonymes, tant d'injures, tant de calomnies, tant et tant de rages sourdes de l'amour-propre offensé, n'ont pas laissé plus de traces que l'escargot quand il passe... un peu d'écume gluante que la rosée efface et que le soleil emporte, alors, véritablement, cette profonde horreur que vous inspirait cet amas de feuilles, amoncelées dans le Capharnaüm du journal, devient une fête... une fête de votre esprit! — O bonheur! tout n'est pas mort dans ces catacombes. O bonheur! il y avait dans ce nuage une lueur, dans ce silence un bruit, dans ce cadavre une âme; le feu est resté dans ces cendres éteintes. O mort! où est ta victoire? Esprit, j'ai retrouvé ton aiguillon!

Voilà comment, peu à peu, je suis venu à bout de cette œuvre de ténèbres, et bien m'en a pris d'avoir été fidèle à tout ce que j'aimais; bien m'en a pris de n'avoir juré par aucun maître, et d'avoir obéi uniquement aux convictions de mon esprit, aux penchants de mon cœur, n'acceptant pas d'autre volonté et d'autre caprice que les volontés et les caprices d'une imagination qui avait pris les habitudes les plus calmes et les plus régulières. Ces habitudes loyales d'un travail plein de conscience et de zèle, la critique les impose et bien vite, même aux esprits les plus disposés à la tentation et aux libertinages du hasard.

Vous avez vu, dans le premier tome de ce dépouillement, les premiers essais de cette muse à pied qu'on appelle la muse du feuilleton! Maintenant nous aborderons, s'il vous plaît, un terrain plus solide que le terrain de la fantaisie. A Dieu ne plaise, cependant, que nous lui donnions un congé définitif à cette folle du logis; elle nous a ouvert, de sa main complaisante, les longues avenues qui nous devaient conduire à l'analyse des œuvres sérieuses; elle a été, bien souvent le repos, et la consolation du lecteur fatigué d'analyse, — et que de fois, quand j'allais commencer une critique à perte de vue, — ai-je reçu de la fantaisie un bon et fidèle conseil; le conseil même que la muse badine donnait au poëte Horace à l'heure où il voulait tenter les hasards de la haute mer :

> Phœbus volentem prœlia me loqui
> Victas et urbes, increpuit lyra
> Ne parva tyrrhenum per æquor
> Vela darem.....

Soyez prévenus cependant que nous entrons dans les domaines fleuris de la comédie, à la suite de mademoiselle Mars, et que bientôt nous marcherons dans les sentiers sanglants de la tragédie, à la suite de mademoiselle Rachel. Car ce fut la chance heureuse du feuilleton de rencontrer mademoiselle Mars à son apogée, et mademoiselle Rachel à son aurore ; il arriva, juste à l'heure où la comédie était vivante encore, où la tragédie expirée allait renaître, et dans cette ombre éclairée et dans cette lumière douteuse, il sut entourer de ses hommages et de ses louanges la grande actrice vieillissante ; il sut entourer de ses encouragements et de ses conseils la jeune tragédienne encore ignorée et qui s'ignorait elle-même! Il pressentit que mademoiselle Mars se pouvait rebuter au moindre obstacle à sa gloire, et il lui fit la route aussi facile qu'elle était glorieuse ; il comprit aussi que la louange sans retenue était un péril à mademoiselle Rachel en pleine lumière ; à sa louange, il mêla bientôt quelques rudes et sincères conseils. Entre ces deux femmes, celle-ci qui s'en va emportant la comédie avec elle, et celle-là qui arrive apportant à sa suite la tragédie, il faut placer une autre femme, une illustre, une infortunée, une passionnée, une éloquente... l'honneur et la maîtresse du drame moderne, qui est né avec elle, qui est mort avec elle : est-il besoin de nommer madame Dorval?

Mademoiselle Mars, mademoiselle Rachel, madame Dorval, ces trois femmes sont trois drapeaux, trois guidons qui nous mèneront dans cette suite d'*études* dont elles ont été, tantôt le couronnement et tantôt le prétexte. Une phrase de M. le duc de Saint-Simon dans ses *Mémoires* se peut appliquer au feuilleton de 1830 ; M. le duc de Saint-Simon félicite le jeune roi Louis XIV, parmi les rares bonheurs qui attendaient sa royauté, de ce grand cortége d'hommes très-distingués qu'il rencontra en chemin. « Sa première entrée
« dans le monde fut heureuse en esprits distingués. » Il ajoute, et ceci se peut appliquer à la critique, lorsqu'elle est faite avec zèle, avec bonheur, « Né avec un esprit au-dessous du médiocre,
« mais un esprit capable de se limer, de se former, de se raffi-
« ner, d'emprunter d'autrui sans imitation et sans gêne, il profita
« infiniment d'avoir vécu toute sa vie avec les personnes du
« monde qui toutes en avaient le plus, et des plus différentes
« sortes, en hommes et en femmes de tout genre, de tout âge et
« de tous personnages. »

On voudrait écrire l'histoire même du feuilleton, *né avec un esprit au-dessous du médiocre, empruntant d'autrui, et se formant et se raffinant avec les personnes du monde qui ont le plus de goût, de science et d'esprit*, on n'écrirait pas une plus juste et plus véridique histoire. — Un peu plus loin, M. le duc de Saint-Simon, complétant le dénombrement des hommes considérables du siècle de Louis XIV, ajoute que rien ne manquait à ce beau siècle : « Pas même cette espèce d'hommes qui ne sont « bons que pour le plaisir. » Il voulait parler des poëtes et des artistes en tout genre ; il aurait eu honte de les confondre avec les hommes de robe, avec les hommes d'épée, avec les hommes d'État, et surtout avec les grands seigneurs, qu'il considérait comme l'ornement le plus précieux de la cour de Versailles !

Combien on l'eût étonné cependant, ce grand seigneur bel-esprit, si on lui eût dit que son immortalité tiendrait un jour, qui n'était pas loin, — uniquement à cette gloire : qu'il serait reconnu un des grands écrivains de son siècle ; et comme on l'eût fâché si l'on eût ajouté : Monseigneur, ces hommes dont vous parlez si légèrement, ces peintres, ces poëtes, ces musiciens, ces architectes, ces philosophes, ce comédien Molière, — et plus tard, ce fils de votre notaire, Arouet, que vous voulez bien appeler *un garçon d'esprit*, survivront tout bonnement, non-seulement par leurs chefs-d'œuvre, mais encore par les plus simples bagatelles de leur génie, à cette imposante société française qui, pour vous M. le duc, commençait au roi, et s'arrête aux ducs et pairs. — Heureux cependant le roi de France, heureux le feuilleton qui rencontrent, en leur chemin, beaucoup de ces hommes « qui ne sont bons que pour les plaisirs de l'imagination, de l'esprit et du cœur ! » — Pourtant, comme disait Suétone en ses Histoires : *Maledicere senatoribus non oportet.*

Quelques-uns, même au premier rang des braves gens qui reconnaissent que la poésie a droit de cité parmi nous, que la philosophie, après tout, n'est pas faite pour se morfondre à la porte des écoles, que l'auteur dramatique est nécessaire au théâtre, et le romancier au foyer domestique ; — ils vont plus loin ; ils acceptent l'historien comme un vengeur nécessaire, ils ajoutent que la fable est utile aux enfants, que l'élégie est bien séante au jeune homme ; une nouvelle bien faite a son prix pour la femme oisive, un long poëme endort agréablement le vieillard, un bon dictionnaire est la science de l'ignorant ; même le conte de fée a sa faveur et son charme, — ils en conviennent. — Mais, disent-ils, à quoi bon la critique, et que peut-on faire, ici-bas, de ces jurés peseurs de diphthongues, au sourcil dédaigneux, qui ne trouvent rien de bon, rien de vrai, rien de juste et de naturel? Au sens de ces hommes sérieux, les critiques de profession blessent le poëte, ils impatientent le lecteur; leur goût consiste absolument à n'avoir pas le goût de tout le monde; ils imposent leur volonté à la foule obéissante, à regret obéissante; ils brisent ce que le public adore, ils relèvent ce qu'il a brisé; quand ils devraient donner la force et le courage aux artisans de la belle gloire, ils s'appliquent, au contraire, à leur montrer l'obstacle, à leur faire sonder l'abîme, à leur prouver qu'ils tentent l'impossible.

« O l'étrange chose, disait l'ancien Balzac, qu'un grammairien qui n'a étudié que les syllabes, prononce hardiment sur les œuvres de tant de grands hommes. Voilà, à mon sens, ce qu'on ne devrait pas souffrir. » Lui-même, Voltaire, qui était le bon sens et le génie en personne, il eût voulu que le roi envoyât Fréron... *aux galères!* Eh Dieu! que de violences, que de larmes, que de colères, que d'injures et quel débordement incroyable de mille fureurs insensées contre les écrivains malavisés qui se figurent qu'il leur est permis de dire : Ceci est bon, ceci est douteux!

Comment donc, ces rhéteurs donnent au drame son droit de bourgeoisie! Ils donnent ses lettres de noblesse au vaudeville! De quel droit, et comment? et pourquoi?.. *qui te l'a dit?*

Ainsi parlent tous ces esprits impatients du joug et de la contrainte; ainsi se révoltent, à chaque mot qui les presse, ces grands inventeurs de chefs-d'œuvre; ainsi, les patriotes de la poésie et des beaux-arts, les saltimbanques de la chose écrite, les maladroits, les médiocres, les éreintés, les impuissants, les inconnus, qui voudraient être célèbres en vingt-quatre heures, les esprits fanfarons et stériles, les diseurs de quolibets, de proverbes et d'équivoques, les braves gens qui vivent des lettres ou du théâtre, et qui se figurent qu'ils exercent un métier comme tout autre métier, régulier, patenté, accepté, régi par des lois, par des ordonnances, par des maîtrises, imaginent d'échapper, par l'injure, à cette loi de la critique universelle qui permet à quelques-uns de formuler l'arrêt de la foule, à condition que si la foule se trompe, elle soit blâmée et raillée et censurée à son tour! Que de sifflets mérités par le parterre applaudissant le sonnet d'Oronte, et trouvant que c'était une belle chose! Que de haine et de mépris pour le parterre, applaudissant la *Phèdre* de Pradon, et sifflant la *Phèdre* de Racine ; en revanche, quelle éternelle louange à ce roi Louis XIV, qui, de son camp de Flandre, signe l'ordre de laisser représenter *Tartufe*, dont il a vu chez lui les trois premiers actes.

Le véritable critique, en ce temps-là, c'était le roi. Il était le juge même du goût public, sauf à voir, lui aussi, son arrêt cassé par les maîtres. — A Dieu ne plaise, que Votre Majesté se connaisse en vers mieux que moi, disait Despréaux. Et quand le roi appelait M. Chapelain : *le roi des beaux esprits de son temps*, Despréaux, Racine et La Fontaine, aussitôt, cassaient ce bel arrêt, tout comme le peuple de Paris avait cassé l'arrêt contre le *Cid*, condamné par l'Académie et par le cardinal de Richelieu, ce maître absolu... absolu, non pas contre le *Cid*. — Il n'y a pas de tyrannie et pas de tyran qui nous force à trouver belle une chose informe !

En vain les espions de Néron, si Néron déclame et chante en personne, sur les planches de son théâtre, s'en vont à travers la foule sollicitant les applaudissements de ce peuple repu..... c'est à peine si quelques sénateurs effrontés, et quelques soldats pris de vin osent prêter à cet histrion manqué, l'appui honteux de leur admiration famélique. — Au contraire, essayez de mettre au cachot la chanson de Béranger... soudain la chanson éclate et brille à travers les barreaux de fer ; elle perce en mille échos les voûtes abaissées de la Conciergerie ; elle va d'âme en âme, à travers la France consolée, appelant à son aide les trois passions de la France d'autrefois, de la France d'aujourd'hui, de la France éternelle : la gloire, la liberté et l'amour !

Ainsi, les poëtes manqués, les dramaturges impuissants, les spéculateurs en ronds de jambe et les faux hommes de lettres ont beau faire et s'écrier que la critique est inutile, impossible, odieuse, atroce.... elle suit d'un pas calme et sûr le sentier tracé par les maîtres ; elle laisse crier ceux qui crient, hurler ceux qui hurlent, et, contente de peu, elle a bien vite oublié ces misères si, par bonheur, elle a mis au jour une œuvre inconnue, un poëte nouveau. Ce sont là ses grandes fêtes. La fête est moindre, et pourtant digne d'envie encore, si la critique a corrigé, dans quelque œuvre vigoureuse et bien portante, quelque faible côté par où la ruine allait venir ; si elle a ôté un brin de rouille à cet acier qui brille, un pli mauvais à cette pourpre étalée avec art, un barbarisme à cette langue inspirée, un geste, un rire, un accent, un défaut, une misère, à cette machine savante et bien faite qui, faute de cette humble correction, allait se heurter contre toutes sortes d'écueils. Non, la critique n'a pas la prétention de tout voir, de tout savoir, de tout revoir, de tout arranger, de tout corriger, de carreler et de décarreler toutes les pièces de chaque maison..... Elle se contente à moins de frais ; elle se contente d'écraser, d'un mot, certaines hontes qui surgissent de temps à autre au milieu du labeur littéraire ; elle se contente d'éclairer de quelque lumière inespérée, certaines beautés très-rares et très-charmantes qui tout de suite attirent l'attention, la reconnaissance et les respects de ce petit nombre d'honnêtes gens que le poëte appelle un public. Voilà toute l'ambition du véritable critique ; — il demande un seul moment de puissance, et le lendemain il va se remettre à l'œuvre afin de tenter, sur nouveaux frais, une nouvelle aventure, au bout de huit jours !

De plus gros messieurs que nous se sont contentés de cette façon de vivre au jour le jour, au hasard, du goût et de l'esprit public. — « Voyez-vous, monsieur, disait Malherbe à Racan, lorsque nous nous serons donné bien longtemps toutes ces peines, s'il est question de nous quand nous serons morts, on dira : Voilà-t-il pas des gens bien avisés ; ils ont perdu leur vie à aligner des syllabes ; ils se sont privés de toute ambition, de tout plaisir, dans l'espérance de commander despotiquement au langage, et d'arranger les mots d'une façon bienséante ! A coup sûr, voilà une belle existence pour des hommes sensés ! Aussi bien, il n'y a que des êtres privés de raison qui se puissent condamner à un pareil labeur, au lieu de tenter la fortune, ou tout au moins de se donner du bon temps. »

Et Racan répondait à son ami : — « Je continue à écrire, incapable de faire autre chose. » Puis ils sont morts, contents l'un et l'autre, de leur *chétivité.*

Exemple à suivre, afin que chacun suive sa voie et ne demande à l'art qu'il exerce, que la chose même que son art peut rapporter. Malherbe et Racan ont laissé un nom et quelques beaux vers, ils auraient tort de se plaindre, et tel qui aura vécu et travaillé plus longtemps, s'estimerait heureux de laisser une stance, un quatrain, un distique. C'est la loi de l'art d'écrire. Il faut s'attendre à tout, et même à l'oubli. Que de grands joueurs de violon, que d'illustres pianistes, que de chanteurs qui sont devenus..... une ombre, un nom, un écho ! M. Baillot est mort, Paganini est mort, Schopin est mort, la Malibran expirée en plein triomphe... il en reste... quoi ? C'étaient cependant de grands artistes, des artistes sincères, convaincus, pleins de transes, pour eux-mêmes, et de passions pour les autres ; l'admiration les suivait ; la foule heureuse de les entendre obéissait à leur génie ; on leur a dressé de leur vivant, des arcs de triomphe, et le monde entier leur a donné des sérénades. Bientôt, une heure arrive, une heure suprême, le violon échappe à ces mains débiles, le souffle manque à cette poitrine en feu ; de cette extrême renommée, et de cette gloire idéale, à peine si la deuxième génération conserve un vague souvenir. Tout s'est éclipsé, évanoui, anéanti ! Et tu voudrais te plaindre, ô critique ! à l'heure où il t'est permis de ramasser dans ces poussières, dans ce néant, dans ce vide, quelques méchants fragments de ton esprit d'autrefois !

Malheur à qui s'attriste, et mal conseillé qui se plaint de la cruauté des temps. Tu étais écouté naguère, tu étais suivi, tu étais une fête, un enseignement, un conseil, et la foule attendait ton indication avant de poursuivre son chemin. *Ostendit ni Deus ipse viam !* Eh bien ! cette foule obéissante a disparu dans tes sentiers, elle est morte, et tu voudrais vivre plus longtemps qu'elle, et tu ferais de ton agonie, un enfantement, pareil à l'enfantement de la lionne qui engendre ses petits en rugissant ! Tu as régné sur une humble parcelle du monde intelligent, tu as régné, contrairement à ces tyrans dont parle Tacite [1], plutôt par le raisonnement que par la contrainte, et maintenant que ton règne est fini, tu te mets à regretter ton usurpation ! C'est injuste cela, et c'est absurde. A chacun son règne, à chacun son sceptre ; la comédie a ses causes, la critique a les siennes ; pas un livre et pas une censure de ce livre qui n'eût sa raison d'être. Tu te plains que ton fameux feuilleton de la semaine passée ait déjà pris son rang parmi les choses expirées... de quel droit serais-tu plus heureux qu'un prince même du sang royal de France, le prince de Conti, qui a publié, lui aussi, un *Traité de la comédie et des spectacles*

---

1. In multitudine regenda plus pœna quam obsequium valet.

avant d'aller aux disciples ; il faut prouver que l'on sait aimer, comprendre et admirer certaines beautés des chefs-d'œuvre, si l'on veut, plus tard, conquérir le droit de critiquer les œuvres qui viennent à la suite. Admirez Molière, avant tout, et de toutes vos forces, et M. Scribe acceptera volontiers votre critique loyale et sympathique. Enfin l'accent même de la critique, à chaque époque où elle se doit renouveler, se renouvelle au juger et au toucher de ces belles œuvres, qui sont restées l'honneur et le respect de l'esprit humain. « Je voudrais bien y être dans vingt ans, disait Fontenelle, pour savoir ce que ça deviendra ! »

Fontenelle était peu ambitieux, même dans ses vœux les plus hardis. Vingt ans, ce n'est pas assez pour accomplir une révolution littéraire, dans un pays comme la France, plus fidèle à ses poëtes qu'à ses rois. En vingts ans la France accomplira au besoin toute une révolution, mais qu'est-ce que vingt ans pour savoir ce que deviendra l'art, le goût, la passion, le plaisir, le charme, l'esprit de ce grand peuple de France ? Fontenelle était mort depuis deux fois vingt ans que M. de Laharpe, en pleine chaire d'humanités à l'usage des petits messieurs et des petites dames du *Lycée*, dissertait, tout un jour, pour savoir si l'Otello français, Orosmane, est plus malheureux quand il a tué Zaïre amoureuse et fidèle, que lorsqu'il doute de Zaïre inconstante ? On a perdu de belles heures à débattre ces grandes questions, et voilà pourtant ce que Fontenelle aurait vu chez nous s'il avait vécu cent trente et un ans ! Convenez cependant que ce n'était pas la peine de vivre si longtemps, pour si peu.

« Il faut d'abord séparer la tragédie d'avec la comédie, a dit « un maître ; l'une représente les grands événements qui excitent « les violentes passions, l'autre se borne à représenter les hommes « dans une condition privée, ainsi elle doit prendre un ton moins « haut que la tragédie. » — Il ajoute, et cette louange a bien son prix dans cette bouche éloquente. « Il faut avouer que Molière « est un grand poëte comique. Je ne crains pas de dire qu'il a « enfoncé plus avant que Térence, dans certains caractères. Il a « embrassé une plus grande variété de sujets. Il a peint par des « traits forts, tout ce que nous voyons de déréglé et de ridicule. « Térence se borne à représenter des vieillards avares et ombra- « geux, de jeunes hommes prodigues et étourdis, des courtisanes

« avides et impudentes, des parasites bas et flatteurs, des esclaves
« importuns et scélérats. Ces caractères méritaient sans doute
« d'être traités suivant les mœurs des Grecs et des Romains. De
« plus, nous n'avons que six pièces de ce grand auteur..... Mais
« enfin, Molière a ouvert un chemin tout nouveau ; encore une
« fois, je le trouve grand. »

Qui parle ainsi ? un père de l'Église ; et mieux qu'un père de l'Église ; lui-même, Fénelon, l'auguste archevêque de Cambrai [1].

M. de Fénelon dit encore (nous voulons tout citer, ne fût-ce que pour contre-balancer quelque peu notre admiration profonde pour le génie et le talent de Molière) : — « En pensant bien, il parle mal.
« Il se sert des phrases les plus forcées et les moins naturelles.
« Térence dit en quatre mots, avec la plus élégante simplicité, ce
« que Molière ne dit qu'avec une multitude de métaphores qui
« approchent du galimatias. J'aime bien mieux sa prose que ses
« vers. Il est vrai que la versification française l'a gêné ; il est vrai
« même qu'il a mieux réussi dans *l'Amphitryon*, où il a pris la
« liberté de faire des vers irréguliers. Mais en général, il me
« paraît, jusque dans sa prose, ne parler point assez simplement
« pour exprimer toutes les passions.

« D'ailleurs, il a outré souvent les caractères ; il a voulu par
« cette liberté plaire au parterre, frapper les spectateurs les
« moins délicats, et rendre le ridicule plus sensible. Mais quoi-
« qu'on doive marquer chaque passion par un plus fort degré et
« par les traits les plus vifs, pour en mieux montrer l'excès et
« la difformité, on n'a pas besoin de forcer la nature et d'aban-
« donner le vraisemblable. Ainsi, malgré l'exemple de Plaute,
« où nous lisons : *da tertiam !* je soutiens contre Molière, qu'un
« avare qui n'est point fou, ne va jamais jusqu'à vouloir regarder
« dans la troisième main de l'homme qu'il soupçonné de l'avoir
« volé.

« Un autre défaut de Molière que beaucoup de gens d'esprit
« lui pardonnent, et que je n'ai garde de lui pardonner, est qu'il a
« donné un tour gracieux au vice, avec une austérité ridicule et

---

1. *Réflexions sur la grammaire, la rhétorique, la poétique et l'histoire, ou Mémoires sur les travaux de l'Académie Française*, à M. Dacier, secrétaire perpétuel de l'Académie, par feu M. de Fénelon, archevêque de Cambray.

« odieuse à la vertu. Je comprends que ses défenseurs ne man-
« queront pas de dire qu'il a traité avec honneur la vraie pro-
« bité, qu'il n'a attaqué qu'une vertu chagrine et qu'une hypo-
« crisie détestable ; mais sans entrer dans cette longue discussion,
« je soutiens que Platon et les autres législateurs de l'antiquité
« païenne n'auraient jamais admis, dans leur république, un tel
« jeu sur la scène.

« Enfin, je ne puis m'empêcher de croire avec M. Despréaux
« que Molière, qui peint avec tant de force et de beauté les mœurs
« de son pays, tombe trop bas quand il imite le badinage de la
« comédie italienne. »

Et Fénelon cite, pour finir, les deux vers de Boileau à propos du sac ridicule *où Scapin s'enveloppe*. Mais quel blâme ne serait pas racheté et au delà, par l'opinion de ce juge illustre disant de Molière : « Encore une fois, je le trouve grand ! »

Cette indulgence de Fénelon pour le plus grand poëte et le poëte le plus vivant de la cour de Louis XIV n'était pas, non certes, dans l'âme et dans l'esprit de Bossuet. En sa qualité de père de l'Église, il haïssait la comédie, il exécrait les comédiens et les comédiennes, il ne comprenait pas cette poésie avide de licences, amie et compagne des plus vives passions de la jeunesse ; il se rappelait l'anathème antique, et de cette illustre invention il ne voyait que le désordre, les mauvais penchants, les mauvais conseils, l'obscénité. Cela fâchait le grand évêque de Meaux qu'on appelât le théâtre *l'école des mœurs*, et il avait boudé Santeuil pour sa fameuse inscription : *Castigat ridendo mores!* Même Santeuil en avait demandé pardon à Bossuet dans un poëme intitulé : *Santolius pœnitens*; au frontispice du poëme, on voyait l'illustre écrivain de Saint-Victor à genoux et la corde au cou.....

Bossuet sourit, et pardonna à Santeuil ; il garda rancune à Molière. Il se rappelait sans doute qu'il avait rencontré Molière et sa comédie au milieu de Versailles, dans tous les salons, dans tous les jardins, à la suite et comme le complément de ces scandales et de ces amours. Surtout il se souvenait de Tartufe, ce chef-d'œuvre impérissable qui est resté, même avant les flammes de l'enfer, le châtiment des hypocrites, on peut dire ce qu'on a dit du *Mariage de Figaro :* qu'il était plus facile de l'écrire que de le faire représenter.

Pour que *le Mariage de Figaro* fût représenté tout à l'aise, il n'était pas besoin de se donner tant de peine, Beaumarchais n'avait qu'à attendre quelques jours, et dans cette société qui allait si gaîment à l'abîme, il eût trouvé des reines pour jouer tout haut le rôle de Suzanne, des ducs et pairs pour représenter Figaro, des princes du sang pour se charger du rôle d'Almaviva. Mais au plus bel instant du xviie siècle, quand l'autorité était partout, comme le devoir, un comédien du roi Louis XIV s'attaquer ainsi, et tout d'un coup, au pouvoir le plus respecté de l'État, le traîner sur son théâtre, l'immoler à la risée publique, le charger, non-seulement de sarcasmes, mais encore d'humiliations, de haine et d'outrages.., avouez que l'entreprise était étrange, inouïe, incroyable, et qu'il fallait bien du génie et bien du courage pour la tenter.

Pourtant, malgré les difficultés de tout genre qui se présentaient de toutes parts à la représentation d'une pareille comédie, les calculs du poëte étaient sûrs. Molière avait bien compris que le moment ne pouvait pas être mieux choisi pour demander cette grande permission à la majesté royale, d'attaquer directement et de front, les faux dévots et leur sacristie. En ceci, comme un grand politique qu'il était, Molière mettait à profit les circonstances historiques dont il était entouré.

M. le cardinal de Mazarin venait de mourir, *assez raisonnablement chargé de la haine publique*. Délivré de cette tutelle insupportable, le jeune roi avait juré, bien haut, de ne pas appeler l'Église dans ses conseils. Cependant Mazarin n'avait pas tellement remplacé le cardinal de Richelieu, qu'on ne se souvînt de Richelieu, mais pour le haïr, mais pour le maudire; on ne se souvenait que de ses cruautés et de ses froides passions; quant aux grandes choses qu'il avait faites, on en était trop près pour les voir.

A ce moment de l'histoire, il se passait à la cour de France ce qui s'est passé autrefois à la cour de Russie. — Il y avait la vieille cour austère, solennelle, dévouée aux vieux usages, à la vie correcte et réglée; il y avait la jeune cour, folle, amoureuse, prodigue, avide de mouvement et de plaisirs. A la tête de ce mouvement se faisait remarquer le jeune roi qui bâtissait Versailles; du parti de la résistance était la duchesse de Noailles, vieille et dévote, et bel esprit à la Noailles, d'une grâce exquise et d'une suprême insolence, qui ameutait contre ce beau monde royal, d'où son âge l'exilait, toutes les prévoyances opposées à la jeunesse du roi.

En ce temps-là l'Église, qui regrettait le bon temps des guerres religieuses, avait remplacé la guerre civile par mille querelles. Jansénius avait été le prétexte à toutes ces disputes qui ont vivement agité la société française Au milieu de la dispute se présenta Pascal, armé de toutes pièces comme un rude jouteur qu'il était. Cet homme, qui prenait au sérieux toutes choses, demanda de quoi il s'agissait; et quand on le lui eut dit, il jeta sur toute cette cohue dévote l'ironie, le sarcasme, le ridicule, la honte enfin et l'épouvante. Il flétrit, bien mieux que n'eût fait le bourreau, les plus avancés dans cette bataille religieuse, ces jésuites qui étaient partout; et de cet amoncèlement de doctrines perverses, il ne laissa pas pierre sur pierre. Jamais la puissance de la parole écrite ne s'est plus complétement manifestée. Considérez donc, je vous prie, que *Tartufe* n'a pas eu d'autre préambule que *les Provinciales*. Ils peuvent se dire l'un à l'autre, comme ces deux conspirateurs dans une tragédie de Schiller : — *Nous conspirons ensemble!* Pascal est d'ailleurs le père légitime de cet homme qui a découvert le doute, Pierre Bayle ; toutes les attaques, toutes les haines, toutes les violences de Voltaire et du xviiie siècle contre la croyance établie, n'ont pas eu d'autre point de départ : *les Provinciales* de Pascal, le *Tartufe* de Molière. Or, il ne fallait rien moins que des chefs-d'œuvre de cette force pour battre en brèche une croyance de dix-sept cents ans! Attribuer cette ruine à *l'Essai sur les Mœurs*, à *la Pucelle*, à *l'Encyclopédie*, ce serait leur faire trop d'honneur.

Ainsi donc, l'esprit d'examen introduit par Pascal dans les matières religieuses, Molière le mit habilement à profit pour l'introduire à son tour dans la comédie. L'ironie, la malice, le sang-froid railleur de Pascal, Molière s'en servit pour écraser les mêmes hommes. Chose étrange dans cette œuvre commune! c'est le docteur en théologie, Pascal, qui agit comme un poëte comique; il rit, il plaisante, il prolonge sans fin et sans cesse ce formidable badinage, pendant que le comédien, le poëte comique, remplit le rôle du docteur de Sorbonne, du prédicateur dans sa chaire. Molière tonne, éclate et s'emporte; il foudroie ce misérable, *son mi-*

sérable! Pascal en colère n'eût pas mieux dit que Molière ; Molière, en riant, n'eût pas mieux fait que Pascal.

Notez, — les hommes de génie ont de si belles chances ! — que si les *Lettres provinciales* n'eussent pas été en effet une comédie pleine de gaieté, de sel, de grâce et d'atticisme, une comédie, en un mot, digne de Molière, personne ne les eût lues dans ce peuple fatigué de dissertations religieuses. Notez aussi que si la comédie de Molière n'eût pas été grave, imposante, sévère, austère, comme eût pu l'être un plaidoyer de Pascal, jamais *le roi et la reine* ne l'eussent approuvée ; jamais le roi Louis XIV ne se fût porté le protecteur d'une bouffonnerie qui s'attaquait à tant de choses. Ainsi Pascal, ainsi Molière, dans cette œuvre commune de destruction dont ils ne pouvaient savoir toute la portée l'un ni l'autre, se sont sauvés justement, celui-ci et celui-là, par les mêmes raisons qui devaient les perdre tous les deux.

Ce ne fut pas sans une certaine terreur que Molière entreprit cette tâche illustre. Il savait que toucher à l'hypocrisie était un crime sans rémission, non pas seulement chez les hypocrites, mais pour beaucoup d'honnêtes gens, et qu'il devait entrer par surprise dans cette brèche qu'il avait pratiquée dans l'Église.

Ainsi fit-il. *Tartufe* fut entouré de toutes sortes de précautions. La première lecture qu'en fit Molière se fit chez Ninon de Lenclos, cet honnête homme d'un goût exquis, d'une beauté fine, d'une philosophie pleine de grâce et de malice. Elle aimait Molière comme elle aimait M. le prince de Condé, sachant très-bien que des amitiés pareilles lui feraient pardonner ses amours. Elle avait accepté, mais en l'épurant autant qu'il était en elle, par le désintéressement, par l'esprit, par la probité, le galant héritage de cette horrible Marion Delorme, dont le cardinal de Richelieu avait fait à la fois une courtisane et un espion à ses ordres ; ainsi posée dans ce monde si correct, et en butte à toutes les déclamations faciles des vertus bourgeoises, vous pensez si mademoiselle de Lenclos dut accueillir et favoriser cette immense comédie où toutes les vanités, tous les crimes et tous les ridicules de l'hypocrisie étaient étalés, avec tant de complaisance et d'énergie.

Ce n'est pas à dire que cette belle Ninon fût en ceci un juge impartial. — Elle plaidait sa propre cause, quand elle riait aux éclats de cet hypocrite, s'enveloppant dans son manteau ; la folâtre, depuis longtemps elle avait jeté son manteau aux orties, où il resta jusqu'à ce que le jeune abbé de Châteauneuf, qui avait dix-sept ans, l'eût retrouvé et rapporté à la dame, qui en avait alors quatre-vingts bien sonnés. Toujours est-il que la voix de mademoiselle de Lenclos entraîna l'assentiment général des beaux esprits et des grands seigneurs qui faisaient l'opinion.

A cette première épreuve du salon, *Tartufe* fut applaudi comme une très-grande et très-belle comédie. — Si bien que dans les fêtes de 1664 que le roi donnait, à la fois, pour inaugurer son palais, ses victoires et ses amours, il fut permis à Molière de jouer à la cour ses trois premiers actes. — De Versailles, la pièce passa à Villers-Cotterets, de Villers-Cotterets au Raincy, si bien que toute la famille royale en eut sa bonne part; c'était beaucoup pour la pièce et c'était peu pour Molière. En véritable enfant de Paris, Molière n'estimait guère comme des succès de bon aloi, que les succès qu'il avait à Paris. Il était l'*ami du peuple*, a dit Boileau, et tant que le peuple ne lui avait pas battu des mains et ne l'avait pas salué de son gros éclat de rire, Molière n'était ni content, ni tranquille. De son côté, Paris s'inquiétait sérieusement de cette œuvre qui avait rempli de sa gloire toutes les maisons royales. D'ailleurs, les uns et les autres, ceux qui l'avaient vu jouer et ceux qui l'avaient entendu lire, ne savaient de cette comédie que les trois premiers actes, et l'on se demandait :

Comment ferait le poëte pour tirer une comédie plaisante de cet affreux drame? Certes, j'imagine qu'il y avait de quoi attendre impatiemment le dénouement d'un pareil drame, à une époque où l'on n'avait encore abusé de rien dans l'art poétique. Remarquez en outre combien l'habile et infâme diplomatie de *Tartufe* rappelle, en ses cruels détails, l'habileté impitoyable, le crime absolu, le crime politique! Lui-même il a pu servir au portrait de *Tartufe*, ce fameux cardinal-ministre, Richelieu : Richelieu, amoureux de la reine-mère, et la chassant de ce royaume qui appartient à son fils! Richelieu faisant égorger le jeune duc de Montmorency, et se jetant aux genoux de la princesse de Condé, qui lui demande la vie du prince. Il y a du tigre et du chat dans ce caractère du *Tartufe* ; il y a du Richelieu et du Mazarin.

Aussi, vous pensez bien que la cour les avait reconnus, l'un et l'autre, ces deux ministres devant lesquels toute la cour s'était prosternée ; aussi vous pensez bien que mademoiselle de Lavallière fut un peu, au fond de l'âme, et pour les mêmes raisons (tous les amours se ressemblent) du même sentiment que mademoiselle de Lenclos ; les uns, dans cette cour, protégeaient *Tartufe* par haine pour Richelieu, par mépris pour Mazarin ; les autres le protégeaient parce que leurs jeunes passions y trouvaient leur compte, parce que le jeune Versailles, donnait ainsi un démenti formel à la vieille cour de Saint-Germain, parce qu'enfin la nouveauté, le doute, le courage, étaient du côté de Molière.

En tout ceci, Molière s'est montré d'une habileté et d'une convenance parfaites. Il eut même le grand art de persuader au roi qu'il était son collaborateur, et qu'il avait pris à Sa Majesté un des mots les plus plaisants de la pièce : *le pauvre homme!* Enfin pour ôter tout prétexte aux honnêtes gens, il écrivit cette admirable définition du véritable chrétien qui est un des plus beaux morceaux de la langue, — *voilà de vos pareils*, *etc.*, ajoutez, comme je vous le disais tout à l'heure, qu'il avait gardé le secret de son troisième et de son dernier acte, il ne le dit à personne, pas même au roi, pas même à mademoiselle de Lenclos ; il l'eût dit à sa femme, mais sa femme ne le lui demanda pas, elle était trop occupée à préparer ses ajustements, pour jouer le rôle d'Elmire, dans ses plus beaux atours.

A la fin donc, le jeune roi, curieux de tout savoir, amoureux comme il l'était, sûr d'être le maître, et qui ne savait guère qu'un jour il appartiendrait, corps et âme, à cette rude chrétienne apostolique et romaine, qui s'appelait, en ce temps-là, madame Scarron, permit à Molière de représenter *Tartufe*, au beau milieu de Paris, puis il partit, le lendemain, pour assister à ces siéges de la Flandre à demi conquise qui se faisaient aux sons du violon, au bruit du canon. Aussitôt, en l'absence de ces jeunes fous qui se battaient là-bas de si bon cœur, le vieux parti royaliste et dévot se réveille, il s'oppose à ce qu'on joue ce drame que déjà il sait par cœur. Molière, en ce moment, était dans toute la joie et dans tout le bonheur du triomphe. Il avait l'ordre du roi ; aussitôt son théâtre s'illumine, sa troupe est sous les armes, tout Paris, dans ses plus beaux ajustements, accourt à cette fête sans égale parmi les batailles suprêmes de la comédie.

La seizième lettre de Pascal, *l'apologie du vol*, ne fut pas plus impatiemment attendue! Le rideau allait se lever, quand arriva l'ordre de M. le premier président de suspendre la représentation de *Tartufe* jusqu'à nouvel ordre de S. M. En effet, la permission du roi n'était qu'une autorisation verbale. Alors Molière, *qui aimait à haranguer*, arrêté tout à coup par cette défense inattendue, et voyant remettre en question cette question tant débattue, vint annoncer sa défaite à cette foule inquiète et attentive.

En cet instant, Molière devait être admirable. Je me le représente, en effet, la taille élégante, le visage beau et inspiré, l'œil noir et calme, la jambe belle, la bouche grande et bien meublée, la lèvre ombragée, intelligente; la voix sonore et grave : il arrive sur le bord de la rampe, et il annonce lui-même ce grand malheur qui l'accablait. Ne croyez pas cependant que le poëte ait tenu le propos indécent qu'on lui prête. — « Messieurs, nous allions vous don-« ner *Tartufe*, mais M. le premier président ne veut pas qu'on *le* « *joue.* » En ce temps-là, ce n'était pas la mode encore de couvrir d'insultes la magistrature française. Nul n'eût osé parler ainsi de Monsieur le premier Président. Molière savait, mieux que personne, quel homme était M. de Lamoignon, l'ami de Racine et de Despréaux. Ce mot-là est un anachronisme de cent cinquante ans, au moins.

Il faut avouer que le coup était rude. La troupe de Molière en fut presque aussi altérée que son illustre chef. Les Comédiens avaient compté sur *Tartufe* pour leur fortune, Molière y comptait pour sa gloire. Ils avaient même offert à Molière double part toutes les fois que sa comédie serait jouée (en effet cette double part fut payée à Molière, qui savait si bien rendre cet argent-là aux Comédiens malheureux); cependant comment sortir de cet embarras immense, et par quels secours représenter cette comédie, ou plutôt cette provocation ardente à tous les doutes dont la vieille France, la France prudente et prévoyante de ce temps-là, ne voulait pas?

Dans cette occurrence, il n'y avait véritablement que le roi en personne qui pût tirer d'affaire son poëte; mais le roi était dans son camp, tout occupé de batailles le matin, et de fêtes le soir; partageant sa vie entre M. de Vauban et mademoiselle de Lavallière. Que fit Molière? Il traita avec le roi Louis XIV, de puissance à puissance, lui envoyant deux députés, munis de ses pleinspouvoirs, les sieurs de La Grange et de La Thorillière, à qui la Comédie donna mille francs pour leur voyage. Les députés, partis en poste, arrivèrent devant la ville de Lille le 6 août. M. le prince de Conti, le condisciple et le protecteur de Molière, reçut les ambassadeurs de la façon la plus bienveillante : il leur accorda l'hospitalité sous sa tente, et lui-même il les présenta à Sa Majesté, qui prit connaissance du placet de Molière.

Ce placet est hardi, gai, et d'un bon sel. Molière raconte au roi toutes ses mésaventures. En vain il avait intitulé sa pièce : *l'Imposteur;* en vain il avait changé le costume de Tartufe, qui était d'abord un costume d'église, contre l'ajustement d'un homme du monde; en vain il lui avait donné non plus la soutane, le bonnet carré et la tonsure, mais un petit chapeau, de grands cheveux, un grand collet, une épée et des dentelles sur tout l'habit; en vain il avait mis des adoucissements en plusieurs endroits, ces *adoucissements* n'ont servi de rien. La cabale s'est réveillée aux plus simples conjectures qu'elle a pu avoir de la chose; et la comédie a été défendue, *et tout Paris s'est scandalisé de la défense qu'on en a faite;* et maintenant si le roi veut que Molière travaille encore, il faut que S. M. accorde sa protection à son poëte, sinon il ne faut plus que Molière songe à faire des comédies; il renonce à la gloire « de délasser Sa Majesté au retour de ses conquêtes, et de faire rire le monarque qui fait trembler toute l'Europe. » Tel est ce placet; Molière s'y met convenablement à sa place; il faut que le roi choisisse entre lui ou ses ennemis; sinon plus de comédies pour le château de Versailles, ce qui était une grande menace à faire à Louis XIV.

En sa qualité de grand roi, il savait que la gloire et la majesté de cette ville nouvelle qu'il avait créée, n'étaient pas dans le marbre et la pierre, dans les toiles peintes, dans les bronzes, et dans toutes les magnificences de ce beau lieu; la majesté du palais de Versailles, c'étaient les grands hommes qui entouraient ce règne illustre, c'était Molière aussi bien que le prince de Condé. Remarquez aussi comme Molière parle hardiment, au roi, du *mécontentement de Paris.*

Le roi se montra digne de la supplique; il autorisa cette fois, par écrit, la représentation de *Tartufe.* En ceci il fut peut-être sinon plus royal, du moins un meilleur logicien que S. M. l'empereur Napoléon, lorsqu'il dictait, Moscou en flammes, et du sein de la plus épouvantable guerre qu'il ait jamais faite, une constitution pour le Théâtre-Français. *Tartufe* au contraire, c'est la volonté d'un jeune homme, d'un roi vainqueur, et tout glorieux d'ajouter une part nouvelle au royaume de Henri le Grand et de Louis XIII, qui s'occupe à propager ce terrible chef-d'œuvre.

La pièce fut jouée avec cet ensemble de comédiens excellents, auquel Molière aurait pu soumettre même des comédiens médiocres. Chacun y mit une prudence, une adresse que nous ne connaissons plus de nos jours. — On avait si peur de trop en dire! Mais de toutes les batailles que livra Molière, je ne vous raconte pas la plus terrible. Le jour de cette première représentation si décisive, il trouva sa femme qui jouait le rôle d'Elmire si parée, si attifée, et si pimpante, qu'il eut bien de la peine à reconnaître cette Elmire malade, souffrante et triste, qu'on a saignée la veille, et qui n'a rien pris depuis trois jours. Or, mademoiselle Molière ne voulait ni changer sa robe, ni couvrir sa gorge et ses bras, ni pâlir sa joue, ni jouer, comme il convient, ce beau rôle d'Elmire que Molière avait fait pour elle! Si les dévots de ce temps-là, si l'évêque d'Autun (l'abbé de la Roquette) avaient pu tout prévoir, la coquetterie de cette femme les eût sauvés.

Enfin la pièce fut jouée, aux grands applaudissements de la multitude. Elle eut tout le succès d'une révolution, tout au rebours du *Mariage de Figaro*, qui a réussi comme une émeute. On écouta cela gravement, posément, et on se promit bien de s'en servir aux premières tracasseries de la Sorbonne. Les jésuites en furent atterrés, tout comme ils l'avaient été des *Provinciales*; les jansénistes s'en inquiétèrent, et demeurèrent tout étonnés, en découvrant que Molière avait autant d'esprit que Pascal.

L'affliction de plusieurs hommes d'honneur fut sincère et profonde. Il y a des gens qui savent tout prévoir. Quant au public, il ne comprit nullement le danger. Il était impatient de savoir ce que deviendrait *le monstre*, et comment il pousserait jusqu'au bout la doctrine *des désirs permis et légitimes*. Il avait beaucoup admiré la scène entre Elmire et l'hypocrite; le duel charmant et terrible à la fois, dans lequel le poëte a prodigué les plus engageantes délicatesses de l'honnête femme, les plus abominables perfidies d'un ignoble scélérat; — il avait appris sans étonnement, mais non pas sans indignation, la ruine totale de M. Orgon et le désespoir de sa famille; enfin à la dernière scène, ce même parterre avait applaudi à outrance l'éloge du jeune roi qui lui faisait ces loisirs. Voilà comment Molière témoignait sa juste reconnaissance à son royal protecteur; voilà comment il avait trouvé moyen de compromettre le roi dans son drame, bien mieux qu'en lui empruntant ses bons mots! Par cet éloge bien mérité du jeune monarque, l'œuvre de Molière était dignement accomplie; et de fait, il n'y avait qu'un dieu descendu de la machine dramatique, qui pût sauver des embûches de Tartufe ce malheureux M. Orgon.

Le succès fut donc complet, unanime, sérieux. Il resta de tout ceci une œuvre admirable à laquelle le siècle d'Auguste, non plus que le siècle de Périclès, n'ont rien à comparer; — cependant nul ne pouvait savoir où donc porterait ce boulet, tiré à bout portant dans les croyances de ce siècle. Molière jouit entièrement de son triomphe, non pas sans que plus d'une fois ce triomphe même ne lui fût une épouvante. Son bon sens lui disait qu'une pareille victoire porterait ses fruits; mais quels fruits devait-elle porter?

Toujours est-il que le lendemain de sa victoire, il écrivait au roi pour lui demander un canonicat dans la chapelle de Vincennes, *le propre jour de la grande résurrection de Tartufe, ressuscité par les bontés du roi.* Enfin, pour compléter sa victoire, il écrivit, en tête de sa pièce, une Préface qui est le chef-d'œuvre de la polémique. Dans cette Préface, Molière touche hardiment et habilement à tous les points de cette discussion entre le théâtre et l'église. Comme il était un véritablement honnête homme, *les véritables gens de bien*, qui désapprouvaient hautement sa comédie, devaient l'inquiéter au fond de l'âme; aussi défend-il sa comédie par des raisons excellentes, naturelles, modestes; disant que la comédie est presque d'origine chrétienne; qu'elle doit sa naissance aux soins d'une confrérie religieuse; qu'elle est destinée à corriger tous les hommes, les dévots comme les autres. S'il y a des pères de l'Église qui condamnent la comédie, il y en a d'autres qui l'approuvent; — les philosophes de l'antiquité, Aristote lui-même, ont été ses apôtres; que si la Rome des empereurs, la Rome débauchée a proscrit la comédie, en revanche elle a été en grand honneur dans la Rome disciplinée, sous la sagesse des consuls et dans le temps de la vigueur de la vertu romaine. — En même temps, il combat pour l'emploi des passions au théâtre, et il ne voit pas quel grand crime ce peut être que de s'attendrir à la vue d'une passion honnête. « Enfin, dit-il, les exercices de la piété ont des intervalles, et s'il est vrai que les hommes ont besoin de divertissements, on n'en peut trouver un qui soit plus innocent que la comédie. » Il finit par se mettre à l'abri du roi et de M. le prince de Condé. En un mot, cette Préface de *Tartufe* appartient à la polémique la plus pressante et la plus précise; elle est aussi convaincante que la comédie elle-même, et pendant bien longtemps je me suis étonné, et il y avait de quoi s'en étonner, que le parti religieux en France, eût laissé passer, sans y répondre, un pareil argument.

Mais voici que cette Préface et la comédie de Molière, ont été en effet réfutées par le seul homme qui fût de force à jouter avec Molière, par un homme auquel on pense toujours, lorsque l'on se trouve en présence de l'une des grandes difficultés de cette histoire du XVIIe siècle, par Bossuet, cet exilé de la politique, espèce de Richelieu condamné à n'être qu'un éloquent apôtre et à parler comme parlait saint Jean-Chrysostôme, quand il n'eût pas mieux demandé que d'agir comme saint Paul.

L'histoire de cette réfutation de Bossuet est très-curieuse, elle est toute nouvelle; je l'ai découverte avec un rare bonheur, et puisque vous avez le temps, je vous demande toute votre attention.

Un homme comme Bossuet, avec sa position dans l'éloquence et dans l'église de son temps, ne pouvait pas ne pas s'inquiéter d'un homme comme Molière, d'une comédie comme *Tartufe* et d'une Préface comme la Préface de *Tartufe*. Cependant comment le premier aumônier de madame la dauphine, le précepteur de M. le dauphin, un évêque de France, pouvait-il se commettre jusqu'à répondre à un comédien, à un excommunié, ce comédien s'appelât-il Molière? Bossuet, dans son génie, avait trop de tact et d'habileté, pour s'exposer à s'entendre dire par Molière ce que J.-J. Rousseau devait dire plus tard à l'archevêque de Paris : — « *Qu'y a-t-il de commun entre vous et moi, Monseigneur?* » Pour sortir de cet embarras, vous allez voir comment s'y prit l'évêque de Meaux!

Il découvrit, lui qui voyait tout, en tête d'une méchante comédie de Boursault, une dissertation littéraire et religieuse, signée d'un théatin nommé le P. Caffaro. Ce théatin était un bonhomme déjà fort âgé, très-obéissant à son évêque, à ses supérieurs, qui, depuis vingt ans, était régent de philosophie et de théologie, sans avoir encouru la plus petite censure. Ce digne religieux, de son propre aveu, n'avait jamais lu, encore moins vu, *aucune comédie*, ni de Molière, ni de Racine, ni de Corneille; seulement, quand il était jeune, il s'était fait une idée métaphysique d'une bonne comédie, il avait raisonné là-dessus en latin, et c'est cette même dissertation latine du P. Caffaro, traduite en français, qui avait paru, comme Préface d'une comédie de Boursault, au grand étonnement du bon Père Caffaro.

Depuis longues années il avait oublié cette innocente dissertation, il la retrouvait augmentée, arrangée, corrigée, dans un français qui l'a plus étonné que tout le reste : « Ne sachant écrire qu'en latin et honteux du méchant français dans lequel j'écris à Votre Grandeur. » Rien n'est amusant à lire comme la justification du digne théatin, et son embarras écrivant au plus illustre des évêques de la chrétienté ! « Voilà, Monseigneur, toute la « faute que j'ai commise en tout cela, dont j'ai eu et j'ai encore « un chagrin mortel ; et je voudrais pour toute chose au monde, « ou que la lettre n'eût jamais été imprimée, ou que je n'eusse « jamais écrit sur cette matière qui, contre ma volonté, cause « le scandale qu'elle cause ! » Ainsi parle-t-il, le brave homme ; en vérité, depuis la création des théatins, il n'y a jamais eu de plus malheureux et de plus innocent théatin.

Mais ce n'était pas là le compte de Bossuet ; il voulait répondre à Molière, il cherchait une occasion, un prétexte de dire son opinion sur la comédie : il trouve le père Caffaro sous sa main, et il s'en sert. Jamais théatin plus naïf n'a été plus rudement secoué : c'est que dans la robe du bon père Caffaro Bossuet voyait Molière, et voilà pourquoi il frappait si fort. Cette petite ruse de Bossuet ne vous paraît-elle pas très-amusante et très-curieuse, et n'aimez-vous pas cette dissertation qui s'élève ainsi, tout d'un coup, entre l'auteur de *Tartufe* et l'auteur des *Variations*?

Cette réponse à la préface de *Tartufe*, et par conséquent cette réfutation de *Tartufe*, par l'entremise du théatin, est une des plus belles choses que Bossuet ait écrites. Évidemment, il a sous les yeux, non pas la dissertation du P. Caffaro, dont il ne s'inquiète guère, mais *Tartufe*, mais la préface de Molière, dont il se préoccupe depuis vingt ans. Molière a dit que quelques Pères de l'Église approuvaient la comédie ; Bossuet répond au P. Caffaro que saint Thomas lui-même, dans son indulgence pour les spectacles, n'a jamais songé à permettre un outrage public fait aux bonnes mœurs. Oui, P. Caffaro, c'est-à-dire, oui, Molière, « nous « ne pouvons passer pour honnêtes les impiétés dont sont pleines « vos comédies. » Oui, P. Caffaro, ce Molière, dont vous n'avez pas lu une seule comédie, a fait représenter des pièces « où la piété et « la vertu sont toujours ridicules, la corruption toujours défendue « et toujours plaisante, la pudeur en danger d'être toujours offen- « sée ou toujours en crainte d'être violée par les derniers atten- « tats, je veux dire par les expressions les plus imprudentes, à « qui l'on ne donne *que les enveloppes les plus minces.* » Entendez-vous cela, P. Caffaro ?

Il faut que vous sachiez aussi, mon père, que Molière a pris en main la défense des passions, et qu'il veut nous faire trouver honnêtes « toutes les fausses tendances, toutes les maximes d'a- « mour, et toutes les douces invitations à jouir du beau temps de « la jeunesse, qui retentissent partout dans les opéras de Qui- « nault, à qui j'ai vu cent fois déplorer ces égarements; » mais assurément ce ne peut pas être là votre opinion, excellent père Caffaro !

Cependant, que pensez-vous de Lulli, mon Père ? Vous devriez savoir « qu'il a proportionné les accents de ses chanteurs et de ses chanteuses aux vers et aux rimes du poëte, » qu'à l'aide de ses airs « se sont insinuées dans le monde les passions les plus décevantes en les rendant encore plus agréables et plus vives; » que cela peut être charmant, mais qu'en vérité les bonnes mœurs n'ont rien à gagner « à la douceur de cette mélodie. » Voilà quelle est mon opinion, et ce doit être aussi la vôtre, mon bon Père Caffaro !

Molière soutient aussi que la passion n'est pas un spectacle dangereux ; je vous reprends pour ce mot-là, mon Père. Les poésies les plus religieuses, les tragédies d'un Corneille et d'un Racine ne sont pas dangereuses ! Demandez à ce dernier « qui a renoncé publiquement aux tendresses de sa Bérénice ? » Dites-moi, ajouté Bossuet (ici le père Caffaro, qui n'a jamais rien lu, doit être horriblement embarrassé), « que veut un Corneille dans son « *Cid*, sinon qu'on aime une Chimène, qu'on l'adore avec Ro-« drigue, qu'on tremble avec lui et qu'avec lui on s'estime heu-« reux lorsqu'il espère de la posséder ! » Répondez donc, si vous avez quelque chose à répondre, mon digne théatin !

Mais laissons en paix l'honnête Père théatin, et remarquez, je vous en prie, quel grand écrivain de feuilletons c'eût été là si Bosssuet eût voulu s'en mêler. Comme, en attaquant le théâtre, Bossuet s'exalte ! Cette définition du *Cid* de Corneille est très-belle, sans doute; mais écoutez ce qui suit (*erudimini qui tragidificatis*) :

« Si l'auteur d'une tragédie ne sait pas intéresser le spectateur, « l'émouvoir, le transporter de la passion qu'il a voulu exprimer, « où tombe-t-il, si ce n'est dans le froid, dans l'ennuyeux, dans « l'insupportable? Toute la fin de son art, c'est qu'on soit comme « son héros, épris des belles personnes, qu'on les serve comme « des divinités, en un mot, qu'on leur sacrifie tout, si ce n'est « peut-être la gloire ! »

Plus loin, l'évêque de Meaux prend la peine d'expliquer à ce malheureux théatin, qui n'y a jamais mis les pieds, l'espèce de plaisir que l'on trouve au théâtre, et jamais commentaire n'a été mieux fait à l'éloge de ce grand plaisir, le premier de tous, peut être, quand il est complet.

« Si les nudités causent naturellement ce qu'elles expriment, « combien plus sera-t-on touché des expressions du théâtre, où « tout paraît effectif, où ce ne sont point des traits morts et des « couleurs sèches qui existent, mais des personnages vivants, *de* « *vrais yeux*, ou ardents, ou tendres, ou plongés dans la pas-« sion ; de grandes larmes dans les acteurs, qui en attirent d'au-« tres dans ceux qui regardent, et puis de vrais mouvements qui « mettent en feu le parterre et toutes les loges ! »

O Monseigneur, telle était donc la comédie de votre temps ? Oh ! que je vous porte envie ! Quoi ! vous aviez de vrais yeux au théâtre ? des vraies passions ? des larmes véritables ? assez d'amour pour mettre en feu le parterrre et les loges ? des comédiens qui faisaient pleurer parce qu'ils pleuraient ? des larmes qui arrachaient des larmes? O Monseigneur, depuis vous, la comédie est bien changée! Si vous saviez comme à cette heure, au théâtre, tout est faux, même les larmes, même les yeux. *De vrais yeux*, Monseigneur! Vrai Dieu! ne craignez-vous pas avec cette belle peinture, d'envoyer votre théatin à la comédie, ne fût-ce que pour voir comment les comédiens et les comédiennes *mettent tout en feu*. Justement le P. Molina enseigne que les religieux peuvent changer d'habit sans pécher, quand ils veulent aller à la comédie ou autre part.

Tel est cependant ce grand Bossuet, que dans cette attaque contre la comédie, malgré lui, il place la comédie aussi haut que Molière lui-même; il en fait le plus magnifique éloge, il explique aussi bien que Molière comment « la scène, toujours honnête dans « l'état où elle paraît aujourd'hui, ôte à l'amour ce qu'il a de gros- « sier et d'illicite, en faisant tourner ce chaste amour de la beauté, « au nœud conjugal! » Il explique, aussi bien que l'expliquerait Marivaux lui-même, comment dans la comédie *l'honnêteté nuptiale* n'est qu'un leurre, « car la passion ne saisit que son propre objet; le mariage, loin d'empêcher tout autre amour, le provoque au contraire; » et c'est justement à cet amour profane que se rattache l'intérêt des plus honnêtes comédies. « On com- « mence, dit-il encore, par se livrer aux impressions de l'amour, « le remède du mariage vient trop tard, déjà le faible du cœur « est attaqué, s'il n'est vaincu. » Encore une fois, Marivaux lui-même ne parlerait pas de l'amour avec plus de finesse, avec plus de sagacité que Bossuet.

« — Croyez-vous, ajoute-t-il (Bossuet, non pas Marivaux), que « si l'eunuque de Térence avait commencé par une demande ré- « gulière de son Erotium, ou quel que soit le nom de son idole « (Bossuet se trompe, elle s'appelle Thaïs), le spectateur serait « transporté comme l'auteur de la comédie le voulait? Toute « comédie veut inspirer le plaisir d'aimer; on en regarde les « personnages non pas comme épouseurs, mais comme amants, « et c'est amant qu'on veut être, sans songer à ce qu'on pourra « devenir après. »

Nulle part et par personne la comédie n'a été mieux définie et mieux comprise que par Bossuet; Bossuet a raison, l'amour toujours l'amour, rien que l'amour, voilà la seule puissance au théâtre. En ceci, il est tout à fait de l'opinion de mademoiselle Mars, qui s'y connaissait bien un peu, de son côté. Mais que cependant j'aurais bien voulu entendre le R. P. Caffaro écoutant de toutes ses oreilles ces belles leçons de Bossuet!

Plus loin, l'évêque de Meaux explique aussi très-bien : que l'amour ne vit pas sans *cette impulsion de la beauté qui force à aimer et qui rend aimable et plaisante la révolte des sens.* « C'est à cet ascendant de la beauté qu'on fait servir dans les co- « médies, les âmes qu'on appelle grandes, ces doux et invincibles « penchants de l'inclination! » Ce grand homme parle bien des choses et des personnes! Ceci me rappelle ce passage de la troisième lettre, à une demoiselle de Metz, où il dit : — *Appartient-il à la langue qui n'aime pas elle-même, de parler d'amour?*

Son passage sur les comédiennes n'est pas moins remarquable que tout ce qui précède. A coup sûr, pour qu'il en parlât ainsi, Bossuet trouvait mademoiselle Molière aussi belle que Molière lui-même. « Elles s'étalent elles-mêmes, en plein théâtre, avec « tout l'attirail de la vanité, comme les sirènes dont parle Isaïe, « qui font leurs demeures dans les temples de la volupté, et qui « reçoivent de tous côtés, par cet applaudissement qu'on leur « renvoie, le poison qu'elles répandent par leur chant! » Hélas! nous sommes exposés, nous autres, à moins de dangers que le P. Caffaro. Les sirènes sont quelque peu vieilles et peu belles; elles ont remplacé *l'attirail de la vanité* par de vieilles robes et de vieux souliers; elles habitent les temples de la volupté, au sixième étage; leur chant ne nous séduit guère, et elles paient, pour la plupart, à beaux deniers comptants, les applaudissements qu'on leur envoie. Il faut que le théâtre ait bien dégénéré pour n'avoir pas conservé un seul *de cet amas de périls* dont parle Bossuet au P. Caffaro.

Quant à ce que disait Molière, tout à l'heure, des divertissements permis, Bossuet répond au Père théatin que le théâtre n'est bon « qu'à s'étourdir et à s'oublier soi-même, pour calmer la per- « sécution de cet inexorable ennui qui fait le fond de la vie hu- « maine. » Ce qui est très-vrai et magnifiquement exprimé; il termine par conjurer le théatin d'abjurer ces exécrables doctrines, et vous jugez s'il parlait à un converti!

En résumé, on n'a rien écrit de plus juste et de plus sensé sur l'art de la comédie, que cette réponse de Bossuet à la préface de *Tartufe*. La lettre de Rousseau à d'Alembert sur le même sujet, comparée à la lettre du P. Caffaro, n'est qu'une déclamation misérable. Il était impossible de mieux démontrer que ne l'a fait Bossuet, que la comédie était, non pas l'école des mœurs, mais l'école des passions. Après avoir lu cette lettre admirable et sans réplique, la comédie eût bien fait de renoncer à sa prétention, d'être un art parfaitement moral, ce qui est bien la plus singulière des tartuferies dans un art qui a produit *Tartufe*.

Tout aussi bien que Molière, mais pour arriver à un but différent, Bossuet a expliqué d'une façon admirable le but, les moyens, les passions de la comédie. Il y a même un passage où il indique clairement Shakspeare en parlant des Anglais « qui se sont éle-« vés contre nos héros de comédie, galants à propos et hors de « propos, et poussant à toute outrance les sentiments tendres ! » Il indique aussi, comme bien supérieures à la tragédie de Racine, les tragédies de Sophocle qui avaient laissé l'amour à la comédie, « comme une passion qui ne pouvait soutenir le sublimité et la « grandeur du tragique ! » Il proclame, à la façon de Platon, et comme chose légitime, *l'antipathie entre les philosophes et les poëtes*; il appelle saint Thomas *un homme peu habile* d'avoir pris la défense des histrions ; il en veut à saint Antonin d'avoir fait comme saint Thomas ; et en lui-même, mais sans en rien dire, il ne comprend pas comment Molière est si bien instruit des discours de saint Thomas et de saint Antonin. Quant à cette rage de rire de tout et toujours, il ne saurait l'approuver, et il vous donne, comme un exemple des excès où vous peut conduire le besoin de rire, ce que disait César de Térence, — *qu'il ne le trouvait pas assez plaisant!* J'ai vu l'instant où Bossuet allait prendre la défense de Térence et de Ménandre, contre Aristophane et Plaute ; contre Molière lui-même, et contre tous les hommes *qui ont attenté à la couche de leur prochain*, qui ont excité par leur esprit cette impétuosité, *ces emportements et ce hennissement des cœurs lascifs*.

Malheureusement pour l'histoire de la critique, et peut être malheureusement pour Bossuet lui-même, Molière était mort quand parut cette grande et éclatante manifestation du Vatican de l'église de Meaux. Le père Caffaro n'était pas de force à répliquer au nom de Molière, à un grand évêque tel que Bossuet, et la dispute, finit faute de combattant qui fût digne de répondre à ce rude docteur. A Dieu ne plaise que Bossuet ait reculé devant le génie et le courage de l'auteur de *Tartufe ;* il avait affronté d'autres colères, il avait écrasé Saurin et toute l'école de Charenton, il avait combattu Fénelon ; ce grand homme était armé de toutes pièces ; s'il appelait à son tribunal la mémoire de l'illustre poëte-comédien, c'est que probablement l'heure de la justice était venue.

A ces foudres, Molière, et ceci est un éloge énorme, n'a rien perdu de sa toute-puissance ; il a résisté à cette malédiction de l'évêque de Meaux ; il est *resté grand* comme l'avait annoncé Fénelon ; il est resté grand dans cet art dramatique dont il est le maître tout-puissant : il est resté en même temps dans nos souvenirs, dans nos respects, dans nos sympathies. Même à cette heure où s'en vont les illusions de la jeunesse, à cette heure où s'enfuit l'enthousiasme, il me semble qu'il n'y a rien à reprendre, ou bien peu s'en faut, à cette vie heureuse, occupée, honorée, et remplie à ce point des plus rares et des plus difficiles chefs-d'œuvre de l'esprit humain.

LA VIE ET LES COMMENCEMENTS DE MOLIÈRE.

En effet regardez-le, ce jeune homme, aux premières et vives clartés du xviie siècle naissant, qui s'en va, traîné dans le tombereau de Thespis à la poursuite de cet art qu'il a entrevu dans ses rêves, et cherchant la comédie errante, comme ce héros, son contemporain, qui cherchait la chevalerie ; avec cette différence qu'au temps de don Quichotte, la chevalerie était morte, et qu'aux premiers jours de Molière la comédie était à naître encore.

O la belle chose, avoir vingt ans, être un génie, et marcher d'un pas résolu à cet art deviné, pressenti, informe, et déjà charmant ! Ainsi faisait le jeune homme entraîné par son goût, par son esprit, par le hasard, par cette troupe de comédiens qui le suivaient, comme les compagnons de Christophe Colomb sans avoir trop de confiance à sa fortune. Ainsi, Molière a commencé, dans cette France croyante et sérieuse qui avait à peine entendu parler du *Menteur* de Corneille.

A peine échappé à l'enseignement des jésuites, et déjà plein d'Aristophane et de Térence, voilà Molière qui se livre aux enchantements de la vie errante du comédien nomade. Vie enchantée, à vingt ans ; le bonhomme Scarron, dans un livre qui ne vaut pas le bruit qu'il a fait dans son temps, a livré aux sarcasmes du bourgeois ce qu'il appelait le *Roman comique* ; un grand poëte, en revanche, a écrit, de nos jours, ce poëme de la vie errante, et Wilhelm Meister et Mignon nous ont fait oublier la *Caverne et la Rancune*. Admirez cependant quelle différence, et en même temps quelle frappante ressemblance entre Molière et Shakspeare ! Tous deux, poëtes dramatiques au même degré, brisent leur chaîne et s'en vont à la recherche de l'inconnu.

Shakspeare, qui est un peu l'enfant du hasard, génie inculte et puissant, quitte son village natal pour la grande cité qu'habite la *reine-vierge, assise au trône d'Occident* ; Molière, enfant des Muses, tout nourri des plus savantes leçons, entre Gassendi le philosophe, et Conti, le prince du sang royal, quitte la ville de Hardi et de Corneille, et s'en va, à travers champs, de ville en ville, en quête du rire, du bon sens et de l'amour. Et l'un et l'autre, ils enseignent, celui-ci l'histoire d'Angleterre à la cour d'Élisabeth, celui-là la gaîté française aux provinces reculées.

Molière apprend, en voyage les mœurs, les habitudes, et les allures bourgeoises ; il s'essaie à faire rire avec le vieil esprit français, avant de trouver des ressources inouïes dans sa propre comédie ; il est comédien avant d'être un poëte comique. Ainsi ont fait les fondateurs de la comédie grecque ; ainsi a fait le roi du théâtre anglais ; ainsi ces grands génies se sont expliqué, à eux-mêmes, par l'exercice direct, et pour ainsi dire par l'argument *ad hominem !* ce grand art d'arracher le rire ou les larmes, ce grand art d'intéresser et d'émouvoir tant de gens, venus de si loin et de côtés si opposés, tant de spectateurs, de fortunes si diverses, d'ambitions si différentes, si étrangers les uns aux autres, paysans, bourgeois, grands seigneurs. C'est ainsi que Molière a commencé.

Une fois qu'il eut trouvé ce grand secret, cet *arcanum* après lequel tant de gens ont couru, depuis Molière, sans pouvoir l'atteindre, il comprit, d'un coup d'œil, toute sa vocation. Il savait faire la comédie, il était sûr de sa découverte, restait à présent, à en faire l'application. Désormais, son théâtre errant ne lui suffit plus. Le monde qu'il parcourt n'a plus assez d'originaux, qui soient dignes de son application et de son étude.

A présent il a besoin de la ville : il a besoin de ce Paris qui va devenir le Paris de Louis XIV ; il a besoin de cette cour qui est toute la France, pour cent ans au moins. Aussitôt le chariot de Molière change de route ; le poëte arrive à Paris, encore tout barbouillé de la lie native et tout de suite M. le prince de Conti reconnaît son camarade ; il lui promet son appui ; il lui fait avoir un privilége, un privilége contre l'Hôtel de Bourgogne, un privilége contre le théâtre qui a donné *le Cid* à la France ! Molière, hardi et comptant sur lui-même, sur lui seul, élève autel contre autel. En ce moment le siècle de Louis XIV s'agrandit de moitié ; la comédie a son temple et son dieu, la tragédie a son temple et ses dieux.

Vous comprenez combien ce fut alors une belle et glorieuse existence pour Molière ! Il était roi, lui aussi ! Il était le maître de son théâtre. Il avait usé de sa première jeunesse, comme tous les habiles gens qui savent en jouir, au hasard ; il s'était abandonné en poëte, à ce ravissant métier de l'acteur comique, quand il est jeune, quand il est beau, quand il est entouré de sincères et vaillants camarades, qu'il se sent du feu à la tête et du courage au cœur. L'art du comédien, cette poésie du second ordre, avait merveilleusement servi la comédie naissante de Molière.

Une fois directeur et poëte, le comédien n'eut plus que la seconde place, le comédien s'effaça devant le flagellateur de son temps. Pour premier service, Molière, le savant, le grammairien, le latiniste, le lecteur de Montaigne, de Froissard et d'Amyot, Molière venge la langue française des perfections de l'hôtel de Rambouillet. Une voix du vieux parterre (il y avait déjà un vieux parterre, aujourd'hui il n'y a plus de parterre) crie à l'auteur : *Courage !* De ce jour-là Molière est ce qu'on appelle un pouvoir ! Il aida, en effet, le roi lui-même à compléter l'œuvre de Richelieu, la soumission de la noblesse. Richelieu, le terrible faucheur, avait délivré la royauté des grands seigneurs qui se plaçaient imprudemment devant son soleil ; il avait négligé le reste : la baguette avait fait grâce aux pavots peu élevés. Les pavots épargnés par Tarquin offusquèrent encore Louis XIV. — Il ne pouvait les frapper de la hache, il l'aurait pu qu'il ne l'aurait pas fait, car c'était un roi humain, et trop grand seigneur pour vouloir être un bourreau ; en revanche, il résolut de les atteindre par le ridicule.

Molière devint alors l'exécuteur des petites œuvres du roi ; il frappa impunément, et au grand plaisir de Louis, sur les petits marquis, les petits barons, les chevaliers, les élus et les femmes d'élus, sur les baillis et les baillives ; il frappa à droite et à gauche, à tort et à travers ; même il en fouetta jusqu'au sang, Louis l'encourageant, Louis applaudissant et riant aux éclats de ces vengeances dans lesquelles il était de moitié. Il faut avouer que ces marquis, ces barons, ces Mascarilles en velours et en épée, toute cette petite cour qui lui était livrée avec tant de goût et de grâce, par le roi lui-même, et dont il fit une si franche lippée, c'étaient choses merveilleuses à lui exercer la main. Ainsi commença la popularité de Molière, on ne pouvait mieux commencer.

Bientôt sa pensée s'agrandit, il s'éleva au *Misantrope*; il osa lutter avec la vertu elle-même, et la regarder en face, et soulever son manteau pour découvrir s'il y avait, sous cette pourpre, autant de faste que sous le manteau troué de Diogène. C'est ainsi que Molière a trouvé Alceste, le grand seigneur des histoires d'autrefois, Alceste qu'on pourrait comparer à un beau calque du sire de Montagne, le grondeur Alceste, éperdument amoureux ; et je vous prie, admirez cela, amoureux d'une Française ! Jusqu'à Molière, en effet tous les amants de nos théâtres, même nos amants français, ne sont amoureux que de femmes espagnoles ; les femmes du vieux théâtre sont d'Espagne ou d'Italie ; elles ont des jalousies à leurs fenêtres, des duègnes à leur côté, et leurs tuteurs pour futurs ; elles s'enflamment à la première vue, elles donnent des rendez-vous dans la nuit, à leurs amants ; elles sont fidèles à ces amants jusqu'au mariage ; Célimène, tout au rebours : elle aime, elle n'aime plus, elle aimera peut-être ; où est son cœur? elle n'en sait rien ; en attendant elle plaisante, elle jette ses regards çà et là, en riant de tout le monde, et en médisant de toutes choses. O la belle Française! la vraie Française. Coquette, spirituelle, et frivole, et méchante, elle a des griffes !

Quel auteur dramatique a jamais trouvé une pareille femme? Personne ne l'avait trouvée, avant Molière ; Molière est le premier qui l'ait vue. Est-ce à la cour? est-ce à la ville? est-ce chez Ninon de Lenclos ou chez madame de Sévigné? Il a gardé son secret et nul encore ne l'a deviné. — C'est ainsi que le poëte comique est créateur!

Vraiment ceci est à remarquer. Ce fut une grande originalité à notre poëte, de mettre des Français sur la scène. Quand vint Molière, le Français n'était guère à la mode dans nos livres, dans nos tableaux, dans nos romans, même au théâtre. La tragédie, avant de se permettre des héros français, a attendu jusqu'à Voltaire. Molière ne nous a pas fait attendre si longtemps. Gestes, costumes, patois, jurons, superstitions, délicieuses bêtises, il nous a tout donné. Il nous a donné le *Bourgeois gentilhomme!* — Il s'est jeté sur des corporations entières. — Il a lutté avec les médecins jusqu'à la mort; s'il était fatigué, il se rejetait avec délices dans l'antiquité, objet de ses études, et dans la vieille farce française qui devait lui rappeler souvent sa vie errante! Alors sa verve ne tarissait pas. Avec un mot il faisait une comédie. Le *Donec gratus* d'Horace défrayait tout le *Dépit Amoureux*, cette charmante comédie qui a produit tant de charmantes bouderies; l'*Avare* du théâtre latin, apparaissait sur notre scène, agrandi, complété, renouvelé, — admirable! En fait de farce, il nous a donné plus de héros que tout le théâtre espagnol, si fécond, n'en trouva jamais:

Sganarelle, Orgon, Scapin, les uns vieux, les autres jeunes, espiègles, imbéciles, ivrognes, amoureux, pendards; et enfin *M. de Pourceaugnac!* Tout ce qu'on demandait à cet homme, on était sûr de l'obtenir sur-le-champ; rire ou larmes, comédie ou drame; poésie, satire, morale, bouffonnerie. Quel sublime bouffon! puis quel dramaturge : Don Juan! puis quel charmant peintre de genre! Allez voir la jeune Agnès! Agnès, charmante enfant, presque aussi touchante que le jeune Arthur de Shakspeare : *Ne brûle pas mes pauvres yeux, Hubert!*

Et Tartufe? Tartufe est un œuvre d'apostolat. Celui qui a fait Tartufe s'est élevé jusqu'au sacerdoce; l'hypocrisie est encore un des vices des sociétés modernes dont l'antiquité se doutait à peine, odieux vice ou plutôt crime abominable qui méritait une histoire à part; or cet historien ne pouvait être que Molière, soutenu de toute la bienveillance du grand roi!

Quelle vie et quelle suite incroyable d'émotions, de triomphes, de calomnies, de haines, de bonheur, de désespoirs! C'est la douleur qui l'emporte, en fin de compte. Il est beau, sans doute, d'être entouré d'ennemis; de jeter à pleines mains, le sarcasme et le ridicule autour de soi; de flétrir les vices, d'arracher d'insolents masques, de forcer à la retraite la sottise qui se pavane, de châtier Cottin et Tartufe jusqu'au sang; mais peu à peu grandit l'envie, et grandit la haine, en même temps que se montrent les hommes et les vices à châtier.

On passe, il est vrai, sa vie à la cour, oui, mais on est compté à peine comme un homme; on coudoie, en rougissant, ces grands seigneurs dont on est à peine le jouet d'une heure; absolument il faut amuser ces esprits qui s'ennuient, il faut plaire à ces intelligences parfois très-lentes; plus d'une fois il faut appeler la farce à son aide, et devenir un bouffon, quand on se sent un philosophe. Et les misères de ce métier de farceur! Et les hontes cachées! Et les ricanements! Et si Sa Majesté ne rit pas, soudain toute cette cour silencieuse et qui vous condamne sans pitié! — Heureusement que Louis XIV fut l'ami de Molière; il lui parlait souvent des choses de son art; il lui permit de faire son lit, trois fois par an; même un soir il l'invita à souper, avec lui, en pleine cour. — Honneur au roi!

Après les jours de lutte et de gloire pour Molière, après ses succès au théâtre, ses dîners à Auteuil avec Racine, Despréaux, La Fontaine, (le seul artiste qui se puisse comparer à l'auteur des *Femmes savantes* et du *Misantrope*) et cet ivrogne de Chapelle, qui s'est accroché à tant de célébrités à force d'esprit, d'ivrognerie, et de libertinage dans cet esprit qui se trompe d'époque et de moment, viennent pour Molière les mauvais jours, les cabales, les non-succès, les chagrins domestiques surtout, et la conduite de sa femme, qui fit brûler tous les papiers de cet homme illustre, à ce point que c'est à peine si l'on a conservé deux ou trois signatures de Molière. De son côté, cet homme qui s'est tant moqué du mariage, des maris et de leurs faiblesses, à quoi songeait-il donc lorsque, déjà sur le retour du bel âge, il associait à sa destinée une jeune femme élégante et coquette, avide de bruit et de fêtes, qui, de son théâtre, pouvait voir tous les enivrements de la vie au milieu de cette cour galante où les femmes étaient reines, où le roi lui-même obéissait en esclave! Elle fut légère..... à qui la faute? et d'ailleurs que pouvait-elle comprendre, cette jeune femme, à ce sublime rêveur, à cet enchanteur taciturne, à cet amuseur morose, à ce grand homme qui faisait rire aux éclats, et dont l'âme était pleine de tristesse? Comment le *contemplateur* pouvait-il appuyer sa large tête sur le sein de cette jeunesse enamourée autre part? C'est pourtant là ce qui a empêché Molière d'être heureux !

Il mourut sur le théâtre, ou pour mieux dire il tomba sur son champ de bataille. A voir le *Malade imaginaire*, en songeant à la catastrophe finale, on est forcé de convenir, en soi-même, qu'en dépit de cette bonne humeur si gaie et si charmante que Molière a jetée, à pleines mains, dans cette comédie en trois actes, il n'y a pas, dans tout le drame moderne (et Dieu sait que nos illustres ne se sont guère tenus dans les limites naturelles), un drame qui soit plus complétement triste, dans le fond et dans les détails. Quand Molière fit représenter cette comédie-ballet, en 1673, le roi se portait bien, à coup sûr; toute cette cour était jeune et brillante, et dans ce double enivrement de la victoire et de l'amour, nul ne pensait, à Dieu ne plaise! que toute cette grandeur devait finir. Dites-moi, de nos jours, dans quel royaume de la terre, prince absolu ou roi constitutionnel, un poëte comique oserait mettre au jour, une chose à ce point hardie et contraire à toutes les bienséances? Comment donc amuser toute une cour, avec le lamentable spectacle d'un bonhomme en robe de chambre, en bonnet de nuit, qui souffre ou, ce qui revient au même, qui croit souffrir toutes les maladies connues et non connues? Pour se hasarder à une pareille tentative, il faut s'adresser à des hommes si jeunes, si forts, si bien portants, si complétement inaccessibles aux tristes accidents de l'humaine nature, que pas un d'eux, à l'aspect du malade, ne puisse faire un retour sur soi-même et se dire tout bas, les uns et les autres, en voyant rire tant de gens d'un homme alité :

Hélas! ils sont bien heureux de ne pas avoir une attaque de goutte, d'ignorer les insomnies de la fièvre quarte, les douleurs de la migraine, les ravages d'un coup de feu, les blessures que fait une épée. Allez donc jouer pareille comédie en présence de vieux généraux blanchis sous le harnais, courbés par l'âge, ou par le rhumatisme, en présence de ces pauvres femmes nerveuses, toujours prêtes à s'évanouir au moindre choc! Encore une fois, il faut des cours disposées, tout exprès, pour s'amuser, franchement et gaiement et sans repentir, à une pareille comédie. Pour ma part, si je voulais donner à un étranger l'idée de la grandeur, de la toute-puissance, de la sereine et calme majesté du roi Louis XIV, je n'irais pas m'amuser à citer les pompes de Versailles, ni cette suite de guerres et de victoires, ni cette liste d'heureux capitaines, ni ces noms charmants de La Vallière, de Fontanges et de Montespan, ni les vers et les louanges des poëtes, ni l'éclat adorable des beaux-arts; je dirais, tout simplement, à l'étranger qui me demanderait une preuve sans réplique, de la magnificence sans égale de ce beau règne : — Figurez-vous, Mylord, que le roi et sa cour ont ri comme des fous, au *Malade imaginaire;* que le roi n'a pas pu s'en lasser, et qu'il l'a fait représenter plus d'une fois, toujours avec de nouveaux rires, sans que jamais, à lui et aux siens, à cette représentation fidèle des tortures de l'espèce humaine, l'idée leur soit venue qu'après tout, les uns et les autres, ils étaient tous mortels.

Car on a beau dire: *Malade imaginaire;* imaginaire tant que vous voudrez : cet homme est en effet très-malade. Que je meure d'un mal de poitrine ou de la peur du mal, toujours est-il que ceux qui sont morts, sont morts. Voilà un pauvre homme qui est le martyr de son imagination, qui se livre en pâture à tous les charlatans qui l'entourent, dont sa femme se moque et qu'elle vole sans pitié. A chaque pas que fait cet homme, en long ou en large de sa chambre, à chaque grain de sel qu'il met dans son œuf, l'infortuné sent en lui-même quelque chose qui se détraque ; son poumon perd le souffle, et son bras perd le mouvement; sa jambe refuse de le porter, son cœur se déplace et passe de gauche à droite. Bref, à tort ou à raison, il souffre mille morts dans une seule ; et cependant vous voulez que je rie aux éclats de ces misères ; vous prétendez m'amuser au récit de ces tortures, sous prétexte que cela fait toujours passer une heure ou deux!

Par ma foi, je vous trouve bien exigeants. — Je ne suis pas, que je sache, le roi Louis XIV, entouré de toutes les splendeurs de son règne; loin de là; je suis un pauvre homme que le froid a saisi ce matin, qui a mal dîné peut-être, car il a dîné tout seul; le ciel est gris et terne ; la rue est fangeuse; le théâtre est mal disposé ; mon voisin de droite est une épaisse créature qui digère bruyamment; mon voisin de gauche est maigre, efflanqué, triste et soucieux ; dans les galeries sont assises toutes sortes de femmes mal vêtues, à l'air hébété, et dont la laideur jette le frisson dans toute la salle. Le moyen que je rie du *Malade imaginaire*, au milieu d'un pareil malaise? C'était bon pour vous, sire, dans les jardins de Versailles, au murmure de vos mille jets d'eau, entouré des plus vaillants capitaines, des plus grandes et des plus belles personnes de la terre ; c'était bon pour vous qui étiez le roi, qui étiez le maître, qui aviez vos jours de médecine, réglés comme vos jours de concert ; vous, majesté, la santé la plus florissante du royaume de France, et pour qui la France entière chantait le *Domine salvum*, à toute heure de la nuit et du jour !

Mais un bourgeois frileux, que sa femme a grondé le matin, que sa femme grondera ce soir, qui a subi l'indigestion de son petit cadet, qui a fait avaler une médecine à sa fille aînée, que son médecin doit saigner, demain, qui, dans la journée, membre du jury, a assisté aux dissertations médicales de l'accusation, à qui on a montré des entrailles de sept ans qui contenaient dans leurs replis racornis, une parcelle inaperçue d'arsenic que M. Orfila met sous le nez de la justice comme un parfum digne de la déesse ; — mais un malheureux qui a perdu ses cheveux à la suite d'une fièvre cérébrale, qui a encore à la bouche le goût d'affreuses drogues pour lesquelles le pharmacien menace de faire saisir son mobilier ; celui-là, soyez-en sûr, il lui est impossible de s'amuser beaucoup à la représentation du *Malade imaginaire*. En un mot, l'histoire de M. Argan ressemble trop à notre histoire courante de chaque jour, pour qu'elle puisse beaucoup nous plaire. D'où il suit que si vous avez beaucoup ri à cette comédie, c'est que ma foi ! ce jour-là, vous étiez bien disposé, très-amoureux, très-bien portant et très-heureux.

D'ailleurs, comme je le disais tout à l'heure, pour ceux qui savent quel homme était Molière, la représentation du *Malade imaginaire* ajoute encore cette tristesse du souvenir à toutes les tristesses ; c'est à la troisième représentation de cette pièce que Molière est mort. Pauvre homme ! Depuis longtemps déjà il était malade, et il disputait courageusement les restes précieux de cette vie à laquelle tant d'existences étaient attachées. Comme il aimait à souper avec sa femme, cette ingrate et cette perfide, qu'il entourait d'une passion si tendre, il avait renoncé à son régime ordinaire (deux tasses de lait par jour), et il s'était mis au régime échauffant de Chapelle et de Baron. Dans toutes ces fatigues de la tête, de l'âme et du corps, la poitrine était prise, et Molière se sentait mourir; mais pour lui la mort était la délivrance.

Tant que sa vie avait été mélangée de plaisirs et de peines, il s'était trouvé heureux de vivre; à présent tout était peine, il ne restait plus de lui-même que son esprit et son cœur; il était devenu vieux avant l'heure, à aucun prix il n'aurait voulu qu'on lui parlât de repos. Le repos n'était pas fait pour lui. Il devait accomplir, jusqu'à la fin, sa tâche de poëte, de comédien, de directeur de théâtre, trois tâches pour lesquelles il ne faut rien moins que sept hommes aujourd'hui, à savoir : deux poëtes comiques au moins pour faire une comédie; trois comédiens qui jouent : celui-ci la tragédie, celui-là la comédie, et cet autre le drame; enfin un commissaire royal et un directeur du Théâtre-Français. A lui seul, Molière accomplissait le travail de ces sept hommes, et il l'a accompli, toute sa vie, pendant que, chez nous, les sept hommes en question, en leur supposant tout le zèle et tout le talent imaginables, n'en peuvent plus, et demandent grâce au bout de dix ans de ce rude métier.

Maintenant placez-vous au parterre, et figurez-vous l'auteur du *Misantrope*, frappé à mort, qui vient, tout exprès, sur ce théâtre en deuil pour vous faire rire une dernière fois. Le matin même il a craché le sang, sa poitrine est brûlante, sa gorge est sèche, son pouls est agité par la fièvre; il donnerait sa meilleure comédie pour rester au lit et attendre paisiblement la mort qui va le frapper. Mais non! il faut que celui-là meure debout, le fard à la joue et le sourire aux lèvres. En vain ses amis veulent qu'on fasse *relâche*.

— « Laissez-moi, mes amis; il y a là cinquante pauvres ouvriers qui n'ont que leur journée pour vivre : que feront-ils si je ne joue pas? » Grande leçon donnée à nos comédiens des deux sexes, qui ne demandent qu'un prétexte pour se dispenser des plus simples devoirs de leur profession ! — *Madame est malade...* lisez : « madame est au bal! » Monsieur est pris d'un mal subit. — Lisez « Monsieur se promène; » il fait beau, le public ne viendra pas ce soir, ma foi! tant pis pour ceux qui viendront, ils verront le phénomène un autre jour! Molière était un artiste sérieux ; il respectait le public, autant qu'il respectait le roi ; malgré et peut-être à cause de son génie, il ne s'est pas affranchi d'un seul des devoirs de sa profession. Il avait promis de jouer, et déjà frappé du mal qui allait le tuer en plein théâtre, il voulut tenir sa parole. Il paraît donc, et à sa vue, sans se douter de ses tortures, cet affreux parterre se met à rire. On bat des mains, on applaudit, on trouve que Molière n'a jamais mieux joué. En effet, regardez comme il est pâle! Le feu de la fièvre est dans ses yeux! Ses mains tremblent et se crispent! Ses jambes refusent tout service! A le voir, ainsi plié en deux, la tête enveloppée d'un bonnet et affaissé dans ses coussins, ne diriez-vous pas d'un malade véritable? N'est-ce pas qu'il est amusant à voir ainsi? Ris donc, parterre, et ris bien, c'est le cas ou jamais, car au milieu de tes grands éclats de rire cet homme se meurt. Heureuse foule; pour ton demi petit écu tu vas voir expirer, devant toi, le plus grand poëte du monde! Jamais les empereurs romains, dans toute leur féroce puissance, n'ont assisté à une pareille hécatombe.

Encore, faut-il préférer le supplice des chrétiens livrés aux bêtes, à la lente agonie de Molière, livré au parterre. L'homme qui rit est plus féroce que le tigre qui dévore. — Faites l'analyse de cette torture, si vous l'osez. — Ses entrailles étaient brûlées, et le parterre s'amusait fort, entendant M. Argan parler de ses entrailles! Entrait Toinette, Toinette brisait la tête du pauvre malade, et cependant Molière, entendant rire Toinette, regrettait tout bas les soins touchants et les tendres prévenances de la bonne Laforêt, sa servante. Ah! si la vieille Laforêt était là, comme elle viendrait arracher son maître à cette Toinette effrontée et sans pitié, qui l'obsède de sa grosse gaieté! Après Toinette venait madame Argan, et voyant madame Argan si violente et si dure, Molière ne pouvait s'empêcher de songer à sa femme, hélas!

Ainsi il marchait de torture en torture, et plus la position du personnage comique devenait plaisante, plus augmentaient les souffrances de cet infortuné. La mort, qui ne veut pas être violentée, l'avait saisi dès le second acte; quand M. Argan se met à parler de testament, Molière pensa avec joie que son testament était fait et qu'il laissait tout à sa femme. Mais ne vous attendez pas que je le suive en cette lente agonie. A Dieu ne plaise que je sois, plus longtemps, le témoin de cet horrible duel de la mort et de la comédie, du rire extérieur et de la souffrance interne; non, je ne veux pas vous montrer ce grand mort qui joue ainsi la comédie, on le trouverait plus touchant et plus terrible, mille fois, que la statue du Commandeur. Enfin, tant bien que mal, se termina cette sublime bouffonnerie. La mort eut beau tirer cet homme par sa robe de chambre d'emprunt, la victoire resta à Molière, et de cette robe comique il se fit fièrement un linceul.

Vous savez l'instant où M. Argan fait semblant d'être passé à trépas; il s'étend dans son fauteuil, ses yeux se ferment. — « Qu'on est bien ainsi! se disait Molière. » Il y a un autre passage où on lui crie : — *Crève! crève!* Cela ne sera pas long, disait tout bas l'agonisant; en effet, quand son dernier sarcasme fut lâché, quand encore une fois son public se fut amusé tout à l'aise, quand il eut reparu dans la mascarade finale, quand il eut dit: *Juro!* sa poitrine se déchira tout à fait, il essaya un dernier sourire, — il était mort!

Ainsi fut justifiée cette brutale sortie de l'évêque de Meaux, qui a été sans pitié pour Molière, et qui l'a traité comme il n'a traité ni Luther, ni Calvin, ni Cromwell. « La postérité saura la fin de « ce poëte-comédien qui, en jouant son *Malade imaginaire* ou « son *Médecin par force*, reçut la dernière atteinte de la mala- « die dont il mourut, et passa des plaisanteries du théâtre, parmi « lesquelles il rendit le dernier soupir, au tribunal de celui qui « dit : *Malheur à vous qui riez, car vous pleurerez.* »

Hélas! Molière ne riait guère ; il était un contemplateur comme le sera toujours le vrai poëte comique. Or, voici ce qu'il faut dire et ce qui doit être écrit quelque part dans la *Bible*, où tout est écrit: « Malheur, en ce monde, aux hommes de génie qui feront « rire ou pleurer! »

Pour celui qui a l'honneur de tenir la plume du critique, il y aura toujours beaucoup à glaner dans l'étude et dans la contemplation de l'œuvre des maîtres. C'est la mine inépuisable, c'est le sujet toujours nouveau. *Nostri est ferrago libelli.* Qui que vous soyez, qui vous êtes chargé de parler longtemps au public français des belles choses de la poésie et des beaux-arts, attachez-vous à bien comprendre, à bien savoir les chefs-d'œuvre qui ont été le principe et le commencement du travail même de vos contemporains. Cette étude est pour le critique un de ses premiers devoirs, un devoir de grand profit. D'abord, il y puise l'autorité nécessaire à qui veut faire la leçon aux beaux esprits de son temps ; en second lieu, cette profitable étude aura ceci d'utile et de bienséant que, faute d'un poëte moderne à censurer, la critique aura toujours sous la main, quelque grand poëte à admirer.

Je suppose que, pendant quinze jours, cela se voit dans le cours de l'année, l'esprit humain, fatigué de produire tant de belles choses dont il est prodigue, ait voulu sevrer le monde attentif de ses productions les plus faciles ; tout s'arrête aussitôt, pas une comédie et pas un drame ; en ce moment la tragédie est muette, et même le vaudeville est avare de ses chansons….. Que fera cependant la critique éperdue au milieu de ce silence inquiétant ? Elle aura garde, croyez-moi, de se désoler outre mesure ; au contraire, elle aura pris son parti bien vite, et sans se plaindre (à quoi bon ?) des stérilités contemporaines, elle retourne aux beautés impérissables, aux choses toujours vivantes, à la grâce éternelle, à l'esprit qui ne peut pas mourir, au chef-d'œuvre enfin, au type éternel. Je sais bien que le lecteur est frivole et qu'il aime, avant tout, la nouveauté facile à saisir ; il veut qu'on lui parle, en courant, des chansons de la veille et des comédiens du lendemain ; il a des amours d'un instant qu'il faut satisfaire, des passions subites qu'il faudrait flatter ; il crie : Au miracle ! et si vous ne saluez pas soudain ce grand miracle, aussitôt vous êtes un homme perdu, vous n'êtes plus qu'un vieux critique, un critique envieux, un critique fou, un critique à dénoncer et à foudroyer sans miséricorde…..

Attendez, cependant, une heure plus calme ; attendez que vous puissiez en appeler du César ivre au César à jeun, et vous verrez revenir à vous ces enthousiastes d'un feu de paille, et ces fanatiques d'un déjeuner de soleil. C'est alors, quand pour la vingtième fois vous tenez votre *ami lecteur* bien contrit et bien repentant, que vous pouvez le ramener aux belles choses, aux contemplations sérieuses, à l'étude et à l'admiration des modèles. En vain il hésite, il se défend, il a peur d'entendre parler longuement de *Tartufe* et du *Misantrope*, d'*Athalie* ou de *Rodogune*, il faut cependant qu'il obéisse et qu'il vous suive, à condition, et même à la condition expresse que vous serez nouveau dans votre étude sur les œuvres antiques, et que vous n'irez pas ramasser les vieilleries des vieux cours de rhétorique.

Chaque saison de la littérature a son genre de critique ; pour chaque époque il existe une langue que cette époque comprend à merveille ; plus le chef-d'œuvre dont vous parlez est accepté, plus c'est pour vous une nécessité de ne copier personne, quand vous en parlez, et d'obéir tout simplement à votre goût particulier, à votre impression personnelle. En ceci consiste la tâche heureuse et difficile de la critique. Il faut qu'elle ait quelque chose à dire qui soit nouveau, à propos de l'œuvre et du travail des siècles passés. Et quand je dis nouveau, je ne dis pas *absurde*. Je dis seulement que le chef-d'œuvre est par lui-même une chose infinie, et qu'on le peut étudier, sous tant d'aspects si divers, que celui-là serait impardonnable qui ne se placerait pas à un point de vue favorable, et qui irait se poser tout juste au même point que vingt autres dessinateurs de ce vaste et impérissable monument!

> Dicam insigne, recens adhuc
> Indictum ore alio....

Et même dans l'admiration la mieux sentie, il y a toujours une certaine réserve, un certain *peut-être* qui convient à la critique : « Je ne sais rien de plus grand que l'*Iliade*, » a dit Properce.

> Nescio quid majus nascitur Iliade.

Et cependant le bon Homère sommeille quelquefois, ajoute Horace! On sait que Virgile a voulu brûler l'*Énéide*, et qu'à l'exemple du poëte latin Voltaire a jeté au feu la *Henriade* : « A telles enseignes qu'il m'en a coûté une belle paire de manchettes, pour la retirer du feu » disait le président Hénault. Eh bien! s'il n'est pas défendu à la critique d'indiquer le sommeil d'Homère, à plus forte raison il lui est permis de se brûler les mains (elles n'ont pas de manchettes) pour tirer du néant quelque brouillon qui va périr.

> Nihil est ab omni
> Parte beatum !

Il n'y a rien de parfait ici-bas, heureusement pour les critiques, surtout pour ceux qui, de bonne heure, ont appris à contempler le grand, le beau, l'excellent, le parfait. Enfin la critique a ses audaces tout comme la poésie a les siennes, seulement l'une et l'autre doit tâcher que son audace soit heureuse et habile..... *Feliciter audet*, et voilà toute la question.

A la critique, tout aussi bien qu'à la poésie, on peut appliquer cette indulgente définition d'un Italien : Beaucoup d'esprit, beaucoup de bile et beaucoup de feu : *Tutto spirito, tutto bile, tutto fuoco!* Et cette bile, ce feu, cet esprit, vous les réserveriez uniquement pour un méchant vaudeville à quoi nul ne songe au bout de huit jours! Et ce noble feu, mêlé de colère, que vous allez prodiguer à l'improvisation du premier venu, vous en seriez avare quand il s'agit de l'étude et de la contemplation d'une œuvre-maîtresse des poëtes passés, et des œuvres à venir! S'il en était ainsi ce serait vraiment une grande folie et un grand meurtre. Au contraire, à comprendre, à deviner les maîtres, vous aurez cette récompense et vous l'aurez tout de suite, que ces mêmes pages sérieuses qui ont impatienté le lecteur frivole habitué aux bulletins du théâtre des Variétés ou du Palais-Royal, quand vous revenez sur votre passé, avec quelle joie et quelle fête vous les retrouverez ces pages sérieuses, cent fois plus vivantes que les colifichets de vos meilleures matinées.

Telle page, en effet, qui était pesante au journal, et qui impatientait le lecteur du journal, devient légère au livre et au lecteur du livre. — Ah! te voilà, ma chère préface que j'écrivais pour *Cinna*, pour *Tancrède*, sois la bienvenue, et prends ta place dans ces feuilles liées l'une à l'autre ; et toi, ma page folâtre, enivrée des parfums envolés du bouquet de roses fanées, toi l'étincelle et le diamant d'une heure, eh! que te voilà perclue, impuissante et vieillotte! Eh! que de rides! que de frissons, que de cheveux blancs, mignonne au teint de lis! — Vous avez vu dans un cadre, à l'abri d'une glace, un papillon fixé là à une épingle. Il était si brillant quand il fut pris par cet enfant dans son réseau de gaze, il avait toute sa poussière et toute sa couleur, il resplendissait de tous les feux du jour, parmi les fleurs des jardins sur lesquelles il aimait à se poser..... Aujourd'hui, ce bel insecte ailé n'est plus qu'un squelette attristant; la pourpre de son aile est passée, et l'azur de son corps s'est envolé. On ne voit plus de cette fantaisie aux ailes de pourpre et d'or qu'un point noir, huché sur des pattes brisées.... une fleur dans un herbier !

Voilà pourtant (ceci est *l'ananké* des papillons et du style de la même famille,) le sort des belles phrases éclatantes, parées et nouvelles, dont la critique habillait les petits drames, les petits vaudevilles, les petits chefs-d'œuvre précieux. — Le chef-d'œuvre est tombé en poudre dans son linceul, et le linceul est devenu une fumée. Au contraire, ajoutez à votre collection de papillons quelque brillant scarabée à la rude écorce, au bout de dix ans, il aura conservé toutes les apparences de la vie! Ainsi, la critique bien faite, sérieuse, utile, appliquée aux grandes œuvres, a de grandes chances de survivre à l'homme qui l'écrivait. Critiques, nos frères, apprenez donc à ne pas trop compter sur les petits maîtres et les petites maîtresses de la lecture de chaque matin, mais songez à plaire aux lecteurs sérieux; alors vous parlerez comme des hommes, sinon vous gazouillerez comme des oiseaux :

> Nam neque adhuc Varo videor, nec dicere Cinna
> Digna, sed argutos inter strepere anser olores!

Ceci dit (car je vais de préface en préface, expliquant, de mon mieux, comment l'unité se peut rencontrer même dans un travail de vingt-cinq ans) j'arrive au commencement de la comédie et à la fin de la comédie, c'est-à-dire que, partant de Molière j'arrive à Molière ; çà et là ramassant dans mes pages choisies ce que madame de Sévigné appelait si bien : *La fleur du panier*.

L'ÉTOURDI. — MADAME MENJAUD.

Quand on parle de Molière, et même sans adopter l'ordre chronologique, il est juste de commencer par l'*Étourdi*, qui est sa première pièce, à moins que l'on ne parle de la *Jalousie du Barbouillé*, un informe canevas. L'*Étourdi* est une œuvre charmante et gaie à ravir. Elle est empreinte de la première et éclatante jeunesse d'un poëte dont la jeunesse est déjà un poëme! Quand Molière la fit représenter, sur une espèce de tréteau que son esprit changeait en théâtre, était-il assez jeune, assez beau, assez enivré des plus violentes espérances de renommée et de fortune! Ajoutez : était-il assez heureux de trouver, à son premier pas dans la carrière où il avait tant de modèles, la sympathie et l'obéissance populaires! En ce moment déjà, il comprenait qu'il serait le maître absolu des esprits et des intelligences de son temps. Il sentait que la foule allait obéir aux moindres inspirations de son génie ; il se disait qu'il serait le favori du roi qui régnait à Versailles et du peuple de France ! De sa naissante comédie il avait entretenu la province, et déjà la ville et la cour adoptaient l'*Étourdi* comme une œuvre pleine de sourires.

Mascarille déjà était un enfant de Molière en personne, et bien étonné était Molière de se voir applaudi, doublement, pour son jeu et pour ses vers. Ajoutez toutes les complications et toutes les joies d'une intrigue italienne, la passion d'un amour vif et bien senti, cette gaieté surabondante d'un jeune poëte, sûr de plaire, et qui pourtant avait tout à créer : la langue, les mœurs, l'esprit, l'art et les convenances de la comédie. Écoutez avec soin cette comédie de l'*Étourdi*, et vous comprendrez quel sage esprit se cache sous ce vers abondant, ingénieux, facile, net et vif, leste et bien fait. La langue nouvelle s'y montre dans tout son éclat, l'esprit dans toute sa verve, le dialogue dans la grâce et dans le naturel inimitable qui donne une si grande valeur au poëme. A chaque instant, à chaque vers, à chaque mot éclate la bonne humeur de ce merveilleux génie qui déjà pressentait ses admirables destinées. Il échappe à Turlupin, il échappe à Scaramouche, il échappe aux joies licencieuses des tréteaux de Tabarin, et cependant il n'en est pas encore si éloigné que, de temps à autre, il ne se rappelle quelques-uns des lazzis les plus vifs de ces illustres farceurs.

A cette heure la comédie en est encore aux joies et aux hasards d'une aventure. C'est toujours la comédie de la place publique, l'esprit qui se jette en plein air, le rire qui se tient à deux mains pour ne pas éclater ; cette comédie sent le bon peuple de France, le bon Parisien ; elle a encore la pièce de bœuf dans l'estomac, et le hâle à la joue ; rien de mignard, rien de cherché, pas de petites maîtresses qui se *graissent le museau* comme Cathos et Madelon ; c'est du bel et bon drap que vous pouvez tâter à pleines mains et qui vient directement de la rue Saint-Denis ; fi de ces étoffes plus brillantes et plus légères, qui se peuvent comparer à du vent mal tissu !

Il faut donc accepter avec joie ces vieilles et franches comédies qui ont été, pour Molière et pour son peuple, une cause si féconde et si vraie de bonne et limpide gaieté. Le petit goût précieux, la démarche pédante, le comme il faut, le curieux style aux petites recherches, les coups de raquette et d'éventail n'ont rien à faire en tout ceci. On sait très-bien que ce Mascarille est un drôle malavisé et qu'il se permet d'abominables plaisanteries; mais il les accomplit avec tant de bonne foi et de bonne humeur ! Tout le monde lui pardonne, et même ceux qu'il a trompés. Fourbe *fourbissime* à la bonne heure, mais amusant, très-amusant. Il fait de l'intrigue pour en avoir les joies, non le profit : il est passé maître dans l'art de tromper, mais il agit comme un grand artiste; il est aussi fier d'une belle fourberie toute nouvelle, que vous pouvez l'être d'un bon feuilleton ou d'un bon tableau ; il est vif, il est leste, il prend son parti avec la bravoure d'un héros; écrasé, vaincu, anéanti, conspué, sans argent, brisé de coups, il se relève plus vif, plus glorieux, plus fort :

> Oui, je te vais servir un plat de ma façon !

et l'eau déjà lui en vient à la bouche; il est fier de lui-même, et il a bien raison; à la vue de ces tranquilles bourgeois, de ces riches paisibles, de ces bourses bien garnies qui ne tiennent qu'à un fil, Mascarille, bien plus logiquement que Figaro, peut s'écrier : — *Et moi ! morbleu !* — Le grand Condé à Rocroy, le maréchal de Saxe à Fontenoy, n'étaient pas plus heureux et plus fiers que Mascarille! Aussi quand son maître, l'Étourdi, dit au valet qui est sa providence, ces vers sanglants :

> Lorsque me ramassant tout entier en moi-même,
> J'ai conçu, digéré, produit un stratagème,
> Devant qui, tous les tiens, dont tu fais tant de cas,
> Doivent, sans contredit, mettre pavillon bas...

nous nous prenons à trembler pour ce pauvre Lélie. L'imprudent ! il vient de briser la lampe merveilleuse, il a tué la poule aux œufs d'or ; et maintenant, abandonné à lui-même, privé du génie de Mascarille, que va-t-il devenir ? Il est perdu ! Heureusement Mascarille pardonne; il pardonne par orgueil, et parce qu'il comprend très-bien que la défaite de Lélie serait attribuée à Mascarille :

> L'honneur, ô Mascarille, est une belle chose !

L'Étourdi fut joué pour la première fois à Lyon en 1653, à Paris cinq ans plus tard. Le sieur de Lagrange, jeune et beau, représentait l'amoureux Lélie ; mademoiselle de Brie, grande, bien faite et très-jolie, qui resta jeune à cinquante ans, s'appelait Célie ; mademoiselle Duparc, cette belle personne qui fut aimée à la fois des deux Corneille, de Racine, de La Fontaine, de Molière, et qui ne voulut aimer (la maladroite !) que le seul Racine, jouait le rôle d'Hippolyte ; Pandolphe, c'était Louis Béjart, un peu boiteux pour avoir été blessé en séparant des hommes d'épée qui se battaient au Palais-Royal ; Mascarille, enfin, c'était Molière. O comédiens du Théâtre-Français, quel abîme vous sépare de vos ancêtres bien-aimés ! De nos jours cependant une des bonnes et belles représentations de cette comédie informe et charmante dont nous ayons gardé le souvenir, fut donnée au bénéfice d'une aimable femme qui est morte depuis, madame Menjaud !

Ce soir-là, madame Menjaud, jeune encore, prenait congé du Théâtre-Français, après vingt années d'un bon et fidèle service. C'était, sans contredit, une femme d'un rare esprit, studieuse, intelligente, active, très-versée en tous les secrets de son art ; le théâtre était sa patrie, il avait été son berceau, et cependant jamais la popularité n'est arrivée jusqu'à cette aimable actrice. Il s'en est fallu de bien peu que madame Menjaud ne tînt sa place parmi les grandes comédiennes ; mais ce peu.... là, c'est l'abîme à franchir ; ce peu là, ce *moins que rien* qui pourrait dire où cela commence, où cela finit ? Personne ; mademoiselle Mars elle-même, elle n'en sait rien. Toujours est-il que l'esprit, l'intelligence, l'étude des modèles, ne suffisent pas à faire un comédien.

Il ne faut pas tant de choses, Dieu merci, mais il faut cent fois davantage : il faut l'instinct. — Êtes-vous né pour faire rire ou pleurer toute une foule émue et attentive ? Arrivez tout de suite, et montrez-vous, ça suffira ; parlez, et soudain vous allez trouver, sans vous en douter, dans la prose la plus vulgaire, ou dans le vers le plus traînant, toutes sortes de mots touchants ou risibles ; soudain vous allez faire de rien quelque chose, une comédie d'un geste, un drame d'un seul cri : émue ou riante, à votre aspect, sans qu'elle se puise expliquer pourquoi son rire, et pourquoi ses larmes, la foule vous applaudit et vous regarde, bouche béante ; — vous, cependant, vous ne comprenez rien à tant de succès; vous regardez d'où cela peut venir, vous vous demandez si en effet vous êtes bien un homme comme tous les autres, vous êtes prêt à prendre en pitié ces grands niais qui rient aux éclats de la gaîté que vous ne ressentez guère, qui pleurent à chaudes larmes d'une douleur qui est si loin de votre âme. Inexplicables mystères... on ne les peut expliquer que par l'existence d'un sixième sens !

Cependant, quand par hasard se présente sur le même théâtre, à côté de ces succès si faciles, quelque comédienne d'esprit comme était madame Menjaud, quelque comédien intelligent, comme est M. Samson, alors l'un et l'autre ils se disent : J'ai plus d'esprit, plus d'invention, plus d'à-propos que tout ce monde-là; j'ai la voix plus nette, le regard plus fin, le geste plus animé que pas un de mes camarades; je vois, je comprends, je sais, je sens, aussi bien qu'homme du monde, et pourtant quelque chose est là entre moi et le public qui nous empêche de nous entendre toujours; quelque chose est là qui arrête mon élan quand je veux aller plus loin, quelque chose est là qui refroidit le parterre au moment où il vient à moi, les bras ouverts. — O damnation ! ô misère ! D'où vient l'obstacle? Pourquoi moi et pas celui-là, celui-là qui arrive, sans rien comprendre, et sans rien deviner?

Pourquoi celle-là, sans nom, sans voix, sans beauté, sans regard, sans éclat, sans émotion intérieure, pourquoi celle-là, rien qu'à regarder le parterre, le fait rugir de joie ainsi que fait l'orage dans la vaste mer? Pourquoi, rien qu'à la voir pâle, défaite et dédaigneuse, cet enthousiasme furibond ? Pourquoi, dans cette bouche éloquente et ignorante, les vers de Racine nous sont-ils pleins d'ironie et de terreur, et dans cette autre bouche, tout remplis de tristesse, d'amour et de passion? Ainsi, plus que toute autre s'est débattue madame Menjaud contre ces obstacles, car plus que toute autre, elle a deviné l'obstacle.

Elle a lutté vingt ans, non pas toujours sans succès et sans gloire. Un jour entre autres, dans une tragédie de M. Lebrun, dans le *Cid d'Andalousie* madame Menjaud a poussé un de ces cris dont je vous parlais tout à l'heure, qui remuent toute une salle de fond en comble; à cet instant on eût dit que l'obstacle était brisé, que la comédienne venait de découvrir enfin son Océan inconnu et tant cherché. — Hélas ! ce n'était qu'une fausse alerte !

Il en fut ainsi pour M. Desmousseaux ; dans cette même tragédie ; il disait, aussi bien que Talma l'eût dit lui-même : —*Faites venir un prêtre !* Et Desmousseaux avait été si terrible, que madame Menjaud avait poussé ce grand cri, tant son effroi était mêlé d'étonnement de trouver terrible.... Desmousseaux !

A peine sa vingtième année dramatique eut-elle sonné, qu'aussitôt et sans attendre une heure de plus, madame Menjaud prit sa retraite ; c'était son droit et elle en usa pour redevenir une bonne et simple bourgeoise, indulgente et bienveillante entre toutes. Et comme elle fut heureuse de voir, de loin, les bourrasques et les tempêtes du théâtre ! Certes elle ne songea pas à prolonger, comme si elle eût été un talent inspiré, cette lutte abominable du comédien contre le public. Ni ses succès passés, ni ses espérances, ni le présent, ni l'avenir, n'ont pu la retenir plus qu'il ne fallait. Ainsi elle n'a supporté, qu'à moitié, les transes infinies de la profession ; elle n'a jamais su quelles douleurs sont cachées sous ces joies apparentes, quelles épines sous ces fleurs ! Que de fois a-t-elle dû prendre en pitié l'obstination, la peine, et la gloire de mademoiselle Mars !

C'est un des priviléges de la comédie de Molière d'être attendue impatiemment, toutes les fois qu'elle est annoncée, et pas une fête ne se peut comparer à cette fête pour les vieux Parisiens. Certes l'*Andromaque* est un chef-d'œuvre, et voisin de la perfection, l'*Étourdi* est un essai, l'essai d'un homme de génie, il est vrai ; pourtant *Andromaque*, avant l'*Étourdi* fut impatiemment écoutée ! Évidemment, le public était préoccupé de la comédie, et il écoutait sans trop de plaisir les colères éloquentes d'Hermione ! Il faut dire aussi que l'ancienne comédie a cela de bien fait que presque toujours elle est jouée avec ensemble ! Une comédie de Molière, c'est l'*a b c* et l'Évangile du comédien !

Il a été élevé dans cette étude et dans ce respect ! Chacun de ces rôles est tracé de la main du maître, et chaque rôle a son prix ; donc pas de dispute entre les acteurs, à qui jouera ceci et ne jouera pas cela ! Tout rôle est bon, dans ces œuvres populaires où chaque rôle a sa récompense ! En trente vers, l'huissier Loyal est récompensé de sa peine ! Le rôle de madame Pernelle n'a qu'une scène, il est le meilleur de l'emploi ! Les confidents même y jouent un grand rôle, et souvent le confident l'emporte sur le maître, témoin Mascarille : *fourbum imperator*, — La tragédie, au contraire, emploie avec un sans-gêne tout royal, une foule de personnages accessoires qui tiennent à peine à l'action, une grande quantité de comédiens obscurs qui n'ont rien à gagner à bien jouer de si petits rôles! Ajoutez que la plupart du temps, si la pièce est jouée par un comédien ou par une comédienne célèbre, il arrive que le public paresseux n'est attentif qu'aux moments où paraît cette illustre; celle-la sortie, aussitôt le public n'écoute plus et se repose.

Ce n'était pas ainsi que l'entendaient les maîtres de l'art; ce n'était pas ainsi que l'entendait Talma : au contraire, celui-là s'occupait de chacun et de tous ; avant que de se hasarder dans le labyrinthe sanglant des passions héroïques, il voulait tout reconnaître, de fond en comble, jusqu'au fidèle Arbate, jusqu'au chef muet de sa garde prétorienne; pas un détail n'échappait à ce regard tout-puissant, et c'était son habitude, avant que de commencer une tragédie, de s'écrier : — *Allons! nous y sommes tous!* Grand artiste! il eût été bien malheureux si on lui eût dit qu'il était tout seul!

Une fois la tragédie accomplie, et quand Oreste s'est bien abandonné à ses fureurs, voyez-vous cette salle secouer à la fois cet enthousiasme et cet ennui, tout comme on secouerait un reste de sommeil? Entendez-vous ces frémissements de bien-être et de joie? — Ma foi, vivent les chefs-d'œuvre de l'ancienne tragédie! se disent tout bas les spectateurs, mais vivent les chefs-d'œuvre surtout quand ils sont arrivés à leur dernier vers! Vivent les grandes tragédiennes, mais quand elles n'ont plus rien à dire! — J'avais froid tout à l'heure, se dit l'homme assis à l'orchestre, je me sentais écrasé par ce regard de basilic; d'où vient maintenant que le sang circule plus légèrement dans mes veines, que la chaleur revient à ma joue et la paix à mon cœur? — Orchestre, mon ami, rien n'est plus facile à expliquer. Tu subis à ton insu l'admiration qu'on t'a imposée; tu es trop vieux et trop mal élevé, et trop ignorant des choses poétiques pour admirer sérieusement ces grandes œuvres faites pour le grand siècle. Tu es adossé à un parterre de hasard, et non plus au parterre d'élite d'autrefois.

Ce public dont tu reçois les impressions diverses arrive en droite ligne des boulevards du crime; il a été élevé dans le mépris des vraiment belles choses; il est glouton, il n'est pas gourmet; il préfère une grosse pâture, à un repas délicat; il a été dressé, de bonne heure, à dévorer, du même appétit, les galettes et les tragédies de l'Ambigu, les pommes de terre frites et les comédies de la Gaîté; et toi-même, orchestre en linge blanc et en gants jaunes, le lorgnon à l'œil droit et la frisure aux cheveux, orchestre à demi savant, parce que tu auras fait, dans quelque collége borgne, de médiocres études et marmoté quelques vers de Virgile, serais-tu donc ton juge, plus que ne sont les gens du parterre, favorable à l'exécution des grandes œuvres de l'esprit humain? Est-ce que tu en sais le premier mot, cher pauvre orchestre? Est-ce que vraiment tu es venu là pour écouter Racine ou Corneille, avec ce recueillement intime que le chef-d'œuvre fait éprouver aux âmes bien nées? Que te font Corneille et Racine? Qui t'a dit leurs noms? Dans quelles écoles les as-tu étudiés?

De quel droit t'amuserais-tu à ces inventions si correctes et si peu compliquées, toi-même, toi qui as brisé de tes mains, comme un théâtre en retard, le théâtre de la Porte-Saint-Martin, tes amours? Messieurs de l'Orchestre et du Parterre, vous venez au théâtre par oisiveté, par caprice, et pour lorgner les comédiennes, voilà pourquoi votre suffrage n'est pas compté, pourquoi les excellents chefs-d'œuvre vous fatiguent, pourquoi, même en applaudissant si fort, vous frottez de temps à autre vos yeux appesantis; voilà pourquoi il vous faudra bientôt, rejetant enfin tout respect humain, convenir que la divine poésie de Racine n'est plus pour vous qu'une fraise dans la gueule d'un âne.

Ah! chers auditeurs, pardonnez la comparaison, mais ce n'est pas moi qui l'ai faite; et d'ailleurs, tout n'est pas encore perdu. Si l'héroïsme vous fatigue et vous ennuie, l'esprit vous amuse encore; si Corneille et Racine sont loin de vous, vous n'avez jamais été plus près de Molière, témoin le rire qui vous prend rien qu'à savoir que tout à l'heure Mascarille va paraître dans la première comédie que Molière ait écrite, *l'Etourdi*, il y a de cela bientôt deux cents ans.

Quand Molière écrivit, au courant de la plume, cette curieuse comédie, il était le plus jeune, le plus amoureux et le plus heureux des hommes. Il menait la joyeuse vie du Bohémien, qui est un des attributs de la comédie, cette aimable fille de joie et d'esprit, née dans un tombereau, et qui rappelle toujours son origine par son vagabondage. En ce temps-là Molière ne s'amusait qu'à jouer la comédie et non pas à en faire. Si parfois il improvisait quelques scènes détachées, c'était, faute de mieux, et en attendant quelque farce nouvelle des grands faiseurs. Il songeait bien, en ce temps-là, à devenir un des éducateurs de la France, à corriger le ridicule par l'éclat de rire, à faire honte aux vicieux, à nous donner horreur des hypocrites ! Il ne songeait qu'à s'amuser de chacun et de tous ; le reste à la grâce de Dieu !

Le reste (dix chefs-d'œuvre !) ne ressemble pas mal au hasard qui a dicté cette comédie : *l'Étourdi*. Pur hasard, convenez-en ; mais que de verve et que d'esprit, que de bonne grâce ! Dans cette esquisse folle, plus voisine du tréteau que du théâtre régulier, n'attendez ni un plan tracé à l'avance, ni un but nettement indiqué, ni un vice signalé, ni une leçon, ni une moralité, ni rien de ce que sera la comédie un peu plus tard.—Je vous l'ai dit, nous ne voulons pas faire une comédie ; nous voulons seulement vous plaire et vous amuser, Messeigneurs. Cette fois, pour commencer, nous vous traiterons, si vous le permettez, comme nous traiterons plus tard S. M. le roi Louis XIV lorsque nous écrirons *les Fâcheux*, tout exprès pour amuser le roi un instant. Donc, suivons notre chemin, et suivons-le joyeusement. Place au seigneur Mascarille !

Il porte la livrée, et cependant faites silence ; il est jusqu'à présent le roi de la comédie. Il est Espagnol, il est Italien, il est même Français, mais si peu, mais si peu ! C'est un grand fourbe, c'est un adroit coquin, c'est le plus spirituel des fripons, c'est le diable ! Il fait le mal, uniquement pour le plaisir de faire le mal ; il n'aime personne, il aime l'intrigue ; il se fait un point d'honneur de passer, aussi près que possible, de la potence et des galères sans être jamais ni pendu ni forcé de ramer. Saluez très-bas, plus bas encore ! Ce Mascarille est tout simplement l'aïeul illégitime d'un bâtard nommé Figaro, qui a fait, dit-on, une révolution !

De quoi s'agit-il dans *l'Étourdi?* de peindre les mœurs, de les corriger, de représenter *ad vivum* l'avare, la coquette, le bourru, l'hypocrite, les timides amoureux qui se regardent sans se rien dire, les vieillards jaloux de toute joie, et les précieuses, et les femmes savantes, le Don Juan adultère et débauché ? Non, sur la parole de Mascarille ! il s'agit d'une belle fille qui est à vendre ;

Si vous avez de l'argent, vous l'aurez, sinon, non! En vain, elle vous aimera, en vain, vous l'aimerez; en vain, aurez-vous à l'avance tout ce qu'elle peut donner, son sourire, sa douce parole, si vous n'avez pas d'argent, renoncez-y [1]. La pauvre fille est esclave, son maître l'a mise à prix. Il vous faut de l'argent à tout prix, mon amoureux. Mais qui donc a de l'argent? L'amour habite de préférence l'hôtel de l'impécuniosité, cette humble maison toute remplie de sourires, d'insouciance et de bonheur. Pourquoi vouloir déloger l'amour? Mettez l'argent dans la comédie, il n'y a plus de comédie, c'est-à dire il n'y a plus d'obstacles. La seule chose que j'admire dans le *Barbier de Séville*, c'est que Beaumarchais ait trouvé le moyen d'avoir un amoureux dont les poches sont pleines d'or, et cependant cet amoureux est arrêté à chaque pas. C'est là une invention. Toutefois, un amoureux sans argent vaudra toujours mieux que ce diable d'homme qui a les poches toujours pleines d'*arguments irrésistibles*.

Toute cette comédie, qui n'est pas une comédie (seulement, c'est déjà le style, la grâce, le dialogue, l'esprit, la verve, l'animation, l'éclat de la comédie), toute cette comédie roule uniquement sur la tête, sur les épaules, sur l'esprit de Mascarille. C'est lui qui noue et qui renoue toutes choses, autour de son jeune homme. Son activité ne se dément pas un seul instant; il est patient et rusé comme le renard; il joue avec ses victimes, et quand il voit une dupe, il dit tout bas que c'est plaisir. Jamais le poisson dans l'eau, le calomniateur dans la calomnie, la coquette dans le mensonge, le dandy dans la dette, le loustic dans le bas étage de ses plats quolibets, n'ont été heureux et à leur aise autant que

---

[1]. C'est la scène d'une comédie de Térence : *le Phormion.*

GETA.
Quantum argenti opus est tibi, loquere?
PHOEDRIA.
Solæ triginta minæ.
Combien d'argent vous faut-il? — Fort peu d'argent, trente mines!
GETA.
Triginta! Illic percara est, Phœdria!
PHOEDRIA.
Istæc vero vilis est!
Trente mines! C'est hors de prix! répond l'esclave. — C'est pour rien! réplique l'amoureux.

l'empereur Mascarille dans la fourberie. C'est là le grand rôle de l'emploi, le rôle unique peut-être ; quand on le joue bien, on joue tous les autres, même celui de Figaro. A ces causes, Monrose était excellent dans cette vivante image du valet de l'ancienne comédie. Pendant ces quatre actes, si remplis, Monrose ne s'arrêtait pas un seul instant, il était imperturbable ; il voyait toutes choses d'un coup d'œil ; pas un mot qu'il ne fît valoir, pas une intention qu'il ne devinât ; il oubliait même, sous cette belle livrée, sa recherche habituelle, tant il se sentait vivement pressé et entraîné par ce flamboyant esprit.

LE MARIAGE FORCÉ.

Le *Mariage forcé* est une adorable petite pièce. Je ne connais guère de comédie écrite avec plus de vivacité, plus de grâce et d'énergie. Voltaire a grand tort d'appeler le *Mariage forcé* une *farce*; c'est, bel et bien, une comédie pleine de goût autant que de gaieté, et dans laquelle on retrouve, à plusieurs reprises, toutes les hardiesses sensées de Molière. Sganarelle est de tous les êtres créés par Molière, le plus populaire et le plus aimé. Sganarelle, c'est le bourgeois ridicule, c'est le bourgeois enrichi. Cette fois Sganarelle veut se marier et se marie malgré lui, excellente occasion pour Molière de nous faire l'histoire du mariage forcé de Sganarelle. Au premier mot que dit notre homme, vous pressentez les accidents qui le menacent. « Si l'on m'apporte de l'argent, « qu'on me vienne quérir *vite* chez le seigneur Géronimo ; et si « l'on vient m'en demander, qu'on dise que je suis sorti et que je « ne dois revenir de toute la journée ! »

L'argent ! voilà, en effet, la véritable occupation de Sganarelle, et voilà la seule ambition légitime de sa vie ! Notre homme, enrichi, veut prendre femme, et encore veut-il que sa femme soit noble. A ces causes, il s'en va demander un bon conseil à son compère Géronimo, qui est un bourgeois de bon sens. Géronimo prenant au sérieux les paroles de Sganarelle, se met en devoir de lui donner un bon conseil. Sganarelle veut se marier, mais d'abord, dit Géronimo, — *Quel âge pouvez-vous bien avoir maintenant?* C'est là, en ces sortes d'affaires, une question bien simple et bien naturelle, et pourtant, Sganarelle ne s'est même pas demandé quel âge il a ! Il faut donc que l'inflexible Géronimo lui fasse son compte : — Vous aviez vingt ans avant d'aller à Rome ; vous y êtes resté huit ans, sept en Angleterre, cinq en Hollande, etc., total cinquante-deux ! Vous avez cinquante-deux ans, seigneur Sganarelle, songez-y ! Mais Sganarelle de répondre : — *Est-ce qu'on songe à cela ?* Et puis, j'ai l'œil vif, la poitrine forte, le jarret nerveux... A quoi Géronimo répond, de son côté, « que le mariage est en soi une folie, à laquelle il faut que les jeunes gens pensent bien mûrement avant de la faire ; « *mais les gens de votre âge n'y doivent point penser du tout.* » Bref, Géronimo qui a promis à Sganarelle un bon conseil, *foi d'ami !* déclare Sganarelle le *plus ridicule du monde*, « si, ayant été libre jusqu'à cette heure, vous alliez vous charger maintenant de la plus pesante des chaînes. »

Sganarelle poussé à bout par ce bon conseil, qu'il a imploré avec tant d'instance, met en avant des raisons sans réplique. — Il est *résolu* de se marier. — C'est une fille *qui lui plaît* et qu'*il aime de tout son cœur*. — Il l'a *demandée* à son père. — Le mariage doit *se conclure ce soir*. — et il a *donné sa parole*. A quoi le seigneur Géronimo changeant de système et renonçant à donner une leçon désormais inutile, et d'ailleurs peu jaloux de se faire un ennemi du seigneur Sganarelle, se met à répliquer : — *Vous avez raison !* je me suis trompé ; *vous ferez bien de vous marier ; — mariez-vous promptement, — et invitez-moi à votre noce*. Géronimo, homme sage et prévoyant, a commencé par faire son office d'ami envers Sganarelle ; Sganarelle veut être flatté, Géronimo flattera Sganarelle ! Et ce butor de Sganarelle, quelle est sa joie d'être ainsi *conseillé ?* « Que j'aurai de plaisir de « voir des créatures qui vont sortir de moi, de petites figures qui « me ressembleront comme deux gouttes d'eau, qui se joueront « continuellement dans la maison, qui m'appelleront leur papa « quand je reviendrai de la ville, et me diront de petites folies les « plus agréables du monde ! » Savez-vous rien de plus charmant que ces petits détails de Sganarelle, *se forgeant une félicité ?*

Donc le compère Géronimo, voyant Sganarelle décidé à accomplir sa sottise, n'y met plus d'obstacle. Il lui laisse épouser *cette jeune Dorimène, si galante et si bien parée*, fille du seigneur Alcantor et sœur d'un *certain* M. Alcidas *qui se mêle de porter l'épée!* Ce bon Sganarelle resté seul, se fait à lui-même cette réflexion comique : *Mon mariage doit être heureux, car il donne de la joie à tout le monde, et je fais rire tous ceux à qui j'en parle.*

Paraît alors Dorimène, belle et galante. Dame! c'est une fille que Molière ne ménage pas. Nous en avons vu beaucoup, dans les livres et dans les comédies du siècle passé, de ces sortes de filles, assez bien nées pour avoir besoin d'être riches, trop pauvres pour se rappeler longtemps qu'elles étaient bien nées; vous en trouverez dans ces qualités-là et à profusion, dans les Mémoires d'un *certain* Casanova qui *se mêlait* de bonnes fortunes. Voilà pourtant à quelles misères descendait la noblesse pauvre, et quelles misères Molière osait raconter à la cour même de Louis XIV! Le noble ainsi ruiné par l'oisiveté, faisait de son fils un escroc et vendait sa fille à un bourgeois enrichi. Dans le *Bourgeois gentilhomme*, Molière nous montre un marquis escroc et une comtesse qui est une franche aventurière; il nous montre, dans le *Mariage forcé*, toute une famille de gentilshommes déshonorée, depuis le père jusqu'à la fille. Cette belle Dorimène, impatiente d'échapper à la pauvreté et aux brutalités de la maison paternelle, ne s'inquiète même pas de regarder le mari qu'on lui donne; pourvu qu'elle soit dame et maîtresse en la maison de ce manant, Dorimène est contente. L'amoureux Sganarelle, qui la trouve belle, et qui n'a jamais été à pareille fête, s'extasie sur son bonheur, et même en termes assez burlesques; elle ne daigne ni l'écouter, ni l'interrompre :

«Vous allez être à moi de la tête aux pieds, et je serai maître de tout, de vos petits yeux éveillés, de votre petit nez fripon, de vos lèvres appétissantes, de vos oreilles amoureuses, de votre petit menton joli..... » Imbécile! qui se condamne déjà par le choix même de ses épithètes. Eh! ne vois-tu pas, malheureux, que plus ses petits yeux sont éveillés, et plus vite ils découvriront ces cinquante-deux ans endormis et blottis sous ta perruque! plus elle porte au vent son petit nez fripon, comme un lièvre qui est en chasse, et moins elle restera à ton vieux foyer domestique, où brûle une flamme terne comme ton esprit; que peux-tu faire de ses lèvres *appétissantes?* et penses-tu qu'elle ira se servir de ses oreilles *amoureuses* à t'écouter? Remarquez en passant comment

Molière force les *turlupins* et les *précieuses*, qui s'étaient si fort déchaînés contre le dialogue de l'*École des femmes* (*tarte à la crème*, par exemple), d'écouter et d'applaudir ici un dialogue, sans contredit beaucoup plus vif.

La réponse de cette galante, éveillée et *friponne* Dorimène aux folies de Sganarelle est ce qu'il y a de plus vrai et de plus naturel. Elle est *tout à fait* aise de ce mariage ; la sévérité de son père la tenait *dans une sujétion si fâcheuse !* elle vivait dans une si dure contrainte ! Mais à présent, Dieu merci, grâce à M. Sganarelle, qui est *un fort galant homme*, elle va *se donner du divertissement et réparer comme il faut le temps perdu.* Monsieur Sganarelle ne sera pas de *ces maris incommodes* qui veulent que leurs femmes *vivent comme des loups-garous* « Je « vous avoue, ajoute Dorimène, que je ne m'accommoderais pas « de cela, et que *la solitude me désespère.* J'aime le jeu, les « assemblées, les visites, les cadeaux et les promenades ; en un « mot, *toutes les choses de plaisir.* Nous n'aurons jamais aucun « démêlé ensemble, et je ne vous contraindrai point dans vos « actions, comme j'espère que de votre côté vous ne me contrain- « drez point dans les miennes ; car, pour moi, je tiens qu'il faut « avoir une complaisance mutuelle, et qu'on ne se doit point « marier pour se faire enrager l'un l'autre. « Puis elle ajoute : « Adieu ! Il me tarde déjà que j'aie des habits *raisonnables* (et « notez qu'elle est excessivement parée et qu'un petit laquais « porte sa queue) pour quitter vite ces *guenilles !* Je m'en vais, de « ce pas, acheter vite toutes les choses qu'il me faut, et *je vous* « *enverrai les marchands.* »

Infortuné Sganarelle et malheureux de bien bonne heure ! Le voilà bien loin de cette belle femme qui devait *lui faire mille caresses, le dorloter, et venir le frotter quand il sera las !* Et qu'il est loin aussi de *ces petites figures qui devaient lui ressembler comme deux gouttes d'eau !* Et ces petits yeux éveillés, et ce petit nez fripon, et ces lèvres appétissantes, et ces oreilles amoureuses, et ce petit *menton joli*, qu'en fera-t-il ? Elle l'a dit elle-même, ici, tantôt. « C'est assez que vous serez assuré de ma fidélité, comme je serai assurée de la vôtre ! » La voilà déjà qui ne veut rien de Sganarelle, pas même sa fidélité !

Il y a dans tout cela une gaieté et une sagesse qu'on ne saurait trop étudier et trop applaudir. Sganarelle, resté seul et encore tout ébloui de ce qu'il vient d'entendre, a recours à son premier conseiller, le prudent Géronimo ; mais cette fois Géronimo, qui sait déjà à l'avance la maxime de l'autre Sganarelle, Sganarelle le faiseur de fagots, le cousin-germain de celui-ci : *Entre l'arbre et l'écorce il ne faut pas mettre le doigt*, Géronimo ne se hasarde plus à donner de bons conseils, il adresse tout simplement ce trop à plaindre Sganarelle au seigneur Pancrace, Aristote-Pancrace, comme l'appelle Sganarelle pour s'en faire écouter.

A l'heure qu'il est, cette scène du docteur Pancrace n'est qu'une charmante scène de comédie. Quand Molière l'écrivit, c'était une action de courage. En ce temps-là, la philosophie de Descartes jetait déjà, dans tous les esprits, ses premières et irrésistibles clartés. L'Université de France, qui jurait encore par son maître Aristote, justement inquiétée des progrès de la doctrine nouvelle, se démenait et s'agitait dans tous les sens, pour faire rétablir dans toute sa rigueur, un arrêt de l'an 1624 qui défendait, *sous peine de la vie*, d'enseigner aucune doctrine contraire aux opinions d'Aristote. La philosophie de Descartes, ainsi menacée, trouvait tout d'abord un appui dans Molière, et sept ans plus tard, un partisan dans Boileau. Or, cette comédie du *Mariage forcé*, écrite par ordre du roi, jouée devant Sa Majesté en plein Louvre, et applaudie à son exemple par les plus nobles esprits de ce temps-là, valait à elle seule tous les livres qu'on pouvait écrire en faveur de Descartes. Il est impossible de se moquer, avec plus de verve et de gaieté, d'Aristote et de sa docte cabale ; ce Pancrace est furieux comme un philosophe ignorant ; il s'emporte en injures, en sottises et en toutes sortes d'excès ; il appelle à son aide le ciel et l'enfer. C'est pourtant un philosophe *qui sait lire et écrire!* comme dit Sganarelle, croyant lui faire le plus rare des compliments.

Le docteur Marphurius n'est guère moins divertissant que le docteur Pancrace. Mais le docteur Marphurius n'a rien d'historique. C'est une invention de Molière. Il se repose, avec cette naïveté pédante, de la colère et de l'emportement aristotéliques de l'autre docteur. Marphurius est un de ces nombreux philosophes que vous rencontrez à chaque page du *Pantagruel*, une de ces perles que Molière a ramassées avec tant de bonheur et de coquetterie dans le riche fumier de Rabelais.

Et ce pauvre Sganarelle qui veut en vain *savoir la destinée de son mariage*, le voilà aussi peu avancé qu'à la première scène de sa comédie ! Il se décide donc à aller chercher un autre flatteur, à aller trouver ce grand magicien dont tout le monde parle tant et qui, par un art admirable, *fait voir tout ce que l'on souhaite*, quand le hasard amène sous ses pas Dorimène et Lycaste son amant. Dorimène est une friponne très-éveillée qui ne prend guère plus de détours avec son amant qu'elle n'en a pris avec son fiancé. Elle ne tient guère plus à Lycaste qu'à Sganarelle. « Je n'ai point de bien, dit-elle à Lycaste, et vous n'en avez point aussi, or vous savez qu'avec cela *on passe mal le temps au monde*. J'ai embrassé cette occasion *de me mettre à mon aise*, et je l'ai fait, sur l'espérance de me voir bientôt délivrée *du barbon que je prends. C'est un homme qui mourra avant qu'il soit peu et qui n'a tout au plus que six mois dans le ventre. (Apercevant Sganarelle.)* Ah ! nous parlions de vous, et nous *en disions tout le bien qu'on en saurait dire.* »

Cette drôlesse, car c'est le mot, est encore de trop bonne maison pour mentir à ce bourgeois qu'elle épouse. Elle le méprise si fort, qu'au besoin elle lui présenterait, comme son amant, M. Lycaste. Tout à l'heure, elle n'a pas daigné répondre un seul mot aux compliments de son grotesque fiancé, comme si les compliments de ce manant ne pouvaient pas s'adresser à une femme de sa sorte ; maintenant qu'elle doit être en peine de savoir si Sganarelle a entendu cette conversation criminelle avec Lycaste, Dorimène ne se donne même pas le souci de s'en informer. En pareille occasion, l'avare (*Plût à Dieu que je les eusse ces dix mille écus !*) se met à la torture. Mais l'avare n'est jamais sûr de son argent. Dorimène, au contraire, est plus que sûre d'épouser Sganarelle, et quand Lycaste, l'amant, se met en frais pour ce pauvre époux, Dorimène l'arrête court dans ses politesses : — *C'est trop d'honneur que vous nous faites à tous deux !* C'est tout à fait comme si elle disait : — *Monsieur ne compte pas !*

Resté seul, Sganarelle prend enfin la résolution de se *débarrasser de cette affaire*. Il va frapper à la porte de son futur beau-père. Le beau-père accourt à la voix de son gendre, et sort de sa maison, mais non pas de sa dignité : — « *Ah! mon gendre, soyez le bien-venu !* » A ce mot : *mon gendre*, Sganarelle s'inquiète de plus belle ; mais le seigneur Alcantor ne lui laisse pas le temps de respirer : — « *Entrez, mon gendre ;* ma fille est *parée* et j'ai donné tous les ordres nécessaires pour cette fête. »

Hélas ! à chaque mot que dit le beau-père, les ennuis de Sganarelle redoublent. Il n'y a rien de heurté dans cet admirable dialogue de Molière ; au contraire, il tire toujours le plus merveilleux parti possible de toutes les idées comiques. Quand, enfin, Sganarelle ose avouer au seigneur Alcantor toutes ses répugnances au mariage projeté, le seigneur Alcantor se retire sans rien laisser paraître de ses chagrins. Dans le fond de l'âme, le bon seigneur, qui veut à tout prix que le ciel le *décharge* de sa fille, est aussi sûr que l'est sa fille, que Sganarelle ne peut lui échapper. Il va donc avertir l'homme d'affaires de la maison, le bretteur d'office, ce *certain* Alcidas qui *se mêle de tirer l'épée*, ce même Alcidas dont l'abbé Prevost a fait plus tard le frère de Manon Lescaut, protégeant de son épée les vices de sa sœur dont il profite et qu'il exploite.

Le bretteur Alcidas, est descendu au dernier degré du gentilhomme perdu de vices et de misères ; — c'est Molière qui l'a indiqué le premier, anticipant ainsi sur la société du siècle suivant ! La rencontre d'Alcidas et de Sganarelle est des plus plaisantes. La politesse du marquis, l'étonnement mêlé de peur du bourgeois, sont du plus haut comique. C'est, au reste, tout à fait ainsi que s'est passé le mariage du chevalier de Grammont. Seulement on comprend fort bien que Sganarelle, ce brave homme qui ne s'est *jamais mêlé* de tenir une épée, aime encore mieux se marier avec la sœur que de se battre avec le frère, mais le chevalier de Grammont, surpris à Douvres par les frères de mademoiselle Hamilton, au moment où il allait passer en France, et retournant en Angleterre pour accomplir à la pointe de l'épée un mariage qu'il fuyait, me paraît un peu plus ridicule que ce bon Sganarelle. Au reste, je ne crois guère que ce soit cette anecdote-là qui ait fourni à Molière le sujet du *Mariage forcé*.

Molière a trouvé le *Mariage forcé* à la même source qui lui a fourni le *Bourgeois gentilhomme*, *George Dandin*, l'*École des Maris*, l'*École des Femmes*, les *Femmes savantes*, le *Malade*

Imaginaire, en un mot toutes ces excellentes et admirables leçons qu'il n'a jamais cessé de donner à la bourgeoisie, dont il était le précepteur assidu et bienveillant, et qu'il a défendue jusqu'à son dernier jour contre les courtisans et les hypocrites ; contre les médecins et les coquettes titrées ; contre les charlatans de toute espèce, quelle que fût leur origine ou leur crédit.

LE SICILIEN. — LE BARBIER DE SÉVILLE.

Le *Sicilien* fut l'ornement le plus durable des fêtes royales de 1667, à l'instant même où régnait mademoiselle de La Vallière sur le cœur du plus beau et du plus grand roi de l'Europe. Tout ce que l'imagination la plus fraîche a pu réunir de sentiments les plus délicats, Molière l'a jeté à profusion dans cette petite pièce. Un vieil Italien de la Sicile, amoureux et jaloux, retient cachée dans sa maison une belle fille, Isidore, jeune esclave grecque, car Molière a inventé avant Byron, les belles esclaves, qui se souviennent de leurs antiques prérogatives. Notre gentilhomme sicilien don Pèdre, bien renfermé dans sa maison comme Bartholo, dort d'un œil et veille de l'autre. Cependant, sous les fenêtres de la jeune Grecque se promènent le jeune Adraste et son esclave Ali, comme se promènent sous les fenêtres de Rosine le comte Almaviva et son ancien valet le barbier Figaro.

Mais quelle différence entre ces deux amours, grand Dieu ! entre ces deux confidents ! Le jeune Adraste est naïvement amoureux de la belle Isidore, *il ne lui a parlé encore que des yeux;* son valet Ali, qui est un très-naïf confident, conseille à son maître *de chercher quelque moyen de se parler d'autre manière.* Cet Ali est un homme simple et calme dans son dévouement ; il ne prend pas feu tout de suite, comme le seigneur Figaro ; il n'a pas recours tout d'un coup aux grands moyens, aux grandes phrases, aux hardis conseils ; ce bon Ali comprend confusément qu'un des privilèges, un des grands bonheurs de l'amour, c'est de se suffire à soi-même, et qu'en ceci la complaisance des tiers est souvent odieuse quand elle n'est pas infâme. Dans la pièce de Beaumarchais, je commençais à m'attacher au comte Almaviva, enveloppé dans un manteau et passant la nuit à la belle étoile ; mais aussitôt que je vois arriver ce boulet de canon qu'on appelle Figaro, ce bel esprit qui ne doute de rien, aussitôt, l'intérêt que m'inspirait cet inconnu livré à lui-même, s'efface et disparaît devant le grand seigneur servi avec tant de zèle, de dévouement et de fracas. Parlez-moi du jeune Adraste, parlez-moi d'Ali son humble esclave ! Voilà des gens qui agissent sans bruit, sans éclat, d'une façon timide, en gens qui doivent réussir.

Ici la sérénade commence ; on aurait tort de dédaigner la vieille musique de Lulli qui réchauffait autrefois les vers de Quinault ; cette musique est agréable et toute faite naïvement pour les paroles ; elle suffit et au delà à réveiller le vieux tuteur et à le mettre sur ses gardes. Le vieux Sicilien, qui a entendu chanter à sa porte et qui se doute que *cela ne se fait pas pour rien*, sort de chez lui pour découvrir *quels gens ce peuvent être ;* alors notre homme apprend une partie de cette intrigue ; on en veut à sa maîtresse ; on charge de malédictions ce *traître de Sicilien*, ce *fâcheux*, ce *bourreau*. A ces mots, le Sicilien donne un soufflet au valet d'Adraste, en disant : *Qui va là !* A quoi Ali répond par un soufflet avec ce mot : *Ami !* Je donnerais, je crois, tout *le Barbier de Séville* pour cette réponse-là.

Le Sicilien, peu satisfait du mot d'ordre d'Ali, appelle à son aide toutes sortes de domestiques qu'il n'a jamais eus à son service : Francisque, Dominique, Simon, Mathieu, Pierre, Thomas, etc. A cette kyrielle de noms, Ali a peur ; Ali n'est pas comme mons Figaro, qui ne doute de rien, et il n'en est que plus plaisant. Quant au nombreux domestique imaginaire de notre Sicilien, il ne se montre pas, il est vrai, mais il est plus amusant cent fois que Lajeunesse et Léveillé, ce Léveillé *maudit*.

Voilà notre jaloux qui est sur ses gardes. C'est maintenant, s'il veut approcher de sa maîtresse, qu'il faut au jeune Adraste un peu d'esprit et beaucoup d'amour. Or Adraste est en fonds de bonnes ruses ; pour aller à son but Adraste n'a pas besoin, comme le comte Almaviva, que son valet lui prépare toutes les voies. « Moi je reste ici où, par la puissance de mon *art*, je vais *d'un « seul coup de baguette endormir* la vigilance, *éveiller* l'amour, « *égarer* la jalousie, *fourvoyer* l'intrigue, *renverser* tous les « obstacles ! » s'écrie mons Figaro. Ce Figaro est un tapageur qui fait plus de bruit que de besogne.

Pendant que le jeune Adraste se met en quête de sa ruse amoureuse, notre Sicilien, qui est beaucoup moins niais, moins sot, moins brutal, moins ridicule que Bartholo, surveille son esclave d'une façon plus habile et moins compliquée que Bartholo ne surveille Rosine. Don Pèdre, il est vrai, ne compte pas les feuilles de papier qui sont sur la table d'Isidore ; il ne s'inquiète pas si le doigt ou la plume de sa belle esclave sont *tachés d'encre*, et si elle envoie des cornets de bonbons à la petite Figaro. (Cette petite Figaro est-elle la fille d'un premier lit? Figaro était donc veuf quand il épousa Suzanne?) Don Pèdre le Sicilien est bien aise *de ne pas quitter Isidore, et de l'avoir toujours à ses côtés.* Et cette nuit dit-il, *on est venu chanter sous mes fenêtres.*

Si le jaloux don Pèdre est beaucoup mieux élevé que Bartholo, la belle fille grecque est cent fois plus modeste, plus retenue et plus gracieuse, que mademoiselle Rosine. Jamais peut-être Molière n'a représenté avec plus de goût les innocentes coquetteries d'une jeune et belle femme d'esprit. Isidore se défend non pas avec toutes sortes de mensonges et de colères, comme fait Rosine, mais elle se défend en disant naïvement ce qu'elle a sur le cœur. — Ainsi fait Isabelle dans *l'École des Maris*, ainsi fait Agnès dans *l'École des Femmes.* « A quoi bon dissimuler? dit Isidore. « Quelque mine qu'on fasse, on est toujours bien aise d'être aimée, « et les hommages à nos appas ne sont jamais pour nous déplaire. « Quoi qu'on puisse dire, la plus grande ambition des femmes « est, croyez-moi, d'inspirer de l'amour. » Comparez donc ce dialogue avec le dialogue de Bartholo et de Rosine. — « *Bartholo* : « Je vous parie que Figaro était chargé de vous remettre une « lettre? — *Rosine* : Et de qui donc, s'il vous plaît? — *Bar-* « *tholo* : Oh! oh! de qui? de quelqu'un que les femmes ne nom- « ment jamais!... — *Rosine* : Êtes-vous point jaloux du barbier? « *Bartholo* : De lui tout comme un autre! »

Ce qu'il y a de plus étrange dans la pièce de Beaumarchais, c'est la façon dont Figaro, le valet du comte, ose parler de Rosine à Rosine elle-même : « Figurez-vous la plus jolie *petite mignonne*, douce, tendre, *accorte* et fraîche, *agaçant l'appétit*, pied *furtif*, etc. » — De bonne foi, est-ce donc ainsi qu'un messager d'amour oserait parler à une honnête fille que son maître veut épouser? Et cette Rosine qui se laisse traiter ainsi et qui s'écrie : — *Ah! que c'est charmant!* peut-elle donc se comparer à la jeune fille, si naïve et si chaste que nous montre Molière?

Et pourtant Rosine est une fille noble, Isidore est une esclave; Rosine est volée par son tuteur, Isidore est l'obligée de don Pèdre; Rosine pourrait être beaucoup plus intéressante qu'Isidore, et qu'il a fallu être un grand rustre et un mal-appris pour avoir fait une pareille coureuse de Rosine!

Il faut dire aussi que dans la maison de Bartholo, malgré tout le grand bruit qui s'y fait, malgré tout le mouvement qu'on s'y donne, rien n'avance. Le jeune Adraste en fait plus, en un tour de main, que Figaro avec ses sternutatoires, ses coups de lancette et ses cataplasmes sur l'œil de *la mule aveugle*. Adraste est moins niais que le comte Almaviva; il dresse lui-même son plan de bataille; il n'a besoin du secours de personne; il est son propre conseiller à lui-même, et avant d'arriver à son but il ne sera pas éconduit trois ou quatre fois comme un sot. Le peintre Damon qui est son ami, *et qui devait faire le portrait de cette adorable personne*, l'envoie à sa place chez le Sicilien; comme il *manie le pinceau*, contre la coutume de France *qui ne veut pas qu'un gentilhomme sache rien faire*, il aura au moins la liberté de voir cette belle à son aise. Il entre donc chez son jaloux.

Or cette entrée d'Adraste, chez sa jeune maîtresse, est cent fois préférable à l'entrée du comte Almaviva chez Rosine. Cet homme *qui paraît avoir du vin*, comme dit Bartholo, emploie un triste moyen pour être le bien-venu auprès d'une fille bien élevée. Encore si ces jurons de sacripant, ces plaisanteries de caserne, ces quolibets de café, menaient cet homme à quelque chose! Mais non, le docteur a réponse à tout, et il le congédie comme on ne mettrait pas à la porte un trompette. Ce n'était donc pas la peine de se donner tant de mal pour remettre à Rosine une lettre que le barbier Figaro lui aurait tout aussi bien remise.

Cependant Rosine, au désespoir de voir son amant repoussé avec perte, menace de s'enfuir de cette maison *et de demander retraite au premier venu*.

Et dans la scène principale, qui est toute la comédie, quand enfin les deux amants de Molière sont en présence, comme cette fois éclatent librement l'esprit et l'amour! Adraste ne peut se lasser de contempler celle qu'il aime. Il a un si bon prétexte pour s'approcher, pour étudier son beau visage. « Oui, levez-vous un

« peu, s'il vous plaît ; un peu plus de ce côté-là ; le corps tourné
« ainsi ; la tête un peu levée, afin que la beauté du cou paraisse ;
« ceci un peu plus découvert (*il découvre un peu plus la gorge*),
« bon, là, un peu davantage, encore tant soit peu ; — un peu plus
« de ce côté, je vous prie, vos yeux tournés vers moi, vos regards
« attachés aux miens ! » Comme tout cela est charmant ! comme
tout cela aurait besoin d'être joué avec beaucoup de goût, de retenue, de modestie, et de politesse. Savez-vous aussi une plus adorable réponse que la réponse au jaloux Sicilien poussé à bout par toutes ces galanteries? Isidore le calme quelque peu en lui disant avec un doux sourire : *Tout cela sent la nation, et toujours messieurs les Français ont un fonds de galanterie qui se répand partout.*

Au contraire, quand le comte Almaviva donne à Rosine sa leçon de musique, il est dans une si fausse position qu'à peine peut-il adresser un mot à cette belle fille qu'il aime. Et pendant que chante Rosine, que fait Bartholo? Bartholo fait sa barbe, c'est-à-dire qu'il traite Rosine comme on ne traite guère que la dernière des servantes. Et pendant que Bartholo livre son menton au rasoir, pendant que le barbier couvre d'écume et de quolibets cette tête grotesque, les deux amants, espionnés de si près, peuvent à peine échanger un tendre regard. Que diable ! c'est faire jouer pendant toute cette pièce, un bien triste rôle à l'amoureux comte Almaviva.

Adraste, lui, est bien plus heureux ; *il a toujours coutume de parler quand il peint*, car il est besoin dans ces choses d'un peu de conversation « pour réveiller l'esprit et tenir les visages
« dans la gaîté nécessaire aux personnes que l'on veut peindre! » Précepte excellent dont nos peintres de portraits se devraient souvenir un peu plus.

Notez que dans la contrefaçon de Beaumarchais je n'ai pas relevé cet odieux personnage de Basile, qui n'a rien à faire dans cette intrigue d'amour, non plus que les prétentions littéraires, philosophiques et politiques de M. Figaro, qui jettent quelque chose de si triste sur cette histoire des jeunes passions ; je laisse de côté, la comparaison le tuerait, ce style heurté, haché, saccadé, railleur, fatigant, goguenard, auquel on ne peut rien comparer dans aucune décadence.

Ce qui n'empêche pas Molière, quand il veut, de faire lui aussi sa petite scène politique : par exemple, la dernière scène du *Sicilien*, quand don Pèdre va se plaindre chez ce jeune sénateur tout occupé de danses, de concerts, de plaisirs de toutes sortes ; aimable censure dirigée, sans fiel, contre les jeunes successeurs éventés et élégants d'Omer Talon et de Mathieu Molé.

Tel est ce petit chef-d'œuvre de Molière que Beaumarchais gaspilla, sans qu'une voix s'élevât pour prendre la défense de l'œuvre originale. On ne saurait croire la finesse, la grâce, et toute la délicatesse de ce dialogue. C'était d'ailleurs la première comédie en un acte qui fût ainsi dégagée des grossières et plaisantes bouffonneries dont se composaient alors ces petites pièces sans façon. Du *Sicilien* datent tous ces ingénieux petits actes auxquels personne n'avait pensé, avant Molière. Relisez avec soin cette prose si remplie de toutes sortes d'élégances, de finesse et de tours nouveaux, et vous reconnaîtrez à coup sûr la source et la cause première de la comédie de Marivaux.

D'où je conclus : Molière, — ô le plagiaire ! — a pris l'intrigue, l'idée première et les personnages principaux du *Sicilien*, dans *le Barbier de Séville* de Beaumarchais !

Chose singulière : *le Sicilien* a été *créé* (en argot de coulisses) par Molière, le roi Louis XIV, mademoiselle de La Vallière, madame Henriette d'Angleterre, et par deux Noblet, Noblet aîné, le chanteur, Noblet cadet, le danseur. Vous savez, et les races futures le sauront, si les principaux acteurs de cette petite comédie ont eu à subir des fortunes bien diverses. Henriette d'Angleterre a passé, de cette comédie amoureuse, dans une oraison funèbre de Bossuet où elle jouait un rôle touchant et terrible ; mademoiselle de La Vallière est devenue en peu de jours de ces tendresses folles : sœur Louise de la Miséricorde.

Enfin, deux ou trois fois depuis ce temps, la dynastie de Louis XIV a été effacée du livre d'or de la France ; Molière cependant, debout au milieu de tant de ruines, après que tous les bronzes et tous les marbres à l'effigie *impérissable*, à l'honneur *éternel* des rois de France ont été fondus et brisés, obtient, au beau milieu de Paris, les honneurs d'une statue de marbre et de bronze ; quant à la dynastie des Noblet, elle existe ; il n'y a pas déjà si longtemps que l'on disait : *Les trois Noblet !*

LE MISANTROPE. — LES DÉBUTANTS. — M. DEVÉRIA. LA VILLE ET LA COUR. — ALCESTE. — MOLIÈRE. — CHAPELLE.

Le Misantrope est le grand cheval de bataille des débutants et des débutantes que le Conservatoire envoie, à certaines heures néfastes, sur les planches du Théâtre Français. A peine, sur quatre ou cinq cents qui se hasardent à cette lutte désespérée contre ces grands rôles d'Alceste et de Célimène, il en reste un à peu près possible. De celui-là la critique peut parler sans honte ; de ceux dont elle ne parle pas, soyez sûr que vous n'aurez rien à regretter. Ils étaient mal venus ; elles étaient peu intelligentes ; ils étaient cruellement embarrassés dans leurs habits brodés ; elles se retournaient, de temps à autre, pour voir la queue de leur robe, et cette queue les épouvantait, comme eût pu faire un serpent boa. Ils étaient si tristes, si malheureux ! Elles étaient si tremblantes, si enrouées ! Que voulez-vous que fasse la critique avec de pauvres êtres, morts à l'avance ? Il n'y avait donc qu'à fermer les yeux, à se boucher les oreilles, à les voir entrer d'un côté, à les voir sortir de l'autre et : *Bonsoir*. Voilà justement ce que j'ai fait toute ma vie, oubliant les pauvres gens qui ne méritaient que des critiques et les laissant mourir de leur belle mort. J'ai en horreur les méchancetés inutiles ; à aucun prix je ne voudrais dire à un homme : — *Vous êtes un mauvais comédien, vous êtes un mauvais poëte*, si à toute force il n'y a pas, à côté de cette cruauté salutaire, quelque moyen de sauver ce malheureux de sa propre sottise. A aucun prix je ne voudrais dire à une femme : — Vous êtes laide, vous êtes mal faite, votre voix est aussi rauque que votre main est rouge, si, au bout du compte, il n'y a pas quelque parti possible à tirer de cette femme, comme, par exemple, de faire d'une reine triviale, une confidente passable ; de changer une ingénue en mère-noble, et de prouver victorieusement à Madame la confidente qu'elle serait une très-bonne ouvreuse de loges — et toujours ainsi jusqu'à la fin.

Il faut que la critique ait quelque peu les vertus contraires de la lance d'Achille, qui blessait et qui guérissait en même temps ;

quand la critique n'a rien à guérir, il faut qu'elle se taise et qu'elle laisse passer les avalanches des comédiens médiocres et des comédiennes impuissantes. D'ailleurs, le Théâtre-Français n'est pas ouvert pour qu'on s'y amuse tous les jours. Il faut bien que les petits et les faibles aient le droit, de temps à autre, d'y venir essayer leurs premiers roucoulements dramatiques. Les Iphigénies à la lisière, les Achilles en sabots, les Frontins de province, les Célimènes de Vienne en Dauphiné [1] et de Saint-Pétersbourg, tous les grands génies en herbe du Conservatoire, ont un mois, chaque année, pour arpenter ces nobles planches.

Allons, ouvrons la porte aux enfants; entourons de miel les bords de la coupe, mouchetons le poignard, modérons la clarté du lustre, que tout ceci se passe en famille, que le père, les frères, les sœurs, les amis, les coreligionnaires soient seuls admis dans ce temple auguste; que la mère d'actrice, ce type éternel de l'enthousiasme à volonté, fasse entendre tout à l'aise ses sanglots et son gros rire; et toi, critique, ma mie, tu n'as rien à voir dans ces scènes d'intérieur, va te promener.

La critique abandonne — et elle fait bien — toutes ces bonnes petites gens tragiques ou comiques à leur propre génie. A Dieu ne plaise que je chagrine ces gloires naissantes, que je prenne à partie ces Agamemnons et ces Frontins de hasard! Il faut encore un certain mérite pour qu'un homme d'une certaine valeur vous fasse l'honneur de vous examiner, de la couronne d'or aux talons rouges, de l'éventail au brodequin. N'obtient pas qui veut les sarcasmes, c'est-à-dire l'attention de la presse; pour ma part, je ne sais pas de châtiment plus grand qu'un silence obstiné, ce qui ne veut pas dire que même les artistes dont s'occupe la critique, aient toujours un grand avenir devant eux, témoin un jeune homme qui a très-bien joué le rôle d'Alceste à côté de mademoiselle Mars, et qui a disparu, on ne sait où, après avoir été fort applaudi.

Ce débutant portait un nom cher aux beaux-arts, il s'appelait Devéria, et il était un peu le cousin de celui qui a fait *la Naissance de Henri IV*, et d'Achille Devéria, le père infatigable de cette charmante et élégante famille de jeunes gens et de jeunes femmes

---

1. Pourquoi Vienne (en Dauphiné) venait-elle ainsi sous ma plume? Elle allait, avant peu nous envoyer, tout brillant d'antiquité, de poésie et de bon sens le jeune auteur de *Lucrèce*, d'*Ulysse* et de *Charlotte Corday*!

qui jouent, dans ses compositions faciles, le drame éternel et toujours changeant de la jeunesse et de l'amour. Notre débutant était un jeune homme à tête ronde ; il était fort intelligent et ne disait pas mal les vers de Molière ! Mais, grand Dieu ! s'écriait le feuilleton, quel bourgeois est-ce là pour représenter Alceste !

Alceste, le nouveau débarqué de Versailles, ce beau gentilhomme qui est élégant malgré lui, cet homme honnête et sérieux, qui a pour ennemis tous les mauvais poëtes, pour rivaux tous les fats de la cour; Alceste représenté par un jeune fourrier de la garde nationale de Marseille ! Cela est étrange ! Et notez bien que, non content d'être un bon jeune homme sans façon, parlant comme tout le monde, entrant dans un salon comme vous et moi nous y pourrions entrer, vêtu à la diable, empêtré dans ses dentelles d'emprunt, gêné dans son habit de louage qui craquait de toutes parts, haut perché et portant une perruque aussi mal peignée que des cheveux naturels, notre débutant, pour mieux entrer dans l'esprit de son rôle, se croyait encore obligé de forcer sa nature bourgeoise, de vulgariser son geste, de se faire bonhomme et brusque plus encore qu'il ne l'est d'ordinaire ! Aussi je ne crois pas que jamais nous ayons pu voir un plus singulier Alceste. M. Devéria avait tout à fait l'air de ces enrichis de la Chaussée-d'Antin qui, une fois gros propriétaires, se font nommer membres du conseil général ou de la Chambre des députés. Soudain, vous voyez notre homme enflé de sa gloire, faisant le gros dos, suant sang et eau pour nous donner le sentiment de son importance. Restons, chacun dans notre naturel, ne forçons point notre talent. Nous ne sommes que des bourgeois, restons des bourgeois, et surtout ne donnons pas la patte, mal à propos.

« Pour faire un civet de lièvre, prenez un lièvre, » disait *la Cuisinière bourgeoise* ; « pour faire un gentilhomme de la Chambre, prenez un gentilhomme ! » ajoutait le roi Louis XVIII ; à plus forte raison, pour représenter Alceste, ne prenez pas un bonhomme, sans façon, commun, vulgaire et trivial ; un homme en un mot aux antipodes du rôle d'Alceste, un pareil homme ne sait pas, et comment voulez-vous qu'il le sache dans ce pêle-mêle de toutes choses ? qu'il y avait, autrefois, deux sociétés bien différentes, Paris et Versailles, la ville et la cour ; ces deux sociétés étaient bien plus séparées l'une de l'autre, que si elles l'eussent été par des montagnes et par des villes, elles étaient séparées par les usages et par les mœurs. Ce n'était, des deux parts, ni la même langue, ni les mêmes façons d'agir, ni la même manière de saluer; ce n'était pas le même geste, le même regard, la même façon de se haïr ou de s'aimer. C'était, en un mot, tout à fait autre chose que ce que nous sommes, nous autres bourgeois renforcés, bourgeois constitutionnels. Cette société à part dont Molière a fait surtout le portrait dans *le Misantrope*, est morte pour ne plus revenir; elle a été égorgée sur l'échafaud, elle s'est perdue dans l'exil; ses derniers représentants ont disparu presque tous, et les faibles débris qu'elle a laissés se sont perdus, engloutis dans la démocratie envahissante. Et voilà, ce qu'un honnête comédien, qui ne songe qu'à se bourrer de prose et de vers, ne peut pas deviner.

Et quand bien même vous lui apprendriez toutes ces choses, à quoi bon? Il me semble que je l'entends déjà qui s'écrie : — « Mais puisque toute cette vieille société française est à jamais perdue, et puisque, de votre propre aveu, pas un témoin ne reste du Versailles de Louis XIV, où voulez-vous que je cherche mes modèles? Quels grands seigneurs poseront devant moi? Qui pourra me donner des leçons d'élégance, de politesse, et m'apprendre à jouer convenablement *le Misantrope?* » Or ce comédien-là serait dans son droit.

Toujours est-il, cependant, que même en l'absence de tous les modèles du bon goût et de la bonne grâce du dernier siècle, dont M. le prince de Talleyrand était à peu près le dernier représentant parmi nous, il est impossible que le rôle d'Alceste soit ainsi abandonné au premier venu qui se sentira le courage de déclamer ces beaux vers. Une pareille profanation est tout à fait insupportable. Savez-vous bien qu'Alceste c'est Molière en personne? C'est lui, c'est sa bonté, c'est son esprit, c'est son austérité tant soit peu janséniste, c'est le ton parfait qu'il avait pris, de très-bonne heure, dans l'intimité du prince de Conti et dans les petits appartements du roi ; c'est son amour passionné pour cette indigne femme, si jolie et si éclatante, qui l'a rendu le plus malheureux des hommes ; c'est cette jalousie cachée dont il rougissait en lui-même comme il eût rougi d'une mauvaise action. Dans cette grande comédie du *Misantrope*, Molière est tout entier.

On disait, de son temps, qu'Alceste c'était M. de Montausier,

M. de Montausier répondait que, s'il était vrai, Molière lui avait fait trop d'honneur; M. de Montausier avait raison. Il y a dans ce caractère si rempli de loyauté et de franchise, quelque chose de plus qu'un grand seigneur honnête homme, mécontent et frondeur; il y a un homme de génie qui souffre, un philosophe qui attend, un cœur blessé et sans espoir; il y a surtout un homme excellent, dévoué, méconnu, plein de bon sens, même dans les écarts de la passion la plus légitime et la mieux sentie. Cet homme passionné est un sage qui sait très-bien à quelle folie il est en proie; il aime sa folie, il se ferait tuer pour elle.

De là tout l'intérêt que vous portez à cette noble misère. S'il ne s'agissait, en effet, que d'un malheureux misantrope, à la façon du Timon de Shakspeare, haïssant ses semblables, parce qu'il fait supporter à tous, les crimes, les mensonges, l'égoïsme et les calomnies de quelques-uns, nous ne pourrions guère nous intéresser à cet homme injuste et cruel. Mais il s'agit d'une pauvre âme en peine toute disposée à l'amour, à l'amitié, aux plus doux sentiments du cœur, et qui se voit forcée de cacher, comme on cacherait un ridicule, tous ces rares trésors dont personne ne veut sa part. De là vient le chagrin qui aigrit cet homme, de là vient cette mauvaise humeur qu'il nous fait subir. Ah! s'il était heureux quelque peu, si sa belle maîtresse était moins coquette, si elle lui souriait d'un sourire moins perfide, si elle lui tendait une main plus tendre, si son regard était moins doux pour les petits jeunes gens qui l'entourent, si ce pauvre Alceste pouvait la voir enfin tête à tête, cette adorable et adorée Célimène, et si elle venait un seul instant à oublier sa moquerie ingénieuse, son art de voir toutes choses, même l'amour d'Alceste, sous leur côté ridicule, soudain vous verriez notre misantrope changer d'humeur et d'allure.

A l'instant même, autour de cet homme heureux, tout prend un autre aspect, un autre esprit, un autre visage; il trouve que Philinte est le meilleur et le plus indulgent des hommes; il admire le sonnet d'Oronte; il va visiter ses juges pour son procès; il n'y a pas jusqu'à son pauvre valet Dubois qui ne profite de la bonne humeur de son bon maître. Eh! comment donc n'avez-vous pas vu depuis longtemps, que c'est l'amour qui a perverti le caractère de cet homme? Faites qu'il soit amoureux d'Éliante, il sera aussi facile à vivre que Philinte.

Pour moi, je n'assiste jamais à une représentation du *Misantrope* sans me figurer que j'entends Molière lui-même nous raconter les secrets les plus intimes et les plus douloureux de sa vie. Non content de s'être représenté dans le rôle d'Alceste, il a créé le rôle, et avec quelle tristesse et quelle brusquerie il devait le jouer! Célimène, c'est sa femme, Armande Béjart, cette fille si coquette et si futile, et si charmante, qui n'a jamais compris quel noble cœur elle avait blessé à mort; Arsinoé, c'est mademoiselle Duparc, qui abandonna Molière pour suivre Racine, cet ingrat qui trahit son premier bienfaiteur; Éliante, c'est mademoiselle de Brie, l'amie fidèle, dévouée, discrète, intelligente du pauvre Alceste, la main cachée et modeste qui essuyait ses grosses larmes; Acaste et Clitandre, ces deux héros de l'Œil-de-Bœuf, vous représentent M. le duc de Guiche et M. de Lauzun, les galants de mademoiselle Molière; on sait aussi qu'Oronte s'appelait, à la cour, M. le duc de Saint-Aignan; qu'il était un des aimables grands seigneurs, aimables si l'on veut, qui croient faire trop d'honneur aux gens d'esprit lorsqu'ils entrent dans leurs domaines, tout éperonnés, le chapeau sur la tête et le fouet à la main, comme le jeune roi Louis XIV entrant au Parlement.

Quant à Philinte, il était un des amis familiers de Molière, il s'appelait Chapelle, il était un de ces bons vivants à qui il ne faut demander que ce qu'ils peuvent raisonnablement apporter dans la société de leurs amis, où ils jouent le rôle facile de despote et de tyran : à savoir, grand'faim, grand'soif, grand éclat de rire, et voilà tout! Ces gens-là, dans leurs bons moments, vous empruntent votre argent, votre esprit, vos maîtresses, votre bel habit et votre plus beau cheval; vous les aimez comme un bon oncle aime son coquin de neveu, en raison des sacrifices qu'il fait pour lui. Plus ils vous coûtent et plus ils vous sont chers, car, Dieu merci! le sacrifice est une grande façon d'aimer.

Ainsi était Chapelle : il avait tout l'esprit qu'il fallait pour comprendre l'esprit de Molière; il opposait sa gaieté à la tristesse de Molière; il riait dans cette maison dont le maître était si triste; il arrivait toujours à temps pour mettre le holà dans les querelles conjugales; il excusait mademoiselle Molière quand la galande rentrait trop tard; il était dans les bonnes grâces de la vieille Laforêt, dont il faisait valoir les fourneaux; il faisait les honneurs de la petite maison d'Auteuil, dont il était le propriétaire plus que Molière. On eût dit, à voir Chapelle, à l'entendre, que l'auteur du *Misantrope* n'avait pas de meilleur ami. Seul, Molière ne s'y trompait pas ; il savait bien jusqu'où pouvait aller l'amitié de Chapelle. L'ami qu'il avait rêvé, il ne l'avait pas plus trouvé que la maîtresse qu'il avait aimée. Pauvre Molière ! Toute cette comédie du *Misantrope* est sa vie. Ce sont ses mœurs, ses amours, ses amitiés, qu'il a placés là tout exprès pour en tirer la plus admirable comédie du théâtre, la première comédie de mœurs qui eût été entreprise par Molière !

Cette fois, Molière abandonnait, pour tout de bon, Plaute et Térence, ses premiers maîtres ; il n'obéissait plus qu'à son génie ; il n'avait plus d'autres modèles que lui-même et le monde ; il nous montrait tout vivants ces mêmes personnages qu'il avait esquissés d'une main si délicate et si hardie dans *l'Impromptu de Versailles.* Quelle touche ingénieuse et en même temps quel rare génie ! Avec quelle dignité il gourmande les défauts de la personne aimée, et comme il se représente lui-même, tel qu'il était à son dire : *Ne se servant de sa raison que pour mieux connaître sa faiblesse !* En même temps, comme chacun de ces personnages parle le langage qu'il doit parler, comme la comédie conserve tous ses droits d'un bout à l'autre de la pièce, en dépit de Voltaire lui-même qui prétend y retrouver le ton et la forme de la satire !

Chemin faisant, vous assistez à toutes sortes de tours de force. La chanson du bon Henri : *Si le roi m'avait donné,* réhabilitée à ce point, que Baron faisait pleurer d'aise tous ceux qui l'entendaient ; le sonnet d'Oronte, applaudi d'abord par le parterre comme un de ces *ouvrages sans défaut,* dont *l'Art poétique* devait parler plus tard, et l'instant d'après hué à outrance, dans ce même parterre et par l'ordre même du poëte qui fait rougir son public de son admiration facile ; le portrait du comte de Guiche, l'amant de mademoiselle Molière avec sa *perruque blonde,* ses *amas de rubans,* sa *vaste ringrave,* son ton de fausset, est d'une critique excellente ; et ce devait être charmant à entendre Molière parlant ainsi à sa femme, de ce galant dont chacun savait le nom. Quant au personnage de Célimène, ne demandez pas s'il appartient à la cour ou à la ville ; il est moitié l'un, moitié l'autre. En ceci la grande dame ne se montre pas plus que la bourgeoise; Célimène est une exception, dans ce siècle et dans cette comédie, tout comme mademoiselle de Lenclos était une exception. La lutte des deux amants est admirable; tout l'amour est d'un côté, de l'autre côté est toute l'estime; l'homme est amoureux, mais il n'est que cela; la femme est bienveillante, mais elle n'est que cela; elle voudrait aimer ce sévère amant, mais en vain, elle est trop futile et trop mignonne. C'est Molière qui l'a dit quelque part en prose aussi bien qu'il le dit en vers : « Ma jeune « femme est sensible au plaisir de se faire valoir, elle veut jouir « agréablement de la vie, elle va son chemin, elle dédaigne de « s'assujettir aux précautions qu'on lui demande. » Ainsi il parle d'elle, ainsi il se plaint, ainsi il pleure *sur cette négligence qu'il prend pour du mépris;* mais elle, elle rit toujours, elle le laisse *impitoyablement dans sa passion*, elle rit de sa faiblesse; que Dieu lui pardonne à cette femme d'avoir rendu un pareil homme si malheureux!

Si M. le comte de Guiche est tourné en ridicule, vous aurez remarqué sans peine que M. de Lauzun est encore plus maltraité que le comte. Celui-là, Molière ne se contente pas d'en rire à propos de ses ajustements, de ses rubans, de sa *ringrave*, il le traite avec autant de mépris qu'eût pu le faire M. de Saint-Simon lui-même. Il s'étonne, lui, Molière, valet de chambre du roi, de ces gens qui *ont gagé* de parler à la cour *il ne sait comment;* il se demande de quel droit ces gens-là *s'introduisent dans tous les entretiens?* Il couvre de son mépris *ces grandes brailleries!*

Trois ans plus tard, Molière eût moins maltraité M. de Lauzun, M. de Lauzun était à la Bastille. Mais en l'an de grâce 1666, M. de Lauzun était le favori du roi, il était l'homme à la mode; toutes les femmes couraient après le beau cavalier qui les maltraitait toutes; déjà, pour lui, mademoiselle de Montpensier avait refusé la main du roi de Portugal, et n'est-ce pas merveilleux, que Molière, avec son inaltérable bon sens, ait deviné et flétri à l'avance l'égoïsme de ce parvenu, l'ingratitude sans bornes de ce merveilleux, si peu digne de la tendresse infinie de la plus grande dame de France, après la reine! Pauvre femme amoureuse; elle a écrit, d'un doigt tremblant, le nom de Lauzun sur une glace ternie de son souffle brûlant, car Lauzun la força de se déclarer elle-même! Et plus tard, quand cette princesse pour le tirer de son cachot, eut engagé, aux enfants doublement adultérins de madame de Montespan, tout ce qui restait de la fortune du roi son père, avec quelle indignité M. de Lauzun la paya de ces tendresses et de ces bienfaits! J'en atteste ces plaintes si tendres et si remplies de résignation que vous pouvez lire dans les *Mémoires de Mademoiselle de Montpensier.*

S'il vous plaît aussi, vous remarquerez la belle tirade d'Éliante :

L'amour pour l'ordinaire est peu fait à ces lois.

C'est là tout ce qui nous reste d'une traduction de Lucrèce entreprise par Molière, comme un fervent disciple de Gassendi qu'il était. Qu'eût dit Lucrèce, s'il eût pu savoir qu'il écrivait ainsi les plus jolis vers qui se pussent placer dans la bouche d'une jeune femme? L'instant d'après, toujours à propos de ce malheureux sonnet d'Oronte, Molière emprunte à Despréaux une de ces vives boutades que l'auteur des *Satires* se permettait devant madame de Maintenon elle-même, à propos de Scarron. — Ce troisième acte est égal aux deux premiers. Alceste n'y paraît qu'à la dernière scène, et cependant l'action est vive, nette et rapide. Les divers personnages de la comédie s'y montrent enfin dans toute leur vérité. Le poëte, il est vrai, les maltraite à outrance, mais toujours comme un homme de bonne compagnie qui se venge à plaisir des fats qui lui ont déplu. Cette fois encore, M. de Lauzun est entrepris de plus belle, c'est bien le même Lauzun tel que chacun le devait voir plus tard, quand à force d'insolence il fut chassé de la cour. « Blondin, *sans lettres ni aucun ornement dans l'es-*
« *prit,* méchant et malin par nature, également insolent, moqueur
« et bas! » Un peu plus loin, et pour compléter sa vengeance, Molière met en présence les deux amants de sa femme, M. de Guiche et M. de Lauzun.

Cette fois *les marquis* sont voués au plus cruel ridicule; à ce point, qu'une jeune fille qui s'allait marier, après avoir assisté à la première représentation du *Misantrope*, ne voulut plus être marquise. Quant à ceux qui aiment un peu de coquetterie dans les femmes, qui trouvent que cela leur va bien et que c'est un utile assaisonnement de l'amour, ils liront avec joie le terrible portrait de la prude, tracé de main de maître. Avec un cœur aimant, Molière a dû se demander plus d'une fois, s'il n'avait pas eu tort d'épouser une femme si jeune, et si parée, et s'il n'eût pas été plus heureux avec une personne moins avenante? A cette question qu'il s'adressait à lui-même, il se sera fait cette terrible réponse : le portrait de la prude! Il se sera absous lui-même, et il aura tiré tout bas cette conclusion : Qu'après tout il y avait une certaine compensation ineffable dans les peines les plus cruelles de l'amour. — D'ailleurs, il est si bon homme! L'heure arrive où cette belle Célimène va être attaquée de toutes parts; il faut bien qu'au moins elle n'ait pas à rougir devant la prude Arsinoé. Soyez tranquilles, Molière connaît le cœur humain; il sait que tant qu'une femme est jeune et belle, on la peut livrer sans peur à la vengeance des hommes, et que si elle le veut, elle saura tirer bon parti de cette vengeance.

En un mot, ce troisième acte est un chef-d'œuvre auquel je ne crois pas que pour la grâce, pour l'esprit, pour l'infinie variété des détails, on puisse jamais rien comparer. Dans le salon de Célimène, vous retrouvez, presque aussi bien que dans les lettres de madame de Sévigné, le spirituel gazouillement de la plus belle société parisienne au XVIIe siècle. L'épigramme, la satire, la médisance, la calomnie, la passion même y parlent chacune son langage. Le XVIIe siècle ne nous a pas laissé un plus excellent modèle de cette élégante et facile causerie, une supériorité plus que littéraire que nous avons perdue [1] comme tant d'autres plaisirs de l'esprit.

A l'acte suivant, vous retrouvez l'Alceste des premières scènes, mais déjà plus brusque et plus malheureux; ses amours vont si mal, et même en fermant les yeux, il va découvrir, l'infortuné! la vanité, la légèreté, la coquetterie, et le néant de la femme qu'il aime! Aussi bien ne l'approchez pas; gardez-vous de lui dire — *Bonjour!* En ce moment, sa misantropie est à son comble à force d'indécision, d'étonnement et de douleur. Célimène elle-même, oui, sa déloyale maîtresse, entendez-vous comme il la

---

[1]. On dit même que le journal n'est pas tout à fait innocent de cet oubli du grand art de la conversation parisienne. — Alors il faudrait reconnaître, en s'inclinant, que ce reproche est un des plus sévères qui se puisse adresser à l'établissement du journal lettré et causeur.

traite? Quelle verve! quel éclat! quelle colère! et le malheureux, quel grand amour! L'aventure du billet, cette lettre qu'on lui dit adressée à une amie, hélas! c'est une aventure qui est arrivée à Molière. Lui aussi, il a tenu dans ses mains les preuves de sa misère; lui aussi, il n'a pas voulu y croire. L'abbé de Richelieu, agissant en malhonnête homme qui se venge mal du mépris d'une coquette, avait fait tenir à Molière une lettre de sa femme au comte de Guiche, et aux premières larmes de sa femme, qui niait que cette lettre fût adressée à un homme, Molière, à deux genoux, demandait pardon de son emportement. Noble et tendre faiblesse! abaissement auguste! Mais la coquette le regarda pleurer, puis elle se mit à rire et à rappeler son amant.

Si vous savez un trait plus vif que celui de Célimène, coupable, prise sur le fait, pressée de s'excuser, et relevant fièrement la tête en répondant : — *Il ne me plaît pas, moi!* s'il y en a un seul, non pas au théâtre, non pas dans l'histoire, mais dans vos annales secrètes, dans les histoires particulières de chacun de nous, dans ces pages de l'âme que nous tenons en réserve pour nous en souvenir, quand nous sommes bien malheureux, dites-le-moi par charité.

Rien n'est plus beau que le duel d'Alceste et de Célimène; celui-ci, amoureux qui s'emporte et qui pleure ; celle-là, indifférente, qui se moque tout bas de tant de faiblesse. L'amour d'un homme pour une femme n'a jamais été plus loin. Ni Properce, ni Tibulle, n'ont trouvé ces charmants retours de la passion. La Fontaine lui-même, qui appartenait à cette école sensualiste, lui qui a fait le conte de *la Courtisane amoureuse*, n'était pas capable d'imaginer l'adorable faiblesse d'Alceste pour sa maîtresse. Cet amour d'Alceste a précédé tous les amours sérieux des héros de Racine; le *Misantrope* est plus vieux d'un an qu'*Andromaque*, et je ne sais personne qui ressemble plus à notre Alceste, que Pyrrhus.

Vous savez le reste : *ce Misantrope*, qui n'a défendu que son amour, est accablé de toutes parts ; son procès est perdu ; il passe lui-même pour l'auteur d'un libelle infâme, ce qui est arrivé à Molière. Entendez-vous Molière faisant l'histoire du franc scélérat qui l'opprime? Boileau n'a pas été plus loin quand il parle de ce *coquin au visage essuyé*. Savez-vous que l'éloquence n'a jamais parlé un plus fier langage, que la morale n'a jamais flétri le vice avec plus d'indignation! Cette véhémente colère produit sur l'âme autant d'effroi que l'arrivée de la statue du commandeur chez don Juan. Tout se tait autour de cette indignation vertueuse. Seule, tant elle est sûre de ce grand amour, le père de toute indulgence, Célimène ose affronter cette colère, mais cette fois rien n'y fait; elle y perd sa dernière grâce, son dernier sourire, le charme est détruit! C'est justement ainsi qu'Armande Béjart avait perdu Molière, pour n'avoir pas voulu renoncer à cette vie de galanteries sans fin. Molière, le cœur brisé, lui offrait son pardon à ce prix; il eût oublié tous ses crimes, si elle eût voulu l'aimer un peu, tout seul; elle répondit comme Célimène : — *Il ne me plaît pas, moi!* Et alors, Molière, le cœur brisé, se sépara enfin de cette femme, en l'aimant plus que jamais; — il se vengea d'elle en veillant, de loin, sur son bonheur, sur sa fortune, en l'aimant tout bas, en créant tout exprès pour elle le grand rôle de Célimène. Hélas! le malheureux, n'était-ce pas pour approcher encore de celle qu'il aimait toujours, pour lui dire encore : *Je vous aime!* sans lâcheté, pour revoir ce sourire adoré, cette grâce sans égale, toute cette beauté infidèle, qu'il avait composé ce chef-d'œuvre qui devait être le point de départ de la grande comédie?

En effet, et seulement de ce jour à jamais mémorable, le 4 juin 1666, la comédie était trouvée.

Je vous laisse à penser si cette comédie du *Misantrope* devait être bien jouée, avec quelle verve, quel naturel, quel éclat, quel esprit! Molière, Alceste; La Thorillière, Philinte; Oronte, Du Croisy; Célimène, Armande Béjart; Éliante, mademoiselle de Brie; Arsinoé, mademoiselle Duparc; et pour tout dire en quelques mots, à l'œuvre de cette comédie étaient appelées les femmes, les amis, les compagnons de Molière; la maison entière était convoquée à cette fête; les uns et les autres, racontant à cette grande société française cette histoire intime d'un homme de génie dont ils étaient les familiers, les camarades et les témoins.

Hélas! de tous ces comédiens bien élevés, intelligents; animés par la vérité, tout-puissants par la parole, parés comme on l'était à Versailles, imitateurs studieux, qui allaient à l'Œil-de-Bœuf attendre la comédie, pendant que les courtisans attendaient

Louis XIV, les compagnons de M. de Lauzun et de M. de Guiche et de tous les beaux de la cour, hélas ! de toutes ces femmes de tant de grâce, de verve et d'esprit, élégants représentants de la plus belle société du monde, passions contenues, amours voilés, coquetterie savante et calme, de tout ce beau monde évanoui comme se sont évanouies toutes les grandeurs et toutes les élégances de ce beau siècle, il nous restait — aux premiers jours de la Révolution de 1830. — mademoiselle Mars !

ELMIRE. — CÉLIMÈNE. — SYLVIA.

Mademoiselle Mars ! Elle était l'âme et l'esprit de Molière, et pour longtemps, pour bien longtemps, elle a emporté avec elle cette âme et cet esprit-là ! Elle était tour à tour, au gré de son génie, au gré de notre cœur, Célimène, Henriette, Elmire, et comme elle les jouait ces grands rôles dont elle avait les traits, la conscience et l'accent ! Vous rappelez-vous, car de la comédienne, à jamais absente, on ne peut parler qu'à ceux qui l'ont vue, avec quelle grâce et quel charme elle jouait ce rôle d'Elmire exposée aux funestes tentatives de ce vil Tartufe ? C'était bien là tout à fait l'élégante femme de ce bourgeois vaniteux, entêté et médiocre qu'on appelle M. Orgon. C'était bien la femme belle et pleine d'esprit que le ciel avait faite pour être une grande dame de la cour de Versailles, et que son humble naissance a réduite à n'être toute sa vie qu'une modeste bourgeoise de la ville, honnête femme d'esprit parvenue, à force de bon sens et de sagesse, à se renfermer dans l'étroite sphère de son ménage.

Je ne crois pas que même, en lui tenant compte de l'Henriette des *Femmes savantes*, Molière ait créé une femme plus charmante que cette belle et honnête Elmire. Que dis-je? Elmire, Henriette, c'est la même femme. Elmire, c'est Henriette mariée à un bourgeois sur le retour. M. Orgon a vieilli plus vite que sa femme; la chose arrive à tous les hommes d'un esprit subalterne. Elmire a renoncé, en se mariant avec cet homme, au bel esprit, le plus grand luxe du xviie siècle; mais c'est là tout le sacrifice qu'Elmire a pu faire. A aucun prix elle n'eût consenti à se façonner aux exigences dévotes de sa belle-mère, madame Pernelle; aux excès religieux de son mari, M. Orgon. Elle a bien voulu, par pitié, admettre dans sa maison, à sa table, ce vil M. Tartufe, son mari l'ordonne! mais c'est là tout; à peine daigne-t-elle s'inquiéter de ce misérable, dont son instinct de femme lui fait deviner à l'avance toutes les sales perfidies. Elmire, dans ce drame terrible de l'*Imposteur*, c'est tout à fait le point lumineux autour duquel se dessinent à merveille le personnage hideux, et les personnages tristes ou gais, sérieux ou burlesques de ce magnifique et sombre tableau.

Elmire, c'est la providence visible de cette maison attaquée par Tartufe. Sans Elmire, toute cette famille va se rendre à ce bandit. Otez *la Bourgeoise* de cette maison, aussitôt la joyeuse et bonne Dorine, l'aimable soubrette s'en va, loin de ses maîtres qu'elle aime et qu'elle défend à sa manière; Cléanthe, le beau-frère, trouve la porte fermée; Damis est battu par son père; cette douce Marianne, aimable fille sacrifiée à ce misérable, en est réduite à épouser Tartufe; une lettre de cachet jette Valère à la Bastille; il n'y a pas jusqu'à Flipotte, la servante de madame Pernelle, à qui Laurent, le valet de M. Tartufe, ne fasse un enfant adultérin....

Elmire seule est l'espoir, la force, le fossé, le rempart de cette bourgeoisie. Elle est belle et naturellement élégante; elle aime la soie et la dentelle, et mons Tartufe la voyant si avenante et si parée, a perdu sa prudence accoutumée; ainsi cette noble Elmire est sauvée par la coquetterie, à l'instant même où cet imbécile, M. Orgon, allait être perdu par sa dévotion. Quel génie! et que ce Tartufe paraît bien plus hideux à côté de cette charmante femme! Et comme on frémit de dégoût et d'impatience, quand la main de ce misérable effleure seulement cette blanche étamine! Et comme il faut qu'en effet Elmire soit une femme de bon goût et de sincère vertu, pour que, non-seulement M. Orgon, son mari, mais encore nous autres, les spectateurs, nous permettions à Elmire d'implorer un rendez-vous de M. Tartufe! On s'est demandé souvent comment, de cet abominable et hideux personnage, le plus hideux fripon qui ait jamais été hasardé au théâtre, Molière était parvenu à faire une comédie où l'on rit?

La comédie! Elle n'est pas autour de Tartufe, elle est autour de cette belle et chaste Elmire. L'ombre hideuse de Tartufe s'est trouvée si fort enveloppée dans le reflet de cette aimable et chaste existence, que nos yeux ont pu supporter cette ombre dégoûtante sans dégoût. Voilà selon mon humble critique, tout le grand secret de ce chef-d'œuvre.

Mademoiselle Mars avait merveilleusement compris et rendait à merveille les moindres nuances de ce beau rôle. On voyait cependant qu'elle était plus difficilement Elmire que Célimène, et vraiment, en dépit de sa coquetterie et de sa grâce, il y avait encore chez la femme de M. Orgon trop d'éléments bourgeois pour mademoiselle Mars! Son grand esprit était certes plus à l'aise dans le rôle de Célimène, aussi parlez-moi de mademoiselle Mars dans *le Misantrope!* C'est là qu'elle est à l'aise, c'est là vraiment qu'elle vit et qu'elle règne. Cette fois, dans *le Misantrope*, vous la voyez, non-seulement dégagée des entraves de la vie bourgeoise, mais encore dégagée même des plus simples exigences de cette société si réglée et si correcte du grand siècle. Célimène, en effet, par sa position qu'on n'explique pas, par ces mœurs au moins fort dégagées, par cet affranchissement complet de tout frein et de toute règle, n'appartient pas plus à la cour qu'elle n'appartient à la ville; elle est placée à moitié chemin de Paris et de Versailles. Toute la cour se rend chez elle, il est vrai, mais je doute fort qu'elle ait un tabouret chez madame la duchesse de Bourgogne. Alceste l'honnête homme, perdu au milieu de ces jeunes fats, aux pieds de cette coquette, se sera trompé de porte. Il allait saluer madame Scarron, il est tombé chez mademoiselle de Lenclos.

Ainsi, une fois à l'aise avec la moquerie ingénieuse, avec l'abandon plein de décence du grand siècle, dans le rôle de Célimène, mademoiselle Mars a compris le rôle et elle l'a joué, comme il est impossible de le mieux jouer et de le mieux comprendre. Autant elle jouait le rôle d'Elmire dans *Tartufe*, avec travail, avec tremblement, avec une contrainte admirablement dissimulée, autant elle jouait avec abandon, avec sécurité, avec amour, la Célimène du *Misantrope*.

De Célimène à Sylvia, — de ce salon disposé par Molière avec tant de sévérité et d'agrément, au boudoir arrangé par Marivaux avec tant de coquetterie, de recherche et de complaisance; du xviie siècle qui se montre chez Célimène au xviiie siècle qui roucoule chez Sylvia; de celui qui s'appelle Molière et qui est le plus grand génie du monde, à celui qui s'appelle Marivaux, et dont le seul défaut, défaut sans remède, fut d'avoir tout simplement plus d'esprit que Voltaire, c'est-à-dire d'avoir trop d'esprit, la transition n'est pas si facile qu'on le pense. Mademoiselle Mars l'avait très-bien compris, ce périlleux passage du génie à l'esprit, des mœurs sévères aux mœurs relâchées. C'est même un des plus grands tours de force de l'inimitable comédienne, non pas d'être descendue, mais de s'être élevée, comme elle l'a fait, de Molière à Marivaux.

L'homme qui a laissé après lui tant des choses qui ne peuvent pas mourir : *Marianne*, l'un des plus aimables romans de notre langue, et des comédies telles que *les Fausses Confidences* et *les Jeux de l'Amour et du Hasard*, est à coup sûr un romancier et un auteur dramatique, digne de tout notre intérêt et de toute notre étude. Si vous lisez les critiques du temps et surtout les correspondances qui étaient tout le journal de son époque, vous trouvez avec étonnement que Marivaux a été estimé par ses contemporains bien au-dessous de sa juste valeur. Comme il était un maître en fait de style, c'est-à-dire comme il avait trouvé un style à lui, vif, ingénieux, subtil, un langage qui n'était imité de personne, naturellement il avait contre lui les prétendants aux rares honneurs d'un style original. Déjà de son temps, on ne disait pas de Marivaux qu'il avait trop d'esprit, mais bien qu'il courait après l'esprit. Reproche commode; il a tout d'abord l'avantage de dispenser d'esprit ceux qui accusent les autres d'en trop avoir. — Courez donc après l'esprit! répondait Marivaux à ses critiques, je parie pour l'esprit!

Si vous admettez que tout écrivain en ce monde, pourvu qu'il parle sa langue et qu'il obéisse à ce code inviolable, la grammaire, a le droit de créer son propre style, de faire la langue qu'il écrit ou qu'il parle, où trouverez-vous un style plus ingénieux, une forme plus nouvelle? un esprit doué d'une vue plus fine et plus déliée? C'est un esprit qui pétille, il est vrai, et qui jette partout en son chemin, mille étincelles, mais sans efforts, mais sans recherche. Cet homme ingénieux, alerte, charmant a adopté, tout d'un coup, et sans perdre son temps en vaines recherches, le goût de son siècle; après quoi il a marché, droit son chemin, sans s'inquiéter de la vie qu'il allait donner aux œuvres de son esprit. Cet homme a été sauvé, par la seule chose qui sauve les écrivains, par l'originalité du style. Il a été lui, non pas un autre. Il n'a imité personne. Il n'a imité ni l'ingénieux, ni le fini, ni le noble d'aucun auteur ancien ou moderne; il comprenait que chaque époque a sa finesse, son génie et sa noblesse qui lui sont propres.

Et comme si c'eût été trop peu de lui avoir reproché de courir après l'esprit, on lui reprochait encore de n'être pas naturel; à quoi il répondait, avec beaucoup de finesse et de raison : « croyez-en la peine que je me donne : écrire naturellement, ce n'est pas ressembler lâchement aux gens qui ont écrit avant vous, obéir à des formules toutes faites, et marcher, les yeux fermés, dans des sentiers tout tracés ; celui-là seulement écrit à la façon des maîtres, qui s'empare victorieusement de cette langue rebelle, et qui la fait sienne, à force de câlineries et de violences, car cette langue française est une rebelle qu'il faut dompter; elle n'obéit qu'à ceux qui la violentent, et ces violents sont justement les écrivains qui se ressemblent fidèlement à eux-mêmes. » C'est donc avoir beaucoup fait, pour la gloire des lettres, *de ne point se départir, ni du tour ni du caractère d'idées, pour lesquelles la nature nous a donné vocation.* Penser naturellement c'est rester dans la singularité d'esprit qui nous est échue. Or, qui, plus que Marivaux, est resté dans la singularité de son esprit ?

Singularité curieuse, agréable et charmante. Elle tient l'esprit en éveil, elle l'occupe, elle lui plaît, elle parle une langue à la fois claire et savante, et dont la recherche est de bon goût. Que de poëtes, que d'écrivains en prose fleurie, ont peine à franchir les murailles de Paris, semblables en ceci à quelque patois de village; au village il a sa grâce et son parfum, vingt pas plus loin ce patois des campagnes devient une ironie. Au contraire, le Marivaux franchit, d'un pas leste et sûr, toutes les distances qui séparent un salon de Paris d'un salon de Saint-Pétersbourg; semblable au vin de Bordeaux, il conserve son parfum, son esprit, son bouquet en quelque endroit qu'on le mène, pourvu que ce soit dans quelque lieu rempli d'urbanité et d'élégance. Même, il faut dire qu'à l'Étranger, où la langue écrite est en plus grand honneur que la langue parlée, on a conservé — c'est vrai — mieux que chez nous le ton, l'accent, l'ornement, la richesse, l'élégance et la politesse du beau langage d'autrefois.

Hélas! ces mœurs d'une race évanouie et d'une grâce exquise; ces passions à fleur de peau, cette façon de tout prouver, et surtout l'impossible, ces petits sentiments qu'un souffle emporte, ce dialogue à demi-voix, cet intérêt, si facilement éconduit quand on vient à s'en fatiguer par hasard; cette piquante causerie de gens aimables qui n'ont rien à se dire; toutes ces exceptions brillantes d'un monde qui ne peut plus revenir, sont déjà loin de nous, à ce point que nous ne pouvons plus dire si c'est là une comédie qui appartienne à nous seuls.

La comédie de Marivaux appartient en propre à tous les esprits ingénieux, à toutes les femmes élégantes de l'Europe. Les uns et les autres ils en sont restés là de notre littérature passée. Les princes ont dit aux sujets, en leur montrant la comédie de Marivaux : — Vous n'irez pas plus loin! Et en ceci les sujets ont très-volontiers obéi à leurs maîtres. Voilà pourquoi vous rencontrerez du vin de Bordeaux sous toutes les latitudes, et voilà pourquoi vous trouverez que la comédie de Marivaux est jouée, et passablement jouée, partout, en Europe. Plus d'une fois nous avons vu revenir de la Russie où elles avaient tout à fait oublié l'accent, le génie et le goût de la comédie de Molière, des actrices intelligentes qui se retrouvaient, très à l'aise, avec l'esprit de Marivaux; elles le comprenaient à merveille; elles le disaient avec beaucoup de grâce, et si parfois ces belles dames de la poésie exotique avaient rapporté de leur voyage un certain petit air étranger, ce petit air étranger les servait, loin de leur nuire, et leur donnait je ne sais quelle piquante nouveauté. Figurez-vous une duchesse de Marivaux qui revient de l'émigration; nous la trouvons tant soit peu étrange, et nous avons tort; c'est elle, au contraire, qui a le droit de trouver que nous avons beaucoup changé.

Voilà comment, et voilà pourquoi, lorsque tant d'œuvres qui, dans la forme et dans le fonds, semblaient plus vivantes et plus françaises, ont disparu de nos théâtres, lorsque le *Méchant* du poëte Gresset n'est plus qu'un chef-d'œuvre à mettre en nos musées littéraires, lorsque la *Métromanie*, une merveille, à peine reparaît tous les vingt ans, la comédie de Marivaux a conservé son charme, en dépit de tant d'exils, de révolutions, de changements, après l'Empire et son bruit belliqueux, après la Révolution, et son bruit d'échafauds. Quand toute cette société que charmait

Marivaux de sa politesse, est emportée et morte au fond de l'abîme, sa comédie est vivante encore et porte légèrement cette couronne de roses à peine ternie. Elle ressemble à ces bonnes vieilles toutes ridées, mais non pas décrépites ; elles ont des cheveux blancs, dont elles se parent fièrement, quand toutes les autres femmes se livrent à la teinture au reflet métallique ; elles ont perdu quelques-unes de leurs dents, mais leur bouche est encore fraîche et suffisamment garnie ; leur regard est vif encore ; agile est leur main blanche et veinée, où se verrait encore la trace ardente des baisers d'autrefois ; la taille n'est plus droite, elles sont si bien assises dans leur fauteuil !

D'ailleurs, comme cette aimable vieille est bien vêtue, élégante et tirée à quatre épingles ! Que de riches dentelles à son bonnet, que de broderies à sa jupe, et que sa robe feuille-morte a bon air ! Quoi, dites-vous, une jupe brodée ? — « Eh ! pourquoi pas ? On peut rencontrer un insolent, disait cette marquise. » O parfum ! ô tendresses ! ô folie heureuse ! ô souvenirs ! ô pastels que le soleil efface, ô linceuls doublés de satin rose ! Ne sentez-vous pas cette douce odeur d'ambre et de tubéreuses séchées ? N'entendez-vous pas cette voix douce et sonore à la fois ? La comédie de Marivaux n'est plus dans sa fraîcheur première, mais de loin elle est encore si jolie ! Elle n'a plus d'amour dans le cœur, mais on comprend si bien que l'amour a passé par là ! Donc aimez-la, pour ses beaux jours remplis de bienveillance et de sourires ; aimez-la pour sa vieillesse élégante et sage, pour son parler, pour son esprit, pour son langage ; aimez-la, parce qu'elle a beaucoup aimé !

Et voilà justement pourquoi nous sommes restés fidèles à Marivaux, à sa comédie, à sa verve un peu lente, à sa raillerie animée, intelligente, entre deux sourires. Nous l'aimons aussi, parce que ces beaux rôles de l'ancienne comédie ont été ressuscités par mademoiselle Mars, et parce que, même absente, on la retrouve en ces mièvreries. C'est une expérience à coup sûr, celle-ci. Si vous voulez revoir mademoiselle Mars, vous qui l'avez vue, allez voir jouer, par une autre comédienne, les *Fausses confidences*, ou bien le *Jeu de l'Amour et du Hasard*. Aussitôt l'ombre évoquée arrive à vos regards charmés ; soudain vous retrouvez la magicienne aussi bien dans l'inexpérience de cette petite fille qui débute, que dans la grande habitude du chef d'emploi qui veut toucher, avant de mourir, à ces rôles qu'elle appelle *des rôles de son emploi*—les rôles de l'emploi de mademoiselle Mars! Ainsi nous avons vu par hasard, et *pour de rire*, comme disent les enfants, une comédienne à coup sûr intelligente, habile et bien posée, aborder le rôle de Sylvia; mademoiselle Anaïs était cette comédienne hardie; en vain elle se cachait sous les habits de Sylvia, en vain sous les habits de Lisette, aussitôt la supercherie était évidente : un bout de ruban, un coin du sourire, un accent de la voix, un geste, un mot, que sait-on? et la ruse aussitôt sautait aux yeux des spectateurs les mieux prévenus.

Ce n'est pas là Lisette, se disait-on de toutes parts, la Lisette souveraine et qui porte la cornette à la façon des reines leur couronne! Ce n'est pas la fière et fine Sylvia que Marivaux a si bien taillée dans la chair fraîche, tout exprès pour intriguer, désoler et énamorer le beau Dorante; nous avons, tout bonnement, sous les yeux, une petite pensionnaire du Conservatoire qui s'amuse à chantonner ce beau rôle, nous avons mademoiselle Anaïs dans ses jours d'espièglerie et de malice. Elle a voulu nous tenter, la méchante! Et voyez le danger!

Si — par hasard — nous nous étions avisés de la trouver tant soit peu supportable dans ce beau rôle, alors comme elle se serait moquée et de nous et d'elle-même! Il me semble que je l'entends d'ici qui rit à gorge déployée, et qui dit à mademoiselle Plessis, sa digne camarade : — « Figure-toi, ma chère (au Théâtre-Français, c'est l'usage, le fraternel *toi* descend et ne remonte pas, la plus ancienne dit *toi* à la plus jeune, et la plus jeune lui dit *vous*), figure-toi, ma chère, qu'ils y ont été pris; ils ne m'ont pas reconnue dans le rôle de Sylvia; ils se sont parfaitement contentés de ma petite personne mignonne, de ma petite voix criarde, de mon petit regard agaçant; ils ont battu des mains; sois donc tranquille, puisqu'ils m'ont prise pour Sylvia, toi-même tu peux représenter, demain, la Célimène du *Misantrope*. Je t'ai fait là un beau pont, ma chère. » Elle eût parlé ainsi, et se fût moquée à son aise, et mademoiselle Plessis en eût été bien contente; malheureusement, le public, qui n'est pas toujours si bête qu'il en a l'air, découvrit la supercherie; il reconnut tout de suite mademoiselle Anaïs, sous ses habits d'emprunt, et laissant là mademoiselle Anaïs et sa camarade, il se mit à regretter, tout haut, la vraie, la seule vivante et la seule élégante Sylvia, la charmante fille, quand elle était à la fois la Sylvia de Marivaux et de mademoiselle Mars !

Un peu plus loin, à deux chapitres d'ici, vous retrouverez Marivaux ; il a été pour le feuilleton un texte inépuisable et le sujet d'une profonde étude. Le feuilleton devait tenir à cette gloire, elle était un peu en famille chez nous ; M. Duviquet, mon prédécesseur et mon maître, l'avait adoptée avec la bonhomie et le zèle qu'il portait dans toutes les choses qu'il aimait. Il a publié une bonne édition des Œuvres de Marivaux, avec des notes et des commentaires, où se rencontre, au plus haut degré, le calme bon sens et l'intelligence du critique.

A ce propos, M. Duviquet me disait souvent : — « Ayez soin de Marivaux, continuez mon œuvre, et votre piété filiale aura sa récompense ! Il faut cultiver, croyez-moi, ces esprits ingénieux et féconds, ils sont d'un grand profit à la critique, et bientôt elle finit par y découvrir toutes sortes d'aspects inattendus. Qui veut parler longtemps au public doit s'habituer à tirer le meilleur, et le plus grand parti possible d'une idée heureuse, et c'est en ceci que Marivaux excellait. Parlez-moi, pour faire un journal qui soit durable, d'un écrivain habile à faire une lieue ou même deux lieues, sur une feuille de parquet. Les uns et les autres, nous avons un certain espace à remplir, et puisque chaque année apporte au journal une dimension nouvelle, il faut nous préparer de bonne heure à remplir ces espaces inattendus. De notre temps, le journal était de moitié moins grand que du vôtre, et du temps de Geoffroy tout le feuilleton d'aujourd'hui ne serait pas entré dans la feuille entière. Il faut prendre son temps, il faut obéir à l'heure présente, il faut étudier les écrivains les plus habiles à nous fournir les développements du style et de la passion. La colère d'Achille habilement ménagée

Remplit abondamment une *Iliade* entière. »

« De *Marianne*, disait-il encore, on pouvait faire une agréable nouvelle ; Marivaux a fait, de l'histoire de Marianne, un livre en deux tomes. C'est à l'écrivain qui écrit, chaque jour, qu'il convient (la langue étant saine et sauve) de *ménager* son sujet. La belle avance, si M. de La Rochefoucauld écrivait ses *Maximes* pour remplir les pages dévorantes d'un journal; dans un journal convenablement rempli, *Candide* et *la Chaumière indienne* feraient à peine un déjeuner de soleil! En un mot, c'est une grande habileté, pour nous autres, les journalistes de ce siècle exposé aux tempêtes, d'arriver au cherché, au rare, au curieux, au précieux. — Un journal bien fait aurait à choisir aujourd'hui entre l'*Oraison funèbre de Henriette d'Angleterre* et le *Doyen de Killerine*, il prendrait le *Doyen de Killerine*. Le génie à sa place est une grande chose; en revanche, l'esprit à sa place est une chose utile et de bon aloi. On ne fait pas un paysage, on ne fait pas un journal avec un éclair; l'éloquence, au milieu de nos grands papiers, ressemblerait à cette dame patricienne obligée, un jour de fête, de danser avec des affranchis. Laissons l'éloquence au fond du nuage qu'elle éclaire, et contentons-nous de l'esprit, des belles grâces et des charmants remplissages, qui en sont la menue et courante monnaie, sans nous épouvanter du reproche que les niais adressent aux honnêtes gens : Bon! disait-il, c'est si facile de courir après l'esprit. »

« *Courir après l'esprit! N'être pas naturel!* disait aussi M. Duviquet, laissez dire les envieux ; ceux-là ne courent pas après l'esprit, ils savent très-bien que l'esprit a sur eux de grandes avances, et qu'il ne se laisse guère attraper par le premier venu. Les gens qui se vantent d'écrire sans peine, et qui se félicitent de ce *style naturel*, ne voient pas qu'il n'y a guère *de quoi se vanter*, comme on dit, et que ce beau style si peu coûteux, leur arrive de ce qu'ils ignorent absolument les rares et difficiles conditions de l'art et du talent; ils sont *naturellement* et très-naturellement absurdes, vulgaires, plats, ennuyeux et ennuyés. M. Jourdain et sa prose appartiennent à cette catégorie, ainsi que les faiseurs de bouts rimés. Méfiez-vous de cette *abondance* stérile et de ce naturel du terre à terre, et songez, quand vous écrivez, non pas au lecteur de rencontre, qui vous lit au hasard, en attendant sa Belle ou l'ouverture de la Bourse, mais au lecteur honnête homme, amoureux de la forme et bon juge du style ; à cet homme dont la voix compte, et dont le jugement est un arrêt, il faut plaire avant de plaire à tout autre ; il faut qu'il vous estime et qu'il vous aime ; il faut qu'il croie en votre esprit, qu'il se fie à votre goût et qu'il honore votre bon sens. Or, ces choses-ci ne s'obtiennent qu'à force de zèle et de probité, dans un travail acharné de chaque jour. Encore une fois, lisez les modèles, et tenez-vous aux modèles. Quant à se recrier à propos de Marivaux, contre ce grand crime que le bourgeois appelle un *marivaudage!* ce mot nouveau est en effet un des titres de ce charmant écrivain. Toutes les fois qu'un écrivain donnera son nom à une manière, à un style, tenez-vous pour assuré que c'est un écrivain original. *Marivaudage* est resté, parce qu'en effet Marivaux est resté. »

Ainsi parlait mon maître, au nom même de la nature ! La nature ! voilà encore le grand cri des écrivains de pacotille. On a écrit et débité de grandes sottises au nom de la nature. Va donc pour la nature, et cependant respectons l'art, il a ses droits et ne peut rien gâter. Quand donc un écrivain nous charme et nous attire, n'allons pas faire comme cet amant dont parle Marivaux :

Un jeune homme à l'humeur douce, aux tendres manières, aimait une jeune demoiselle pour sa beauté, pour sa sagesse; surtout ce qui charmait notre amoureux, c'étaient l'abandon et la naïveté de cette belle fille. Elle n'avait aucun souci de plaire, elle était belle sans y prendre garde ; assise ou debout, elle était charmante et semblait n'y entendre aucune finesse. Notre jeune homme s'estimait bienheureux d'être aimé d'un objet si innocent et si aimable.

Malheureusement, un jour, le galant venant de quitter sa belle, s'aperçut qu'il avait oublié son gant, et il revint sur ses pas. O surprise! L'innocente fille était occupée à se regarder dans un miroir, et elle s'y représentait elle-même, à elle-même ; parlant et souriant à sa personne, dans les mêmes postures tendres et naïves qu'elle avait tout à l'heure avec son amant. Dans ces airs étudiés avec tant de soin, la dame en adoptait quelques-uns, en rejetait quelques autres : c'étaient de petites façons qu'on aurait pu noter, et apprendre comme on apprend un air de musique. Que fit notre galant? Il s'en tira comme un sot, par la fuite ; il ne vit dans cette perfection qu'un tour de gibecière, et il eut peur d'être une dupe. Eh ! malheureux ! c'était cette aimable fille qui était une dupe de se donner tant de peine, pour te retenir dans ses liens!

CHAPITRE II

Le Feuilleton de 1830 et années suivantes parlait souvent de la comédienne unique et charmante, mademoiselle Mars; c'est qu'à entendre parler de cette femme adorée, le public, inconstant d'habitude, ne se lassait pas! Elle, cependant, à mesure qu'elle avançait vers la borne fatale, elle redoublait de zèle et d'ardeur. Qui le croirait? elle était exposée à des outrages sans pitié! Ce sera l'honneur de la critique d'avoir protégé et défendu, obstinément, cette illustre artiste; tant sur la fin de sa vie elle avait peine à se défendre contre les impatients qui se fatiguent d'entendre dire : — « Aristide est juste, » — ou bien : « Mademoiselle Mars est la plus grande artiste de son temps! » A propos d'une insulte sans nom qui fut faite à notre chère artiste, le feuilleton parlait ainsi :

LA COURONNE FUNÈBRE. — MOLÉ. — FLEURI.
— MENJAUD.

« Est-il besoin de vous rappeler que nous touchons aux dernières représentations de mademoiselle Mars? Le sort en est jeté; elle a déclaré, il y a dix mois, que dans un an elle prendrait congé de ce parterre qui l'a tant aimée, et comme elle a dit, elle fera.

Bien plus, elle consentirait à rester (hélas! ces pauvres grands artistes sont si peu sûrs d'eux-mêmes), que ses amis ne le voudraient pas, moi à leur tête. C'est donc, à tout prendre, encore deux mois de résignation et de patience pour les malheureux que ce grand règne inquiète. Deux mois, c'est bien peu pour les rivalités haineuses; cela passe si vite, en effet! Rien qu'un soir, par semaine, rien que trois à quatre heures pour chaque soir! Elle, cependant — tant elle a poussé loin l'admirable et inépuisable coquetterie de son talent — elle redouble de grâce, d'esprit, de vivacité, de jeunesse; elle accable ses amis et ses ennemis de toutes ses qualités charmantes; elle ranime d'un souffle puissant les vieux chefs-d'œuvre qui vont disparaître avec elle! Jamais, non, jamais, vous ne l'avez vue, vous qui l'avez bien vue, plus correcte, plus ingénieuse et plus franchement aimable; ainsi, toute seule, elle se défend à outrance; elle comprend qu'elle va succomber, mais elle succombera, comme le gladiateur, dans toute l'énergie de la victoire; seulement, en tombant dans cette noble arène, illustrée par elle, elle pourra dire, elle aussi, son: — *Reminiscitur Argos!*

Oui, en effet, elle se souvient, ainsi vaincue par une force irrésistible, de ses jours tout-puissants de triomphe et de victoire; elle se souvient de l'enthousiasme universel, elle se souvient de ses créations splendides, quand elle faisait, de rien quelque chose: une comédie d'un vaudeville, un membre de l'Institut de quelque faiseur de mauvais vers; elle se souvient de la joie, de la bonne humeur, de l'applaudissement du parterre; elle se rappelle tous les triomphes entassés là, à ses pieds: ce théâtre glorifié, cette scène agrandie, et les vrais Dieux venant au-devant d'elle, les mains chargées de couronnes. Voici l'heure pourtant, où il faut renoncer à toutes ces conquêtes; il faut abandonner ce vaste royaume! Il est venu enfin le dernier jour! — Et cependant voyez-la sourire encore, entendez-la parler, de cette voix divine qui sait le chemin de tous les cœurs; voyez-la se parer avec cette science naturelle que tant de femmes ont rêvée! Pauvre femme! Quel courage! quelle résignation! quelle abnégation! Et pour quoi, et pour qui?

Mais aussi, dans cette foule attentive et studieuse du Théâtre-Français venue, chaque soir pour l'entendre, quand elle paraît, cette femme illustre entre toutes les femmes qui appartiennent aux beaux-arts, l'émotion est générale, le silence est profond, l'attention est unanime. Chacun se dit tout bas : C'est peut-être la dernière fois que je vais l'entendre ! Rappelez-vous le dernier ami que vous avez quitté. Vous l'avez accompagné en silence sur le bord de la mer : l'heure du départ est arrivée, le ciel est noir, la mer rugit au loin, le frêle esquif se balance d'une façon formidable, votre ami reste calme, il vous tient la main dans les siennes, il vous la serre, il vous regarde avec assurance, il vous sourit une dernière fois ; vous, cependant, vous avez la mort dans le cœur. Tels sont les derniers et limpides sourires de mademoiselle Mars.

Ce soir-là, le jour du crime, elle avait donc joué son rôle de Célimène dans le *Misantrope*. C'est le rôle de la grande comédie qu'elle aime le plus et qu'elle joue le mieux, peut-être. Elle a en elle-même tous les instincts de la vieille société française, depuis longtemps éteinte, et qu'elle n'a pu deviner qu'à force de goût, d'élégance et de génie. Ce rôle de Célimène est fait d'ailleurs à la taille de mademoiselle Mars. Ironie, malice, gaieté, causerie vivante, parole animée, bonne grâce parfaite, tout est là. Dans ce beau drame de la coquetterie aux prises avec l'honneur d'un galant homme, Célimène est seule, sans autre défense que son esprit, sans autre protection que sa beauté. Autour de cette jeune femme se sont donné rendez-vous tous les oisifs de la cour. On vient, tout exprès chez cette beauté à la Mode, pour la voir, tout exprès pour l'entendre ; elle, de son côté, elle ne songe qu'à montrer beaucoup d'esprit et un charmant visage ; quant au cœur, peu lui importe ! Ces beaux jeunes messieurs s'inquiètent bien du cœur de Célimène ! Ils en veulent à l'éclat que cette jeune femme peut leur donner dans le monde, et non pas à son amour. Ni les uns ni les autres ne songent même à posséder cette belle ; ce qu'ils veulent avant tout, c'est une bonne parole et devant témoins ; c'est un tendre regard, en public ; ce sont des lettres qu'ils puissent montrer à tout venant ; et quant au reste, le reste viendra, si veut Célimène. — Et justement voilà pourquoi Célimène, fidèle au rôle qu'elle s'est imposée, est si prodigue envers les uns et les autres de bonnes paroles, de tendres regards, de billets doux ; là est sa force, et elle a besoin d'être forte pour se défendre.

C'est à proprement dire l'histoire de mademoiselle Mars, avec le parterre de ce temps-ci.

Seulement, dans cette foule brodée de l'Œil-de-Bœuf qui bourdonne incessamment à son oreille, parmi ces jeunes et galants oisifs qui font l'amour pour s'en vanter, et qui se parent d'une maîtresse nouvelle, comme d'un justaucorps à brevet, Célimène finit par découvrir le plus honnête des gentilshommes, le plus vrai des amoureux. Rare esprit, âme plus rare encore; âme tendre et forte qui n'a peur de rien, pas même du ridicule; dévouement sincère, amour passionné, bonne foi complète, Alceste, en un mot. Que n'a-t-on pas dit d'Alceste! On ferait des volumes rien qu'avec les conjectures dont il a été l'objet. Ni le roman intime (feu le roman intime, faudrait-il dire), ni feu le drame moderne, toujours escortés de quelques héros mystérieux sans explication et sans nom, et tout noir, n'ont jamais préoccupé la curiosité et la sagacité du lecteur, autant que l'a fait ce bel Alceste, créé tout exprès et mis au monde par Molière, quand Molière voulut dire à tous et à chacun, enfin, les plus secrètes pensées de son esprit et de son cœur. Ajoutez cette différence entre les mystères solennels de Molière et les futiles mystères du drame et du roman, comme on les fait de nos jours; une fois que vous avez soulevé le sombre manteau du romancier ou du dramaturge, vous êtes au fait de son œuvre :

« N'est-ce que cela? » dites-vous avec dédain et pitié, en rejetant le manteau sur le cadavre du héros; au contraire l'énigme transparente de Molière, après tant d'explications de tout genre, reste encore inexpliquée. Quelle est, je vous prie, votre opinion sur Alceste? D'où vient-il, ce gentilhomme qui ne sait ni flatter, ni mentir, ni rien céder à pas une des nombreuses exigences de la vie de chaque jour? Que vient-il chercher dans ce monde de courtisans, de flatteurs, de beaux esprits, de grandes coquettes, de futiles amours, d'intrigues folles, et pourquoi donc cet amoureux s'est-il épris de cette coquette? Dans ce grand XVIIe siècle, où tout était à sa place, les hommes et les choses, comment se fait-il qu'Alceste seul ne soit pas à la sienne? Et si, en effet, ce n'est là qu'un gentilhomme dans sa sphère véritable, s'il est habitué, depuis longtemps, à vivre ainsi au milieu des élégants mensonges de la cour, d'où lui vient cet emportement subit? Pourquoi tant de colère à tout propos, et justement, ce jour-ci, où il est en cause devant le Parlement et chez Célimène ?

Au contraire, Alceste, s'il n'est entré dans le salon de Célimène qu'en passant et par hasard, de quel droit, je vous prie, vient-il dire à chacun ces vérités inattendues? De quel droit adresse-t-il, à ces futiles gentilshommes, des leçons que pas un ne lui demande? Et cependant l'acteur, placé entre ces deux extrêmes, redoutant également d'être trop brusque, c'est-à-dire de paraître mal élevé, ou de paraître trop facile à vivre, c'est-à-dire de rien retrancher de la rudesse et de l'indignation de son personnage, l'acteur, entre ces deux excès, reste bien empêché. Il hésite, il se trouble, et pour trop approfondir ce grand rôle, il va tantôt trop loin, tantôt il s'arrête en chemin; c'est véritablement là un grand malaise. Après quoi, s'il demande à ceux qui peuvent le savoir : ce qu'on faisait avant lui et comment cela se jouait? les plus habiles lui répondent qu'ils n'en savent rien ; qu'en ceci chaque comédien est resté le maître de se montrer tout à fait comme un grand seigneur qui fronde, et de très-haut, les vices de l'espèce humaine, ou tout à fait comme un philosophe qui s'en attriste. Ainsi, le comédien Molé se montrait dans ce rôle comme le représentant des vieilles mœurs, des vieux usages, de l'obéissance et du respect depuis longtemps établis. Il était avant tout le philosophe qui gourmande ses disciples; chez lui le dédain venait de la vertu. Fleury, au contraire, était avant tout un gentilhomme ; en Fleury, même sous l'habit et le cordon bleu de duc et pair, on reconnaissait le marquis ; il était railleur, malin, fat admirable, et c'est justement pourquoi il n'a jamais été grand dans le rôle d'Alceste. Alceste dédaigne l'esprit et l'ironie, et c'est bien malgré lui si parfois il s'en sert.

Voilà ce que disent nos maîtres, les critiques qui ont vu, qui se souviennent et qui regardent, à la fois, dans le présent et dans le passé. Pour nous, nous ne pouvons que parler de ce que nous avons vu et entendu. Fleury lui-même, le dernier des marquis, depuis longtemps, était mort quand notre tour est arrivé de faire de la critique. Il faut donc que nous et notre critique nous nous contentions de Menjaud, de Firmin. Firmin, à tout prendre, comprenait le rôle d'Alceste. Il y avait mis tous ses soins, toute sa patience et tout son bon sens. Il portait à merveille l'habit habillé que personne ne porte plus guère, depuis que nous sommes tous devenus les égaux de nos supérieurs. Il indiquait toujours, et très-fidèlement, ce qu'il faudrait faire ; il ne le faisait pas toujours. Notez bien que ce n'était pas la force qui manquait à Menjaud, c'était la patience. Il avait tant de hâte d'arriver au but, qu'il l'outre-passait, alors notre homme, comprenant sa faute, s'impatiente outre mesure. Sa mémoire s'arrête et aussi son regard. Il prend un air malheureux qui fait peine à voir ; il se trouble, il hésite, il est prêt à vous dire en frappant du pied, comme cet amateur homme d'esprit qui, jouant le rôle d'Alceste, prit la fuite au beau milieu du rôle en s'écriant : — *Ce n'est pas ça!*

Quant à mademoiselle Mars, est-il besoin de vous dire... oui, certes, il est besoin de répéter que, d'un bout à l'autre de son rôle, mademoiselle Mars était charmante, alerte, animée, agaçante, éloquente ; c'était merveille de l'entendre, et merveille de la voir attentive à toutes choses, vive à la repartie, hardie à l'attaque, railleuse toujours, passionnée quelquefois, forte contre tous, faible seulement contre Alceste : jamais la comédie n'a été jouée avec cette inimitable et incroyable perfection.

La dernière fois qu'elle joua ce grand rôle avant son départ, elle obéissait à une demande collective que les colléges de Paris lui adressaient, chaque année, le jour de Saint-Charlemagne, et jamais elle ni Talma, n'avaient rien refusé à la pétition qui commençait assez souvent, par cette phrase à grand orchestre. — « Madame (ou Monsieur) vous qui avez vu, à vos pieds, un parterre de rois ! » Donc ce jour-là le parterre se composait, en grande partie, de la génération naissante qui célébrait la Saint-Charlemagne, la fête des écoliers. Ils venaient, eux aussi, saluer la grande comédienne. De là, grand tapage dans les entr'actes, bruyantes clameurs, interjections puissantes, restes éloquents du déjeuner solennel ; mais, une fois l'actrice en scène, pas un souffle. Ces beaux jeunes regards s'arrêtaient, tout émus, sur cette femme qu'ils ne devaient plus revoir. O la jeunesse ! la jeunesse ! il n'y a qu'elle pour comprendre les grands artistes, pour les aimer, pour les applaudir, pour se prosterner aux pieds des chefs-d'œuvre ! O la jeunesse ! sans haine, sans envie, et sans colère, et sans menace, au contraire, toute remplie d'enthousiasme et d'honnête passion !

Ainsi animée, ainsi rajeunie par les puissantes émanations de ce parterre de dix-huit ans, ainsi applaudie par ces grandes mains honnêtes et vigoureuses qui sortaient de ces habits bleus, trop étroits pour contenir toute cette fougue, mademoiselle Mars s'est surpassée elle-même. Du *Misantrope*, elle a passé, sans trop d'efforts, à la comédie de madame de Bawr, *la Suite d'un Bal*, aimable petit acte qui eût pu être signé *Marivaux*, et que mademoiselle Mars emportait avec elle, comme un tout petit diamant de son écrin ; là encore elle a été charmante. Mais aussi quelle physionomie éloquente ! que d'esprit même dans son silence ! quel son de voix enchanteur ! quelle mesure ! Victoire à mademoiselle Mars ! victoire ! triomphe ! honneur à mademoiselle Mars ! C'est bien celle-là qui peut dire, et à plus juste titre que cet empereur de Rome qui allait se tuer de ses mains : — *Qualis artifex pereo!* quel grand artiste de moins !

Eh bien ! ce fut justement à ce moment-là de son triomphe (derniers moments du bonheur poétique, moments sacrés de cette pure joie des beaux-arts ; pour ces moments-là le dernier bandit des Abruzzes aurait de l'enthousiasme et du respect), qu'un homme caché, perdu dans la foule, attendait mademoiselle Mars, le poignard à la main. Que dis-je, le poignard à la main ? il s'agit bien de poignard ! Il s'agit d'un guet-apens, plus funeste et plus cruel mille fois. Ah ! vous ne devinez pas ! Mais qui le pourrait deviner ? qui pourrait croire que cela se passe ainsi dans la France policée, en plein Théâtre-Français, qui pourrait croire qu'une femme pareille, à qui nous devions tant de reconnaissance pour tant de belles heures du plus calme et du plus honnête plaisir qui soit au monde, serait exposée à des lâchetés de cette force ? Mais quelle lâcheté ? la voici :

Une coutume s'est introduite dans les théâtres de Paris, qui nous paraît une coutume stupide. Nous voulons parler des couronnes et des bouquets qui se jettent à la fin d'un opéra, d'un ballet ou d'une comédie, aux pieds, souvent assez laids et assez plats, de la divinité à la mode. A notre sens, rien ne ressemble moins à l'enthousiasme véritable, que ce jet de bouquets et de fleurs. Le rire et les larmes, la douleur et la joie, et le *bravo!* spontané de l'auditoire, à la bonne heure, cela se fait vite et bien et tout d'un coup, cela va droit au but. Mais arriver à un spectacle avec l'intention formelle de lancer à l'idole, sa petite couronne ; tenir cette couronne honteusement cachée au fond de son chapeau, et puis, quand la reine en question a fait sa dernière pirouette ou déclamé son dernier vers, lui jeter obscurément la servile guirlande, c'est là tout à fait le métier d'un laquais, d'une maman, ou d'un amoureux de bas étage. Avouez ensuite que c'est là véritablement insulter les fleurs du bon Dieu que de les jeter sans respect, et sans pitié, sur les planches huileuses d'un théâtre ; enfin, ajoutez, pour tout dire, que la plupart du temps ces couronnes maladroites tombent sur la tête mal peignée de quelque brave claqueur. Par exemple, je me rappelle ces propres paroles de deux demoiselles errantes qui se promenaient sur le boulevard de Gand, à dix heures du soir : — « Tiens, disait l'une, Polyte nous rapportera des fleurs, la Taglioni danse ce soir ! »

Donc, à la fin de la petite comédie, plusieurs couronnes ont été jetées à mademoiselle Mars.

Et parmi ces couronnes, il y en avait une qui avait été volée le matin même, dans un cimetière, sur une tombe profanée ; volée on ne sait par qui, par la même main invisible qui espérait ainsi attrister le dernier triomphe de Célimène ! Voilà où nous en sommes : les morts sont dépouillés pour faire insulte aux vivants. Du fond de son cercueil le mort doit défendre sa couronne funèbre, s'il ne veut pas que cette couronne devienne un outrage à quelque célébrité vivante. La fatale couronne était donc, moitié noire et moitié blanche, aux pieds de mademoiselle Mars, et, par un grand malheur, c'est celle-là que l'acteur a ramassée et qu'il a présentée !... Mais si vous aviez vu quel geste sans indignation ! quelle réserve dans ce refus ! quel courage chez cette femme ! quelle peur de toucher à ces fleurs sacrilèges, volées par un païen sur un tombeau !

Voilà cette funeste histoire ! Et puis l'on s'étonne que la critique protége jusqu'à la fin une pareille femme ! On nous reproche notre admiration, notre dévouement, notre sincère enthousiasme ! On ne veut pas que nous soyons là toujours pour la protéger, pour lui dire : *Courage!* pour l'abriter contre ces insolences abominables ! Mais si quelques gens de cœur n'avaient pas été, pour ainsi dire, les gardes de mademoiselle Mars, il y a longtemps que le Théâtre-Français l'eût perdue : et comptez donc combien de grands hommes, combien de grands drames qui n'auraient pas vu le jour!

Il y avait, à ce qu'on rapporte, sur cette même scène française, un grand comédien nommé Baron, que Molière avait élevé lui-même. Le parterre s'était mis à adopter ce Baron comme le dernier confident des pensées du maître, et jusqu'à la fin de sa vie il l'entoura d'attentions et de respects. Lui, cependant, Baron, fidèle à ses rôles, et sachant très-bien qu'en fin de compte le parterre ne s'intéresse qu'à la passion dans la comédie et dans le drame, il jouait, jusqu'à la fin, le rôle des beaux jeunes gens amoureux que Molière avait écrit tout exprès, il y avait soixante ans, pour ce jeune Baron. Or, le parterre de ce temps-là, sage et plein de réserve, trouvait très-naturelle cette héroïque persévérance; il applaudissait, de la façon la plus loyale et la plus sincère son unique comédien; seulement, un jour que ce jeune homme de quatre-vingts ans était aux pieds de sa maîtresse, et comme ses deux laquais tardaient à le venir relever, quelques étourdis du parterre se mirent à rire un peu trop haut. Alors Baron s'avançant tout au bord du théâtre, et regardant dans cette foule, comme s'il eût pu découvrir les insulteurs : — *Ingrat public que j'ai formé!* dit-il en les montrant du doigt; et depuis ce jour-là, on eut beau le prier et le supplier de reparaître, il ne reparut plus.

Oui, ingrat public, qui ne voit pas ces insultes cachées! Ingrat public, qui ne comprend pas tout ce qu'il va perdre! Ingrate génération, à qui mademoiselle Mars a enseigné à parler et à se taire, à s'habiller, à saluer, à vivre, enfin; que disons-nous, les moindres choses de la vie ordinaire, cette aimable femme les a apprises à cette génération; elle leur a appris à entrer dans un salon, à tenir un éventail, à prendre un fauteuil, et les moindres détails de la vie élégante! — A elle seule, cette femme, et grâce à cet instinct merveilleux qui ne l'a jamais trompée, elle a été l'enseignement universel de ce temps-ci; elle a remplacé cette vieille société française que la révolution avait emportée dans un pan de sa robe sanglante; elle a retrouvé l'élégance, la politesse, le bon goût, l'ajustement; que dis-je? elle a retrouvé l'urbanité française, qui s'était perdue dans les tempêtes, et voilà par quelles couronnes nous la récompensons! »

Au *Misantrope*, un bonheur assez rare est arrivé ; *le Misantrope* devait avoir une *suite* (ici n'est pas le miracle ; on a *la suite* de *Don Quichotte*, on a *la suite* de *Manon Lescaut*). Le miracle c'est que *la suite* du *Misantrope* est une œuvre illustre et grande, et c'est pourquoi nous demandons la permission d'en parler à cette place même ; il sera plus facile au lecteur de comparer entre elles ces deux grandes œuvres : *Le Misantrope* de Molière et le *Philinte* de Fabre d'Églantine.

LE PHILINTE DE MOLIÈRE. — FABRE D'ÉGLANTINE.
J.-J. ROUSSEAU.

« Ce Philinte est le sage de la pièce, un de ces honnêtes gens
« du grand monde, dont les maximes ressemblent beaucoup à
« celles des fripons ; de ces gens si doux, si modérés, qui trou-
« vent toujours que tout va bien, parce qu'ils ont intérêt que rien
« n'aille mieux ; qui sont toujours contents de tout le monde,
« parce qu'ils ne se soucient de personne ; qui, autour d'une
« bonne table, soutiennent qu'il n'est pas vrai que le peuple ait
« faim ; qui, le gousset bien garni, trouvent fort mauvais qu'on
« déclame en faveur des pauvres ; qui, de leur maison bien fer-
« mée, verraient voler, piller, égorger, massacrer tout le genre
« humain sans se plaindre, attendu que Dieu les a doués d'une
« douceur très-méritoire à supporter les malheurs d'autrui. »

Vous croyez peut-être que nous parlons du *Philinte* de Fabre d'Églantine ? non, c'est Jean-Jacques Rousseau qui se trompe et qui charge, de ces noires couleurs, le Philinte de Molière. La dissertation de Jean-Jacques Rousseau sur le *Misantrope*, est cruelle, violente, injuste ; on dirait le Timon de Shakspeare insultant l'Alceste français. C'est qu'en fait de misantropie, Jean-Jacques Rousseau était passé maître ; lui aussi, bien mieux qu'Alceste, il avait vu la nature humaine sous son côté défavorable. Que dis-je ? Quelle bouillante colère devait fermenter dans le cœur de cet éloquent proscrit de l'univers civilisé, quand il se comparait à Alceste, lui, l'ardent génie et le sophiste convaincu, lui le persécuté de la foule, le calomnié des philosophes, l'homme sans pain, l'amoureux tremblant de tant de belles dames qui n'avaient pour ses amours ni un regard, ni un sourire ; lui, le mari ou plutôt le domestique d'une ignoble servante, à quel point la rage le devait prendre, ce misantrope, obligé de vivre du travail de ses mains, comparé à cet heureux Misantrope de Molière, estimé de tous, noble et beau, si brave et si riche, si regretté par cette belle Célimène qui l'abandonne, si aimé par cette douce Éliante qu'il dédaigne !

« Voilà donc, s'est écrié Jean-Jacques, l'homme que Molière appelle un misantrope ! Et de quel droit cet Alceste a-t-il pris l'espèce humaine en horreur ? On l'aime, on l'écoute, on l'entoure ; il dit à chacun toutes ses vérités, tant qu'il veut et comme il veut ! Et moi morbleu ! Et moi Jean-Jacques ! Et moi, poursuivi, décrété, brûlé dans mes œuvres par la main du bourreau ! Moi qui ai renoncé à la société des hommes, à leurs amitiés, à leur protection, à leurs secours ; moi qui ai même abdiqué leurs vêtements, moi le véritable et le seul misantrope, je n'élèverais pas la voix pour reprendre mon titre usurpé par ce trop heureux Alceste ! » Tel fut sans doute le monologue, mais plus éloquent et plus indigné, que tint Jean-Jacques Rousseau avec lui-même, quand il eut à parler du *Misantrope* de Molière !

Pauvre Jean-Jacques ! Certes, si quelqu'un fut jamais dans une position défavorable à juger convenablement le génie de Molière, ce fut Jean-Jacques Rousseau lui-même. En effet, jamais deux grands génies ne furent séparés l'un de l'autre par plus d'antipathies. Grands moralistes tous les deux, Molière et Rousseau, ils ont vu tous les deux le cœur humain, sous un aspect bien différent. Molière a vu de l'homme, ses ridicules plutôt que ses vices. Rousseau n'a fait la guerre qu'aux vices de l'homme, il a laissé de côté ses ridicules, comme indignes de sa colère. Molière, cette observation mélancolique et bienveillante, avait fort bien deviné que le rire est en dernier résultat, la plus grande, la plus utile, mais aussi la plus difficile leçon qui se puisse donner aux hommes assemblés : son rire sortait de sa conviction et de sa conscience, et certes, il fallait être un hardi courage pour oser rire devant *Tartufe*, et un grand poëte pour faire rire de *Tartufe !*

J.-J. Rousseau, tout au rebours ; — il ne rit jamais, — il va droit à son but par la colère, par l'indignation, par le sarcasme, par les mouvements les plus impétueux de l'orateur. Il n'a jamais su rire, de sa vie, et toute sa vie il a été colère et fantasque ; — il avait remplacé le rire par l'emportement, la moquerie par le sarcasme, le ridicule par la satire, le coup d'épingle par le coup de poignard ; c'est bien de celui-là qu'on pourrait dire ce que madame de Sévigné disait de Bourdaloue : *Le Bourdaloue frappe comme un sourd, à droite, à gauche, et sauve qui peut !*

Mais, tout ce grand bruit de l'orateur se peut-il comparer à l'esprit, à la grâce, à l'innocente épigramme, à la douce raillerie du poëte comique? et parce que Jean-Jacques Rousseau était en effet un homme de génie malheureux, malheureux par sa faute, plus que par celle d'autrui, est-ce à dire qu'il eût le droit de ne pas reconnaître tout ce qu'il y avait de bon goût et de bon ton, d'esprit et de grâce dans cette admirable brusquerie d'Alceste? Vous dites que le Misantrope est ridicule, et vous vous écriez : « Voilà donc la vertu ridicule ! » Vous vous trompez, la vertu d'Alceste n'est pas ridicule.

Au contraire, dans tout le cours de la pièce, acteurs et spectateurs rendent hommage à cette grande loyauté, à cet inaltérable dévouement, à ces vives sympathies pour tout ce qui est noble et généreux ; le plus vertueux seigneur de la cour de Louis XIV, le duc de Montausier, s'écrie avec orgueil en parlant d'Alceste : — *Plût à Dieu que ce fût moi que Molière eût désigné !* Non, encore une fois, Molière n'a jamais eu l'intention de vouer au ridicule la vertu d'Alceste, pas plus qu'il n'a eu l'intention de rendre ridicule la probité commerciale de M. Jourdain.

M. Jourdain, cet honnête marchand, a voulu être un gentilhomme ; Alceste, cet honnête gentilhomme, a donné à sa vertu je ne sais quelle âpreté qui lui ôte de ses agréments et de son urbanité, sans ajouter à sa toute-puissance. Eh bien ! Molière a donné sa leçon à l'honnête M. Jourdain, il l'a renvoyé, en riant, à sa femme légitime, à sa fortune bien acquise, à sa tranquillité bourgeoise, à l'estime de ses voisins ; quant à Alceste, quant à cette vertu si sauvage qu'elle en est presque insolente, Molière n'a pas reculé devant elle. Cette vertu farouche avait besoin d'une leçon de modération et de réserve, Molière la lui a donnée, avec tous les ménagements et tous les respects dont un homme comme Alceste était digne. Ne dites donc pas, citoyen de Genève, que Molière a voulu rire de la vertu : Molière ne s'est attaqué qu'aux excès de cette vertu ; il a déclaré une guerre généreuse à cette mauvaise humeur insociable, à cette inflexible analyse, à cet oubli continuel de ces innocentes formules que le monde appelle la politesse, et qui rendent la vie à ce point complaisante et facile, qu'il faut être vraiment un misantrope, c'est-à-dire un homme presque mal élevé, pour faire tant de bruit contre cette monnaie courante de saluts, de sourires et de baise-main, sans laquelle il n'y a pas de société possible. Or, voilà tout ce que Molière a voulu prouver contre Alceste. Quant à insulter la vertu dans la personne d'Alceste, nous respectons trop Molière pour le défendre contre cette injuste accusation du grand rhéteur.

Or, vous avouerez, sans peine, que cette indignation de Jean-Jacques Rousseau contre l'Alceste et contre le Philinte de Molière, indignation qui n'était pas même permise à Jean-Jacques Rousseau, malade, ruiné et proscrit, était encore moins permise à Fabre d'Églantine, ce sanglant niveleur qui porta la déclamation sur le théâtre, avant de la porter à la tribune, où il fut un si médiocre et si atroce déclamateur. Au moins, Rousseau, lorsqu'il donnait cet éloquent et éclatant démenti à Molière, était-il dans le droit de son sophisme et de sa colère ; mais Fabre d'Églantine, en s'emparant, pour les dégrader, d'Alceste et de Philinte, que faisait-il autre chose, sinon mettre en scène le Misantrope de Jean-Jacques Rousseau et son Philinte, c'est-à-dire le Misantrope déclamateur, colère, furibond, emporté, impitoyable, le Misantrope comme le comprenait Rousseau quand il descendait en lui-même ; en même temps qu'il nous montrait, à notre immense étonnement, le Philinte égoïste, *honnête homme du grand monde*, fourbe jusqu'au crime, indulgent jusqu'à la perversité, comme ne l'avait jamais compris Molière.

Et pourtant Fabre appelait ce Philinte : le *Philinte de Molière*. Le Philinte de Molière, juste ciel ! Cet homme si faible, qu'il en est lâche ! Si égoïste, qu'il en est vil ! Le Philinte de Molière, faut-il le dire, puisque aussi bien vous l'ignorez, habile sophiste, est aussi honnête homme qu'Alceste lui-même ; il ne lui cède rien, en amour, en générosité, en courage. Seulement, il a sur Alceste cet avantage, il sait vivre avec les hommes, il sait comme on parle aux femmes du grand monde, et comment on juge les vers de ses amis de la cour. Philinte pense, tout bas, du sonnet d'Oronte ce qu'Alceste en pense tout haut ; mais Philinte n'a guère envie, pour de méchants vers, de désobliger cet excellent Oronte qui, poésie à part, a toutes les bonnes qualités d'un homme bien élevé. Philinte sait, aussi bien qu'Alceste, que tous ceux qui, dans le monde, vous disent : *mon ami!* ne sont pas toujours vos amis ; mais il ne voit pas la nécessité de repousser brutalement la main qui vous est tendue, de répondre à une politesse par un outrage. Philinte sait très-bien que, dans une conversation de jeunes gens et de jeunes femmes, dans ces médisances de vingt ans, les absents auront grand tort, et qu'ils feront tous les frais de cette causerie de salon qui s'attache où elle peut ; mais, au fait, où est le grand mal? Et croyez-vous aussi que Philinte soit d'assez mauvais goût pour se brouiller avec sa maîtresse parce qu'elle aura plaisanté le petit vicomte *qui s'amuse à cracher dans un puits pour faire des ronds ?* Philinte ne sait pas se *gendarmer* à tout propos. Il n'a pas l'esprit *chagrin* d'Alceste, Philinte ne dit pas à sa maîtresse :

> Vous avez des plaisirs que je ne puis souffrir !

Au contraire, il aime tous les plaisirs de sa maîtresse ; il est heureux de toutes les complaisances qu'il a pour elle, et il ne s'inquiète pas si ce sont là de *molles* complaisances. Voilà pour ce qui est de l'humeur sociable, indulgente et polie de Philinte ; mais pour la fidélité, pour la probité, pour l'amitié, pour le dévouement, pour tout ce qui fait les honnêtes gens dans tous les siècles, soyez bien convaincus, encore une fois, que Philinte vaut Alceste ; si Philinte n'était pas en probité et en loyauté l'égal d'Alceste, la comédie de Molière serait manquée, *le Misantrope* ne serait pas le chef-d'œuvre de Molière.

Ne disons donc pas de cette comédie : *le Philinte de Molière ;* ne disons même pas: *le Philinte de Fabre d'Églantine*, disons: *le Philinte de Jean Jacques Rousseau;* car Jean-Jacques Rousseau est le véritable père de cette comédie ; il en a tracé lui-même, avec du fiel, le principal caractère. Fabre a trouvé les personnages de sa comédie dans les indignations de Jean-Jacques ; mais comme Fabre était, lui aussi, de son côté, quoique dans une sphère moins élevée, une imagination active, un esprit ardent, un sophiste puissant, il s'est trouvé que cette idée du citoyen de Genève, jetée au hasard, dans un moment de caprice et de mauvaise humeur, s'est fécondée dans la tête de Fabre, qui a fini par faire une admirable comédie de ces quelques lignes que je vous ai citées plus haut.

Je dis *admirable* comédie, et je n'ai pas d'autre mot pour cette œuvre toute-puissante, *le Philinte*, qui, venant après un chef-d'œuvre de Molière, dont elle est la continuation, n'a pas été écrasée par cette rivalité folle. Admirable, en effet ! car c'était là une difficulté très-grande : ajouter cinq actes à une comédie de Molière, à son chef-d'œuvre ! Parler en vers, et scander son vers éloquent sur le patron même des vers de Molière ! Défigurer traîtreusement et à plaisir *le Philinte* de la révolution qui s'avance, et à force de sophismes et de véhémence, en venir à nous faire penser que c'est peut-être, en effet, *le Philinte de Molière* devenu vieux ; transporter une comédie et des personnages du XVIIe siècle en plein XVIIIe siècle ; que dis-je ? les conduire avec un sang-froid imperturbable, jusqu'à la limite fatale où la vieille monarchie et la vieille société vont finir, pour faire place au peuple de 89, en un mot, faire le premier, et tout d'un coup, dans ce monde nouveau qui va s'ouvrir, sur les débris de l'ancien monde, la comédie de mœurs, la comédie déclamatoire, furibonde, pédante, mais enfin, malgré tout, une véritable comédie, voilà pourtant ce qui a été accompli avec une audace peu commune, avec une verve intarissable, avec une éloquence souvent triviale, mais moqueuse et puissante, par ce comédien manqué, par ce tribun manqué, par ce législateur sans pitié, par ce furibond déclamateur, qu'on appela Fabre d'Églantine, mauvais comédien comme Collot d'Herbois, et, pour tout dire en un seul mot rempli de toute exécration, le digne secrétaire de Danton !

Pourtant, cet homme sans cœur et qui s'est taché de sang, la première bonne action de sa comédie, c'est de nous rendre Éliante, la belle et douce Éliante de Molière, épargnée par Jean-Jacques Rousseau lui-même. C'est un grand éloge pour vous, ma belle Éliante, d'avoir échappé à la mauvaise humeur du citoyen de Genève, et d'avoir été respectée par Fabre d'Églantine ! Éliante a donc épousé Philinte, et pendant que Philinte est devenu ce lâche égoïste que vous allez voir, elle est restée la meilleure des femmes, la plus intelligente, la plus réservée, et la plus modeste, une véritable enfant de Molière et du xviie siècle, ce beau siècle dont les derniers vestiges vont s'abîmer tout à l'heure sous les coups redoublés de Fabre et de ses compagnons politiques.

Cependant l'oncle d'Éliante est au ministère, et voilà déjà que le pouvoir est cité à comparaître dans la comédie; *le ministère*, c'est-à-dire l'autorité, en verra bien d'autres, plus tard. Tout à coup voici venir Dubois, le valet que Molière a donné à Alceste, et vous pensez si Alceste tient à ce valet que lui a donné Molière! Dubois annonce son maître, son maître arrive. Comme il est changé, le malheureux! Est-ce la solitude qui a porté sur ses nerfs? Est-ce le chagrin qui a si fort irrité son cœur? Son âme pleure-t-elle encore Célimène, cette belle adorée? Célimène, dont il ne prononce pas le nom, une seule fois dans toute la pièce, comme si la chose était possible! Ce n'est plus déjà le Misantrope de Molière. Ce n'est plus le même gentilhomme, brusque, mais élégant, emporté, mais bien élevé, homme du grand monde, même dans ses plus grandes colères; c'est un furieux qui ne se donne à lui-même ni repos ni trêve, à force de vertus et de dévouement à tous les malheurs.

— Plaignons *son système*, dit Philinte; *son système* est un mot aussi nouveau dans la comédie, que le mot: *ministère*. Il est *au ministère*, *plaignons son système*, deux mots du temps philosophique. Du temps de Molière, Philinte obéissait à son caractère; au temps de Fabre, il obéit à *son système*; le Philinte de Molière s'abandonne à sa bonne et austère nature; le Philinte de Fabre raisonne jusqu'à sa bonté; Philinte reçoit Alceste avec mille protestations mensongères d'amitié et de dévouement; Éliante, plus vraie, le reçoit simplement et avec une grâce toute unie. A peine arrivé, Alceste n'a rien de plus pressé que de s'emporter contre les hommes et contre les lois; c'est à peu près la même scène que la première scène du *Misantrope*, avec cette différence, cependant, qu'Alceste, dans la comédie de Fabre, se met en fureur, à peine arrivé, et sans se donner le temps de dire bonjour à son amie Éliante. Puis, tout d'un coup, Alceste crie à son valet:

> .... Va me chercher sur l'heure
> Un avocat!

et la belle Éliante qui sait à quel point le Misantrope déteste les procès [1], doit penser qu'Alceste est devenu fou.

L'instant d'après, l'avocat arrive. C'est là une scène d'un puissant effet. — *Va me chercher un avocat !* Autre phrase toute nouvelle pour la comédie. Jusqu'à présent — à dater de l'*avocat Patelin*, l'avocat ne paraissait dans la comédie que pour servir à l'amusement et à l'éclat de rire ; cette fois enfin vous aurez, sous les yeux, un être sérieux. Autrefois, l'avocat tenait sa place dans la comédie à côté du notaire, du médecin ou de l'apothicaire ; il va dominer la comédie révolutionnaire. En effet, toutes les puissances ont changé de place. La puissance royale, qui était la première et presque la seule, s'est effacée devant quelques rhéteurs éloquents et convaincus ; la parole a remplacé l'épée ; cet avocat que Fabre introduit en sa comédie, bientôt il va prendre sa place dans l'histoire ; car, ne l'oubliez pas, cette comédie est jouée, pour la première fois en 1790, et nous n'étions pas loin des avocats du Jeu de Paume. *Va me chercher un avocat !* Cette parole jetée à son valet par un homme en fureur, à ce moment de l'histoire de France, est plus dramatique, selon moi, que le coup de canon dans le *Vendôme* de Voltaire. — Alors arrive *l'avocat*, on est allé le chercher *au hasard*, comme on les cherchait tous alors, pour en faire des hommes d'État, des orateurs, des déclamateurs, des furieux, des représentants, des puissances [2] ! L'avocat de ce temps-

---

1. Et pour votre procès, dont vous pouvez vous plaindre,
Il vous est en justice, aisé d'y revenir,
Et contre cet arrêt...
   ALCESTE.
            Non, je veux m'y tenir.
Quelque sensible tort qu'un tel arrêt me fasse,
Je me garderai bien de vouloir qu'on le casse,
On y voit trop en plein le bon droit maltraité,
Et je veux qu'il demeure à la postérité.

2. Non pas que les avocats célèbres fussent rares en ce temps-là ; voici même quelques-uns de ses contemporains que Fabre d'Églantine aurait fort bien pu désigner : M. Target, M. Le Gouvé, M. Le Prêtre, M. Martineau, M. de Bonnière, M. Falconnet, M. de la Croix, M. Gauthier... on lui appliquait ce vers de Virgile qui se pourrait appliquer à tant de comédiens :

    Cerberus hæc ingens latratu regna triformi.
    Personat......

Et parmi ces illustres, n'oublions pas les deux avocats, les deux héros qui

là règne et gouverne ; depuis que la comédie a cessé de faire sa pâture des gens de robe, cet avocat a relevé son cœur et sa tête. Il est pauvre, il est fier. Il n'a plus besoin de fortune à présent, pour être considéré. La parole est plus qu'une fortune, c'est une royauté. Déjà, il comprend confusément qu'une destinée s'ouvre devant lui, une destinée politique ; on dirait un nouveau débarqué de la Gironde, tant il est calme et sûr de son fait. C'est une scène magnifique. Alceste et cet avocat sont en présence, et ils s'étonnent de se trouver, si convenables l'un à l'autre, et si honnêtes gens ! A l'instant même, ces deux hommes, l'un roturier de l'ancienne Cour, l'autre gentilhomme du Tiers-État, s'entendent et se comprennent. Déjà, il ne s'agit plus entre l'avocat et son client de l'affaire d'Alceste ; il s'agit d'une affaire bien plus grave pour l'un et pour l'autre, il s'agit d'un homme dont la ruine est immanquable, si l'on ne vient pas à son secours.

Mais cet homme, menacé par un fripon, où le prendre, où le trouver ? qui est-il ? Il y a péril en la demeure ! La scène est si belle, que Fabre d'Églantine oublie, un instant, sa déclamation et son emphase habituelles.

Il faut alors qu'Alceste ait recours à Philinte ; il y a recours en effet, avec l'abandon des belles âmes. C'est à ce moment que se montre Philinte dans tout son horrible égoïsme. Comment ! lui, Philinte, venir au secours d'un inconnu, d'un imbécile qui s'est laissé voler six cent mille francs ! D'ailleurs un philosophe n'a-t-il pas soutenu que *tout était bien*, et Philinte n'est-il pas un grand philosophe ? Philinte est bien triste à entendre parler ainsi, mais vous savez que ce n'est pas le Philinte de Molière, que c'est le Philinte de Jean-Jacques Rousseau et de Fabre d'Églantine. Une fois accepté, le caractère de ce nouveau Philinte est admirablement tracé. Pas un mot qui ne porte une honte ; pas un sentiment qui ne soit une bassesse, et pas une opinion qui ne soit l'opinion d'un intrigant. Plus ce Philinte est un homme vil, et plus Alceste s'emporte et se courrouce, et plus il prend en pitié le malheureux inconnu que menacent, de toutes parts, la *sensibilité*, l'humanité, la tolérance et les raisonnements de tant d'égoïstes. Mais soudain, et par une péripétie très-naturelle, très-vraisemblable et très-

auront bientôt pour clients le roi et la reine de France, M. de Sèze et M. Chauveau-Lagarde.

inattendue, la scène change. O surprise ! ce Philinte, cet égoïste, cet homme si tranquille et si calme, qui a réduit en système le *nil admirari* du poëte, cet homme qui *s'intrigue* et se *ménage*, comme dit Boileau, le voilà qui sort de son repos, il éclate, il est hors de lui-même. Qu'est-il donc arrivé ?

Moins que rien : notre homme, notre quiétiste vient de découvrir que cet homme ruiné, dont la ruine le faisait rire, c'est lui-même ! Cet homme volé, c'est lui ! cet homme que défendait Alceste, et qu'il n'a pas voulu secourir, c'est lui, Philinte, comte de Valencey ! Voilà une belle scène et bien amenée, et bien imprévue, et bien entière, et vivement rendue. On eût offert cette scène à Molière, que Molière eût répondu : J'accepte !

« Au reste, s'était écrié Jean-Jacques Rousseau avant Fabre
« d'Églantine, ils sont tous ainsi faits, ces gens si paisibles sur les
« injustices publiques ! — Ils ressemblent à cet Irlandais qui ne
« voulait pas sortir de son lit, quoique le feu fût à la maison. — La
« maison brûle ! lui criait-on. — Que m'importe ! répondait-il, je
« n'en suis que le locataire. A la fin, le feu pénétra jusqu'à lui.
« Aussitôt, il s'émeut, il court, il s'agite, il commence à com-
« prendre qu'il faut quelquefois prendre intérêt à la maison qu'on
« habite, quoiqu'elle ne nous appartienne pas. »

Mais cette fois encore, le noble caractère d'Alceste ne se dément pas. Philinte est malheureux, Alceste l'embrasse. Philinte sera jeté en prison s'il ne donne caution ; — Alceste répond pour Philinte, en présence d'un agent et cet agent l'arrête, quand il entend le nom d'Alceste. Alceste, à force de vertu inquiète et turbulente, est brouillé avec toutes les justices. Cette scène de l'huissier qui signifie l'exploit à Philinte est tout à fait la scène de Tartufe, c'est l'huissier Loyal de Molière ; seulement Molière, ce grand maître, a fait venir l'huissier Loyal à la dernière scène du dernier acte ; Fabre d'Églantine introduit son huissier au quatrième acte ; mais l'admirable péripétie de l'acte précédent a été si grande qu'on ne s'aperçoit pas de ces lenteurs.

Vous savez le reste. Philinte au désespoir monte en carrosse pour aller supplier le ministre à Versailles. Mais que peut faire le ministre ? Déjà la comédie, (même la comédie !) ne reconnaît plus au pouvoir le droit de lier ou de délier à son gré ; le pouvoir est soumis à la justice. Nous sommes sous le règne, non plus des ministres, mais des avocats ; il n'est plus là le prince *ennemi de la fraude*, assez puissant, pour briser de sa volonté souveraine, le contrat inique qui donne les biens de M. Orgon à Tartufe ; il faut maintenant que la victime se protége et se défende elle-même, dans les formes : le ministre n'y peut rien Heureusement, Alceste a du cœur ; il est éloquent comme Mirabeau ; il parle aux juges et il est écouté ; il arrache à ce vil faussaire le billet qui ruinait Philinte ; il sauve Philinte de sa ruine, et lui-même il se sauve de la prison. Alors, une fois vainqueur, et quand son ancien ami est *tiré du danger*, Alceste commence *sa harangue ;* il accable de son mépris et de ses reproches ce vil Philinte, l'indigne mari de cette noble Éliante, ce mauvais homme qu'il a sauvé de sa ruine et qui, pendant toute la pièce, n'a pas une bonne pensée dans le cœur !

Oui, c'est là, sinon une belle comédie, au moins un beau drame. Oui, c'est là une vive colère, un généreux enthousiasme, une violente et intéressante déclamation. La tête qui a conçu cette lutte de l'égoïste et de l'homme dévoué, n'était pas une tête vulgaire. On a répété, bien souvent, que la pièce est mal écrite, et je trouve qu'on a été sévère. Sans doute, ce n'est point le style de Molière ; mais quel poëte comique a écrit comme Molière ? Ce n'est pas non plus le vers étincelant, pétillant et facile de Regnard ; mais le style *du Philinte* réussit par d'autres qualités. Il entraîne, il est chaleureux, il est abondant, il est rempli des défauts et des qualités de son époque ; on comprend que l'homme qui écrivait ainsi avait, à un haut degré, la conscience de sa force et de son importance : or, ce sont là des qualités trop rares, surtout dans la comédie moderne, pour qu'on soit le bienvenu à s'armer de la Grammaire et du Dictionnaire de l'Académie contre un philosophe tel que Fabre d'Églantine.

CHAPITRE III.

Voilà comment tiennent, l'une à l'autre, ces œuvres fameuses de la comédie ; un lien secret réunit à Molière, au maître absolu de ce grand art, toutes les comédies qui ont été faites après lui, et de même que Longin appelait le théâtre d'Eschyle, d'Euripide et de Sophocle : *le Relief des Festins d'Homère*, on pourrait appeler les comédies qui ont suivi l'*Avare*, les *Femmes savantes*, le *Misantrope* et l'*École des Femmes*, le relief des soupers de de la petite maison d'Auteuil. De cette comparaison entre les œuvres de la même famille, un grand intérêt peut surgir, celle-ci éclairant celle-là, en même temps que les unes et les autres obéissent aux mêmes lois du goût, de l'esprit et du bon sens.

Plus vous étudierez les maîtres et les disciples venus après eux, — *pater et juvenes patre digni*, et plus vous trouverez qu'ils obéissent au même art poétique, où il est enseigné que la poésie est une imitation des actions, des paroles et des mœurs de nos semblables ; que cette imitation, pour être exacte et fidèle doit être conforme aux mœurs et aux usages des temps dont on parle, et que c'est justement dans la juste expression des caractères que les poëtes font paraître cet art de l'imitation qui est un art si charmant, lorsqu'il est fidèle et complet ; même le mensonge est agréable s'il a les apparences de la vérité.

Que disons-nous ? l'intérêt et la pitié du spectateur, si telle est la volonté d'un poëte tout-puissant, vont se porter même sur le vice et même sur le crime, à condition qu'ils seront mélangés d'une certaine dose d'honnêteté et de vertu. Ajoutez à ces habiletés merveilleuses, l'harmonie et l'éclat de la parole, la grâce et la force du langage, la véhémence de la passion, l'intérêt de l'action coupée avec art, et cette heureuse façon d'amonceler, sur un point donné, tous les mérites du héros de la comédie ou du drame, à condition que tous ces mérites si divers, se feront sentir, en même temps et tout à la fois. *Plus delectant omnia quam singula, si possint sentiri omnia!* C'est une remarque ingénieuse et vraie à coup sûr, d'un très-habile élève des écoles d'Athènes, qui s'appelle saint Augustin. Quant aux diverses parties de l'œuvre poétique, il vous sera facile de les reconnaître, à savoir : la proposition, le nœud, le dénouement, l'imprévu, la difficulté, le retard, la péripétie au moment où tout est perdu... où tout est sauvé.

Cette dernière action de l'action, pour ainsi dire, a fait dans le théâtre moderne, un pas immense, un trop grand pas, puisque aussi bien il n'y a plus, au delà, que l'abîme. Essayez, par exemple, en fait d'étonnements et de surprises, d'aller plus loin que la *Tour de Nesle* et les drames de M. Bouchardy.

Les anciens, nos maîtres en toutes choses, étaient des enfants, comparés à ce M. Bouchardy, qui est dans son genre un géant aux pieds d'argile, et l'on se demande comment il a fait pour reconnaître, lui-même, au fond des cinq actes où ils s'agitent et se débattent en poussant leurs gloussements, les divers personnages de *Christophe le Suédois*? Les poëtes grecs, en pareille occasion, et lorsqu'ils voulaient se reconnaître au milieu des divers membres de plusieurs familles, avaient soin de marquer d'un certain signe le genre et l'espèce : ainsi tous les Séleucides étaient marqués d'une ancre, imprimée sur la cuisse gauche. — On rirait bien, de nos jours, de cette précaution dramatique des Séleucides, et comme on se moquerait de cette loi du drame antique qui exigeait que l'on fît grâce au spectateur de certaines actions déshonnêtes ou criminelles, également offensantes à la conscience et à l'honnêteté publiques. « *Nec pueros coram populo Mædea trucidet.* »

De ces changements divers dans la comédie et dans le drame, la critique aura grand soin de tenir compte et d'en signaler les effets. Les Romains, qui savaient merveilleusement désigner les diverses œuvres de l'esprit, et ce fut un grand avantage de leur critique sur la nôtre, avaient des noms pour distinguer entre elles, les diverses comédies représentées sur leurs théâtres : *satyres, drames, comédies — prætextæ, togatæ, palliatæ;* comédies vêtues à la grecque, à la façon des nobles ; vêtues à la romaine, à la façon du peuple. Même ces pièces diverses portaient les noms des villes et des bourgs où elles avaient été représentées pour la première fois : *Atellanæ fabulæ, les atellanes,* du nom d'une ville élégante : *Atella,* située entre Naples et Capoue, au beau milieu des délices romaines. — *Poésies fescéniennes,* du nom d'une ville de la Toscane savante. On appelait des *mimes,* certaines pièces déshonnêtes dans lesquelles les comédiens, sans vergogne et sans honte, imitaient certaines poses indécentes.

Ainsi, rien que par le titre de la chose représentée, on savait si l'on allait voir des gens du monde ou des gens du peuple, des bouffons ou des sénateurs, des élégances chastes, ou des satyres pleines de vin et de licences. Comédie, au reste, cela voulait dire (on ne le sait pas toujours) χώμα bourgade, et ᾠδή chant, c'est-à-dire chant des faubourgs, le chant de la joie et de la liberté quelque peu avinée, la chanson joyeuse de la vie errante :

Vie errante
Est chose enivrante !

La chanson de la jeunesse et du printemps.

Comessantes, disaient les Romains en parlant des héros du premier roman comique. Des gourmands, des oisifs, des buveurs, des amis de la joie et de la bombance, tel fut le nom des premiers comédiens. Ainsi, le dieu de la bonne chère aura l'honneur d'avoir présidé à l'invention de la comédie, afin d'être en règle avec Bacchus, son compagnon, qui présidait *au chant du bouc,* c'est-à-dire à l'invention de la tragédie. « Il ressemblait, ce dieu Comus, à Mercure et à Vénus ; on l'eût pris pour un beau jeune homme sous les habits d'une jeune femme. Son front, où brillait cependant la majesté d'un dieu, portait une couronne de rubis cachés dans les fleurs, et si jeune, il avait déjà la teinte rubiconde des buveurs. » A sa suite heureuse, il entraînait les grâces, les élégances, les beautés, les jeux et les fêtes, mêlés aux plus douces odeurs. — Voilà un des tyrans de la jeunesse, et prenez garde, il enchante l'esprit pour le corrompre. « *Comus iste bonæ ætatis tyrannus est ; deliciis capit animos ut enervet*[1]. » Cette définition de la comédie est plus vraie et plus sincère que la fameuse définition de Santeuil : « Elle corrige les mœurs en riant. » Or, la comédie a-t-elle jamais corrigé personne? Est-ce que jamais la comédie a pu remplacer la philosophie et la sagesse, c'est-à-dire la gloire et la liberté?

> Virtus est vitium fugere et sapientia prima
> Stultitia caruisse. —

De la comédie et de ses plaisirs profanes, de ses licences et de sa joie, on a voulu faire un cours de bonne et pratique morale; on a prétendu que rien ne résistait à ses enseignements... elle s'est toujours ressentie et toujours elle se ressentira de son origine errante. En vain Ménandre, en vain Térence et Molière ont apporté à cette œuvre brutale, les élégances de leur génie et la politesse de leur esprit, l'œuvre en elle-même est restée une œuvre un peu au-dessous de la philosophie et de la morale la plus facile, c'est-à-dire une œuvre ouverte aux plus violentes et aux plus irrésistibles passions. Entrez à cette fête heureuse des yeux enchantés et des oreilles charmées, vous n'entendrez parler que de l'amour, vous n'avez sous les yeux que des faces amoureuses et tout au moins des galanteries à brûle-pourpoint! Ici l'ironie est impitoyable ; elle tue, elle brise, elle insulte, elle livre à la haine et au mépris l'homme auquel elle s'attaque, et elle le livre tout entier, sans lui tenir compte de quelques bonnes qualités qui se seront mêlées à ses défauts. Ainsi l'avare au compte de la comédie, est également indigne et incapable d'être un bon père de famille; on nous le montre en haine à sa fille, en mépris à son fils. Ainsi don Juan pourrait avoir les qualités d'un gentilhomme, on en fait un bandit de grand chemin. Le *Malade imaginaire* est complétement un imbécile, sans une ombre de goût et d'esprit, en dehors de sa maladie; le *Bourgeois gentilhomme*, autre victime; on ne lui laisse pas même assez de bon sens pour se conduire, au delà de sa passion *d'être et de paraître*. — Tout ou rien, voilà la comédie;

---

1. Comus, *sive Phagesiposia Cimmeria*. — Lugduni Batavorum, 1630.

ou la honte absolue, ou la gloire sans tache ! Encore une fois, c'est un mensonge, cette morale en pleine bouffonnerie, en pleine licence, en plein exercice de l'amour, de la colère, de la tromperie, de la gourmandise et des plus mauvais instincts du cœur humain. On nous dit : Mais n'est-ce rien la contemplation du spectacle de vos propres misères ? A quoi un père de l'Église vous répond, à la façon antique : — « On s'accoutume ainsi à jouer avec son mal, et non pas à le guérir : *Satisfactio morbi non liberatio.* »

Les païens eux-mêmes, ces grands hommes, insultés naguère dans nos écoles de morale étroite et de rhétorique mesquine, ils recommandaient, et de toutes leurs forces, que l'on ne menât les jeunes gens au théâtre que lorsqu'ils seraient assez forts pour contempler, sans danger pour eux-mêmes, le spectacle de ces désordres : *Cùm res fuerint in tuto !* Le beau remède, en effet, aux fêtes de l'amour et aux charmantes folies de la jeunesse, que de se mettre à se moquer et à rire. « Pour moi, disait saint Jérôme, je tiens l'adultère en plus grande estime que ces prétendus moralistes, et je soutiens que, rien qu'à le voir, on apprend à le commettre : *Discitur adulterium dum videtur !* Est-ce qu'un poëte a jamais préféré le vice honteux au vice aimable ? Ils savent trop bien leur métier, les poëtes dramatiques surtout, qui sont obligés de plaire aux instincts, aux passions, aux penchants de la multitude, et qui savent que, surtout dans l'art de la comédie, il arrive souvent que celui-là ne prouve rien, qui veut trop prouver.

Comptez aussi, et pour beaucoup, pour ces mauvais résultats (en bonne comédie et en bonne morale) de l'art dramatique, l'intervention directe de la comédienne et du comédien, dans ces fables et dans ces histoires qui enseignent à pécher [1].

Une fois cette intervention acceptée, on ne sait plus où s'arrête cette contagion de l'esprit, de l'amour et du hasard... « *Enervis histrio, dum amorem fingit infligit !* Vous voyez bien cet histrion qui joue la femme, il copie à ravir les passions impudiques, et ce mensonge aussitôt devient un feu terrible dans l'âme de l'auditoire. » Ainsi parlait un païen converti, un avocat de Rome devenu chrétien, Minutius Félix ! — Avant lui, Sénèque avait dit : « Point de milieu, il faut haïr ce qui se passe dans la comédie ou

---

[1]. Historias peccare docentes. (OVIDE).

il faut l'imiter ! » *Necesse est oderis aut imiteris*. Alors, comme en ceci l'imitation est plus agréable et plus facile que la censure, on ouvre assez volontiers son âme à ces corruptions décevantes, et le rire même est une introduction à ces plaisirs corrupteurs. « *Tunc etiam per voluptatem facilius vitia surrepunt.* » C'est encore du beau et bon Sénèque ; il conclut ainsi qu'il n'y a rien de plus dangereux pour les bonnes mœurs que l'habitude et l'abus des spectacles [1].

Lui-même, il l'avoue, et il raconte qu'au sortir de ces fêtes de dommage, il rentrait dans sa maison, plus disposé à aimer l'argent, l'ambition, la luxure, qu'il ne l'était au moment d'en sortir, — « Eh ! que dis-je ? il me semble que je deviens plus cruel et moins accessible aux bons sentiments de l'humanité [2] ? »

Tels sont les obstacles, voilà les objections, et il nous eût semblé que nous trahissions un devoir en acceptant ces définitions complaisantes qui font de la comédie un utile enseignement, une leçon éclairée, une morale abondante, en dépit de ses origines : le vice, l'insolence, la violence et le besoin de nuire ! De grands poëtes sont venus qui ont corrigé ces excès, je le veux bien, mais ils ont remplacé ces grossièretés, repoussantes à la longue, par un charme irrésistible à ce point que la comédie est devenue une force. Elle donne un choc à l'esprit, et de ce choc dangereux, l'esprit a peine à se remettre ; il se souvient longtemps du spectacle animé de ces licences ; il y revient complaisamment, il les médite, et c'est pourquoi Tertullien appelle le théâtre : l'*Eglise du diable : Ecclesia diaboli !* » On y va pour voir, on y va pour être vu ; chacun s'y montre en ses plus exquises magnificences. Comment donc, en ces luttes de l'espérance et du désir, se défendre de ces sensualités corruptrices, de ces liens du cœur, plus durs que la plus dure des prisons? *Omni custodiâ serva cor tuum !*

Oui, mais plus grand et plus rare est le danger, plus rare aussi et plus charmante est la poésie habile à produire ce danger des esprits éclairés, des âmes impatientes, des imaginations avides de tout savoir. C'est un art exquis, savez-vous, cet art qui soulève

---

1. Nihil vero est tam damnosum bonis moribus, quam in aliquo spectaculo dissidere !

2. Avaritior redeo, ambitiosior, luxuriosior, imo vero crudelior et immanior !

tant de méfiances, et depuis tant de siècles ; cet art également odieux aux philosophes païens et aux sages chrétiens ; odieux à Tertullien, à Sénèque, à saint Jérôme, à Bossuet. Ces dangers même et ces excommunications fréquentes se tournent en louange pour ceux qui mettent la poésie avant toutes choses, et qui placent l'art suprême, au suprême honneur! — Il faut donc, se dit-on, que cet art dramatique ait en lui-même une puissance énorme, pour agiter à ce point les philosophes, les moralistes, les législateurs, les spectateurs et la critique? Alors, et malgré soi, l'on s'incline en présence de ces grandes œuvres, justement parce qu'elles sont les œuvres les plus dangereuses de l'esprit humain!

Revenons au maître, à Molière, et pardonnez-moi ces dissertations par lesquelles je tâche de réunir les diverses parties de ce travail que je voudrais rendre utiles aux écrivains à venir, afin de compenser le peu de renommée que j'en espère pour moi-même. « Il ne faut pas dédaigner les rhétoriques, disait l'archevêque de « Cambrai ; une bonne rhétorique serait bien au-dessus d'une « grammaire, et de tous les travaux bornés à perfectionner une « langue. Celui qui entreprendrait cet ouvrage y rassemblerait « tous les beaux préceptes d'Aristote, de Cicéron, de Quintilien, « de Lucien, de Longin et des autres célèbres auteurs. Leurs « textes qu'il citerait, seraient les ornements de son livre. En ne « prenant que la fleur de la plus pure antiquité, il ferait un ouvrage « exquis et délicieux. »

LE JOUR DU FEUILLETON.
— L'ÉCOLE DES FEMMES. — L'ÉPREUVE NOUVELLE.
— MADEMOISELLE DOZE.

Nous étions donc réunis tous les trois, chacun de nous rêvant à quelque tristesse cachée ; dans la cheminée le feu était vif, au ciel le soleil était pâle ; le dimanche jetait son froid et son silence dans la ville. — Allons, leur dis-je, vous êtes heureux, vous autres, chantez ou rêvez à votre aise ; moi, il faut que je raconte mon histoire de chaque semaine. A l'instant même je me mis à l'œuvre, et sur la page blanche j'écrivis le titre de mon nouveau chapitre. C'est une fort bonne précaution que j'indique à tous les écrivains de feuilleton à venir ; pendant que vous écrivez lentement ces formules banales, vous avez le temps d'arranger dans votre tête la forme de votre chapitre ; vous voyez tout d'un coup le commencement, le milieu et la fin de cette œuvre qui, pour bien faire, doit être également traitée dans toutes ses parties. Mon titre écrit, j'allais bravement commencer, quand tout à coup je sentis comme un regard animé et mélancolique à la fois qui se posait sur mon épaule : c'était le regard de ce brave Henri, qui est bien l'homme le plus naturellement mécontent qui se soit jamais rencontré en mon chemin.

— Que vas-tu faire, me dit-il, et que vas-tu dire? J'espère bien que cette fois tu ne vas pas *coucher par écrit* tes éternelles dissertations sur Molière. Cela est fatigant, plus que que je ne saurais dire, de vous entendre crier sans fin et sans cesse, les uns et les autres : — « Molière ! et Molière ! » de vous voir chercher des beautés nouvelles dans ces chefs-d'œuvre, aussi connus que le Pont-Neuf. Vous vous êtes fort étonnés que la souscription pour le monument de Molière ait rapporté si peu d'argent [1]; mais c'est votre faute à vous tous qui nous ramenez, chaque jour, à l'analyse des mêmes comédies. Votre adoration ressemble beaucoup à celle que l'on porte au Grand-Lama. Vous faites chaque jour, à propos du même homme, les découvertes les plus étranges et les plus diverses. C'est ceci et puis c'est cela, et toujours c'est à n'en pas finir ! En un mot, si vous voulez que votre héros, malgré tout son génie, soit quelque peu supportable, au nom de ce que vous avez de plus cher, au nom de *Tartufe*, au nom du *Misantrope*, au nom du *Festin de Pierre*, au nom des vingt-deux ou vingt-trois comédies de Molière, n'en parlez plus !

— Et comme je restais à regarder cet étrange conseiller, bouche béante. — « Eh quoi ! reprit-il, tu ne me comprends donc pas, malheureux critique? te voilà assis bêtement à ta table, calme et froid comme un faiseur d'anatomie et tout prêt à disséquer je ne sais quoi qui va tomber sous ta main, et voici une bonne heure

---

1. *La fontaine-Molière ;* M. Régnier, un des plus charmants comédiens du Théâtre Français, dans une lettre adressée à M. le ministre de l'intérieur, avait indiqué cet emplacement au monument que la Ville de Paris devait élever à l'auteur du *Misantrope !* La lettre et le projet de M. Régnier trouvèrent le Ministre attentif, et la ville de Paris poussa à l'œuvre commune. Ainsi, c'est à M. Régnier, un de ses dignes enfants, que Molière est redevable de sa statue, entre la Comédie sérieuse et la Comédie au fin sourire : *Prætextata ! — togata !* Mademoiselle Brohan, mademoiselle Mars !

que je t'étudie, et rien n'est changé dans ton allure quotidienne ! Non ! Monsieur est aussi calme que s'il avait à parler du début de quelque Ariane de province ou d'un mélodrame de la Gaîté ! — Mais tu ne comprends donc rien ! mais tu ne sens donc rien ! mais cette opération que tu fais là t'a donc tué l'âme et le cœur ! Quel est cet empereur de Rome assis sur son tribunal, à qui ce philosophe écrivait : — *Ote-toi de là, bourreau !* » Disant ces mots il me serrait la main d'une façon convulsive. Je fus tenté de m'écrier comme faisait mademoiselle Mars dans *Henri III* : *— Henri, vous me faites mal !*

— Je ne lui dis pas cela tout à fait, car j'aurais été peut-être moins touchant que mademoiselle Mars ; — Mais, lui dis-je, vous prenez mal votre temps pour m'interrompre ! Je ne suis guère bien disposé à jouer ma symphonie du dimanche ; j'ai besoin, au contraire, de toutes mes forces et de tout mon courage ; ma partition m'apparaît confusément dans un nuage gris et froid ; l'idée est absente, et la parole aussi. Ce même chapitre que j'écris souvent avec passion, avec amour, avec le bonheur de l'artiste qui sent son instrument s'échauffer sous ses doigts, je vais l'écrire aujourd'hui d'une plume languissante et affaissée ; vous cependant, quand vous devriez m'encourager, vous me prenez en traître, et vous m'écrasez sous vos injures ; vous me reprochez mon admiration pour Molière, qui est mon soutien, mon appui, mon Dieu ! Vous brisez mon idole, et maintenant que les fragments de sa statue sont épars autour de moi, que voulez-vous que je devienne ? Tenez, Henri, ce sera plus tôt fait, asseyez-vous là, à ma place, prenez ma plume, et pendant une heure faites-vous écouter de mes lecteurs.

Disant ces mots, je cédais ma plume et ma place, et vous n'auriez pas perdu à changer de *maestro*, mais Henri, dans un bel accès d'indignation : — Qui? moi ! s'écria-t-il, tourner ta manivelle ! jouer de ton instrument ! exécuter cette sérénade, moitié bouffonne moitié sérieuse, où il faut tour à tour être Lablache ou Rubini ! Non pas, certes ! — Commence donc et à ton aise. Prends ton bâton de mesure ; donne le signal à tes trompettes, à tes ophicléides, à tes tambours, à moins que tu ne préfères entrer en matière aux sons de la flûte et du hautbois champêtre. Allons, ton lustre est allumé, tes chanteurs sont tout habillés, ton théâtre est préparé, que la toile se lève; dis-nous cependant, quel est le thème dont tu vas faire les variations?

Je repris ma place, et tout en préludant d'une main indécise : — Mon Dieu! dis-je à Henri, rien n'est plus simple. Je n'ai besoin, cette fois, ni des ophicléides, ni des tambours. Il s'agit d'une jolie petite fille qui débute au Théâtre-Français. Elle est la plus jolie du monde, elle est naïve, elle est bien née et bien élevée. A douze ans, elle entend parler, pour la première fois, de comédie et elle veut jouer la comédie. Elle la jouait d'abord comme une enfant, avec les meubles de sa mère. Le paravent représente tour à tour le palais et la chaumière; le grand fauteuil joue le rôle du père qui gronde toujours; la chaise de paille vous représente la soubrette alerte et vive, le guéridon, posé sur un pied, saluez! c'est l'éternel amoureux de la comédie. Le bel enfant anime de sa passion naissante cet acajou massif; peu à peu l'enfant grandit, et sa passion avec elle; la comédie de société s'empare de cette comédienne de quinze ans : du théâtre de société au Théâtre-Français, il n'y a qu'un pas; — le pas est franchi! Pour le passer, ce Rubicon formidable, la jeune débutante supplie mademoiselle Mars, qui est sur l'autre côté de la rive, de lui tendre sa main puissante; mademoiselle Mars a pitié de l'enfant, elle ne veut pas qu'elle soit noyée dans ce trajet difficile, et l'enfant passe.

Aussitôt le parterre est charmé de ce jeune esprit et de ce charmant visage. Le parterre, habitué à toutes les vieillesses du théâtre, demande quel est l'âge de cette belle enfant? Alors on lui répond qu'elle a seize ans à peine, que ce limpide regard n'a jamais été attristé de l'éclat du lustre, et le parterre bat des mains! Voilà cette histoire; elle est bien simple, elle est facile à raconter; et si vous n'étiez pas venu me chagriner par votre sortie contre Molière, je ne m'en serais pas mal tiré. Mais quoi! vous me criez aux oreilles, vous entrez ici comme la tempête; vous déclamez à outrance, vous me faites mal, vous me faites peur : le moyen de raconter une si honnête histoire au milieu de tout ce bruit que vous faites là!

Ainsi je parlai et je crus véritablement que moi aussi l'indignation me gagnait de voir faire tant de bruit, à propos de cette calme et belle enfant. — Et c'est là tout ce que tu diras? reprit Henri avec un de ces regards qui vont très-loin. — Je parlerai, lui dis-je, et tout naturellement de *l'École des Femmes*. Vous avez beau crier, une comédie dont Henriette d'Angleterre accepta la dédicace, dont Boileau a fait l'éloge, une œuvre agréable et charmante, qui faisait rire aux éclats Louis XIV et sa cour, dont Molière a pris la défense, non pas sans succès, dans un intermède écrit tout exprès contre ses censeurs, une pareille comédie vaut bien la peine qu'on en parle. J'en aurais donc parlé comme il convient, et j'aurais fait remarquer, tant de beautés éparses, moins populaires que vous ne dites.

Ceci fait, j'aurais suivi l'enfant dans sa seconde entreprise ; de *l'École des Femmes*, je passais à *l'Épreuve nouvelle*, de Molière à Marivaux, et j'aurais fait remarquer à la jeune débutante que parfois elle manque de naturel ; que rien ne vaut à son âge la naïveté toute pure ; que son regard est assez beau pour ne pas lui infliger tant de tourments, qu'il est bon de ne pas mettre trop d'esprit dans les vers de Molière, non plus que dans la prose de Marivaux ; enfin, j'aurais proclamé le succès de cette belle personne, l'élève bien-aimée de mademoiselle Mars ; et naturellement, à propos des bienveillantes et sages leçons que la jeune fille a reçues de ce grand maître dans l'art de la comédie, j'aurais terminé mon histoire par ces vers de *l'École des Femmes* :

> Il faut qu'on vous ait mise à quelque bonne école.
> Qui, diantre, tout d'un coup vous en a tant appris ?

Et cette fois, n'êtes-vous pas de mon avis, mon cher Henri ?

— Moi, dit Henri, être de votre avis ? Rayez cela de vos papiers, pour parler comme votre Molière. Ah ! qu'il faut bien que la critique ait desséché votre cœur et corrompu votre esprit, pour que, dans ce lamentable spectacle d'hier soir, vous n'ayez vu en effet qu'une petite comédienne de seize à dix-sept ans, qui joue une comédie en vers, qui imite à s'y méprendre mademoiselle Mars ; une belle personne en sa fleur qui étale de son mieux sa main, son pied, son sourire, son doux regard, et qui circule lestement à travers les vieux hommes qui l'entourent.

Certes, voilà ce qui ne vous serait pas arrivé il y a dix ans, quand vous étiez quelque peu un poëte, quand votre âme honnête et jeune s'ouvrait facilement aux nobles impressions du beau et du bon. Mais je ne vous en veux pas de votre sécheresse, ceci est la faute de la critique et non pas la vôtre, mon pauvre ami.

Il fit encore deux ou trois tours dans l'appartement, en sifflant un air de la *Norma*; puis, se posant devant moi :

Par hasard, me dit-il, avez-vous vu sortir, des magasins d'Erard, quelque beau piano tout neuf, chef-d'œuvre sonore de l'habile facteur? A l'aspect de ce bel instrument au repos, ne vous êtes-vous pas pris de tristesse en songeant à toutes les misères musicales que contenait cette âme en peine : les sonates de la petite demoiselle au retour de sa pension, les romances du faiseur de romances, les opéras-comiques des grands prix de Rome, les roulades des chanteurs et des chanteuses, tout ce menu fretin des mélodies de pensionnat et de salon? — Alors, songeant à toutes ces mélodies manquées, à tous ces avortements, ne vous êtes-vous pas pris à regretter que le bel intrument eût en effet quitté les magasins d'Erard?

— J'avoue, dis-je à Henri, que bien souvent cette idée-là m'est venue; mais cependant ce même piano d'Erard ne contient pas seulement des chansons et des opéras-comiques, il contient toutes les sonates de Beethoven ! Il contient peut-être un opéra de Meyerbeer ! Appelez seulement Liszt ou madame Pleyel à poser leurs mains savantes sur ces touches silencieuses, et vous entendrez les douleurs, les lamentations, les délires chantants que peuvent contenir ces quatre morceaux de bois d'ébène. — Vous voyez donc qu'il n'y a pas à se désespérer encore, et que même avec cette chance unique de produire une idée nouvelle, il ne faudrait pas se trop lamenter sur la destinée de ce bel instrument. Mais à quoi bon cette question, et quel rapport trouvez-vous enfin entre cette enfant qui débute et ce piano d'Erard?

— Malheureux, tu ne sais pas quel rapport! Mais à l'aspect de cette ingénue, de cette jeune fille riante, et de ces beaux yeux qui brillent si doucement, je me mets inévitablement à songer combien de méchants vers, combien d'horribles parodies, combien d'affreux quolibets, combien de sales équivoques deviendront la pâture quotidienne de cette jeunesse honnête et florissante! Car autant le piano d'Erard contient de mélodies odieuses, autant cette petite tête si mignonne, si bien faite et doucement abritée sous cette forêt blonde et bouclée, contiendra, à coup sûr, de scènes ridicules, insupportables! Voyez donc, mon ami, ce qui se passe dès le premier jour du début de cette enfant! Laissez de côté votre admiration pour Molière, ou plutôt, en convenant avec vous de l'esprit et de la gaieté de cette comédie, *l'Ecole des Femmes*, convenez avec moi que le fond en est obscène, que les détails n'en sont rien moins que pudiques! Convenez surtout que ce petit rôle d'Agnès est peut-être le rôle le plus égrillard du théâtre. Laissez-moi dire, et ne vous emportez pas ; n'est-il pas vrai que cette petite Agnès n'a rien de naïf, et que cette enfant est très-avancée pour son âge! Plus elle s'enveloppe dans ces niaises apparences, et plus j'ai peur.

D'ailleurs, cette petite fille est sans cœur à force d'être ignorante. Elle devrait quelque pitié à l'amour de ce pauvre Arnolphe..., elle se jette à la tête du premier venu qui lui parle. Tant que vous voudrez, Molière est un poëte comique, le plus grand de tous les poëtes comiques, mais il n'a rien fait de naïf. Partout, même dans les plus charmantes minauderies de ses petites filles, le rire est caché, comme l'aspic sous les fleurs. Et moi, cependant, témoin des pressentiments égrillards de la petite Agnès, vous ne voulez pas que je m'attriste quand je viens à reconnaître, dans cette enfant qui débite en rougissant tout l'esprit de Molière, la même petite fille que j'ai rencontrée si souvent, suspendue au bras de sa mère et se promenant sous les orangers des Tuileries? Quel changement s'est opéré dans le destin de cette enfant? Aujourd'hui, rieuse et naïve, et le lendemain comédienne! Aujourd'hui, prenant ses ébats sur les gazons fleuris, le jour d'après marchant à grand'peine sur le théâtre, et déchirant ses petits pieds aux clous d'un tapis poudreux!

Qu'a-t-elle fait de cette peau si blanche et si fine qu'on l'eût prise pour la feuille transparente de la rose-thé, la moins rose des roses? La voilà qui a mis du fard à sa joue! Qu'a-t-elle fait de ses belles épaules si bien cachées, qu'on les devinait à peine? Elle nous les montre et tant qu'on les veut voir, comme si ces épaules avaient déjà vingt ans!

Ce petit cri d'oiseau joyeux est remplacé par une déclamation savante: ce geste d'enfant par les belles révérences. A cette heure, elle étudie même la naïveté des jeunes filles. Et vous ne voulez pas que je pleure, que je me désole, que je me lamente, quand j'assiste à ce funeste sacrifice d'une enfant?

Vous ne voulez pas que je m'étonne quand j'entends retentir autour de ces seize ans non accomplis, les dissertations conjugales du seigneur Arnolphe, et ces mots grossiers de la vieille langue bourgeoise que M. Paul de Kock ose seul imprimer aujourd'hui? Vous ne voulez pas que je m'indigne, quand je vous vois, vous critique, assistant de sang-froid à ce grand sacrifice : Iphigénie sacrifiée à la grivoiserie de votre ami Molière! Quoi donc! vous n'avez pas le plus petit mot d'indignation ou de pitié! Mais, au contraire, vous battez des mains à la victime, vous la couronnez de fleurs, vous la parez de votre mieux. Vous étudiez avec anxiété son geste, son sourire, l'inflexion de sa voix ; puis, à certains moments inespérés, vous vous retournez avec un murmure approbateur, et vous dites à votre ami : — *Comme elle ressemble à son maître, mademoiselle Mars!* — Vous êtes tous des barbares, en vérité !

Ainsi parlait Henri ; ceux qui le connaissent comme je le connais, savent très-bien qu'une fois lancé, il est impossible de l'arrêter. Je dois convenir que ce jour-là Molière a été cruellement traité. Notre ami, tout rempli d'admiration pour cette comédie incomparable, disait cependant que les jeunes filles n'avaient rien à y voir, qu'elles étaient cruellement déplacées dans ce drame du plaisir et de la joie où l'amour et l'esprit se tiennent, si étroitement pressés, qu'il n'y a plus de place pour les plus simples sentiments du cœur ; il disait encore que la comédie de Molière, toute remplie de pères crédules, de vieillards amoureux, de jeunes gens éveillés, de soubrettes égrillardes, de valets goguenards, cette comédie où rien ne manque, pas même l'entremetteuse et l'escroc, n'était pas faite pour y faire apparaître des enfants frais et blonds.

Il parla ainsi longtemps, et c'est à peine si je pus lui représenter — que les chefs-d'œuvre purifiaient toutes choses ; — que cet art de la comédie était un si grand art, qu'on ne pouvait lui faire de trop rares sacrifices ; — que vraiment il se faisait bien temps qu'on n'allât pas chercher, uniquement dans la loge des portières parisiennes, les Agnès et les Iphigénies ; et enfin, pour dernier argument, je lui contai ce que voici :

— Il y a déjà un fort longtemps, mon cher Henri, que dans ce même rôle d'Agnès débutait une petite fille plus jeune encore que la débutante d'hier. L'Agnès en question était maigre et pâle ; elle avait les coudes rouges et les mains comme les coudes, la démarche embarrassée, et la voix très-voilée. A peine si on la daignait regarder, si on consentait à l'entendre. Il y avait même des gens au parterre, des moralistes comme vous, qui disaient que c'était grand dommage de livrer cette petite fille à ces licences, à ces hasards ; et les reproches de pleuvoir sur le père de cette enfant, qui était un très-mauvais poëte, un très-bon comédien et qui s'appelait Monvel. Hé bien ! qu'arriva-t-il ? L'enfant joua peu à peu tous les petits rôles de Molière ; peu à peu l'esprit lui vint, puis sa main blanchit, puis son coude et le bras se remplit, puis la jambe ; un jour le voile tomba de cette voix éclatante, sonore, et touchante. Aujourd'hui, cette enfant accueillie à ses débuts de ces mauvais présages, s'appelle mademoiselle Mars ! Ce qui vous prouve que les chefs-d'œuvre ne portent jamais malheur à personne, et qu'une belle jeune fille n'est jamais perdue quand elle a, pour ses deux parrains, Molière et Marivaux.

— Quoi donc ! disait Henri, allez-vous faire l'éloge de Marivaux ? De celui-là aussi vous nous rebattez singulièrement les oreilles, et je n'ai jamais compris, je vous l'avoue, comment vous pouvez admirer, si fort et en même temps, Molière et Marivaux, l'un si vrai et si net, l'autre si faux et si retors ; celui-ci qui rit franchement, celui-là qui ricane ; Molière qui va droit son chemin, Marivaux qui ne marche que dans les sentiers détournés ; Molière qui dit tout et même plus, Marivaux qui laisse tout entendre et quelque chose encore. Deux hommes si différents ! deux comédies si diverses ! Et cependant, par un caprice bizarre, on accouple l'un à l'autre ces deux forçats rivés à la même chaîne.

Voilà donc que, pour augmenter l'embarras de cette pauvre enfant, le même jour et pour ainsi dire à la même heure, et sans transition, vous la faites passer de *l'École des Femmes* à *l'Épreuve Nouvelle*, de l'Agnès qui se défend à l'Agnès qui attaque, des sentiments bourgeois aux sentiments raffinés, — de la chaise de paille à la chaise longue, du gros mot au mot à double sens, de l'ail au musc, de la bure à la soie ! Vous lui faites jouer cette niaise comédie dans laquelle toutes choses sont bouleversées, où le valet devient le maître, où le maître devient le valet, pendant que de leur côté Marton et sa maîtresse changent également de robe, d'allure, de langage et d'amours. En trois heures, ni plus ni moins, vous voulez absolument tout le secret de cette âme, de cet esprit, de ce jeune cœur; et quand enfin la charmante fille a tout dit, quand vous ne lui avez épargné aucune équivoque, quand elle s'est bien fatiguée à comprendre ou plutôt à deviner vos poëtes comiques, vous la rappelez du fond du théâtre, vous voulez la revoir pour l'applaudir, vous êtes ivres de joie, et personne ne prend en pitié cette enfant, la voyant la proie et la victime de votre admiration!

Ainsi il parla; et moi, l'entendant parler, j'écrivais sous sa dictée; et plus d'une fois, je me disais tout bas qu'il avait peut-être raison, mais que notre plaisir à tous, lui donnait le démenti le plus formel. Cela est si doux, en effet, et si rare au théâtre, une belle jeune fille innocente, naïve, toute blanche, heureuse, qui récite avec beaucoup d'esprit et de grâce les vers incisifs de Molière, avec beaucoup de tact et de goût la prose élégante de Marivaux!

L'IMPROMPTU DE VERSAILLES. — LA TROUPE DE MOLIÈRE.

Quand Molière improvisa *l'Impromtu de Versailles*, il était arrivé au plus haut degré sinon de sa gloire, au moins de sa faveur. Il était — après madame de La Vallière — le plus bel ornement de ces fêtes brillantes qu'admirait l'Europe entière. Récemment encore, le roi venait d'écrire le nom de Molière sur cette glorieuse liste de gens de lettres et de savants, honorés des libéralités de Sa Majesté, et le poëte s'était empressé de remercier le roi, à la façon d'un poëte comique pour qui tout est sujet de comédie et même un compliment. Il avait donc imaginé d'envoyer sa muse habillée en marquis, au petit lever de Sa Majesté. Il avait engagé sa muse à *gratter* à la porte du roi, à montrer de loin son chapeau, à monter *sur quelque chose* pour être aperçue, à crier: *Monsieur l'huissier!* à boucher toutes les approches et à faire son petit compliment en deux vers. Enfin, comme toutes les personnes qui avaient l'honneur d'appartenir à Sa Majesté, Molière devait nécessairement être invulnérable; or, Louis XIV avait été scandalisé des attaques de Boursault contre son poëte ; il avait donc ordonné positivement à Molière de répondre, et Molière ne se fit guère prier ; il était naturellement guerroyeur ; il supportait difficilement la piqûre des insectes : — *Le mépris des sots*, disait-il, *est une pilule qu'on peut avaler, mais non pas sans faire la grimace.*

Vous jugez de la joie de Molière occupé à écraser, un à un, sous ses deux ongles, M. Boursault et les petits êtres qui pullulaient à l'Hôtel de Bourgogne ; et cela, à Versailles, dans le palais du roi, en présence du roi ! — Il se mit au travail tout de suite, et il appela à son aide tous les comédiens dont il plaidait la cause : Brécourt, Lagrange, Ducroisy, et ces belles comédiennes dont on répète encore les grâces et les amours : mademoiselle du Parc, mademoiselle de Brie, la Béjart, spirituel débris d'une beauté qui se défend encore, et surtout mademoiselle Molière, sa femme, si pleine d'adorables caprices et de charmantes bouderies, et qui avait un si grand air !

— C'est Molière lui-même qui éveille sa troupe, car en ce temps-là il était comédien, il était directeur de comédiens, il était poëte, il était courtisan, il était amoureux, il était jaloux, il aimait sa gloire comme il aimait sa femme. Il arrivait donc en toute hâte : — Tête-bleu, Messieurs, s'écriait-il (il jurait devant le roi), tête-bleu, me voulez-vous faire enrager aujourd'hui ? — *Ah ! les étranges animaux que les comédiens.* Sentence proverbiale que tous les directeurs de théâtre devraient faire inscrire sur la porte de leur cabinet, en lettres de fer.

Le roi avait dans cette pièce la comédie de la coulisse, cette comédie qui se passe derrière le rideau, et que Molière a découverte, comme il les a toutes découvertes. Voilà donc tous nos comédiens réunis, et naturellement pas un d'eux ne sait son rôle. Du Croisy voudrait en être quitte pour dix pistoles ; Brécourt pour *vingt bons coups de fouet.* (Allez donc prier aujourd'hui un comédien de créer le rôle de Brécourt, vous verrez si sa dignité ne se trouvera pas offensée.) — *Et que feriez-vous, si vous étiez à ma place ?* s'écrie Molière. A quoi sa femme lui répond comme une femme frivole et qui n'y voit pas plus loin : — *Mais vous, vous savez la pièce, puisque vous l'avez faite.* La belle raison ! Et sa femme ajoute : — *Pourquoi vous chargez-vous de faire tout cela en huit jours ?* Elle en dit tant, que Molière, qui aime cette femme de tout son cœur, s'écrie, en frappant du pied : — *Taisez-vous, ma femme, vous êtes une bête!* Et la femme de répondre : — *Grand merci! monsieur mon mari! Voilà ce que c'est, vous ne m'auriez pas dit cela il y a dix-huit mois!* Car Molière n'était marié que depuis dix-huit mois. Pour ma part, je donnerais tout *l'Impromptu de Versailles* pour cette charmante scène entre Molière et sa femme... une scène qui sera toujours comprise et applaudie. Mais quand vous arrivez à Molière contrefaisant Beauchâteau, Hauteroches, Villiers, tous les comédiens de l'Hôtel de Bourgogne, j'avoue que mon plaisir en est gâté. — Je ne veux pas que Molière, même devant Louis XIV, à plus forte raison devant moi, fasse le métier d'Alcide Tousez.

La comédie reprend un peu quand arrive le Fâcheux au plus fort de la répétition, et quand Molière donne la réplique à Lagrange, qui joue un rôle de marquis; le gasouillement de mademoiselle Duparc et de mademoiselle Molière est aussi une plaisanterie du meilleur goût; tant que Molière reste dans la comédie il est excellent; mais une fois dans la satire, il faut avouer qu'il va trop loin. Il a tort et grand tort de nommer en toutes lettres son ennemi Boursault, comme il aura tort, plus tard, de mettre l'abbé Cottin tout vif dans les *Femmes savantes;* il ne faut pas tuer les gens à coups de massue, un petit coup d'épingle, à la bonne heure; et puis si vous tuez votre homme aujourd'hui que vous restera-t-il le lendemain? — Enfin il ne faut tuer personne. Plus vous avez la main légère et plus le public vous en saura bon gré. Le public a en horreur les personnalités, les gros mots, les offenses, les injures, les violences de tout genre.

Molière le savait mieux que personne; et, tantôt, comme s'il eût rougi de s'être oublié un instant, écoutez-le poser les bases de la critique. Il a ri de tout son cœur, et il a poussé le rire jusqu'à la bouffonnerie; à présent il rentre dans toute sa dignité. Il abandonne à ses ennemis *ses ouvrages, sa figure, ses gestes, sa parole, son ton de voix, sa façon de réciter,* mais il demande en grâce *qu'on lui laisse le reste!* Voilà comment devait se défendre un pareil homme.

Ainsi il parle! Ces grands hommes, l'honneur de l'esprit humain, reconnaissaient très-volontiers les devoirs de la critique; ils étaient, avant tout, de véritables hommes de lettres, et ils prouvaient, par leur exemple, que cette qualité d'homme de lettres est la plus grande et la plus honorable dont se puisse décorer un galant homme. « Les faux honnêtes gens sont ceux qui déguisent « leurs défauts aux autres. Les vrais honnêtes gens sont ceux qui « les connaissent parfaitement et les confessent. »

Cette maxime de M. de Larochefoucault, s'applique aux vrais et aux faux hommes de lettres. Saint-Évremond, un bel esprit de cette famille des beaux esprits, disait souvent que les grands admirateurs étaient de sottes gens, et La Bruyère, qui se plaignait, puisque les grands sujets lui étaient défendus, d'être forcé de faire la satire des *ouvrages de l'esprit*, indique à merveille les limites de la critique : « Il ne faut pas, dit-il, mettre un ridi- « cule où il n'y en a point, c'est se gâter le goût, c'est corrompre « son jugement et celui des autres. Mais le ridicule qui est quel- « que part, il faut l'y voir, l'en tirer avec grâce et d'une manière « qui plaise et qui instruise. »

Il disait aussi, et l'on croirait entendre Molière, mais un Molière plus correct et plus châtié : « Le philosophe consume sa vie « à observer les hommes, et il use son esprit à en démêler les « vices et les ridicules. S'il donne quelque tour à ses pensées, « c'est moins par une vanité d'auteur que pour mettre une vérité « qu'il a trouvée dans tout le jour nécessaire pour faire l'impres- « sion qui doit servir à son dessein. Quelques lecteurs croient « néanmoins le payer avec usure s'ils disent magistralement *qu'ils* « *ont lu son livre, et qu'il y a de l'esprit*; mais il leur renvoie « tous ces éloges qu'il n'a pas cherchés par son travail et par ses « veilles ; il porte plus haut ses projets ; il agit pour une fin « plus relevée ; il demande aux hommes un plus grand et un plus « rare succès que les louanges et même que les récompenses, qui « est de les rendre meilleurs. »

Ce sont là des pages admirables et tout à fait dignes que le critique honnête homme les ait sans cesse sous les yeux. Elles l'encouragent, elles le consolent, elles lui présentent le tableau idéal d'une perfection qui rendrait la critique même l'égale des choses inventées, par la raison que dit encore La Bruyère :

« Tout l'esprit d'un auteur consiste à bien définir et à bien « peindre. Moïse, Homère, Platon, Virgile, Horace ne sont au- « dessus des autres écrivains que par leurs expressions et par

« leurs images : il faut exprimer le vrai pour écrire naturelle-
« ment, fortement, délicatement. »

Il disait encore : « Amas d'épithètes, mauvaises louanges ; ce sont les faits qui louent et *la manière de les raconter.* » Et la manière de les raconter ; quelle admirable place il laisse en fin de compte, à la critique et à l'histoire !

Dans la *Critique de l'Ecole des femmes*, un chef-d'œuvre de sarcasme et d'esprit : « Je suis *pour le bon sens*, dit Molière (il
« veut dire qu'il est pour ceux qui savent ce qu'ils disent), et ne
« saurais souffrir les ébullitions du cerveau de nos marquis de
« Mascarille. J'enrage de voir de ces gens qui se conduisent en
« ridicules, malgré leur qualité ; de ces gens qui décident toujours
« et parlent hardiment de toutes choses, sans s'y connaître ; qui
« dans une comédie se récrieront aux méchants endroits et ne
« branleront pas à ceux qui sont bons... Eh ! mon Dieu, Messieurs,
« taisez-vous ; quand Dieu ne vous a pas donné la connaissance
« d'une chose, n'apprêtez pas à rire à ceux qui vous entendent
« parler, et songez qu'en ne disant mot, on croira peut-être que
« vous êtes d'habiles gens ! »

Voilà qui est bien parler, et que celui-là entende qui a des oreilles pour entendre. Il n'est pas fâcheux, chemin faisant à travers les comédies et les drames, de rencontrer des préceptes et des exemples dont la critique, attachée à son œuvre, puisse faire son profit. — Entre l'ignorance et le défaut d'esprit, il y a encore ce danger : le trop d'esprit ! Il est vrai de dire que ce danger est assez rare. — « Il y en a beaucoup que le trop d'esprit
« gâte, qui voient mal les choses à force de lumière, et qui
« même seraient bien fâchés d'être de l'avis des autres pour avoir
« la gloire de décider. » Ces gens-là, si l'opinion publique s'exprime avant qu'ils n'aient parlé, s'écrient à *l'attentat !* Ils veulent être *les premiers dans leur opinion.* — Méfiez-vous aussi des critiques qui arrivent, la règle et le compas à la main, jaugeant et toisant une comédie ainsi qu'ils feraient un bâtiment.

« Vous êtes de plaisantes gens avec vos règles dont vous em-
« barrassez les ignorants, et nous étourdissez tous les jours !
« Il semble à vous ouïr parler que les règles de l'art soient les
« plus grands mystères du monde, et cependant ce ne sont que
« quelques observations aisées que le bon sens a faites sur ce

« qui peut ôter le plaisir que l'on prend à ces sortes de poëmes.
« Or, le même bon sens qui a fait autrefois ces observations, les
« fait aisément tous les jours sans le secours d'Horace et d'Aris-
« tote. Je voudrais bien savoir si la grande règle de toutes les
« règles n'est pas de plaire, et si une pièce de théâtre qui a
« attrapé son but, n'a pas suivi un bon chemin ? Veut-on que
« tout un public s'abuse sur ces sortes de choses, et que chacun
« ne soit pas juge du plaisir qu'il y prend ? »

Il ajoute (hélas ! il faudrait tout citer de cette rhétorique en
action) : « J'ai remarqué une chose de ces messieurs-là, c'est que
« ceux qui parlent le plus de règles et qui les savent mieux que
« les autres, font des comédies que personne ne trouve belles.
« Ainsi moquons-nous de cette chicane, où ils veulent assujettir le
« goût du public ; ne consultons dans une comédie que l'effet
« qu'elle fait sur nous, laissons-nous aller, de bonne foi, aux
« choses qui nous prennent par les entrailles, et ne cherchons
« point de raisonnement pour nous empêcher d'avoir du plaisir. »

Pendant tout cet acte de la *Critique de l'École des Femmes*,
Molière se raille à plaisir de ces *raffinements mystérieux*, comparant ces critiques, huchés sur l'art poétique, à ces gourmets
qui *trouvant une sauce excellente*, voudraient examiner si elle
est bonne d'après les préceptes du *Cuisinier Français*. En un
mot, le grand art de la comédie c'est de plaire, *elle peut se sou-
cier* du reste. Enfin, et ceci est une critique à faire aux pédants
(*meâ culpâ*), armés de citations dans l'une et l'autre langue
(*utriusque linguæ*, disait Horace) :

« Ne paraissez pas si savant, de grâce ; humanisez votre dis-
« cours et parlez pour être entendu. » Qui voudrait avoir le secret
de la critique appliqué à l'art du théâtre, se pourrait contenter
d'étudier et de méditer la *Critique de l'École des Femmes* ; il y
trouverait les meilleurs et les plus utiles préceptes de prudence,
de modération, de finesse, et comme dit un de nos vieux auteurs :

> En délectant profiteras,
> En profitant délecteras.

Pour quitter la *Critique de l'École des Femmes*, et pour revenir à cette comédie heureuse, *l'Impromptu de Versailles* qui
lui sert de pendant, nous ferons une observation qui ajouterait

certainement un assez grand intérêt à cette dernière comédie ; c'est qu'avec un peu d'attention vous y retrouverez, en germe, un chef-d'œuvre de Molière, et son chef-d'œuvre, peut-être, *le Misantrope.* — Molière, qui déjà rêvait à sa comédie, avait essayé ses trois comédiennes dans les petits rôles de *l'Impromptu.* Mademoiselle Duparc, envieuse et jalouse, c'était la prude Arsinoé ; mademoiselle de Brie, indulgente et dévouée, sera plus tard la sage Éliante ; mademoiselle Molière, vive, agaçante, coquette, est déjà Célimène, et le Misantrope, ne le reconnaissez-vous pas dans Molière ? Vous avez aussi dans *l'Impromptu* un méchant poëte, un marquis ridicule, un homme raisonnable comme Philinte. Et quelle merveilleuse habileté de ce poëte, qui allait frapper ce grand coup du *Misantrope*, d'essayer en même temps et ses comédiens et son public !

Certes, *l'Impromptu de Versailles* a longtemps été la comédie la mieux jouée de toutes les comédies de Molière. Cette fois les comédiens se représentaient eux-mêmes ; Molière leur avait conservé leurs noms, leurs habits, leurs visages ; ils étaient jeunes et beaux alors ; ils marchaient à la suite de ce grand homme, l'honneur du théâtre. La ville et la cour avaient les yeux fixés sur eux ; ils vivaient avec Molière, ils créaient avec lui ses comédies ; ils étaient les instruments immédiats de cet infatigable génie ; chaque jour leur amenait un nouveau chef-d'œuvre, une plaisanterie nouvelle, un personnage nouveau. Déjà il préparait *le Misantrope*, il rêvait de *Tartufe* et don Juan se préparait à tourner dans ce cercle vicieux, où il est enfermé.

Jamais comédiens plus heureux et plus illustres n'occupèrent un théâtre. — Eux-mêmes ils étaient, dans ce monde à part, une passion nouvelle, quelque chose d'inconnu dont on s'approchait avec un plaisir mêlé d'un certain effroi. Ces comédiens étaient recherchés par les plus grands seigneurs ; ces comédiennes étaient belles et galantes, on les aimait pour leur beauté, pour leur esprit, pour leurs amours ; il y avait de ces femmes qui tenaient pour leur amant, Racine ou M. de Sévigné ; il y en avait une qui portait le nom de Molière !

On les voulait voir, on les voulait entendre, on les voulait aimer. Autour de ces heureux parvenus de la poésie, se faisait toute la comédie de leur temps. On venait leur apporter, des plus beaux salons, toutes sortes de petits ridicules frais éclos, dont ces messieurs et surtout ces dames faisaient leur profit immédiat. A leur ruelle se récitait toute la chronique de la cour. Elles-mêmes elles étaient comme autant de chroniques vivantes et moqueuses qu'on applaudissait avec transport. Il n'y avait pas jusqu'à cette position exceptionnelle d'excommuniés, dans ce temps de terreur religieuse, qui ne tournât au profit de ces messieurs et de ces dames.

Grâce à cette excommunication permanente, on leur pardonnait de bon cœur leur esprit, leur grâce, leur beauté, leur succès. Le moyen d'être jaloux de pauvres diables qui ne seraient pas enterrés en terre sainte, et qui devaient brûler inévitablement et sans rémission dans le feu éternel? Enfin c'était une position unique, admirable, enviée et toute nouvelle, qui ne devait durer qu'autant que durerait la troupe de Molière. J'ai entendu demander, plusieurs fois, à quoi ressemblait le salon de Célimène? Eh! bon Dieu! le salon de Célimène, plus rempli d'hommes que de femmes, de petits marquis que de grands seigneurs, de femmes sur le retour que de jeunes femmes, de comtesses que de bourgeoises, c'est le salon de mademoiselle Molière, situé comme il était entre Paris et Versailles, sur les limites de deux mondes qui venaient à elle ; elle n'appartenait qu'à demi à ce monde-ci, elle n'appartenait qu'à moitié à ce monde-là.

Elle était ainsi la femme déclassée, et l'on dirait que Pascal lui-même a voulu tracer le portrait de cette créature malheureuse : « Le peu de temps qui lui reste l'incommode si fort et l'em-
« barrasse si étrangement, qu'elle n'essaye qu'à le perdre : ce lui
« est une peine insupportable de vivre avec soi et de penser à soi ;
« ainsi, tout son soin est de s'oublier soi-même et de laisser cou-
« ler ce temps, si précieux et si court, sans réflexion, en s'occu-
« pant de choses qui l'empêchent d'y penser. C'est l'origine de
« toutes les occupations tumultuaires des hommes et de tout ce
« qu'on appelle *divertissement* ou *passe-temps*, dans lesquels
« on n'a, en effet, pour but, que d'éviter, en perdant cette partie
« de la vie, l'amertume qui accompagne l'attention que l'on ferait
« de soi-même. — Pauvre âme qui ne trouve rien en elle qui la
« contente, qui n'y voit rien qui ne l'afflige, quand elle y pense,
« il suffit, *pour la rendre misérable, de l'obliger de se voir et*
« *d'être avec soi.* »

CHAPITRE IV

Dans cette suite d'études sur Molière, ou dont Molière est le prétexte, je trouve, à cinq ans, à dix ans, à quinze ans de distance l'un de l'autre, trois chapitres à propos de *Don Juan*; — c'est en vain que je me donne à moi-même d'excellentes et irrésistibles raisons pour ne pas publier, tout à la fois, ces trois chapitres, il s'élève dans mon esprit et dans ma passion littéraire plusieurs bons motifs qui me poussent à reproduire, en leur ensemble, ces trois chapitres, écrits à des époques si diverses, et parmi des événements si différents. Le premier de ces *Don Juan* parut aux premiers jours de la révolution de juillet, à l'aurore, aux premières espérances d'un règne heureux, et déjà l'on peut voir, dans ces pages, une profonde sécurité de toutes choses! On y voit un homme content de la liberté conquise, oublieux de tout ce qui n'est pas l'art qu'il exerce, entièrement dégagé de toute espèce d'ambition, qui étudie à loisir, et qui écrit, en pleine liberté d'allure, les choses qui lui plaisent le plus.

Ceci est le vrai ton de la critique aux heures favorables. Non pas que le public, tout de suite après la révolution de juillet, soit revenu complétement à la critique régulière, mais enfin s'il ne l'aime pas encore, elle ne lui est pas tout à fait insupportable, et l'on commence à comprendre, pour peu que les événements le permettent, que les lecteurs se rencontreront bientôt qui ne demanderont pas mieux que d'oublier, en ces oisives et curieuses recherches, l'oubli de l'agitation de la rue, et des colères du carrefour.

La seconde étude, à propos du *Don Juan* de Molière, fut publiée au plus beau moment de la révolution de juillet, quand toutes les conjonctions heureuses semblaient promettre à cette paternelle et puissante monarchie un grand avenir, incessamment mêlé de jeunesse, de beauté, de gloire et de liberté. En ces moments choisis, la critique se sait écoutée aussi bien que la poésie; elle prend toutes ses aises; elle se rappelle avec une généreuse ardeur, le précepte des maîtres :

« Les hommes[1], en se communiquant leurs idées, cherchent « aussi à se communiquer leurs passions. C'est par l'éloquence « qu'ils y parviennent. Faite pour parler au sentiment, comme la « logique et la grammaire parlent à l'esprit, elle impose silence à « la raison même. — Les hommes sont le premier livre que l'écri-« vain doive étudier pour réussir, après quoi il étudiera les grands « modèles! » Ainsi, soyez d'abord éloquent, et vous serez bien près d'être ensuite un bon juge. « Il y a dans l'art un point de « perfection comme de beauté et de maturité dans la nature. Celui « qui le sent et qui l'aime, a le goût parfait; celui qui ne le sent « pas et qui aime en deçà et au delà, a le goût défectueux. » C'est du La Bruyère, aux meilleurs passages. Il a donné des règles excellentes de l'art d'écrire.

Nous avions le temps d'étudier les maîtres aux premiers jours du roi Louis-Philippe, et nous avions un grand intérêt à mettre en pratique ces utiles préceptes : « Écrivez pour être entendu; tâchez d'écrire de belles choses! Que votre diction soit pure, et cherchez avec soin, par de très belles paroles, les pensées nobles, vives, solides et remplies d'un beau sens! » — Même on se permettait, en ce temps-là, assez souvent, le style précieux, et les maîtres l'excusaient en disant : « Si l'on affecte une finesse de tour et souvent une trop grande délicatesse, *ce n'est que par la bonne opinion* que l'on a de ses lecteurs. » Nous avions donc une excellente opinion de nos lecteurs, et c'est pourquoi nous leur portions un grand respect, recherchant, avant tout, l'ornement, la pa-

---

[1] D'Alembert, *Préface de l'Encyclopédie.*

rure et la grâce du discours. — A quoi bon, dira-t-on, et n'est-ce pas là une peine bien placée, écrire avec tant de zèle et tant d'ardeur une feuille éphémère, une chose qui dure à peine une heure et qu'emporte le vent du soir? Mon Dieu, vous feriez votre tâche d'une façon plus alerte et plus simple, que peut-être elle en vaudrait mieux; vous y gagneriez une vie à coup sûr plus heureuse, et vos lecteurs y gagneraient une lecture plus facile. Est-ce que j'ai besoin, moi qui vous parle, à mon réveil, de rencontrer de si beau style? Au contraire, il me semble que plus vous serez simple et uni comme *bonjour*, jasant avec moi des événements, des accidents et des opinions de la veille, et plus je trouverai que vous êtes un écrivain à ma portée, un narrateur bonhomme, un critique attaché au fait principal.

Quoi de plus? La chose est bonne, ou elle ne vaut rien; allez à la pièce nouvelle, ou bien n'y allez pas. Voilà tout ce qu'on vous demande, et non pas des dissertations et de la rhétorique à perdre haleine. Enfin, si je veux lire un livre, il me semble que je n'en manque pas! En ce moment de la journée, on ne vous demande qu'un journal, c'est-à-dire une page écrite en courant, au courant de la plume, en dehors de toute ambition littéraire; où en voulez-vous venir, avec tout votre style? à prouver que vous êtes un écrivain? Eh bien! faites vos preuves dans un livre, on vous lira si on a le temps.

Voilà ce qu'ils disent tous, ou presque tous. Ils se débattent contre une force dont ils ne se rendent pas compte; ils se refusent à un plaisir qui leur devient volontiers une fatigue; ils sont honteux, au fond de l'âme, de se savoir si peu dignes de tant de soins et d'être servis, mieux qu'ils ne méritent, par ces plumes vaillantes, animées à bien faire, ennemies des barbarismes, jalouses de la forme, en pleine abondance, en pleine énergie, actives à ce point que du jour au lendemain elles ont abordé les questions les plus ardues; correctes à ce point qu'il serait difficile de rencontrer, dans ce va-et-vient universel de la langue pratique, officielle, intelligente, une faute aux règles les plus difficiles de la grammaire la plus sévère!

Allez, allez toujours dans cette voie, écrivains mes frères, qui êtes l'exemple et l'honneur du journal français, une des gloires de l'Europe moderne; allez dans cette voie; on y rencontre, il est vrai, toutes sortes d'intelligences médiocres, toutes sortes de lecteurs imbéciles, et des ignorants, et des niais, et des frivoles, et des beaux esprits de café, et des idiots qui courent après l'aventure, après le hasard, empêtrés dans les fêtes sanglantes de la cour d'assises, dans les événements de la rue, ou dans les émotions du carrefour. Pour ceux-là, certes, ce serait une duperie assez grande de leur prodiguer les grâces du style ; et le tribun qui attaque, et le rhéteur qui s'abandonne à sa violence éloquente, et l'esprit calme en ses raisonnements irrésistibles, et l'ironie aux pieds légers, et la colère en ses déclamations furibondes, et la satire à l'accent aigu, et le pamphlet, — ce capharnaum de toutes les bonnes et de toutes les mauvaises puissances de la parole ; et la phrase élégante, incisive, indiquant d'un trait la malice ingénieuse, accorte, avenante ; ou bien, d'un trait vif et acéré, immolant sans pitié la renommée honteuse de ce bandit, la gloire usurpée de ce voleur..... autant de grâces, autant de violences, autant de tonnerres et d'éclairs qui échappent à la vue obtuse, à l'oreille fermée, à l'esprit bouché, à la tête inintelligente, au lecteur ébloui de ces vives et soudaines lumières pour lesquelles il n'est pas fait.

Mes amis, laissez-les dire et se plaindre, ces braves gens qui se plaignent que *la mariée est trop belle*, et que le journal est trop bien écrit. Laissez-les dire ; ce n'est pas pour eux que vous écrivez. Vous écrivez pour un lecteur d'élite, actif, intelligent, dévoué ; votre lecteur aime, avant tout, l'élégance et la correction, tout comme il aime à son lever, le bain frais et le linge blanc. Il se plaît au beau langage, à la période savante, à la recherche, à l'ornement, et il n'est jamais plus heureux et plus fier que s'il rencontre un grand orateur, à la place même où il ne cherchait qu'un journaliste. Vous rappelez-vous, pour ne citer que les morts, l'éloquence et la conviction de ce grand Armand Carrel, lorsqu'il s'en va, la plume à la main, comme il tiendrait une épée, ameutant ces orgueils, ces vanités, ces colères impuissantes, et tout semblable au sanglier (dans cette chasse racontée par Virgile) qui, tout couvert de flèches acérées, tient tête aux chasseurs et les fait pâlir ? Ou cet autre qui est mort aussi, cette plume imprudente et implacable, quand, au dernier moment, elle se mettait à courir sur ces feuilles remplies d'orages et d'émeutes qu'elle soulevait de son bec rapide, à la façon de l'Eurus déchaîné sur les sables de l'Océan? Etaient-ce là deux miracles de vengeance impitoyable, d'ironie implacable, des coups de massue où la vieillesse et la gloire de cette monarchie à son penchant, gémissait d'un râle plaintif? Plumes terribles, semblables aux balistes et aux catapultes du moyen âge, on les peut haïr pour le mal qu'elles ont fait, on les doit admirer pour leur habileté, pour leur génie et leur fureur.

On a dit d'Homère que, dans son poëme, « il faisait autant de dieux des hommes qui étaient au siége de Troie [1], et qu'en revanche il faisait à peine des hommes, de tous les dieux d'un Olympe créé par lui. » — Ces écrivains dont je parle, ils faisaient de nos plus grands hommes une proie ; ils faisaient de nos dieux une ironie ; ils bouleversaient toutes choses, du haut de cette tribune éclatante, élevée à leur génie. A les entendre, et Dieu sait si elle était attentive à ces éloquences du flot qui monte et du temps qui s'en va, — la France était en doute, et en grand travail ; elle ne savait plus où étaient ses hommes, où étaient ses dieux.

Ce grand art de la parole improvisée est devenu, pour nos voisins, un juste sujet d'envie et d'étonnement. Certes, si l'on veut comparer cette feuille énorme : *le Times*, la boussole d'Angleterre et du peuple anglais, le Leviathan de chaque jour, qui a pour esclaves la vapeur et le fil électrique, d'un bout du monde à l'autre, le journal français ne fera pas une grande figure ; il sera dévoré par ce feuillet géant, tout chargé des affaires publiques et privées d'un si grand peuple; oui, mais si vous tenez compte au journal anglais, au journal français du style et de l'esprit qui s'y dépensent chaque jour, aussitôt le plateau de la balance emporte, du côté français, cet amas énorme, incroyable et sans mesure d'événements, de découvertes, d'entreprises, de conquêtes, de mines d'or et d'argent, de voyages lointains, de terres inconnues, de banques et d'armées, de prédications et de menaces, de cultures et d'arsenaux, d'orateurs populaires, de courtisans, de chambellans, de soldats, de mendiants, de dames d'honneur !

Le *Times*, c'est la montagne en travail ; elle mugit, elle rugit, elle se démène, elle n'accouche guère; pendant que le journal fran-

[1] Longin, en son *Traité du sublime*.

çais va droit son chemin et tient le monde attentif, grâce à l'art d'écrire, qui est aussi répandu à Paris que la musique à Milan, la statuaire à Carrare, les eaux des fontaines à Rome, la neige à Moscou, la fumée à Manchester, le fracas des marteaux à Saint-Étienne, la peinture au Louvre, le bruit aux écoles, la gaieté chez les jeunes, l'avarice au vieillard, la douce odeur des roses naissantes dans les jardins fleuris de l'Été !

C'est l'argent, c'est l'ambition, c'est la lutte ardente de la politique des tribunes ennemies, c'est le commerce et ses armées opulentes, c'est le flot de l'Océan, c'est le mouvement des colonies, ce sont, à chaque instant, les variations et les révolutions de la fortune insolente qui donnent le mouvement, la vie et la force au journal anglais. — Chez nous, tout simplement, c'est la forme et c'est l'esprit, mêlé de courage et de probité, qui font vivre un journal ! Le public qui sait lire et qui aime les choses bien faites, s'inquiète assez peu de l'opinion que professe un journal, il s'inquiète, avant tout, du talent qu'on y déploie ; il prend son plaisir aux saines paroles, aux passages éloquents, aux gaietés, aux colères, à l'accent de l'écrivain ; ainsi le journal est bien plus, chez nous, le besoin des esprits que l'intermédiaire obligé de toutes sortes d'affaires dont Paris s'inquiète assez peu, et dont la province ne s'inquiète pas le moins du monde. « Chaque siècle, dit Fontenelle, a pour ainsi dire, un certain ton d'esprit. » C'est justement ce *ton d'esprit* auquel s'est monté le journal français qui fera juger, plus tard, des lumières du XIXe siècle ; son œuvre accomplie, il devra s'estimer bien haut, notre siècle, s'il peut se rendre à lui-même cette justice d'avoir uni l'exactitude à la vivacité de l'esprit, l'étendue à la finesse, l'élégance à la conviction.

Oui, l'intelligence est une belle chose ; on ne sait pas où elle finit, on ne sait pas où elle commence. M. Arnauld n'entendait rien, dit-on, à la métaphysique du Père Mallebranche, et pourtant le Père Mallebranche était facilement compris par ses plus naïfs auditeurs. — Une des peines de l'esprit, c'est l'inaction, c'est la lutte qu'il faut soutenir contre les intelligences médiocres.

Une des fêtes de l'esprit, c'est d'aller, de venir, d'être écouté, d'être suivi, d'être obéi, applaudi, d'être débattu, c'est d'apprendre et de savoir, et de montrer ce qu'on sait.

L'esprit aime à changer d'objet et d'action, — à agiter des idées, à faire mettre, à mettre au jour les choses ignorées ; il aime la la vérité, il aime l'erreur ; le mensonge ne lui déplaît pas toujours. — L'esprit est roi, il est le maître, il est maître absolu, il appelle la contradiction, il exècre l'esclavage, il se plaît à frôler les divers écueils où tombe, en s'agitant, la raison humaine ; il recherche avec rage tout ce qui brille, et tout ce qui chante, et tout ce qui se voit au loin ; il est fou de couleurs, fou de lumière et de fracas ; le demi-jour lui sied à merveille ; il ne hait pas le crépuscule ; si la nuit est profonde, il saura tirer parti des ténèbres !

Sachez cependant parler son langage à chacun de ces esprits dont se compose l'esprit universel. Soyez brillant avec les esprits brillants ; soyez sobre avec les esprits bornés ; ayez soin de vêtir convenablement la vérité un peu nue ; aimez à dégager la beauté des voiles qui la gênent. — Un grand esprit a le défaut suprême de ne voir que l'ensemble et de négliger les détails ; un petit esprit a cette grande qualité d'embrasser une quantité d'objets curieux, utiles, bons à étudier, bons à savoir ; l'esprit enjoué, grâce à sa bonne humeur, fait passer bien des choses d'une rude et cruelle digestion. C'est même une des premières recommandations que fait Horace en son *Art poétique*, d'être plein de réserve et de délicatesse dans l'emploi des mots :

In verbis etiam tenuis cautusque serendis !

Un bon et utile conseil, qui devrait être écrit, en lettres d'or, au frontispice du journal libre ! — Enfin, pas un mortel, pas même Voltaire, n'eut jamais en partage, à lui seul, tous les genres d'esprit ; c'est l'esprit qu'on n'a pas qui gâte celui qu'on a. Donc, contentez-vous d'être un homme de l'esprit que vous avez, si vous êtes un des heureux et des privilégiés de ce bas monde, et sachez vous en servir habilement, honnêtement. C'est la grâce que je vous souhaite et à moi aussi !

Nous voilà, j'imagine, assez loin de *Don Juan*, revenons-y tout de suite, et sans autre détour. Car pendant que nous apprenions notre humble métier, à l'ombre féconde et libre de ces dix-huit ans de prospérité, sous le règne bienveillant du meilleur de tous les rois, la révolution de 1848, qui faisait sourdement son chemin, éclatait pareille à l'artifice auquel on a mis le feu, la veille, et qui couve au fond de la mine, emportant, avec toutes sortes de malheureux, le rocher qui la recouvre. — Eh bien ! même après la triste révolution, le feuilleton s'occupait des grandes machines de la poésie et des beaux arts ! — Et tout de suite le feuilleton se rapproche de cette dissertation entre le pauvre et le riche, aussi vieille que le monde, et qui ne finira qu'avec lui :

> « Car en ceste vie terrestre
> « Mieux vaut mourir que povre estre,
> « Et ceulx qui povres apperront
> « Leurs propres frères les haïront. »

C'est un quatrain du *Roman de la Rose,* une complainte écrite sous le règne de Philippe le Bel !

Ceci dit, (il fallait le dire !) voici mes trois *Don Juan.*

LE DON JUAN EN VERS. — THOMAS CORNEILLE.

Le Théâtre-Français jouait en ce temps-là, *le Festin de Pierre,* dont la belle prose a été très-agréablement traduite en vers par Thomas Corneille. C'était cependant une entreprise digne du respect que nous portons à Molière, de remplacer les vers de Thomas Corneille par la prose de Molière, qui devait ainsi rentrer dans tous ses droits ; mais la mémoire des comédiens, ce singulier mécanisme que les plus habiles physiologistes n'ont pu expliquer, fut longue à se prêter à cette révolution. On peut dire qu'il n'y a pour les comédiens de ce monde, qu'une seule et même façon de retenir dans leur mémoire, la prose ou le vers. Ce que le premier a déclamé, une fois, les autres le déclameront jusqu'à la consommation des siècles ; c'est l'histoire des moutons de Panurge appliquée au vers et à la prose. Comme depuis tantôt cent cinquante ans la Comédie Française s'était mise à rimer le dialogue du *Festin de Pierre*, on pouvait penser que ces rimes étaient ineffaçables. Plus elles vieillissent et plus elles font tache dans ces mémoires obstinées. Un Comédien Français eût appris plus facilement dix mille vers du premier venu, que *le Festin de Pierre*, tel que l'écrivit Molière.

En effet, malgré les plus loyaux efforts, toujours reparaissait sous cette prose élégante et souple, le vers efflanqué de Thomas

Corneille. Si bien qu'il résultait de ces tentatives mal combinées la plus singulière cacophonie : l'un disait vers, l'autre disait prose, et c'était à ne plus s'entendre. Voilà comment l'habitude et la routine seront presque toujours plus fortes que les meilleures intentions. Thomas Corneille avait déteint sur Molière. A ces causes, en attendant que revînt l'heure de revoir enfin l'œuvre primitive, il fallait se contenter (et l'on s'en contentait) du *Festin de Pierre* en vers.

L'histoire de cette comédie est singulière. Les camarades de Molière, qui étaient aussi ses associés, avaient demandé à leur maître une comédie qui sortît enfin de ses admirables peintures du cœur humain, qui reposât quelque peu l'attention fatiguée du public, qui fût fondée, non pas sur les passions du cœur de l'homme, mais tout simplement sur le merveilleux, sur l'impossible. Ces messieurs avaient même trouvé, dans un théâtre voisin le héros de la comédie qu'ils désiraient pour leur théâtre, et ce héros était une statue de pierre, ou de Pierre ! La statue devait agir et marcher ; elle devait se montrer entourée de tous les accessoires terribles de la puissance infernale. Tel était le programme que son théâtre avait donné à Molière. On le traitait, chez lui, à peu près comme le théâtre de la Porte-Saint-Martin traite ses auteurs dramatiques, quand il leur commande un drame pour les lions de Van Amburgh.

Même, à ce sujet, j'ai retrouvé une lettre piquante de l'amie de Molière, mademoiselle de Brie, sa fidèle conseillère, celle qui venait en dernier ressort, après la vieille Laforest. J'ai toujours aimé mademoiselle de Brie, elle a été bonne, fidèle et dévouée à cet illustre génie, dont elle comprenait toute la portée. Aussi le nom de mademoiselle de Brie ne mourra pas ; elle partagera quelque peu l'immortalité de cet homme dont elle était le courage et la consolation. Mademoiselle de Brie et la vieille Laforest, voilà les deux amies de Molière, et ses deux véritables gardes du corps, aussi sont-elles inséparables dans sa vie, et qui veut faire un portrait complet de Molière, le doit représenter entre sa servante et son amie. L'une lui a prêté son gros rire, son bon sens, son admiration naïve, son dévouement de toutes les heures ; l'autre l'a calmé, elle l'a consolé, elle a essuyé ses larmes, elle a rassuré, tant qu'elle a pu, ce pauvre cœur si facile à troubler. Puisque vous vouliez absolument deux femmes pour accompagner la statue de bronze de Molière, prenez donc ces deux-là et vous ferez justice ; — en même temps vous aurez un charmant contraste : la vieille servante et l'élégante comédienne ; ce gros rire et ce fin sourire, ces deux bonnes mains, et ces deux mains si fines ; ce tablier et ces dentelles ; vous aurez, en un mot, un monument qui aura quelque bon sens, ce qui est bien rare dans tous les monuments de l'univers.

Voici cependant cette lettre que mademoiselle de Brie écrivait probablement à une amie, dont elle ne dit pas le nom :

« Je vous ai raconté que la troupe était très-abandonnée et ne
« gagnait pas d'argent depuis longtemps ; que le parterre n'ap-
« plaudissait plus que Scaramouche, et qu'enfin, sur les représen-
« tations de mademoiselle du Parc et de mademoiselle Molière,
« celui-ci avait promis d'écrire une comédie sur le patron d'une
« pièce espagnole qu'on lui a racontée. Hier donc, 16 janvier
« (1665), Molière, la troupe étant réunie, nous a lu cette comédie
« intitulée *le Festin de Pierre*. Dans mon petit entendement, la
« pièce est belle. Le rôle principal, don Juan, est un grand coureur
« de filles et de femmes, et pourtant, en dépit de ces scélératesses
« coupables, on l'aime, quoi qu'on en ait. Il s'en faut que le reste
« de la troupe soit de mon avis. Elle a trouvé que Molière n'y
« avait pas mis assez du sien, et qu'il s'était peu servi de la sta-
« tue que l'on ne voit que deux ou trois fois, et laquelle prononce
« à peine quelques paroles. Du Croisy, qui comptait avoir le rôle
« de la statue, et qui était tout fait pour ce rôle, n'en a plus voulu,
« et il s'est trouvé heureux de jouer un petit rôle de marchand.
« Les Comédiens voulaient mettre un char de feu et des diables
« dans la pièce, mais Molière a déclaré qu'on ne la jouerait plu-
« tôt pas. Je vous écris ceci étant bien triste, car j'ai peur que
« toutes les beautés de cet ouvrage ne disparaissent sous tant de
« mauvais vouloir. C'est Lagrange qui remplit le rôle de don
« Juan ; madame Béjard joue le rôle d'Elvire ; Armande, sa fille,
« joue un rôle de paysanne, et moi aussi. Molière s'est réservé
« le rôle de Sganarelle, qui est des plus plaisants. Dieu veuille
« que ce mois-ci finisse mieux qu'il a commencé ! »

Il est fâcheux que ce procès-verbal de la première lecture du *Festin de Pierre* ne soit pas plus complet. Véritablement je me figure Molière, poussé à bout par sa troupe avide, et se mettant à l'œuvre tout exprès pour faire une pièce où l'intérêt l'emporte sur tout le reste. Cette idée d'une statue qui parle et qui marche lui a paru en effet bien digne d'être exploitée, mais à peine s'est-il mis à l'œuvre, que déjà il a embrassé, d'un coup d'œil, l'étendue et la magnificence de son sujet. Cette fois, tous les rôles sont changés dans la vie humaine. Les femmes, jusqu'à présent souveraines maîtresses, ne vont plus être que les très-humbles esclaves de l'amour. On les a si longtemps abordées le cœur troublé, le chapeau bas! Voici Don Juan qui les prend par la main et qui les mène où il veut, sauf à les planter là, au milieu du chemin, à la merci du premier qui passe. Don Juan, c'est le grand seigneur émancipé. Tous les liens du devoir, de l'autorité, de l'ordre, il les a brisés en se jouant. Il a commencé par renier son père et sa mère, il finira par renier son Dieu.

Je suis bien étonné que Molière, pendant que son héros était en train d'impiétés de tout genre, ne lui ait pas fait insulter la majesté royale elle-même. Mais le poëte n'aura pas osé en tant faire. En ce temps-là on croyait déjà que toutes les impiétés étaient possibles, excepté celle-là. Souvenez-vous que Bossuet lui-même, en pleine chaire et faisant l'oraison funèbre de Henriette d'Angleterre, n'a pas osé prononcer le nom de Cromwell! Donc, moins cela, Don Juan ose tout. Il rit tout haut et de toutes choses : de la vertu des hommes, de la pudeur des femmes, de l'honneur des maris, de la chasteté des religieuses ; il profane le couvent, il souille l'autel, il insulte les morts dans leur tombeau ; il promène son libertinage dans les bois, dans les villes, sur le bord des fleuves, fatigué quelquefois, jamais assouvi. C'est le diable! c'est mieux que le diable ; il est cent fois plus dangereux ; il a en partage l'esprit, la grâce, la repartie, le courage, l'épée, la main blanche, l'ironie, la générosité, le sang-froid uni à la passion. Pourvu qu'il souille en son chemin toutes les femmes, pourvu qu'il effeuille toutes les roses, il sera, tant que vous le voudrez, un bon gentilhomme, et tout prêt à se faire tuer pour un mot dit de travers.

Cet homme, sensualiste comme un Italien, amoureux comme un Espagnol, est tour à tour, et selon la position présente, un poëte, un soldat, un philosophe, un paysan, un bretteur, un dévot, un médecin, un esprit fort, un hypocrite ; il ne devient un hypocrite qu'à la fin du drame, et quand il faut absolument pousser jusqu'au bout, par cet exemple, la perversité humaine.

Certes Molière a dû frémir quand, une fois évoqué, il aura vu se dresser devant lui ce fantôme, et si peu semblable à ces innocents petits seigneurs qui posaient devant le poëte pour amuser Louis XIV ! Cette fois, le vice l'emportait sur le ridicule, le vice était poussé jusqu'à l'horrible. Il y avait dans ce rire des grincements de dents, des douleurs infinies, les larmes des filles pleurant sur le sein de leur mère... ce que la fille de Jephté pleurait sur la montagne ; le déshonneur des vieillards, le désespoir des amants. Il y avait toute une société éperdue qui appelait vainement les lois à son aide ; il y avait tous les délires des sens, de la tête et du cœur. Oui, quelque chose de pareil s'agitait et se démenait, au fond de cet abîme intitulé : *Tartufe*, et l'on eût vu les mêmes Larves, les mêmes Lamies, et les mêmes Lémures dans cette comédie commencée en riant, pour complaire à des comédiens, pour amuser quelque peu les badauds de Paris en leur montrant une statue qui boit, qui mange, qui marche et qui parle comme un bourgeois en colère ; oui, j'en suis sûr, quand Don Juan parut devant Molière au milieu de cette odeur de musc et de soufre, et quand il dit au poëte, de sa voix stridente :

— *Me voilà, que me veux-tu ?* Molière eut bien peur !

Mais une fois lancé dans une œuvre, il n'était pas homme à reculer. Surpris pour ainsi dire à l'improviste, par l'évocation de son Don Juan, et rencontrant un vrai démon, à la place de quelque méchant petit marquis de l'Œil-de-Bœuf, le grand poëte ne dit pas au démon : — « Va-t'en ! je n'ai que faire de toi ! Rentre dans l'abîme d'où je t'ai maladroitement évoqué ! Ma conjuration se sera mal faite ; j'aurai pris une parole pour une autre, j'aurai tracé mon cercle de gauche à droite, au lieu de le tracer de droite à gauche. Va-t'en, encore une fois, tu me fais peur. Je suis à bout de ma tâche contre des monstres. Il y a un an, à peine, qu'à cette même heure de la nuit, et sous la même constellation funeste, j'ai évoqué un monstre pire que toi, un abominable démon venu du fond de l'abîme, le démon de l'hypocrisie, et je l'ai terrassé, et je l'ai maintenu dans mon cercle de feu ! Mais à cette heure, je ne veux pas de toi, tu me fais peur, tu as trop de vices sérieux à ta suite ; il y a dans ton regard quelque chose de funeste ; tu es trop méchant pour que de toi, l'on rie, et tu es trop damné pour qu'on te sauve ; malheureux qui a dépassé même le doute, en ton esprit perverti ; malheureuse victime de tes désirs impuissants ! Va-t'en ! va-t'en ! pauvre diable mal venu au monde, horrible avorton dont je ne sais que faire. — Va-t'en, Don Juan, frère cadet de *Tartufe*. C'est bien assez d'avoir mis au monde *Tartufe* ton frère, l'an passé ! »

Sans nul doute, ainsi aurait pu dire Molière à ce nouveau héros qui le narguait. Sans nul doute, il aurait pu le renvoyer dans le domaine nébuleux des êtres impossibles. Mais encore une fois, plus la difficulté était grande pour Molière, et plus il y devait tenir. Plus ce Don Juan était un être impossible, et plus il devenait digne de cette adoption du poëte. *Tartufe* ne pouvait pas avoir un plus digne auxiliaire. A ce compte, les deux années, l'an 1664, l'année de *Tartufe*, et l'an 1665, l'année du *Festin de Pierre*, me paraissent deux années d'une lutte terrible, d'un travail acharné, d'une audace accomplie ; pour supporter ainsi toutes ces inventions accumulées, il fallait être bien fort.

Mais cependant le poëte se met à l'œuvre. Il lâche son démon dans le monde épouvanté, et son démon lâché il lui laisse la bride sur le cou. Ce même homme qui a écrit *le Misantrope*, qui vous a montré les plus beaux esprits et les plus grands seigneurs de Versailles, tenus en respect par une coquette nommée Célimène, maintenant il va vous montrer un libertin, dans la double acception du mot, abusant sans pitié et sans respect de toutes les femmes qu'il rencontre, quelle que soit leur condition. Dame, demoiselle, bourgeoise, paysanne, il ne trouve *rien de trop chaud ou de trop froid* pour lui. Ce terrible vagabondage ne s'arrête qu'à l'abîme. L'homme en question n'a peur de rien et de personne. Il insulte même son père dans un temps où rien n'égale la puissance paternelle. Voilà pour le libertinage des sens. Quant au libertinage de l'esprit, ce Don Juan est le plus grand scélérat que la terre ait jamais porté.

« Un enragé, un chien, un diable, un Turc, un hérétique, qui
« ne croit ni ciel, ni saint, ni Dieu ; un loup-garou, qui passe
« cette vie en véritable bête brute ; un pourceau d'Épicure, un vrai

« Sardanapale, qui ferme l'oreille à toutes les remontrances chré-
« tiennes qu'on lui peut faire. »

Molière n'a dissimulé aucun des mauvais penchants de cette nature indomptable. Bossuet, lui-même, n'a pas de plus vives peintures, quand il s'écrie :

« Ne me dites rien des libertins; je les connais; tous les jours
« je les entends discourir, et je ne remarque dans tous leurs dis-
« cours qu'une fausse capacité, ou, pour parler franchement, une
« vanité toute pure; et pour fond, des passions indomptables,
« qui, de peur d'être réprimées par une trop grande autorité,
« attaquent l'autorité de la loi de Dieu, que, par une erreur na-
« turelle à l'esprit humain, ils croient avoir renversé à force de
« le désirer. »

Don Juan n'a jamais été mieux représenté que dans ces paroles; il est bien dans le nombre de ces impies *qui blasphèment ce qu'ils ignorent, qui se corrompent dans ce qu'ils savent*. Gens longtemps redoutés et redoutables, dont le philosophe s'est occupé aussi bien que le romancier, dont le poëte comique a fait sa pâture tout autant que l'orateur chrétien dans sa chaire, et qui ont cependant fini par être discrédités, comme tout le reste, par la raison que dit encore Bossuet « que les libertins et les esprits
« forts passeront, parce qu'un jour viendra où tout sera tenu dans
« l'indifférence, excepté les affaires et les plaisirs. »

Remarquez cependant, une fois que son héros est lâché dans ce monde trop étroit pour ses vastes désirs, comment s'y prend Molière pour le suivre, afin que ce bandit ne cause pas trop de ravages; comment il musèle cette bête fauve; comment enfin il parvient à faire une comédie véritable, de la biographie ardente de ce fatal Don Juan. C'est que, pour suivre jusqu'à la fin ce héros vagabond, Molière a pris tout simplement la plus douce, la plus allante et la plus capricieuse des montures. Il s'est mis à cheval sur cet âne immortel que montait Sancho Pança de son vivant; heureux âne qui porte dans sa besace cent fois plus de philosophie qu'Aristote n'en portait dans sa tête. Le Sganarelle du Don Juan, qu'est-il autre chose que le Sancho du Don Quichotte?

C'est le même bon sens, le même naturel, la même sagacité cachée sous l'enveloppe grossière; c'est la même patience surtout. Ils procèdent l'un et l'autre, Sancho et Sganarelle, par les mêmes ruses, par les mêmes métaphores insidieuses, par la même envie de rester dans le vrai, pendant que leur maître patauge incessamment dans le mensonge et dans l'absurde. Sganarelle est tout aussi bien le pendant inévitable de Don Juan, que Sancho Pança est l'indispensable compagnon du chevalier de la triste figure. Séparez Don Quichotte de son écuyer, vous n'avez plus qu'un fou inutile qui se perd dans les espaces imaginaires, et qui reste brisé sans que nul le relève, sous l'aile du moulin à vent; séparez Don Juan de Sganarelle, vous n'avez plus qu'un libertin obscur qui se cache dans l'ombre, qui fait tous ses coups à la sourdine, que rien n'explique et qui s'en va au hasard, apportant aux premières venues, son éternelle proposition de mariage.

Il faut bien du génie, savez-vous? dans des œuvres si compliquées, pour déplacer ainsi l'action et le drame, et pour faire reposer l'intérêt, non pas sur le héros principal, mais sur quelque subalterne tout boursouflé de ridicule et de bon sens! On admire beaucoup certains duos de la musique de Rossini, où l'un chante pendant que l'autre pleure, où celui-ci accompagne l'orchestre avec sa voix, pendant que l'orchestre déclame l'air que le chanteur devrait chanter; mais combien cela n'est-il pas plus difficile de transposer ainsi, de Don Quichotte à Sancho, de Don Juan à Sganarelle, du maître au valet, du fait à l'idée, les plus excellentes qualités de la comédie, à savoir le rire et la leçon?

Tel a été l'aide tout-puissant dont s'est servi Molière pour tirer parti d'un pareil héros, plus difficile à remuer que Tartufe en personne. Quant à monter dignement l'âne de Sancho Pança, ce Pégase aux longues oreilles, que pas un poëte n'a osé monter depuis Cervantes, et qui eût brisé le cou à Rabelais lui-même, vous pouvez bien croire que Molière le monta d'emblée; ainsi monté, l'orgueilleux baudet hennit de plaisir en sentant sur sa croupe un double poids, comme qui eût dit Sancho Pança portant en croupe son maître Don Quichotte. Une fois Molière en selle, il fut le maître du grison, et il ne s'avisa pas de s'écrier : *Holà!* comme il fit un jour en plein théâtre. Ce jour-là, Molière représentait en effet Sancho Pança dans une pièce de madame Béjart, intitulée : *Don Quichotte*. Il était déjà en selle et il attendait sa réplique, lorsque l'âne voulut marcher; en vain il le retenait par le licou, le baudet allait toujours. — *Holà!* s'écria Molière, *Baron, Lafo-*

rest, à moi, ce maudit âne veut entrer! Et il fallut bien que l'âne entrât, en effet; — Molière se retint à une branche, et l'âne entra tout seul, ce qui vous prouve bien que ce n'était pas l'âne véritable de Sancho Pança.

On a beaucoup parlé, de nos jours, et, Dieu merci, on n'en parle plus, de la liberté que s'était donnée le drame moderne, de cet admirable vagabondage de la poésie dramatique qui ne connaît plus d'obstacles; les poëtes se sont tendrement embrassés les uns les autres, en l'honneur de ce prétendu affranchissement de la comédie; on a crié bien haut que les unités étaient réduites au silence, et chacun de se féliciter comme s'il avait inventé Shakspeare! Mais relisez donc cette comédie de Molière, *le Festin de Pierre*, et vous verrez que jamais Shakspeare lui-même ne s'est donné plus d'espace, avec moins de respect pour la première, la seconde et la troisième unité.

A voir l'auteur du *Misantrope* marcher ainsi, le nez au vent et sans manteau, ne diriez-vous pas que vous avez affaire à l'auteur du *Roi Lear?* Prenez toutes les pièces de Shakspeare, et dans pas une de ces tragédies, qui embrassent le ciel et la terre, vous ne trouverez plus d'espaces, et plus convenablement remplis par la passion, par le rire et par la terreur. Si j'avais le temps, je comparerais l'*Hamlet* de Shakspeare au *Don Juan* de Molière.

Hamlet est un philosophe dans son genre, comme Don Juan; Hamlet est un philosophe triste, Don Juan est un philosophe gai; l'un et l'autre ils doutent; — ils font plus que douter, ils ne croient pas; et de ce doute, qui leur pèse, ils veulent se rassurer par les mêmes moyens. Seulement, Hamlet a peur de ce grand *peut-être* qu'il affronte; Don Juan, au contraire, se rassure derrière le faible abri de sa raison à laquelle il a bien soin de ne pas adresser de question impertinente. — *Voilà la question!* De cette différence entre les deux héros l'explication est bien simple : l'un est un honnête homme amoureux à la façon des honnêtes amours; l'autre est un scélérat et un égoïste. Cependant ils s'en vont l'un et l'autre, au hasard, courant, celui-ci après son unique amour qui l'appelle, celui-là après toutes ses amours qui s'enfuient — colombes épouvantées par le vautour!

A tout prendre, et malgré les fleurs, — malgré les fortunes dont elle est semée, la route que parcourt Don Juan est aussi triste que la route que parcourt Hamlet, encombrée de frimas et de neiges : c'est que, dans l'une et l'autre route, est semé le doute, cette épine amère, cette ronce fatale que nulle main ne peut arracher. Quand Hamlet s'écrie : — *Le vent est rude et coupe le visage, il fait très-froid!* il nous paraît moins digne de pitié que Don Juan, quand il s'écrie, sous ces beaux arbres si doucement agités par le zéphyr printanier : — « Je crois que deux et deux « sont quatre, et que quatre et quatre sont huit. » Pour ce qui est de la partie bouffonne des deux drames, elle n'est pas moindre dans l'*Hamlet* que dans le *Don Juan*. Le prince de Danemark s'entoure de comédiens et de comédiennes à qui il enseigne les premiers éléments de leur art, qu'ils ignorent; il est à lui-même son propre bouffon ; il rit aux éclats de cette parodie qu'il joue tout bas et qui sera sanglante. Pas n'est besoin de vous faire remarquer que Shakspeare, pour l'unité de son drame, aussi bien que Molière, a recours à un mort qui revient au monde, et qui raconte aux vivants ce qu'il a vu chez les morts.

Dans l'une et dans l'autre comédie, un poëte immense vous montre la même figure blafarde qui passe et qui repasse incessamment, *comme un grain de sable qui tomberait dans l'œil de l'âme, pour troubler la vision*. Seulement, je trouve que le spectre qui frappe le prince Hamlet est plus touchant, car il est encore plus silencieux que celui qui avertit Don Juan. Le spectre du Nord habite une nature mieux faite pour les fantômes ; il doit se plaire dans la brume épaisse et mélancolique des montagnes.

Hamlet pour le moins est aussi fort que Don Juan ; — il est naturellement plus mécontent de l'esprit humain, et il pense comme un misantrope. Il est loyal, mais à sa façon, en dissimulant ce qu'il a dans l'âme.—Don Juan est un fourbe d'autant plus dangereux qu'il a toujours l'air de mettre son jeu à découvert. Pour les bien juger, voyez-les l'un et l'autre dans le dernier asile des vivants et des morts, jusqu'alors respecté par les poëtes dramatiques ; voyez-les, ces chevaliers errants de la fantaisie, entrer dans le cimetière, un lieu sacré, que Molière et Shakspeare ont envahi par droit de conquête et par droit de naissance. Chacun d'eux, Hamlet et don Juan, dans ce lieu respecté, se montre enfin à nous tel qu'il est. — Quand Hamlet pénètre dans le cimetière, il a perdu toute sa gaieté, et telle est la tristesse dont son âme est pleine, que la terre, cette belle création, lui semble un promontoire stérile : « l'homme ne lui plaît plus, ni la femme. »

Eh bien! à peine a-t-il promené sa mélancolie à travers les tombes ouvertes ou fermées, soudain sa gaieté lui revient à fouler ces ossements épars. En ce moment il n'est plus seul ; il lui semble qu'il a retrouvé une famille ; il est courageux et fort, il n'a jamais été si éloquent, il n'a jamais prodigué davantage l'ironie et le sarcasme ; il pèse les grandeurs humaines dans sa main fébrile, il sème aux vents toute cette poussière mortelle comme une mauvaise ivraie ; il fait rire même le fossoyeur ; il est impitoyable pour tous ces morts, il n'a un peu de pitié que pour ce pauvre Yorick, *ce garçon d'une gaieté infinie et d'une imagination charmante;* hélas! pardonnez au pauvre Hamlet tout ce délire! Il respecte la mort, sans la craindre ; vous allez entendre, tout à l'heure, comme il va pleurer Ophélia.

Don Juan, tout au rebours ; il méprise la mort, mais il la redoute. Il ne craint que la mort dans ce monde ouvert à ses caprices. Ce n'est pas lui, certes, qui entrerait volontairement en cette terre consacrée. Non, mais par hasard il passe devant la tombe du Commandeur ; il s'arrête, encore tout chaud du combat qu'il vient de livrer, et très-heureux d'avoir un nouveau rendez-vous d'amour pour le soir. Soit caprice, oisiveté, — soit que l'heure de la vengeance divine sonne enfin, la fantaisie lui prend d'interroger cette statue qui le regarde. O surprise! ô terreur! la statue a fait un geste, elle a dit : *oui!* de sa tête penchée en riant, et relevée inflexible. A ce seul geste, et sans qu'il ait songé à s'expliquer à lui-même l'étrange vision, aussitôt — vanité de ces courages à l'épée et au premier sang! vanité de ces railleries qu'un souffle emporte! — aussitôt s'en va tout le courage de notre héros ; il chancèle, il hésite, il aurait peur si Sganarelle n'était pas là, il s'écrie : — *Allons, sortons d'ici!* C'est bien ce que disait Bossuet tout à l'heure : *une vanité toute pure.*

Qu'eût-ce été si le spectre s'était fait voir, dès le premier acte, comme le voulaient, pour produire plus d'effet, les compagnons de Molière ? Don Juan, dès qu'il a vu le spectre, a perdu la moitié de sa valeur ; Hamlet, au contraire, il s'appuie sur le fantôme, et l'un et l'autre, Hamlet et le fantôme, ils s'en vont, les pieds dans l'abîme et la tête dans le nuage! Quoi d'étrange?

Don Juan ne voit le fantôme du Commandeur qu'avec les yeux de la chair ; Hamlet voit le fantôme de son père *avec l'œil de son esprit !*

Si, dès le premier acte, le fantôme de Pierre avait paru, toute la comédie de Molière prenait aussitôt une teinte sinistre ; les pas du fantôme restaient empreints sur le sable de ces jardins ; ces eaux limpides devenaient des eaux bouillantes ; ces beaux arbres se dépouillaient de leurs feuilles ; ces jeunesses, au front pur, au teint frais, perdaient soudain le bel incarnat de la vingtième année. Alors toute cette joie, et ce luxe, et ces amours, tout cet esprit mêlé à ces scandales parés à la mode des dernières chevaleries célébrées par Cervantes, s'en vont à la suite du spectre. Au fantôme de Molière, au fantôme de Shakspeare, le spectateur ajoute toute croyance. Son imagination lui parle plus haut que sa raison. Le spectateur croit au fantôme, par la raison que dit saint Thomas quelque part : — *Credo quia absurdum ; j'y crois parce que c'est absurde ;* et c'est là tout à fait une excellente, une admirable, une irrésistible raison.

Il faut donc placer *le Festin de Pierre* parmi les chefs-d'œuvre de Molière. Cette comédie, ainsi faite avec tout le génie de l'auteur, n'eut aucun succès et ne devait en avoir aucun. — C'était une œuvre beaucoup trop avancée pour cette époque aux fermes et solides croyances. A représenter cette œuvre, et à l'entendre, les spectateurs se trouvaient aussi désappointés que les comédiens eux-mêmes. Les uns et les autres, ils s'attendaient à un drame fantastique (le fantastique, tout comme le burlesque, est de tous les temps), et ils se voyaient en présence d'une immense comédie, où rien n'était sacrifié à l'amusement vulgaire et au plaisir des yeux. Pourtant, et ceci finira convenablement mon parallèle entre *Hamlet* et *Don Juan*, cette comédie de Molière, si maltraitée de son vivant, devait, reconquérir (voilà le malheur de nos vices !) les droits de l'histoire, dans ce royaume de France, livré à toutes les corruptions de l'esprit et des sens.

Laissez venir seulement ces deux corrupteurs de la morale et de l'innocence, laissez venir Louis XV et Voltaire, alors Don Juan le scélérat, ne sera plus qu'un homme à bonnes fortunes, un philosophe ; il s'appellera M. le duc de Richelieu, pendant qu'en Angleterre, dans la patrie d'Hamlet, on verra ce même personnage de don Juan changer de nom, de costume, et s'appeler *Lovelace!*

De cet élégant et corrompu Lovelace est sortie toute une race abominable, autant qu'élégante de gentilshommes anglais les plus pervers et les plus pervertis de tous les hommes. Natures mauvaises et perfides que lord Byron lui-même n'a pas pu relever de la haine et du mépris qu'elles inspirent. Lovelace est le type odieux et blafard des plus malhonnêtes gens qui aient déshonoré le caractère du peuple anglais. — Les uns et les autres, de Lovelace à Brummel, ils ne se doutent pas qu'ils ont pour aïeul... Don Juan!

LE FESTIN DE PIERRE,
Comédie en prose.

Le *Tartufe* n'avait pas encore vu le jour, la protection du roi lui-même avait été vaincue par les clameurs des dévots, des vrais dévots aussi bien que des faux dévots, comme dit La Bruyère; tout le xviie siècle était en suspens, dans l'attente du chef-d'œuvre qui allait venir, bref, on ne savait rien de *Tartufe*, sinon dans les salons de mademoiselle de Lenclos, ce grand philosophe, à l'esprit si net, au cœur si tendre, lorsque tout d'un coup, dans les folles journées du carnaval de 1665, Molière fit représenter une comédie intitulée: *Don Juan*. — Au premier abord, on devait s'attendre à quelqu'une de ces farces admirables par lesquelles le grand poëte comique faisait soutenir ses chefs-d'œuvre, *le Malade imaginaire*, par exemple, ou bien *le Bourgeois gentilhomme*.

Aussitôt qu'il a touché février, le mois du carnaval, le Parisien veut rire à tout prix; mais cette fois, ce Don Juan, ce nouveau venu dans le domaine de la comédie, n'est pas et tant s'en faut, *le Bourgeois gentilhomme* ou *le Malade imaginaire*. Au contraire, c'est la fine fleur des grands seigneurs pour l'esprit, pour le tact, pour l'éloquence, pour la grâce, le courage et le bon goût. — Au contraire, en fait de malades, jamais vous n'avez rencontré une maladie plus violente, plus sérieuse, plus désespérée de la terre et du ciel, que la fièvre de Don Juan.

Dans cette comédie, faite pour les jours gras, vous allez assister au débat le plus solennel qui se soit jamais agité, je ne dis pas sur un théâtre profane, mais dans une chaire chrétienne; vous allez entendre des éclats de rire et des grincements de dents. — Il ne s'agit plus, cette fois, des petits vices de chaque jour, des petits ridicules qui obéissent à Paris, qui commandent à Versailles ; il s'agit des plus chers intérêts de la conscience, il s'agit, non pas de cette vie terrestre, mais de la vie éternelle.

Aussi pouvez-vous juger du désappointement des bourgeois de Paris, lorsqu'il leur fallut écouter, d'un bout à l'autre, ces paroles austères, ce drame sérieux, aux lieu et place de la bouffonnerie qu'ils attendaient. — Il arriva que Don Juan fit peur à ces timorés et timides esprits. Ils étaient venus au théâtre tout exprès pour y voir une statue qui causait, qui riait, qui buvait, qui mangeait, qui s'abîmait dans les flammes, et voici qu'on leur montrait le Don Juan foulant d'un pied sacrilége, toutes les lois divines et humaines ! — Et quant à la merveille, à la magie, à la statue, à peine si elle paraissait, deux ou trois fois, pour prononcer quelques rares et terribles paroles qui produisaient l'effet du tonnerre. — Ma foi ! se disaient les bonnes gens, Poquelin n'est pas en belle humeur aujourd'hui ; tant pis pour lui ; nous serons, dans trois jours, à la semaine sainte, et nous irons au sermon tout à notre aise. En attendant, rentrons au logis, faisons grand feu et grande chère, et vive la joie ! Voilà comment parlaient les bourgeois de 1665 ; car en 1665 il y avait déjà des bourgeois lettrés tout autant que messieurs les bourgeois de l'an de grâce 1852.

Ce n'est pas de ceux-là qu'on peut dire qu'ils ont un génie à part, et qui les élève au-dessus du reste des humains. *Extra omnem aleam ingenii positus.* C'est un mot de Pline l'ancien.

Aussi le *Don Juan* de Molière fut-il à peine représenté, quinze fois, en tout un hiver. C'est qu'en effet, lorsqu'il jeta dans le monde ce nouveau héros, Don Juan, rien n'était prêt pour le recevoir. Molière lui-même recula épouvanté devant cet être singulier de sa création. Lui aussi, quand il se mit à cette œuvre diabolique, il se figurait qu'il écrivait une pièce de carnaval. Heureusement il ne pouvait faire, en dépit de sa volonté, que des œuvres sérieuses. En vain, il veut être bouffon jusqu'à être trivial ; du fond même de sa bouffonnerie, la comédie s'élève glorieuse et triomphante. *Le Malade imaginaire* est une comédie excellente, et pourtant dans la pensée de l'auteur c'était tout au plus une parade ! *Le Bourgeois gentilhomme*, fait pour les tréteaux, est un des chefs-d'œuvre du théâtre. Tout ainsi, *le Festin de Pierre*, commandé par le machiniste, devient le plus grand drame et le plus formidable de la scène française. Chose étrange! la statue du Commandeur, aussi puissante, aussi terrible que le fantôme d'Hamlet!

Il est donc très-facile d'expliquer comment ce Don Juan, qui a fait peur à son poëte d'abord, au bourgeois de Paris ensuite, fut bientôt abandonné et par le poëte et par le bourgeois. D'ailleurs, Molière avait à produire sa plus terrible comédie, son *Tartufe*. Il savait très-bien que c'était son œuvre et son chef-d'œuvre, que c'était là son grand coup à porter, et que, ceci fait, il allait se placer un peu plus haut que Pascal, et tout simplement à côté de Bossuet. *Tartufe!* Ecraser l'hypocrite! prendre sa revanche sur ce monde catholique qui a proscrit la comédie! venir les chercher, jusqu'au pied de l'autel, ces hommes noirs, et les vouer à l'exécration publique! Forcer le roi Louis XIV (qui sera le sujet de madame de Maintenon) à dire son terrible: *Je le veux!* pour que la comédie de son comédien ordinaire soit représentée en plein théâtre, et pour tout dire, atteindre enfin au comble de l'art qui ne peut ni s'expliquer ni s'apprendre : « *Quod tamen unum tradi arte non potest*» telle était l'ambition de Molière, son ardente et infatigable ambition ; si bien qu'il est mort sans songer, — ô Dieu! — sans songer que ce Don Juan était sa plus vivante création; que ce Don Juan sceptique allait remplir tout le XVIIIe siècle ; que ce Don Juan amoureux allait devenir le type élégant et licencieux de toute la nation de Shakspeare, et aussi que Mozart, d'un côté, lord Byron d'autre part, et la jeunesse de notre siècle, éperdue, hors de sa voie, impuissante à reproduire même ses rêves, n'auraient pas d'autre héros que Don Juan.

Don Juan! il est le dieu d'un siècle qui ne croit plus qu'à l'épée et à l'habit du gentilhomme! Il est le rêve des femmes oisives à qui tout a manqué, même la séduction et la haine! On en a tant abusé chez les Anglais, qu'il s'appelle Lovelace ; on s'en est tant servi parmi nous, qu'il s'est appelé Robert Macaire. O vengeance et profanation!

Oui, certes, brave Don Juan, de ton épée on a fait un poignard; de ton manteau brodé, on a fait une guenille! Il n'y a pas jusqu'à ce brave, loyal et tremblant serviteur Sganarelle, qui ne soit devenu : juste ciel ! Bertrand, l'ami de Macaire ! Histoire de toutes les grandes origines ! Ainsi a fini plus d'une monarchie en plein abîme, en plein argot ; tant il est difficile de se tenir longtemps à la majesté du drame, à la hauteur du discours ! *Quanta ad rem tanta ad orationem fuit.*

Don Juan disparut de l'affiche à l'instant même où l'affiche allait supporter ce grand nom : *Tartufe*. — Le bruit de *Tartufe* dure encore ; la révolution qu'il a faite, sans cesse achevée et sans cesse renaissante a subi toutes les chances diverses de l'hypocrisie ! Toutefois, quand Molière fut mort à son poste, quand sa veuve, femme indigne d'un si illustre et si excellent homme, eut brûlé les papiers de son mari, le Théâtre-Français eut enfin cette admirable idée qu'il fallait remettre en lumière, non pas le *Don Juan*, mais *le Festin de Pierre*. En effet, disaient ces amis de Molière, où le maître a-t-il pris cette prose solennelle et sépulcrale, et que voulait-il que nous fissions de ce drame sans fin ? Rétrécissons cette comédie et la mettons en vers, alors on verra comme quoi Molière s'est trompé en donnant cette vaste étendue à son drame ; on comprendra, grâce à Thomas Corneille, qu'il n'y avait pas le plus petit mot pour rire dans ce trop sérieux *Don Juan*, et qu'enfin cette prose éloquente nuisait au plaisir du spectateur.

Ce qui fut dit fut fait. Thomas Corneille fut humblement supplié de venir en aide à l'esprit, à la prose de ce pauvre Molière : rapetissez-nous ce Don Juan ; faites qu'il soit moins bouillant, moins fougueux et moins terrible. — C'est un torrent qui traverse et qui renverse toutes choses ; faites-en un petit ruisseau coquet et jaseur ! Enfin nous voulons que votre remaniement soit écrit en vers ; la rime fera de cette comédie une chose plus légère, et nous aurons moins peur du fantôme. Malheureux comédiens ! c'est ainsi qu'ils ont raisonné ! ils n'ont pas vu que dans ce grand drame qu'ils défaisaient à plaisir, il s'agissait de la conscience, cet inévitable châtiment du coupable ! Ainsi, pendant que Thomas Corneille arrangeait ses rimes ingénieuses sur cette prose éloquente et forte, messieurs les comédiens ouvraient une trappe deux fois plus large ; ils rapetissaient la comédie, ils agrandissaient le spectre ; ils soufflaient sur l'esprit de Molière, ils doublaient les torches du dénoûment final.

On ôtait au vrai *Don Juan* ses plus belles tirades, en revanche on ajoutera un plat ou deux à la table de Don Juan. Ce n'est pas seulement d'aujourd'hui que l'accessoire est inventé ; à l'accessoire on a sacrifié même l'esprit de Molière : jugez donc!

Il faut le dire, ce travail de Thomas Corneille est d'une habileté déplorable. Il a brisé, sans que son esprit en fût troublé le moins du monde, cette grande prose du *Don Juan*, et de ces nobles parcelles il a fabriqué toutes sortes de rimes et d'hémistiches. C'est ainsi que d'un chêne centenaire, l'honneur des forêts, les fabricants d'allumettes vous fabriquent toutes sortes de petits morceaux de bois soufrés qui jetteront, chacun de son côté, sa petite lueur d'un instant. — Non, certes, toute la traduction de Thomas Corneille, ce n'est plus là le Don Juan amoureux, intrépide, grand seigneur, foulant d'un pied hardi et dédaigneux toutes les lois divines et humaines; non, certes, ce n'est plus le hardi sceptique qui brise l'autel du dieu, ne pouvant pas renverser le trône du roi.

Regardez le Don Juan de Molière, et vous allez pressentir le XVIIIe siècle. Il y a quelque chose de voltairien dans son sourire. Candide ne marche pas autrement dans ces sentiers semés de doutes, de vices, d'ironies et d'épines de tout genre. Quels blasphèmes! jamais le XVIIe siècle n'en avait entendu de pareils! Jamais cette société si réglée et si correcte n'aurait pensé que seraient débitées, en sa présence, de si énormes maximes! Et l'amour, comme ce Don Juan mène l'amour! Quoi! le roi Louis XIV est tremblant devant sa maîtresse, implorant un regard qu'il n'obtient pas toujours; — quoi! la tragédie de Racine enseigne aux plus grands seigneurs de cette monarchie, les timidités, les sciences, les élégances, les politesses de l'amour, et voici ce damné Don Juan qui mène, tambour battant et haut la main, les duchesses et les bergères! Tout comme les autres arrivent à leurs fins amoureuses, par le dévouement, par l'abnégation, par les petites délicatesses du cœur, celui-là gagne sa cause par le mensonge, par l'adultère, par la violence; puis, une fois la fille séduite, à la bonne heure : — moi et Sganarelle, nous passons à une autre perfidie. *Patrocle et moi!* disait Achille, et cependant qui pourrait compter, à cette heure, les conquêtes de Sganarelle et de Don Juan :

> Egregiam vero laudam et spolia ampla refertis
> Tu que puer que tuus.

En un mot, rien n'était plus étrange et plus inattendu dans ce siècle, qu'un drame pareil accompli à l'aide d'un pareil héros. On comprend donc très-facilement que Thomas Corneille ait été appelé à jeter la cendre de sa poésie sur ce feu allumé, qu'il ait été convié à débarrasser ce terrible Don Juan de ses plus hardis paradoxes ; mais au xixe siècle, en pleine révolution de toutes choses, quand Don Juan s'appelle Robert Macaire, et quand ses plus hardis paradoxes ont été mille fois dépassés, quand le doute, l'ironie, le blasphème, le parjure, débordent de toutes parts dans nos livres et dans nos mœurs, s'en tenir au *Don Juan* de Thomas Corneille, laisser dans cette ombre funeste un des chefs-d'œuvre de Molière, nous priver de cette grande prose qui rappelle la prose des *Provinciales* dans son ampleur et dans sa majesté, voilà, certes, ce qui ne saurait se comprendre. — En présence de cette profanation, de cette impertinence et de cet incroyable oubli de tout ce qui est l'art sérieux, on se demandait à quoi donc pouvait servir le Théâtre-Français ?

A ces causes, le Théâtre-Français poussé par la critique, et peut-être aussi, par le remords, remit enfin le Don Juan de Molière en grand honneur ; il remplaça les vers de Thomas Corneille, par le dialogue primitif, et le succès fut si grand que vous n'avez jamais rencontré, nulle part, un succès moins contesté que le succès de ce *Don Juan* et de la prose de Molière! On prêtait une oreille attentive et charmée à ce dialogue solennel où sont débattues tant de questions importantes. On accueillait avec enthousiasme ces héros grandis de vingt coudées. On saluait avec amour, avec terreur, ce Don Juan dont Thomas Corneille avait fait un mannequin pour les marchandes de modes ; on saluait du geste et du cœur ce Sganarelle, cet honnête valet d'un maître égoïste, ce brave homme un peu faible, un peu niais, grotesque, mal élevé, et cependant sublime quelquefois, à force de probité, de croyance et de bon sens.

A la fin donc ce beau drame était retrouvé tout entier ! A la fin il se montrait à nous dans toute sa sévère et sombre physionomie. A la fin, nous le tenions tel qu'il est sorti des mains ou plutôt des griffes de Molière, ce magnifique damné dont le nom est immortel! Les comédiens eux-mêmes étaient étonnés de toutes ces sympathies; ils se regardaient de temps à autre comme pour voir le fantôme qui les poussait. Dans la salle, la stupeur était générale. Nous autres de la génération nouvelle, qui avons été élevés dans une estime médiocre pour les doctrines de l'école voltairienne, nous nous regardions tout étonnés de ces violences dans le sarcasme. Cette poétique du doute si hardiment développée, et développée à haute voix, en plein théâtre, nous causait une espèce d'épouvante dont nous n'avions jamais eu la pensée!

— Et quand nous passions du sceptique à l'amoureux, notre étonnement redoublait.

— Quoi donc, dans une époque comme la nôtre, toute remplie de petits sentiments, de petites adorations, de quintessences infinies, que pouvons-nous faire de ce bandit nous racontant à sa façon : que tout le plaisir de *l'amour est dans le changement*, par la raison que les inclinations naissantes *ont des charmes inexprimables* ; — que lorsqu'on est maître une fois, *il n'y a plus rien à dire et plus rien à souhaiter*, que tout le feu de la passion *est fini* et qu'on *s'endort dans la tranquillité d'un tel amour*. Mais, direz-vous, à tout prendre, Thomas Corneille disait les mêmes choses! Oui, mais sa parole n'avait rien de sérieux, rien de solennel, rien qui partît de l'âme, de l'esprit et du cœur. Pendant que Molière croit à Don Juan, à son impiété, à ses crimes, à son châtiment dans les flammes éternelles, Thomas Corneille joue avec le feu éternel; il croyait en Molière, et toute sa croyance s'arrêtait là.

Surtout, ce qui nous a bouleversé jusqu'au fond de l'âme, c'est l'apparition du *pauvre* dans cette forêt écartée, à ce carrefour désert. On dirait que le souffle shakspearien a passé sur cette scène imposante. Déjà quelque chose s'est dérangé dans la fortude de Don Juan. Dona Elvire, *en habit de campagne*, lui a fait de sombres menaces, la mer a voulu l'engloutir, deux jolies filles de la campagne, deux alouettes au doux plumage qu'il avait prises à la glue, Charlotte et Mathurine, ont échappé à l'ardent amoureux ; il s'en va dans la campagne cherchant l'odeur de la chair fraîche, lorsqu'il fait la rencontre de ce vieillard.

Ah le *pauvre!* Il sera, si vous le voulez, le second avertissement sérieux donné à Don Juan. Il ne s'agit plus de séduire Charlotte et Mathurine et de leur baiser les deux mains *lavées avec du son*, il s'agit de regarder face à face ce crâne pelé, cet œil éteint, cette barbe blanchie, ce dos voûté, toute la décrépitude de ce mendiant. — Et pourtant, telle est la force de la vertu, que ce mendiant, tout à l'heure, dans sa misère et dans son abandon, nous paraîtra plus grand que Don Juan.

« *Don Juan* : Ah! ah! je m'en vais tout à l'heure te donner un louis d'or, pourvu que tu veuilles jurer. » *Le pauvre* : « Non, Monsieur, j'aime mieux mourir de faim! » A cette réponse touchante, un homme moins endurci rentrerait en lui-même, et resterait pensif à ce cri énergique d'une conscience honnête. La chose était arrivée à Molière. Il était bien amoureux et bien jaloux, il était au plus fort de sa gloire et de sa passion ; — il rencontre un pauvre, il lui donne un louis d'or. — Monsieur, vous vous trompez, dit le pauvre, et Molière, inquiet de l'aventure : *Où diable* a-t-il dit, *la vertu va-t-elle se nicher?*

A coup sûr, Don Juan n'est pas assez honnête homme pour faire la même réflexion que Molière ; il faudrait d'abord commencer par reconnaître la vertu. Mais en revanche, Don Juan est trop bon gentilhomme pour avoir donné à ce pauvre un vain espoir. — Tiens, lui dit-il, prends ce louis d'or ; *je te le donne au nom de l'humanité.* — L'humanité à la place de Dieu! L'humanité, déjà, en plein XVIIe siècle! Terrible Don Juan! Il pouvait se sauver peut-être en donnant cette obole au nom de Dieu! Mais qu'auraient pensé Sganarelle, et qu'aurait pensé et qu'aurait dit le *pauvre* de cette subite conversion?

Plus on écoute cette scène admirable, et plus on se demande pourquoi Molière lui-même l'avait supprimée à la seconde représentation? Pas une scène de ce drame n'explique mieux le caractère de notre héros ; enfin, savez-vous une façon plus nette et plus vive de préparer l'entrée de Don Juan dans la tombe du Commandeur et la terrible péripétie qui va venir?

In flammas et in arma feror.

Pourtant, en dépit de tous ces obstacles aux fureurs de Don Juan, le véritable avertissement lui vient du fantôme ; une fois que le fantôme pénètre dans le drame, aussitôt le drame change de face; la passion grandit avec la terreur; l'impiété remplace la luxure; le blasphème anéantit les tendres paroles; les chansons, les intrigues, les fillettes sont supprimées, on comprend que le dénoûment approche, un dénoûment terrible et solonnel! M. Dimanche lui-même, dont le poëte a tiré le parti le plus plaisant du monde, est un avertissement.

M. Dimanche, qui dans cette maison envahie attend son créancier des heures entières, cela veut dire: Allons, monseigneur, la dette, à son tour, monte et menace de tout engloutir! Allons, voici l'heure ou votre crédit d'argent est mort aussi bien que votre bonne renommée! Plus de crédit, plus de fortune, plus de riches habits, plus de fêtes somptueuses, et plus d'argent dans votre bourse, seigneur Don Juan. L'argument est si direct, que tout à l'heure, à se rappeler qu'il a été obligé de flatter M. Dimanche, et de lui demander des nouvelles de madame Dimanche, du petit Dimanche et du petit chien Brisquet, notre galant seigneur aimera mieux se réconcilier avec son père, que de rester soumis à l'obstination, au mauvais vouloir et à l'impatience de ses créanciers.

Ainsi, dès le troisième acte, tout change de face dans cette érotique et sceptique biographie. L'éclat de rire devient plus rare, il prend même quelque chose de funèbre. A peine si Don Juan, revoyant Elvire dans ses longs habits de deuil, trouve en lui-même *quelques petits restes d'un feu éteint.* — Ce festin des morts et de ceux qui doivent mourir, est d'un effet terrible. Le poëte a poussé si loin l'enquête de ces crimes, de ce vice et de ce libertinage, il a chargé son héros de tant d'injustices, qu'à défaut de la loi qui se tait, il faut bien invoquer le juge d'en-haut.

D'autre part, on est si fort persuadé que rien ne peut atteindre ce damné Don Juan, — ni la colère des maris poussés à bout, ni l'épée des frères déshonorés, ni les larmes des femmes au désespoir, ni les prières d'un père épouvanté, qu'il faut bien que la justice divine intervienne enfin! D'où il suit qu'affaiblir les crimes et le libertinage de Don Juan, c'était détruire l'effet terrible de cette statue vivante. Comme aussi amener, au cinquième acte, cette petite Léonore que personne ne pouvait attendre à cette heure, pas même Don Juan, c'était là non-seulement diminuer la péripétie imposante de ce grand drame, mais encore c'est la détruire entièrement. La vengeance est proche; l'heure fatale va sonner; Don Juan est à bout de ses crimes; il vient de faire profession publique d'hypocrisie religieuse, il vient même de refuser un duel, et vous voulez nous faire croire qu'il va courir après la petite Léonore !

Molière est plus juste pour Don Juan; il le connaît trop bien pour nous le montrer occupé jusqu'à la fin de ces billevesées. Don Juan veut, à cette heure, payer ses dettes, rétablir son crédit, apaiser son père par un faux repentir, éloigner la justice humaine, qui ne peut manquer d'intervenir, et enfin tirer un bon parti de Don Carlos, qui veut le tuer :

« Le Ciel me défend ce duel. — Prenez-vous-en au ciel ! — Le « ciel le souhaite comme cela ! — Vous savez cependant que je ne « manque pas de cœur, et que je sais me servir de mon épée. Je « m'en vais passer tout à l'heure dans cette petite rue écartée qui « mène au grand couvent..... Et si vous m'attaquez, nous verrons « ce qui arrivera ! » Un jésuite des *Provinciales* n'eût pas si bien fait, il n'eut pas mieux dit.

Enfin il n'y a pas jusqu'à la dernière exclamation de Sganarelle, dans la pièce en vers et dans la pièce en prose, qui ne soit tout à fait à l'avantage de Molière. Ici même vous comprendrez, par un très-petit exemple, ce que c'est que le génie. Après avoir affaibli, tant qu'il a pu l'affaiblir, le féroce caractère de Don Juan, Thomas Corneille devient tout d'un coup grave, sentencieux, moral, et il s'écrie, dans son épouvante, par la bouche de Sganarelle :

.... Je veux me rendre ermite.]
L'exemple est étonnant pour tous les scélérats,
Malheur à qui le voit et n'en profite pas !

Voilà donc la bouffonnerie qui devient un sermon. — Molière, tout au rebours : il a été grave, sérieux, austère pendant tout le cours de la pièce; il a oublié bien souvent qu'il nous avait promis une comédie, et maintenant que justice est faite, que le scélérat est englouti, Molière se souvient qu'il a voulu en effet écrire une comédie, et qu'il doit, tout au moins, nous laisser sur un trait plaisant; hé bien, ce trait plaisant, au milieu du souffre qui brûle encore, il le tire du trembleur Sganarelle.

Le Sganarelle de Molière ne songe guère à se faire ermite, et savez-vous à quoi il pense, le bon homme? Il pense... à ses gages! — « Ah! mes gages! mes gages! Voilà par sa mort « un chacun satisfait, il n'y a que moi seul de malheureux; « mes gages! mes gages! mes gages! » C'est bien le même Sganarelle qui disait naguère au mendiant de la forêt: — *Jure un peu!*

C'est bien aussi le Molière qui a trouvé le moyen d'introduire une certaine gaieté dans le dernier acte de *Tartufe*. Mais quelle préface pour *Tartufe*, *Don Juan!* — Cet homme-là faisait les préfaces tout aussi bien que les post-faces. Quelle postface, *la Critique de l'École des Femmes!*

LE PAUVRE DE DON JUAN. — M. PROUDHON. — LA PROPRIÉTÉ C'EST LE VOL.

C'était le 11 décembre 1848, — la France venait d'entrer dans une nouvelle fièvre électorale, et naturellement le feuilleton se plaignait en son patois, de ces changements de chaque jour, quand toute chose est remise en question:

« A quoi bon, disait-il, la poésie? A quoi peuvent servir les Belles-Lettres et comment voulez-vous que nous fassions une œuvre littéraire à l'heure où nous cherchons encore, les uns et les autres, le nouveau souverain qu'il nous faudra aimer pendant quatre années; au bout de ces quatre années: — Vous avez été un bon et sage prince, dira la France reconnaissante, et c'est pourquoi nous vous prions de céder la place à un autre! Hélas! nous cherchons le souverain comme le cherchait Olivier Cromwell. Cromwell, il est vrai, n'en trouva pas d'autre que lui-même. Puis, quand il eut fait son temps: — Comment va le lord Protecteur? disait un Anglais à un autre Anglais. L'Anglais, prudent: — Les uns, répondit-il, disent qu'il va bien, et je ne le crois pas; les autres, qu'il va mal, et je ne le crois pas! »

C'est ainsi qu'entre le *oui* et le *non* de la France, entre le zist et le zest de notre directeur suprême, on peut encore placer un tout petit feuilleton. Quand tout sera fait et conclu, aussitôt la France redeviendra sérieuse et calme; elle ne parlera que des grandes choses, et non plus des futiles! C'est pour le coup, ami feuilleton, qu'il te faudra briser ta plume:

Frange, miser, calamos! Jouis de ton reste, en attendant. »

Notre reste se composait de la reprise de *Don Juan* en prose, du vrai *Don Juan* du vrai Molière. C'est une belle œuvre, et plus grande même que le poëte ne l'avait rêvée, mais singulièrement triste, désolée et désolante. Cette farce de carnaval, quand vivait le roi Louis XIV, quand la société française paraissait immobile sur des bases qui semblaient éternelles, est devenue avec le temps et les révolutions que le temps entraîne avec lui, quelque chose de plus qu'une comédie où le rire, mêlé aux plaisirs des sens, se rabat, en fin de compte, sur un dénoûment impossible.—Cette comédie, faite tout exprès pour nous montrer un fantôme, est devenue une tragédie véritable; le fantôme est un être réel, l'abîme existe et chacun de nous peut en sonder la profondeur. Don Juan, c'est le monde tel qu'il était; c'est le grand seigneur au-dessus des lois humaines et divines, qui se dit à lui-même : Dieu y regardera à deux fois avant de damner un homme de ma sorte! Sganarelle, c'est l'enfant du peuple, homme timoré et de bon sens, croyant et crédule, honnête dans le fond, quelque peu fourbe dans la forme, qui pour gagner sa vie, beaucoup par curiosité, et un peu parce que le spectacle et le langage du vice lui plaisent et l'amusent, suit son seigneur et maître dans ce hardi et merveilleux sentier d'esprit, d'orgies, de doute, de libertinage et de débauche. Sganarelle glane pour son propre compte dans le gaspillage de don Juan ! Mon maître, a perdu tant d'honnêtes femmes que je puis bien avoir une inclination !

Mon maître, dit-il encore, a commandé tant de manteaux brodés à M. Dimanche, je puis bien me passer la fantaisie d'un pourpoint non payé. La table de mon maître est surchargée de vins et de viandes, pourquoi ne pas m'enivrer un peu? Ainsi pense Don Sganarelle, ainsi il agit, tremblant, timide et timoré contrefacteur des grands crimes de son seigneur et maître... Si Don Juan est le seigneur, Sganarelle sera le bourgeois bientôt ; l'un marche devant, l'autre suit à la trace ; puis quand l'un et l'autre ils rencontrent... *le pauvre*, c'est-à-dire le troisième personnage de l'humanité, Don Juan et Sganarelle détournent la tête! *Le pauvre* dérange celui-là et celui-ci, dans leur existence de bonnes fortunes, de bombance et d'aventures.

Le pauvre! qu'est-ce que cela, le pauvre? Cela, c'est un obstacle imprévu? D'où vient cette montagne qui soudain s'oppose à nos voluptés passagères? Don Juan s'étonne autant de cette rencontre qu'il s'étonnera, tout à l'heure, de la statue du Commandeur.

Cependant le pauvre insiste, il se montre, il se révèle par ses humbles prières! Alors Don Juan, habitué à tourner tous les obstacles, veut encore tourner celui-là. — Tu vas te parjurer, s'écrie-t-il, tu vas me dire, ici même, qu'il n'y a pas de Dieu, et je te donne cette pièce d'or! A ce moment Don Juan triomphe! Le sang revient à sa joue pâlie; le feu à son regard! Ah! Don Juan, imprudent seigneur que vous êtes, est-ce donc ainsi que vous affrontez ces montagnes? Vous voulez que *le pauvre* se parjure, et qu'il soit damné pour votre amusement d'un instant.

— Bon! reprend Don Juan, est-ce que ce mendiant est à craindre? Insensé, qui fait le calcul d'un insensé! Don Juan, seigneur du mont et de la plaine, qui avez haute et basse justice sur vos possessions féodales, ce n'est pas, à vous, à enseigner au pauvre *qu'il n'y a pas de Dieu!* Un temps viendra où d'autres seigneurs, des catéchistes plus hardis, lui enseigneront *la grande formule*, « la propriété c'est le vol » et alors, en effet, malheur à vous, seigneur Don Juan!

Malheur à vous et malheur à nous qui avions besoin de la paix du monde et de la paix de nos consciences! Malheur à nous, quand *le pauvre* ne sera plus secouru qu'*au nom de l'humanité*, c'est-à-dire quand la charité chrétienne aura disparu de cette terre, pour remonter au ciel, sa patrie! Don Juan! si, vous et les vôtres, vous avez encore régné et vécu pendant tout un siècle, depuis votre première rencontre avec *le pauvre*, c'est justement parce que *le pauvre* croyait en Dieu, parce qu'il n'a pas voulu se parjurer pour gagner votre pièce d'or!

Vraiment, je le répète, c'est une chose incroyable, *la scène du pauvre* effacée, le second jour, de sa comédie, par Molière lui-même, *la scène du pauvre* qui reste effacée pendant deux siècles! En vain La Bruyère l'a replacée dans un des coins les plus vifs et les mieux éclairés de son immense comédie; en vain, de temps à autre, par un soin littéraire qui se retrouve à toutes les époques, a-t-on voulu rétablir la scène du pauvre, j'ai presque dit *la scène du monstre* (pour parler comme l'affiche de l'Opéra), telle qu'elle fut jouée à la première représentation....

La tentative était inutile; Don Juan et Sganarelle furent respectés, *le pauvre* disparut pour toujours; pour toujours, on le croyait, on le disait du moins, car le texte même de Molière, le texte du Don Juan original, avait été remplacé par l'improvisation du second Corneille; qui se garda bien de nous ramener ce mendiant qui était le si mal venu dans ce drame de joie, de duels, de dettes non payées, d'enfants railleurs, de filles abusées, de pères conspués; un drame où tout abonde de ce qui est le vice, l'ironie, la grâce, l'éloquence, l'art, la passion, le plaisir, la fête, le bon goût, la parodie des choses divines, le mépris de l'autorité humaine, jusqu'à ce qu'enfin, de péril en péril, de folies en paradoxes, de cruautés en trahisons, le héros merveilleux de cette fantaisie abominable et charmante tombe, la tête la première, dans son dernier abîme, dans le dernier de tous les abîmes, l'hypocrisie.

Il n'était que *Don Juan*, il est *Tartufe*, et voilà un châtiment! Oui Don Juan change de nom, il s'appelle Tartufe; le peu de noble sang qui restait précieusement et audacieusement enfoui dans les veines de cet homme, est devenu un mélange bâtard d'encens frelaté et d'eau mal bénite. Quand il est à ce point, dégradé, que Sganarelle lui-même l'accable d'outrages, c'est le moment, le bon moment pour voir ce vil fantôme d'un gentilhomme perdu de vices, de dettes et de débauches, aux pieds de marbre de la grande statue du Commandeur! O Commandeur! image terrible! ô vengeance! Grande voix qui va tout briser!

Si pourtant Molière, le poëte ami du peuple, n'eût pas tenu si fort à nous montrer dans cet appareil funèbre, la statue absurde et sublime, elle pouvait rester fort paisiblement à cheval sur son tombeau! La moralité du drame pouvait se passer de tout cet appareil. La vengeance arrivait d'un pas lent, d'un pas sûr.... *le pauvre!* Le pauvre, déchaîné par les violences même de Don Juan, suffisait au châtiment de ce fameux pervers. Le pauvre, corrompu par les violences et les lâchetés de ses flatteurs! Le pauvre qui ne voulait pas, tantôt, nier Dieu dans le ciel, et qui le renie à présent, sur la terre! Le pauvre! le pauvre! Le pauvre à qui la faim monte de l'estomac à la tête, pendant que les Don Juan s'enivrent et blasphèment dans le giron soyeux de leurs maîtresses, ivres d'amour!

Quant à Sganarelle, il ne sait pas ce que c'est que le *pauvre*... Le pauvre ! Il est le véritable Commandeur ! Voilà la voix sépulcrale qui s'écrie : — « Don Juan ! je vous invite à venir souper demain avec moi ! En aurez-vous le courage ?... Donnez-moi la main ! » Souper funeste dans les menaces, dans les flammes, dans les regrets, dans les remords ! Le pauvre, il est père de Danton, de Robespierre et de Marat ! C'est lui qui signera l'arrêt de mort du roi de France, qui traînera la reine à l'échafaud, qui tuera à coups de pieds dans le ventre, l'orphelin de tous les rois de la maison de Bourbon ! Don Juan, c'est votre crime, tout ce désordre, et voilà votre paiement d'avoir corrompu et déshonoré l'honnête et innocente misère de ce porte-besace ! Ainsi la justice divine a châtié, à la longue, tous les coupables ! Don Juan, par son exemple et par ses conseils, ôtait au pauvre l'honnêteté et l'espérance... le pauvre entraîne Don Juan dans son abîme : quoi de plus justement providentiel ? — Si Molière avait osé, vous aviez le festin de Pierre sans la statue ; oui, mais il faut répéter qu'en l'an de grâce 1665, la statue a tout fait passer.

Toujours est-il qu'on ne rit pas à cette comédie de *Don Juan;* en vain l'esprit, l'ironie, la licence et le bon sens se heurtent et s'entre-choquent, à chaque scène, pour arriver à la plaisanterie et au bon mot.... nous admirons, comme au premier jour, cette verve entraînante, mais toute cette verve nous laisse froids et impassibles. C'est qu'en effet quelque chose gémit et se plaint au fond de cette gaieté ; c'est qu'une lamentation immense a traversé, sans fin et sans cesse cette raillerie de l'esprit, cet orgueil des sens, cette seigneurie impitoyable et qui va à l'abîme.

Vous riez, Monseigneur l'inflexible, vous chantez ; vous trompez des duchesses, vous trahissez de pauvres innocentes qui n'en peuvent mais ; vous allez d'Elvire à Mathurine, c'est très-bien fait ; mais à travers toutes ces gaietés funèbres, je comprends le vide et la tristesse de votre cœur, où la plainte se mêle au bruit des baisers ; dans vos folies je vois la ruine de votre maison ; M. Dimanche lui-même me fait peur et m'épouvante pour votre propre compte, Monseigneur ! Oui, ce même M. Dimanche, qui vous présente un *bon à payer* de dix ans, comme si c'était une dette de la veille, ce M. Dimanche-là ne nous dit rien qui vaille, Monseigneur. Quand l'heure aura sonné, M. Dimanche arrivera

avant le pauvre ; le premier il viendra pour vous dépouiller de vos habits d'emprunt, pour troubler vos fêtes de la nuit, pour renverser vos tables somptueuses, pour vous montrer à la multitude tel que vous ont fait vos vices et vos crimes, seul, pauvre et nu.
— Prenez garde à M. Dimanche, Monseigneur ; quand il s'en ira, les mains dans vos poches, le pauvre ne sera pas loin ; et le pauvre, trouvant votre défroque sur le dos de M. Dimanche, voudra savoir, à son tour, ce que pèse votre manteau royal ! Alors il dépouillera le bourgeois paré des dépouilles de son seigneur. Mais quelle folie inutile ! Avertir de sa ruine, Don Juan qui se perd !

Il est donc facile d'expliquer cette tristesse profonde, immense, irrésistible d'une comédie que Molière avait faite tout exprès pour amuser les folles joies du carnaval ! Don Juan et la société française ont vieilli en même temps ; ils ont supporté l'un et l'autre les mêmes destinées, et à cette heure ils se trouvent face à face à l'orifice du même volcan ! — On n'a pas voulu me croire, s'écrie Sganarelle, qui depuis s'est payé de *ses gages* sur la succession de son maître... C'est vrai, on n'a pas voulu te croire, ami Sganarelle, parce que tes discours n'ont pas été d'accord avec tes actions ; parce que, tout en déclamant contre Don Juan, tu es resté dans son frivole voisinage de vices et de mensonges !

On n'a pas voulu te croire ; il est vrai que tu n'as pas parlé assez haut et d'une voix assez ferme ; enfin, toi aussi, tu as passé devant le pauvre, sans lui rien donner ! — Ami Sganarelle, tu n'as que ce que tu mérites, et pourtant ce n'est pas le bon sens, ce n'est pas la prévoyance qui t'ont manqué.

« L'homme est en ce bas monde un oiseau sur la branche ; la branche est attachée à l'arbre ; qui s'attache à l'arbre suit de bons préceptes ; les bons préceptes valent mieux que les belles paroles ! » Sganarelle, tu parles bien, tu agis mal. Grand conseiller, malgré tes conseils, la flamme vengeresse a dévoré Don Juan, et maintenant voici que tu fais comme le sauvage qui renverse l'arbre pour avoir le fruit ; tu as renversé l'arbre auquel tenait la branche sur laquelle l'oiseau chantait sa chanson matinale. Tant pis pour toi, Sganarelle, te voilà tombé, à ton tour, de la mode dans la fantaisie. « En ce moment même tu expies ta dernière fantaisie, tu cherches qui te gouverne à cette heure, toi qui avais pris un prince, pour pouvoir te passer d'un maître. Pauvre Sganarelle, tu auras un maître demain ; mais qui te rendra cette reine, la bienfaisance en personne, cette sainte ici-bas, qui restera le digne objet de tes souvenirs, de ta reconnaissance et de tes respects? [1] »

LE PLUTUS D'ARISTOPHANE. — L'ARGENT.
Comédie de M. Bulwer.

De *Don Juan* à cette comédie d'Aristophane, *Plutus*, la distance n'est pas infranchissable. Certes nous n'aimons pas, plus qu'il ne les faut aimer les transitions tirées par les cheveux, et le plus simple passage nous suffit pour indiquer, à nos lecteurs, que nous changeons de parabole. Mais avez vous lu, ami lecteur, cette charmante satire d'Aristophane, *Plutus*? C'est déjà l'histoire d'une société qui se perd ; c'est déjà *le pauvre* de Don Juan qui nous apparaît dans les haillons primitifs. Ce pauvre est rencontré dans une rue déserte par un citoyen d'Athènes ; l'Athénien, à l'aspect de ce bonhomme, vieux, aveugle, infirme, en besace, prend pitié de tant de misères, et le pauvre, en revanche, enrichit son bienfaiteur, car ce mendiant c'est le dieu même de la fortune ! — Du dieu Plutus les Athéniens font alors leur dieu de prédilection, et ils chassent Jupiter de son temple... voilà toute cette comédie.

Le détail est digne du sujet ; quand, après cette belle étude d'un chef-d'œuvre très-rare, on se retourne vers la comédie que M. Bulwer a osé intituler : *L'Argent*, on se demande comment il se fait que ces pages athéniennes, d'un atticisme si pur, car c'est là de l'Aristophane élégant, ont pu échapper si complétement à M. Bulwer? — Mais, me direz-vous, M. Bulwer a tant d'esprit ! M. Bulwer a tant d'invention ! C'est un homme d'un goût si fin et si habile ce M. Bulwer !

Donc Chremyle, citoyen d'Athènes, s'inquiète fort de la fortune inexplicable des sacriléges, des rhéteurs, des délateurs, de tant de scélérats inopinément enrichis, et il s'en va à l'oracle, pour

---

1. Ceci soit dit à la louange de la Révolution de 1848 ; on parlait en ces termes d'un respect mérité, de S. M. la reine des Français, six semaines après la Révolution, et nul ne trouvait à redire à ces respects qui allaient consoler cette touchante majesté dans son exil !

demander où se tient la Fortune? — Tu vas suivre le premier aveugle que tu rencontreras en ton chemin, répond l'oracle, et il te conduira! Aussitôt dit, aussitôt fait. L'aveugle passe, on lui demande son nom; il dit tout de suite qu'il est le dieu des richesses, qu'il s'appelle Plutus; qu'il sort de chez un avare, si avare, qu'on ne l'a jamais vu au bain. — Mais, lui dit-on, pourquoi t'arrêter chez un pareil gueux? — Parce que je suis aveugle, répond l'argent. — Et si on te rendait la vue, ami Plutus? — Je tâcherais de trouver un honnête homme et de m'arrêter chez lui! — Allons, dit le bourgeois, voilà qui va bien pour moi; en effet, comme je suis le plus honnête homme que je connaisse, tu vas me prendre pour ton hôte. — Je le veux bien, dit Plutus; mais crois-moi, nous n'aurons pas vécu ensemble, deux ou trois jours, que tu ne vaudras pas grand'chose! — Essayons, dit le bourgeois, tu es si puissant! — Moins puissant que Jupiter, répond l'Argent. — Jupiter! Jupiter! voilà un pauvre dieu, sur ma parole, ami Plutus! C'est l'Argent qui a créé Jupiter. Si les hommes sacrifient aux autels de Jupiter, c'est pour avoir de l'argent. Chez les courtisanes de Corinthe, à qui les portes s'ouvrent-elles? A l'Argent! Pour qui ce beau cheval? cette meute, pour qui? Pour toi, Plutus, et non pas pour Jupiter. Ce marchand à son comptoir, cet usurier sur son coffre ils invoquent... l'Argent! Nos poëtes, nos capitaines, nos magistrats, nos pontifes... adorateurs de l'Argent!

On se lasse de tout en ce bas monde : l'homme se lasse du pain frais, le savant de l'étude, l'enfant de la bouillie; le roi même se lasse de son trône : il n'y a que l'Argent qui nous trouve insatiables. — Tu possèdes treize talents, tu en veux seize! D'où je conclus, ô Plutus! que tu es le plus puissant des Dieux! »

Vous voyez d'ici l'esprit, l'ironie et la grâce, et l'abondance de cette comédie allégorique! Ce n'est pas d'hier, grands dieux! que l'Argent est le sujet des satires et des injures de ceux qui n'en n'ont guères, et même de ceux qui en ont beaucoup, témoin Sénèque; au contraire, on le calomnie et on l'insulte, ce pauvre Argent, depuis les derniers jours de l'âge d'or. C'est convenu, l'argent est un fléau, c'est une trahison, c'est un meurtre, c'est un crime; l'Argent, c'est tout à la fois le vol, le volé et le voleur. *Vive Lacenaire! A bas l'Argent!* C'était l'opinion des moralistes anciens, tout aussi bien que des moralistes modernes; mais les

Grecs, ces hommes presque divins, redoutaient la déclamation et l'emphase plus qu'ils ne redoutaient la famine et la peste [1]. L'art avant tout, pour les hommes athéniens, et quand enfin les devoirs et les droits de l'art étaient sauvés, venait la leçon qui n'était que plus profitable pour être assaisonnée de gaieté, de bienveillance, de grâce, d'enjouement. Il y a dans ce *Plutus* un chœur... L'ami Proudhon, ce terrible et inintelligent fantôme qui a fait tant de mal, cet innovateur abominable d'un paradoxe plein d'embûches, ce destructeur de nos plus chères libertés, ce mal venu qui a fait reculer trente-deux millions d'hommes, le mauvais citoyen que l'exécration publique ne saurait châtier, d'un châtiment trop honteux, cet énergumène imbécile qui se figure que le bonheur du genre humain peut sortir d'une déclamation, comme sort la tempête de l'outre d'Éole, ne sera pas fâché de lire ce chœur d'Aristophane où la venue du communisme était prédite, il y a tantôt trois mille ans.

Proudhon (ou Carion) *et les villageois.*

PROUDHON. Mes amis! mes amis! rudes enfants du travail, jusqu'à ce jour c'est à peine si votre maître vous a prêté sa gousse d'ail pour frotter votre pain ; venez, accourez tous ; notre affaire est au point où vous pourrez nous être d'un grand secours.

LE CHOEUR. Nous allons! nous allons! Mais le travail et l'âge retardent nos pas, et d'ailleurs, pour que nous allions plus vite, que nous veux-tu?

PROUDHON. Ce que je veux? Êtes-vous sourds? Je viens vous dire et je vous répète que je viens changer votre misère en opulence, votre travail en repos, votre pain dur en noces et festins.

LE CHOEUR. Que dis-tu là, et que signifient ces promesses d'or?

PROUDHON. Oui! j'ai rencontré un certain vieillard hideux à

---

1. « Sincerum fuit sic corum judicium, nihil ut possint nisi incorruptum audire et elegans : eorum Religioni cum serviret orator, nullum verbum insolens aut odiosum ponere solebat. » Ceci est un beau passage de Cicéron, et ce que dit l'orateur romain des orateurs athéniens, on le dira quelque jour des journalistes de Paris, lorsque les esprits seront accoutumés à ne rien souffrir que de pur, d'élégant et d'achevé ; lorsque cette intelligente nation aura forcé les écrivains, par son discernement même, à ne rien avancer, qui ne soit d'un sens exquis, et contenu dans les justes limites d'une langue obéissant aux lois les plus strictes de la grammaire, aux instincts les plus exigeants de l'esprit.

voir, sale aû possible ; un affreux bossu, édenté, à peine un homme..., et j'en vais tirer des monceaux d'or.

Le Chœur. Ah! ah! la bonne aventure! Et tu crois que nous te croyons? Et tu penses que nous portons pour rien un bâton ferré? Vraiment, c'est être bien osé que de se moquer de nous à ce point-là!

Proudhon. Amis! pourquoi ce courroux? Pensez-vous donc que je sois naturellement si méchant, et que je vous dise des sornettes pour me menacer ainsi?

Le Chœur. Que me veut cet échappé de prison? Prends garde! tu as l'esprit malin, nous le savons, mais prends garde, nous avons tout quitté pour t'entendre, et même une grande quantité de beaux oignons qui étaient l'espoir de notre dîner.

Proudhon. Mais quand je vous dis que ce porte-besace, c'est Plutus en personne; laissez-vous faire, vous allez être riches...

Le Chœur. Comme Midas?

Proudhon. Comme Midas! et si vous m'échauffez les oreilles, vous aurez les oreilles de Midas.

Le Chœur. O bonheur! ô fortune! ô grand Proudhon!

Proudhon. Suivez-moi donc, car je prétends, pour ma peine, marcher le premier, quand vous devriez me pousser à grands coups de pied! Hâtez-vous, mes enfants, haussez le ton, faisons autant de bruit que le Cyclope qui bat le fer quand le fer est chaud. Allons! allons!...

Ici je cesse de traduire, tout le reste est intraduisible, ou du moins il faudrait, par politesse, le laisser sur le compte de Carion. Proudhon et les villageois se mettent en marche, en chantant un cantique d'actions de grâces et... Ici s'arrêtent les strophes du chœur, le reste du chœur s'est perdu; point de conclusion à tant de belles promesses que faisait Plutus à ces braves villageois qui doutent du nouveau prophète.... Quelle était la conclusion de ce chœur? On peut la deviner, tant c'était un homme de bon sens, cet Aristophane, mais enfin on ne dit pas ce que deviennent les *partageux* de cette comédie ; on n'a que le commencement de leur cantique et il faut bien s'en contenter; seulement, à l'acte suivant, on voit que le poëte comique a repris le dessus et qu'il accable, de son ironie et de son mépris, le *grand système!*

C'est ainsi qu'Aristophane se moque du grand système par la

bouche de Chremyle le bourgeois. — O surprise ! Chremyle est riche. Oui, mais Chremyle tremble ; il a peur comme s'il avait volé son or dans le temple de quelque dieu ! Chremyle est riche, il achète tout ce qui est à vendre... Survient alors l'éternelle entrave, l'éternel remords, la pauvreté, le pauvre de Don Juan, les yeux hagards et *pleins de fureur !* La pauvreté se plaint...

« De quoi se plaint-elle ? dit l'enrichi... on lui a laissé l'abîme [1] ! » A ce propos qu'il nous soit permis d'entourer, de nos hommages sans réserve, ce grand poëte Aristophane, ce libre penseur, ce merveilleux conseiller, cet ennemi de la déclamation ; austère et vigilant comme Démosthène [2], et comme lui populaire à force d'austérité et de vertu [3] ; car à peine a-t-il évoqué la pauvreté, comme Molière évoque la statue du Commandeur, Aristophane tire de l'âme de son fantôme décharné, non pas des lamentations sociales et des blasphèmes, mais le conseil et l'espérance.

Oui, dit-elle en relevant fièrement la tête, oui, je suis la pauvreté, et je m'en fais gloire ! En même temps, la voilà qui chante son hymne de triomphe ! « Otez la pauvreté de ce monde, laissez le monde à Plutus.... soudain, plus de poëtes, plus d'artisans, plus d'artistes ! Faites des hommes autant de riches, quel mortel consentira à forger le fer, à construire les légers navires, à demander à Cérès les fruits de la terre ? Soudain vous n'êtes plus qu'une race de lâches et de paresseux [4] ! Supprimez la pauvreté sainte, vous vous condamnez à labourer, à bêcher, à faire les habits, à les laver à la fontaine. Plus de lits pour le sommeil ! plus de tapis pour le repos ! plus de pourpre et plus de vin pour les noces ! Respect à la pauvreté ! Maîtresse habile et ménagère, elle est la fortune, elle est la force, elle est la gloire ; d'elle seule vient le charme du foyer domestique ; elle donne la puissance, le sang-froid, la bonté, l'élégance ; elle protége le riche contre le gueux, elle défend le mendiant contre le riche.

— « O vil Plutus ! tu défigures les hommes, tu les accables de goutte et d'infirmités, tu leur ôtes la force et l'élégance ; moi,

---

1. *Barathron.*
2. « Cui non auditæ Demosthenis vigiliæ. »
3. « Ipsa tristitia et severitate popularis. »
4. Tacite l'a dit : Timidi et imbelles, quales amœna Græcia et deliciæ orientis educunt. Ces Grecs timides et efféminés, à la façon des hommes d'Orient!

la Pauvreté, je les laisse jeunes, prestes, sobres, honnêtes, éloquents! Vous disiez tout à l'heure que Jupiter était riche : il est pauvre, et voilà pourquoi il est un Dieu! Quelle est la récompense suprême de Jupiter, sur la terre des héros? — une couronne d'or? — Non! non! une branche de laurier sauvage! »

C'est merveilleux à entendre tout ce passage, et l'on se demande ce que veut dire ce mot : *Progrès!* quand après tant et tant d'années, tant et tant de siècles, de révolutions, de religions, de croyances, l'humanité se retrouve si loin, si loin de ces idées justes, saines, consolantes, sociales, honnêtes?...

Après la louange de la pauvreté arrivent les ennuis de l'abondance: —A quoi bon ces coffres pleins d'or, ces cruches remplies d'encens, ce puits d'huile, et ces tonneaux de vin? La pauvreté passe son chemin en compagnie du travail, dédaignant *les sycophantes* qui ne croient ni à la pauvreté, ni à son camarade le travail; le pauvre d'Aristophane aurait honte de *s'engraisser en se mêlant des affaires des autres*. Enfin, et ceci est la conclusion du *Plutus :* « riche ou pauvre, qu'importe? c'est pour si peu de temps! » La vieillesse arrive en psalmodiant le proverbe : *Les Milésiens étaient braves jadis!* Ce proverbe est un oracle, un oracle qui sert, depuis la quatre-vingt-seizième olympiade. Que de nations oubliées, après leurs jours glorieux, ont pu inscrire, sur leur tombeau : *Les Milésiens étaient braves, jadis!*

A cette comédie de *Plutus*, il y a un sixième acte, ou, si vous aimez mieux, un cinquième acte, *plus un tableau*, comme cela se passait au ci-devant Théâtre-Historique dans la pièce de M. Bulwer, intitulée : *l'Argent*. Dans le dernier tableau, les dieux se plaignent d'être négligés par les hommes, depuis que la Fortune s'est répandue çà et là comme l'eau des fontaines : l'encens ne fume plus sur les autels déserts; on n'y traîne plus les victimes sanglantes. L'Olympe est abandonné à qui veut le prendre, et, pour le remplir, les dieux vaincus poussent, au sommet de l'Olympe, le mendiant, l'aveugle, le besacier du premier acte, le dieu Plutus!

M. Bulwer (nous l'avons vu à l'œuvre, qui insultait mademoiselle de La Vallière) n'est pas Aristophane, non, pas plus qu'il n'est Walter Scott ou lord Byron. Sa plaisanterie est triste, sa gaieté est grossière; il remplace l'esprit par le bruit, le bon mot par le grognement; *il grogne* pour le parterre, comme on grognait pour O'Connell. En vain le traducteur ou les traducteurs, à force de tact et de politesse, ont habilement atténué l'accent, la gentillesse, le dialogue et le goût du terroir, il reste encor assez de cette composition tudesque, de cette plaisanterie normande-saxonne, pour témoigner à chaque passage, à chaque mot, de son origine étrangère. Croyez-moi, mes chers confrères, quand vous voudrez rester dans les bornes légitimes du goût, du style, des convenances, de l'imagination et de l'esprit, soit que M. Bulwer fasse des comédies, soit qu'il écrive des tragédies, soit qu'il invente des romans...., ne vous adressez ni aux comédies, ni aux tragédies ni aux romans, ni aux poëmes, ni à l'esprit, ni au génie de M. Bulwer.

LES FÊTES DE VERSAILLES. — LULLI, MOLIÈRE ET QUINAULT. — L'AMOUR MÉDECIN. — LE BOURGEOIS GENTILHOMME. — ANNIVERSAIRE DE LA NAISSANCE DE MOLIÈRE.

Ces divertissements, ces ballets, ces fêtes, ces *cadeaux*, ces longues sérénades apportées d'Italie, la Seine traversée par des barques chargées de fleurs et de mélodies, et toute semblable à l'Arno qui coule à Florence, ce récit galant que nous fait le magnifique Menteur de Corneille, *splendidè mendax*, ces couplets satiriques et ces chansons à boire, ces menuets, ces sarabandes et ces chaconnes, qui donc anime soudain ces fêtes de la poésie et de la jeunesse, au plus beau moment de Louis XIV et de son règne?

Quel Amphion a construit la comédie à machines, afin que les plus beaux rêves amoureux d'un roi de vingt ans soient réalisés sur un théâtre? — Quelle vie nouvelle ajoutée à la poésie de Quinault, à la prose de Molière, et quelle est la voix puissante qui sait chanter, d'une façon si lamentable, les héros de ce siècle, apportés à Notre-Dame de Paris, sous un sacorphage d'or et de velours? Vous l'avez dit, vous l'avez nommé, l'enchanteur de Versailles naissant, le vrai poëte de ces poésies, le collaborateur de ces grands poëtes, l'homme le plus populaire et le plus aimé de cette cour qui s'abandonne à tous les enivrements de l'amour et de la gloire, c'est Lulli! C'est ce méchant petit Italien, arrivé on ne sait d'où, dans les cuisines de la grande Mademoiselle, et qui déjà se faisait remarquer par le bruit harmonieux qu'il savait rencontrer dans le choc de deux casseroles de cuivre et de leurs deux couvercles ! Ce singe effronté et malin inventait la musique du grand siècle, comme Racine a inventé la tragédie.

Il avait — ce vil bouffon — la verve ingénieuse de ces Italiens enfants de la mélodie, qui chantent comme l'oiseau chante, et sans plus de préparation. Il était vif, mélodieux, câlin, railleur, avide d'argent et de renommée, dormant peu, ne rêvant jamais, composant toujours, et aussi content de trouver une idée, par la toute puissance du hasard qui est le vrai dieu des musiciens, que de la rencontrer dans sa passion ou dans son génie. Il a été toute sa vie le maître de son art; il a été le seul et sans partage; il a tenu à ses gages, assez minces, un des plus grands poëtes de la France, nommé Quinault, et peu s'en est fallu qu'il ne fît, de La Fontaine lui-même, un poëte à sa suite ! Heureusement que le bonhomme se révolta contre les prétentions de *Baptiste* (on l'appelait ainsi, à la cour), et que ce métier de librettiste lui fit horreur.

On ne sait plus aujourd'hui (et tant mieux !) ce qu'était un divertissement de la cour, et comment s'arrangeait un ballet dansé devant Leurs Majestés, par Monsieur, par Mademoiselle, par le Roi enfin. Ce serait toute une histoire, l'histoire de ces *divertissements* dans lesquels se divertissent, en effet, pour leur propre compte, et sans souci du *qu'en dira-t-on*, ces jeunes gens et ces jeunes demoiselles, sous les regards de la reine-mère, de M. le cardinal ou de la reine de France, pas un ne s'inquiétant, parmi les acteurs ou les spectateurs, de ces *fêtes de l'île enchantée*, de l'opinion de la foule, au delà de la cour. Le plaisir, c'est la grande affaire. Que les jeunes gens soient bien faits, que les princesses soient belles, que les uns et les autres, ils soient brillants comme autant d'étoiles qui servent de cortége au soleil, voilà tout ce qu'on demande. Le reste ne vaut pas la peine qu'on s'en inquiète. D'art et de goût, de vérité et même de décence, il en est à peine question.

Tous les patois, et tous les baragouins, et toutes les pointes, et tous les mots à double sens sont parfaitement admis dans ces folies des soirées royales, où chacun lutte à qui fera sourire le maître de céans, que le maître s'appelle Richelieu ou bien Louis XIV. D'abord on se déguise en mille habits plus étranges celui-ci que celle-là; plus l'habit prête à une obscénité, et plus il est recherché; — *le balayeur*, son balai à la main, demande à balayer des *cabinets pleins d'appas;* le marchand de poules se vante de faire tout ce que peut faire *un bon coq;* la *hotteuse aux provisions* dit des gueulées avec le *joueur de bâtons à deux bouts*, pendant que la *servante à tortillon* se moque du secrétaire de saint Innocent. Vous avez aussi *l'Éveillé et l'Arracheur de dents*, *le Joueur de luth* et *les Batteurs de fusil*, *la Demoiselle jouant de la basse* et *le Vendeur de vieilles ferrailles*, autant de marchands et de colporteurs d'équivoques plus ou moins ordurières, et qui eussent cruellement scandalisé les bourgeois de la rue Saint-Denis! Ces choses-là s'appelaient tantôt *la Vallée de Misère*, tantôt *les Plaisirs de la Jeunesse*, et parmi ces plaisirs, *le gros Rieux et la belle Pâtissière*, *la Dame de pique et la Dame de carreau :* dames, écoliers, pages, chevaliers.

On passait ensuite à la *Mascarade du Mardi-Gras*, où le paysan et la paysanne plaidaient la *Cause grasse*, et leurs discours étaient *un peu gras de saupiqué*. Puis, venait dame Poucette, qui chantait une chanson restée à la mode :

> Poucette n'aime pas le son,
> Si ce n'est le son des pistoles!

Le cabaretier, l'afficheur des comédiens, le capitan, le veilleur et l'ivrogne avaient leur tour. — Une fois, c'était la *mascarade de la foire Saint-Germain*, *le balayeur* (encore le balayeur!) était représenté par M. Séguier... M. le chancelier trente ans plus tard. Et M. Séguier (un futur garde des sceaux de France!) son balai à la main, disait des choses... — Il y avait *le crilleur de sorts*, représenté par mademoiselle de Morfontaine, et une Égyptienne sous les beaux traits de mademoiselle de Lorge.

Les *mauvais garçons*, les *jardiniers*, et chose étrange, la rue en action, jouant son rôle, et portant sur sa robe fleurdelisée, son nom de baptême : la rue Constant-Vilain, des Lavandières, de la Savatterie, Geoffroy-l'Anier, des Bons-Enfants, des Marmousets, les pimpantes, les gaillardes et les chante-fleuries — sans oublier son excellence le Pont-Neuf qui chantait des chansons aux belles dames! La fantaisie a-t-elle jamais rien produit de plus curieux et de plus étrange que ces fêtes dans lesquelles toute cette jeunesse, qui allait être le grand siècle, jouait son rôle d'esprit, de bonne humeur et de bonne grâce? Sur ces programmes, je retrouve tous les grands noms des champs de bataille et de l'histoire : le duc d'Enghien, le comte d'Harcourt, le comte de La Roche-Guyon, les ducs de Luynes et de Coislin, le marquis de Brézé et la liste entière de l'incorruptible d'Hosier.

Parmi les danseuses du divertissement, les mêmes noms se retrouvent, mêlés aux noms des artistes suivant la cour ; ceux-là, danseurs et danseuses par métier, restaient chargés des grands rôles, des railleries, des bruits, des chansons et des belles danses en dehors de la danse noble. Quand donc on dit : « ballet *dansé par le Roi*, » cela veut dire que le jeune roi, semblable à un roi d'Asie dans toute la splendeur de la beauté, de la puissance et de la jeunesse, s'est montré à sa cour, au milieu d'une fête, entre les gloires, les batailles, les compliments, dans ce *magnificat* perpétuel et bruyant qui a rempli la première moitié de son règne.

Au premier abord, et quand on se souvient de ce mot : *politesse*, et de cet autre mot : *urbanité*, qui ont été le fond de cette langue française, « dont les moindres syllabes nous sont chères, disait un académicien, parce qu'elles nous servent à glorifier le Roi, » on se figure que, plus tard, après Richelieu et Mazarin, les ballets dansés par Louis XIV ont perdu quelque peu de leur entrain et de leur gaieté, pour ne pas dire pis. Eh bien ! non ; c'est la même fête qui se mène sous les ombrages touffus, au bruit de ces eaux jaillissantes, à la lueur de ces flambeaux, aux sons mélodieux de ces vingt-quatre violons et de ces quarante petits violons (tout un orchestre) conduits par Lully, dans cette foule de toutes les grandeurs de la noblesse, de la fortune, de l'amour et du génie.

Ce qu'on appelait les *mascarades du Palais-Cardinal*, cette résurrection des temps passés, ces modes d'autrefois, remises en lumière, ces Valois et ces Carlovingiens un instant ressuscités... tout ce que peut faire le jeune roi, maître de sa personne et de son royaume, c'est de lutter avec ces magnificences au milieu de ce palais d'Armide où règnent en souveraines les beautés de la cour : mademoiselle de Bourbon, madame de Longueville, madame de Montbazon, mesdames de La Valette, de Retz, de Mortemart, mesdemoiselles de Rohan, de Liancourt, de Sénécé, de La Fayette, de Sévigné (en amazone, avec *deux tetons!* remarquait Bensérade), ce fut de ne pas rester trop au-dessous des *mascarades* du Palais-Cardinal. Lui-même, le roi-soleil, *le plus roi des rois*, disait Leibnitz, en habit d'émeraudes et de perles, il lui fallait se défendre contre tant de jeunes gens, ses rivaux légitimes, chargés de représenter à ses côtés les héros du poëme et les dieux de l'Olympe : Lycée, Yolas, Alceste, Télamon et le berger Endymion dans sa grotte du mont Lathmos. En ce moment, tous les colibris de Versailles chantaient la chanson des oiseaux de Lesbie : *Je suis un Dieu !*

Vous étiez dieux aussi, jeunes gens, mêlés aux déesses joyeuses : Saint-Aignan, La Meilleraye, Maulevrier, Langeron, Thémines, Sillery, Fiesque, Coligny, Richelieu, danseurs choisis de Clio et de Melpomène, de Thalie et de Calliope, et autres *cruautés aimables*, mademoiselle de Praslin, et les trois Mazarins, suivies de tout le corps de la musique.

> Voyez le beau recueil de ces divines choses !

Que de ballets pour célébrer la jeune reine ! et bientôt mademoiselle de La Vallière ! et plus tard madame de Montespan ! et la naissance de M. le Dauphin !

> Courage, bons buveurs, nous avons un Dauphin !

Quand le mot *mascarade* n'était pas assez fort, on appelait cela *une bouffonnerie*. J'ai sous les yeux la *bouffonnerie du Point du Jour*, écrite et composée sous l'invocation du *Père Liber*, étrange Dieu, accompagné de soixante-quatre voix, vingt-huit violes et quatorze luths ! Voilà donc comment se passait la vie à Versailles. « Le roi, comme un autre Godefroy, assis sur son « trône, disparaissait dans l'éclat des pierreries ! et pas un seul « des Français ne se lassait de bénir la gentillesse de son roi et « de s'étonner comment la majesté, *qui semble contraire à de* « *telles actions*, était toujours au-devant de ses pas. »

De ces fêtes de la toute-puissance, Molière et Lulli étaient les suprêmes ordonnateurs ; ils inventaient, ils disposaient ces mascarades, ils instruisaient *les acteurs* ; eux-mêmes, ils se chargeaient des rôles les plus difficiles, et pour récompense ils voyaient leurs noms, imprimés sur les programmes, à côté des plus grands noms de la monarchie. « Le jeune roi, dit Saint-Simon, élevé

« dans une cour brillante où la règle et la grandeur se voyaient
« avec distinction, et où le commerce continuel des dames, de la
« reine-mère et des auteurs de la cour l'avait enhardi et façonné
« de bonne heure, avait primé et goûté ces sortes de fêtes et d'a-
« musements parmi une troupe de jeunes gens des deux sexes,
« qui tous portaient et avaient le droit de s'appeler *des dames* et
« *des seigneurs*, et où il ne se trouvait que bien peu, ou même
« point de mélange, parce qu'on ne peut appeler ainsi trois ou
« quatre peut-être de médiocre étoffe, qui n'y étaient admis, visi-
« blement, que pour être la force et la parure du ballet par la
« grâce de leur figure et l'excellence de leur danse, avec quelques
« maîtres de danse pour y donner le ton. »

A ce compte, Molière et Lulli, son compère, étaient *visible-
ment* et uniquement admis, en cette illustre compagnie de
jeunes gens et de jeunes dames : « Formés à la grâce, à l'a-
dresse, à tous les exercices, au respect, à la politesse propor-
tionnée et délicate, à la fine et honnête galanterie, » parce que,
sans le poëte et sans le musicien, il n'y avait pas vraiment de
divertissement qui fût possible. Avec une bonne grâce assez
rare, M. le duc de Saint-Simon en convient, et il faut lui tenir
compte de l'aveu, quand on songe que Molière était un comédien, un *excommunié*, quand on songe que Lulli avait été
marmiton chez la grande Mademoiselle, et bien en prit au jeune
apprenti cuisinier de rencontrer une maîtresse si disposée à lui
pardonner ses *polissonneries* : « J'aimais fort à danser, dit-elle
« dans ses Mémoires, et celle qui l'aimait autant que moi, était
« mademoiselle de Longueville. Nous avions, elle et moi, l'habi-
« tude de nous moquer de tout le monde, quoiqu'il eût été fort
« aisé de nous le rendre : nous étions habillées aussi ridiculement
« qu'on le pouvait être, et il n'y a grimace au monde que nous
« ne fissions. » Je le crois bien, quand on est jeune, qu'on veut
être reine de France et qu'on danse pour son plaisir.

Entre Molière et Lulli, pour n'oublier personne, il faut placer
le vrai héraut de ces amours, le jeune poëte Quinault, le poëte de
Renaud et d'Armide. Celui-ci, à l'heure où son musicien tournait
la broche, avait la main à la pâte dans le pétrin de monsieur son
père, et déjà il essayait ses chansons dans la boulangerie paternelle, pendant que l'autre essayait son violon dans les cuisines

de la princesse. — A eux trois, ces grands amuseurs, ils se furent bien vite emparés de Versailles, et de ses amours; à eux trois, ils se mirent à célébrer les dieux nouveaux de cet Olympe : *La Paix, la Sûreté, la Joie* et *la Concorde!* — On les retrouve à chaque instant dans ce recueil aux armes royales, intitulé : *Ballets dansés par le Roy*. — On les trouve même comme acteurs dans les ballets qu'ils n'ont pas composés : tantôt *les délices* de *l'Ile heureuse* et *inaccessible*, tantôt le ballet royal de *la Raillerie*, de *l'Impatience*, enfin le ballet des *Saisons* dans les *agréables* déserts de Fontainebleau !

Si le ballet n'était que joli et amusant, si les danses n'étaient que plaisantes, si le dialogue, improvisé sur un banc de gazon, n'était que suffisant à l'heureuse disposition du moment, la chose restait enfouie au milieu des *ballets dansés par le Roy*, et tout le monde était content. Henriette d'Angleterre, en attendant l'oraison funèbre où elle éclate en ce grand deuil éternel, avait représenté la Flore du printemps, et le roi avait dit qu'elle était charmante ! Mademoiselle de La Vallière avait chanté les louanges de l'Été, il est vrai que le roi représentait Cérès, *Flava Ceres*, la tête couronnée d'une couronne d'épis d'or ; Molière était changé en vieux berger maussade et grognon, Lulli lui-même était *le chef des moissonneurs*, il menait la bande heureuse à travers ces moissons enchantées, pendant que les Nymphes des chœurs, armées de faucilles et parées de bluets, mademoiselle de Comminges, mademoiselle de Lamothe-Houdancourt, mademoiselle de Salmes et mademoiselle de Laval (une Montmorency !) chantaient de leurs voix fraîches et d'un bel accent :

Toute la gloire et la fleur du hameau.

Oui, mais parfois il arrivait que ces fêtes improvisées, ces paroles écrites en courant dans les allées des grands jardins, ces chansons que dictaient aux poëtes les jeunes cœurs amoureux, survivaient aux heures de folie. — Ainsi fut improvisé, au mois de mai 1665, *l'Amour médecin*, qui a l'honneur d'être compté parmi les comédies de Molière. « Ceci est un simple crayon, dit-« il, un petit impromptu dont le roi a voulu se faire un divertisse-« ment. — Ce divertissement est le plus précipité de tous ceux

« que Sa Majesté m'ait commandés ; il a été proposé, fait et appris
« en cinq jours.... » Ainsi, le roi ne se gênait avec personne, pas
même avec le génie ! Il commandait un divertissement à Molière
comme il eût commandé au prince de Condé de lui prendre une
bicoque. Il fallait que la chose fût prête *dans cinq jours;* la
chose était prête, et si, par bonheur, la première scène commence par un mot qui est devenu proverbe : « *Vous êtes orfèvre,*
monsieur Josse; » si la scène des quatre médecins est un chef-
d'œuvre de gaieté, eh bien ! tant mieux, le roi ne se fâchera pas
pour si peu ! Les voilà donc lancés, le roi, le poëte, le musicien ; les chanteurs et les danseurs ordinaires sont à leur poste ;
les gentilshommes désignés pour prendre part à cette mascarade
sont déjà à leur réplique; le divertissement est prêt; la comédie,
la musique et le ballet descendent de leur gloire pour chanter le
prologue :

> Unissons-nous tous trois, d'une ardeur sans seconde,
> Pour donner du plaisir au plus grand roi du monde.

Ce n'est donc pas une comédie que vous avez sous les yeux,
c'est le canevas d'une comédie, — une façon de menuet, dialogué
et parlé; cherchez-y... Louis XIV et un peu Molière; quant à Lulli,
il s'est évanoui avec les années, comme ferait le parfum d'un flacon débouché depuis deux siècles! Cet *Amour médecin* tient
donc peu de place dans la gloire et la popularité de Molière ; écoutez le poëte, il vous dira lui-même « que ces sortes d'ouvrages se
devraient montrer toujours avec les ornements qui les accompagnent chez le roi ! » Sinon, non. Un ballet, en effet, n'est pas une
comédie que l'on peut lire à tête reposée, étudier dans le livre
même, et méditer à ses heures. Un ballet veut être *vu*.

Même, quand on le joue, il perd la moitié de son charme, car
le ballet est fait surtout pour être *représenté*, c'est-à-dire *chanté*,
mimé, dansé, paré, en grand habit. — Quand il improvisait,
en trois jours, les trois actes de *l'Amour médecin,* Molière se
mettait au niveau des maîtres qui avaient inventé *les Noces de
Village, mascarade ridicule* pour le château de Vincennes; il
se rappelait que lui-même il avait fait le ballet du *Mariage forcé*,
dans lequel ballet il avait créé le rôle de Sganarelle, entre mademoiselle Béjart, mademoiselle de Brie et mademoiselle du Parc,

assistées du comte d'Armagnac, du marquis de Villeroy, du duc de Luynes et du duc de Saint-Aignan.

Ainsi *l'Amour médecin* est une comédie-ballet ou un ballet-comédie à volonté ; une suite des *Amours déguisés*, par exemple ; *Amours déguisés en forgerons,* — *Amours déguisés en compagnons de Proserpine,* — même *l'Amour déguisé en comtesse de Soissons ;* à celui-là, certe, on pouvait dire : *je te connais beau masque !*

> Et dans ces yeux romains, peut-être
> L'amour n'est pas si bien caché
> Qu'il ne soit facile à connaître
> Et qu'on n'en puisse être touché.
> Le petit ballet de l'*Amour médecin.*

Le petit ballet de *l'Amour médecin* a été remis en lumière une seule fois de nos jours, pour célébrer un des anniversaires de la naissance de Molière. — « *L'amour médecin*, disait l'affiche, arrangé *par un metteur en scène* » et ce *metteur en scène* n'était rien moins que M. Alexandre Dumas, qui voulut bien, *pour cette fois seulement*, venir en aide à l'esprit de Molière.

Cette *mise en scène* ne fut pas heureuse ; — M. Alexandre Dumas avait imaginé d'encadrer l'intermède de Molière dans un intermède de la composition de l'auteur d'*Antony*, et il arriva, chose étrange et chose incroyable, et toute à la louange du poëte moderne, que cet habile et intelligent auditoire du Théâtre-Français confondit d'un bout à l'autre, de ces trois petits actes, beaucoup trop allongés, le principal et l'accessoire, la comédie et la mise en scène, la sauce et le poisson ! *Inde mali labes;* de cette confusion vint tout le mal, car, pour ce coup-là, il n'y avait pas à crier : A la profanation ! Aussi peu il est permis de toucher à *Tartufe*, aussi fort peut-on toucher à *l'Amour médecin.*

Le crime n'est pas d'y avoir ajouté ces folies, le crime c'était que ces folies furent de tristes folies, et qu'à toutes ces adjonctions il n'y eut pas le plus petit mot pour rire. A propos de ces machines manquées, il ne s'agit pas de se couvrir de cendres et de crier : O Molière ! ô Molière ! Il s'agit de bien inventer quand on invente, de bien arranger quand on arrange. Voici, par exemple, le ballet du *Bourgeois gentilhomme*, dans lequel s'est rencontrée par bonheur, une adorable comédie ! Eh bien ! un homme de talent viendrait aujourd'hui qui arrangerait, de bonne sorte, les divertissements du *Bourgeois gentilhomme* ; il apporterait plus de grâce dans la danse, plus de variété dans le chant ; il trouverait une *cérémonie* un peu moins grotesque, un Mupti plus gai, même il pousserait l'audace jusqu'à nous délivrer du baragouin :

> Se ti sabir
> Ti respondir !

On irait plus loin, on retrouverait, chemin faisant, quelques idées que Molière lui-même avait indiquées dans ce ballet joué à Chambord : bourgeois babillards, pages éventés, filles coquettes, Suisses, Gascons, Importuns, Espagnols, Poitevins, Trivelins et Scaramouches, et pour couronner tant d'efforts, on finirait par compléter la musique de Lulli, que le théâtre serait tout à fait dans son droit.

Au temps du *Bourgeois gentilhomme* et de *l'Amour médecin*, on riait plus facilement que de nos jours. Le Roi Louis XIV et sa jeune cour, au milieu des enivrements et des prospérités les plus incroyables de la fortune, s'amusaient volontiers de ces détails de médecine et de pharmacie qui nous sont devenus nauséabonds ; une seringue ne leur faisait guère plus de peur qu'une épée, et les poëtes les servaient à leur goût. Notre goût est ailleurs, et vraiment il n'y a pas de quoi s'arracher les cheveux.

Ce qui était digne de blâme, dans les choses ajoutées à *l'Amour médecin*, par les metteurs en scène du Théâtre-Français, c'est que le metteur en scène, qui savait son métier à merveille, avait trop oublié le ton, l'accent, j'ai presque dit la gloire de Molière lui-même, lorsque Molière met en œuvre ses comédiens et sa comédie. Relisez *l'Impromptu de Versailles*, dans lequel Molière et Brécourt, de La Grange et du Croisy, mademoiselle de Brie et mademoiselle Molière jouent leur rôle ; est-il possible de parler un meilleur langage, qui sente plus, en même temps, son théâtre et la bonne compagnie ?

Même dans leur négligé, on sent que ces messieurs et ces dames se rappellent qu'ils sont à Versailles et qu'ils sont les hôtes du Roi. — C'est surtout, par ce genre de vérité et d'observations, que nous nous intéressons aux accessoires de la comédie, et non pas parce que vous aurez remplacé le gaz par les chandelles !

Nous n'insistons pas ! Au reste, le public n'avait rien compris aux meilleures plaisanteries de ce nouvel intermède. Il a grogné pendant toute la représentation, et plus d'une fois il a sifflé même Molière ! A qui la faute ? au public ? Non pas ! Il n'est pas forcé de savoir par cœur *l'Amour médecin !* Il n'est pas forcé de deviner ce qui appartient à la comédie et ce qui appartient au ballet. En général, il ne faut pas trop compter sur le parterre ; Molière lui-même, qui l'avait formé, s'y est trouvé pris plusieurs fois ; le parterre de Molière a applaudi sérieusement le sonnet d'Oronte ! Le public de 1850 a sifflé, de très-bonne foi, le marchand d'orviétan de Molière. Tant pis pour Molière ! Et voilà ce qu'il ne fallait pas démontrer, le jour de sa fête surtout.

La morale de tout ceci, c'est qu'il faut laisser Molière comme il est ! L'admirable avantage, cependant, qui a été donné au poëte-comédien sur toutes les grandeurs dont il fut entouré dans sa vie ! A peine mort, il devint le sujet de louanges sans fin... le héros de mille apothéoses ! — On a même imprimé, dans ses œuvres, à sa louange, une élégie intitulée *l'Ombre de Molière !* Et depuis ce temps, pas une année ne se passe qui ne rapporte à ce grand homme son tribut solennel de couronnes.

Et quand on songe que lui seul, Molière, parmi tous les artistes du monde français, se trouve entouré de ces souvenirs perpétuels, on se prend à se demander si la postérité a été juste, quand elle n'a accordé qu'à celui-là, cette louange éternelle ? Quoi donc ! les rois ont oublié de fêter la naissance de Louis XIV, *le patriarche des Rois*, disait le grand Frédéric ; quoi donc ! les évêques de France ont négligé d'instituer la plus petite cérémonie à la mémoire du grand Bossuet, et c'est à peine si les sacristies se souviennent que ce grand homme est né à Dijon le 27 septembre 1627 ! Eh ! mon Dieu ! quels honneurs ont suivi Montesquieu dans sa tombe ? A peine si l'oraison funèbre du prince de Condé s'apprend encore dans les collèges ! Bien plus, ô misère ! ô honte des nations ! nous avons effacé, de nos annales et de nos remords ce jour de malédiction et de misère, ce jour de notre honte éternelle, ce jour où le triomphe fut un crime, où le supplice fut suivi d'une récompense éternelle, le deuil honteux, le deuil des nations libres et des peuples intelligents, le deuil abominable du 21 janvier !

Le bruit de ces fêtes, le bruit de ces amours expiées, ces improvisations de Molière et de Lulli, son camarade, et non moins que le souvenir de ces fêtes, ces aimables et chers souvenirs de l'histoire de Versailles : La Vallière, Montespan, dont le nom se mêle encore aux souvenirs poétiques du grand siècle, nous ramènent aux drames sans fin dont les amours de Louis XIV ont été le sujet, et parmi ces drames (car il faut que l'on sache de quelle façon ces royales amours ont été traitées), j'en choisis deux, un drame de la Gaîté, c'est-à-dire un drame quasi-français, et un drame anglais, écrit en anglais, par un bel esprit célèbre de l'Angleterre, M. Bulwer. Vous verrez par la comparaison de ces compositions anglaise et française que le sens commun ne peut être suppléé ni par le talent, ni par l'invention. Ici donc les faiseurs de l'Ambigu se trouvent tout à fait au niveau d'un homme qui est généralement reconnu pour un bel esprit, et vous chercheriez en vain à distinguer M. Benjamin de M. Bulwer. Au reste, ce chapitre sur la tragédie historique de M. Bulwer, le poëte anglais me l'a fait cruellement expier ; ce fut en effet à dater de ce moment que M. Bulwer prit l'habitude d'écrire en note, au bas de ses livres, des aménités pareilles à celles-ci : » La France qui a produit Cartouche et Jules Janin, la France qui a produit la Saint-Barthélemy et *l'Ane mort.* »

Voici, pour commencer, le drame de l'Ambigu-Comique. On dirait que l'Ambigu-Comique avait vu le siècle de Louis XIV, par la lorgnette de M. Bulwer :

MADEMOISELLE DE LA VALIÈRE AU BOULEVARD.

Un monsieur vêtu de rouge, grimpe, au moyen d'une échelle, aux mansardes du château de Versailles ; la sentinelle crie : *Qui vive ?* le monsieur ne répond pas, il se précipite, au péril de ses jours, dans la chambre d'une petite fille qui l'aime. Ce qui va vous étonner, c'est que le jeune homme, exposé à ce coup de feu n'est rien moins que Louis XIV, le grand roi, le maître du pompeux Versailles, l'élégant amoureux de tant de beautés fameuses, dont le nom est arrivé jusqu'à nous, presque chaste, tant il y avait de poésie et de grâce dans ces amoureuses faiblesses ; le voilà, dans un drame vulgaire, qui court sur les toits pour faire l'amour, à peu près, comme l'écolier du *Diable boiteux*.

Une fois entré chez *sa belle*, Louis XIV fait du sentiment à la façon d'un héros du Gymnase. En grimpant, le roi a mis le palais en rumeur ; on accourt, une voix crie à mademoiselle de La Beaume (mademoiselle de La Vallière plus tard) : « Fermez votre porte ! éteignez votre bougie ! » A quoi la jeune demoiselle d'honneur : — « Je vais me mettre au lit, » répond-elle. Alors la voix grondeuse s'éloigne, et c'est le roi qui éteint la bougie en se jetant aux pieds de la jeune personne à demi pâmée ; ici la toile tombe, heureusement, pour les chastes regards.

Ne vous étonnez donc plus que la pièce soit intitulée, par une nouveauté toute républicaine, *La Vallière et Montespan*, sans aucune de ces formules polies que les Français n'avaient pas même refusées à Ninon de Lenclos, qui s'appelait mademoiselle de Lenclos. Pauvre et jeune madame de La Vallière, si aimante, si jolie et si bonne, on l'a tout d'abord dépouillée de son duché qui lui avait coûté si cher ; aujourd'hui on l'appelle tout simplement La Vallière, comme on disait autrefois la Champmeslé. Le Vaudeville, quoique *théâtre national*, est mieux élevé et plus poli que l'Ambigu-Comique, il a imprimé, soixante fois de suite, sur son affiche élégante : *Madame Dubarry*, en toutes lettres, et sa politesse ne lui a pas gâté sa recette, d'un écu de six francs.

Étrange destinée de madame la duchesse de La Vallière ! Il se trouve qu'elle aime le roi, qu'elle aime en lui le beau jeune homme, l'habile danseur, le grand seigneur accompli, et elle ne songe pas qu'il est tout-puissant ; elle parle du roi comme mademoiselle de Coëtlogon parlera de Cavoye. Un soir, le roi entend la jeune fille qui parle d'amour ; à ces propos d'amour son nom est mêlé, et lorsqu'à la dérobée il jete un coup d'œil sur cette jeunesse si bien emparlée et si tendre, il reconnaît la belle personne dont le portrait l'a frappé chez le surintendant Fouquet ; aussitôt ce roi égoïste se sent ému jusqu'au fond de l'âme ; c'est quelque chose de mieux que les sens, c'est presque le cœur qui lui parle, et de ce jour qui la devait plonger, vivante, dans un abîme de supplices et de repentirs, madame de La Vallière préside à ces fêtes, à ces spectacles, à ces miracles de la poésie et de la peinture, à ce beau siècle, à ce théâtre ou Molière et Lulli semblent lutter à qui produira les amusements les plus aimables.

C'est par ce qu'elle était à cette œuvre, que le nom de La Vallière est resté, en nos souvenirs et dans nos respects, le mot d'ordre de tant de grandes choses dont se compose le grand siècle. — Elle a entendu les premiers bruits du Versailles naissant ; elle a vu fleurir les premières fleurs de ce jardin des Hespérides ; elle a vu s'élancer dans les airs rafraîchis, les premières eaux de ces bassins amenées de si loin, par la volonté d'un seul, pour le plaisir de tous. Elle était l'inspiration des poëtes, elle était la muse, elle était le sourire, elle était la grâce et la récompense.

Elle a été le bon génie, elle a été le sincère amour de ce roi gâté par toutes les obéissances et par tous les encens. Chaque fois que son amant la quitte et l'abandonne, aussitôt elle se réfugie au pied de la croix ; échevelée, pleurante, le sein nu, chargée de deuil, alors encore une fois le roi la trouve belle et revient la disputer aux autels, alors aussi, — tant elle a de peine à briser ces liens si charmants, — elle cède à cette volonté implacable, et elle rentre en pleurant à cette cour témoin de ses larmes.....

Vain espoir ! inutile pardon ! Le cœur de son amant est desséché pour elle ; alors enfin, elle dit adieu au monde ; elle part..... mais cette fois Louis n'ira plus la chercher ; alors il faut que Bossuet s'en mêle ; il faut que l'éloquence chrétienne descende dans l'âme de cette pauvre femme, afin d'en remplir le vide. Enfin, enfin, quand la mesure est comblée de ces humiliations et de ces désespoirs, la maîtresse royale se fait carmélite ; elle se plonge dans ces austérités atroces, avec la même passion qu'elle s'est plongée dans les molles voluptés de ce siècle amoureux et dévot, puis elle meurt comme une sainte, laissant une mémoire respectée, et se plaçant, par la vérité de son amour, à côté de cette maîtresse royale qui fut une femme courageuse et de bon conseil, Agnès Sorel !

Dans la vie de la sainte recluse il y eut encore bien des agitations ; la mort de son enfant, les désordres du roi, qui lui était toujours si cher, et enfin la visite, qu'elle reçut dans son cloître, de madame de Montespan, son adultère rivale, cette fière et insultante beauté que le dépit poussait au cloître, comme l'amour y avait précipité *sœur de la Miséricorde*, et qui dut verser bien des pleurs de rage quand elle se vit remplacée dans ce poste éminent par une de ses protégées, (grâces pleurez ! pleurez amours) ! par la veuve du bonhomme Scarron !

Alors se renouvela, en France, la coutume des maîtresses royales, interrompue depuis Henri IV, par deux cardinaux ministres, et certes ce fut une grande chute quand nous fûmes tombés de madame de La Vallière et de madame de Maintenon, à madame Dubarry. C'est alors que la France comprit combien elle devait de reconnaissance aux deux maîtresses de Louis XIV ; aussi ne furent-elles jamais insultées, que je sache, ni dans les histoires, ni dans les salons, ni dans les livres, ni au théâtre, et le duc de Saint-Simon lui-même en parle avec toute la considération que peut avoir un grand seigneur pour des faiblesses si permises ; il était réservé au théâtre de l'Ambigu-Comique d'être plus sévère et plus moral que le XVIIe siècle et le siècle suivant, et de faire justice de *La* Maintenon, de La Vallière et de *La* Montespan.

Après l'acte du boudoir, le roi part pour ses victoires de Flandres, avec cette armée brodée, en manchettes et en galons, que nous avons vue dans les Mémoires du chevalier de Grammont. Le roi est absent, mademoiselle de La Vallière, assise sur les marches de ce trône adultère, semble gouverner *à la royale*, et ses fidèles sujets les poètes, les musiciens, les artistes, composent pour la jeune duchesse, un de ces divertissements qui amusaient tant cette jeune cour. Le ballet qui se danse en ce moment est intitulé : *le Passage du Rhin*. J'avoue que pour ma part ce ballet m'a fort amusé ; on y voit les rivières que l'armée a passées ; le Rhin, ce Rhin qui fut à nous, se repose sur son urne, et rappelle la belle description de Despréaux ; des guerriers se battent en dansant un menuet ; les violons jouent comme ils jouaient encore au temps des frères Francœur ; puis tout à coup le roi arrive, le roi vainqueur, La Vallière (je veux dire mademoiselle de La Vallière) court au-devant de son royal amant ; Louis XIV évite ses regards, sa figure est mécontente ; la pauvre femme revient chez elle et s'évanouit cette fois pour tout de bon, ainsi les deux premiers actes finissent par un évanouissement ; mais quelle différence, grand Dieu !

Il faut vous dire que pour donner à leur drame la couleur de cette brillante époque, les auteurs ont eu la malencontreuse idée de ressusciter Roquelaure, ce bouffon dont les *Anas* ont recueilli les gravelures ; l'on voit donc au troisième acte ce Roquelaure apocryphe qui s'amuse à jouer avec les dames de la cour, à parler de l'enfant que le roi a fait à la duchesse de Roquelaure : il est duc et *père*, et voilà sa chaussure couverte de terre d'Espagne ! Plaisanteries de bon goût qui ne se conçoivent guère dans cette éclatante et spirituelle maison. Arrive le roi : Sa Majesté revient du Parlement, les auteurs lui ont mis, à la main, le fouet qu'il avait (enfant), la première fois qu'il entra en son Parlement, indigne sujet de flatterie dont on ne s'est servi que trop souvent, et que les admirateurs du grand roi ne lui pardonnent qu'en faveur de sa grande jeunesse. Ce fouet, à la main du roi qui revient de sa conquête, est un misérable anachronisme, et pour le préparer quelque peu, les auteurs ont appelé à leur secours un autre anachronisme, ils ont fait donner à Louis XIV des leçons de Constitution, et cette étrange leçon ils l'ont mise qui le croirait ? dans la bouche du duc de Lauzun !

Cependant la duchesse de La Vallière s'est enfuie en un coin où elle pleure. Elle trouve dans son appartement des tablettes du roi à madame de Montespan, et ses larmes redoublent. Le rôle de madame de Montespan est beaucoup trop odieux dans ce drame ; on fait une trop méchante femme de cette reine altière, et voisine de la Majesté. Quoi qu'il en soit, madame de La Vallière pleure encore, quand tout à coup entre un jeune militaire qu'elle a dû épouser autrefois. Le jeune homme revient de l'armée et il ignore (l'innocent qu'il est!) que sa prétendue est la maîtresse du prince. A cette nouvelle, notre officier se désole, il tire son épée, il la brise et il sort.

Puis, madame de La Vallière, entendant le roi qui monte, se jette entre les bras de la supérieure du couvent des Carmélites. Louis XIV tend les bras à la coulisse, il embrasse un ombre... alors enfin madame de Montespan triomphe, et le troisième acte est fini.

Après le troisième acte, il y a un épilogue. La décoration, qui est fort belle et d'un très-pittoresque effet (quelle somme d'argent représenteraient ces magnifiques décorations qui remplacent, si misérablement et si chèrement, par le stérile plaisir des yeux, les impérissables plaisir de l'esprit)! représente l'intérieur de ce couvent des Carmélites de Chaillot où vinrent expirer tant de haines, où furent expiées, si cruellement, tant d'ambitions et tant d'amour. La cellule est étroite, le lit est de pierre, et l'on voit circuler, dans cette tombe anticipée, les victimes infortunées d'un crime si digne d'excuse et de pardon! Rien de plus funèbre que ce dénouement d'une histoire d'amour, depuis l'histoire d'Héloïse et d'Abeilard! La cloche sonne comme elle sonnerait pour les morts, Louise de la Miséricorde va mourir, on n'attend plus que l'absolution du prêtre. Le prêtre arrive, il bénit la sainte fille...

Et ceci dit, tout est dit; et ceci fait, tout est fait. Et voilà de quels respects nous entourons notre propre histoire! Alors de quel droit nous fâcher contre la tragédie anglaise, et même de quel droit nous en moquer?

Mais quoi! nous avons renoncé à tant de droits qu'il nous est bien permis d'en usurper quelques-uns. D'ailleurs ce drame anglais est si complétement et si curieusement bouffon, que toute excuse nous est assurée à l'avance. Il est impossible, en effet, d'insulter plus sérieusement et plus innocemment la gloire et les amours du plus grand roi qui ait honoré un trône. L'auteur de cette œuvre sans nom est d'ailleurs en son pays ce qu'on appelle une célébrité; nous savons déjà qu'il s'appelle M. Bulwer; il a écrit grand nombre de romans; et comme il s'agit ici du plus grand siècle de notre histoire, il m'a semblé qu'il ne serait pas hors de propos, de parler de la pièce de M. Bulwer.

MADEMOISELLE DE LA VALLIÈRE ET MADAME DE MONTESPAN. — BOSSUET.

Cette pièce de M. Bulwer se compose de préfaces, prologue, épilogue, romances, additions, suppressions, dédicace, notes: elle est dédiée à Macready. « *pour sa science et pour son génie,*
« *qui peuvent enseigner aux artistes, quelle que soit leur profes-*
« *sion, que : l'art et la poésie de la nature expriment le vrai*
« *au travers du prisme de l'idéal.* »

Dans sa préface n° 1, M. Bulwer se plaint que jusqu'à présent *Louis XIV ait échappé à la résurrection du théâtre*, et il promet de ressusciter Louis XIV : avec *son égoïsme somptueux et royal, son besoin maladif d'amusement, les propriétés de son tempérament susceptible, malgré sa froideur, aux énergies dorlotées, aux ressources sans culture,* « et cœtera. »

Dans une préface n° 2, M. Bulwer nous raconte qu'il avait commencé par présenter sa pièce au directeur de Drury-Lane, et que ce directeur malappris n'avait pas voulu représenter la pièce, sans la lire. Alors il arriva que « l'auteur se refusa à une condition telle qu'aucun auteur d'une certaine réputation ne l'accorderait à un éditeur. » Le théâtre d'Hay-Market, il est vrai, consentit très-volontiers à jouer la pièce *sans la lire*, mais *une* difficulté sur le choix des acteurs obligea M. Bulwer à rompre la négociation ; enfin le théâtre de Covent-Garden, plus aveugle et plus complaisant que les deux autres, non-seulement accepta ce chef-d'œuvre les yeux fermés, mais encore il fut assez heureux pour complaire en tout point à l'auteur de *la duchesse de La Vallière*.

La préface n° 3 nous prévient que l'auteur a fait à son œuvre des changements et des suppressions qui « tout en retirant de l'effet général la finesse et la subtilité de l'intrigue de cour, ont été très-*favorablement reçus*. » Il fallait donc que cette *finesse* fût bien *subtile* pour avoir été si peu regrettée.

Dans une préface n° 4, l'auteur se plaint des comédiens, race inintelligente et mal apprise, qui n'ont pas assez *indiqué ses intentions*.

Quant au prologue, le prologue de M. Bulwer est dans son genre un petit chef-d'œuvre de vanité, de seigneurie et de pathos : « Peindre le passé ; mais dans le passé *tracer des bornes qui* « *puissent vaguement prédire l'actualité.* — Trouver parmi *tous* « *les fleuves brillants de l'art, la source obscure* de la nature, « le cœur silencieux de la femme. — *Sur la surface tumul-* « *tueuse de l'esprit reposé* laisser l'empreinte des vérités les plus « simples : faire des affections les prédications de l'âme, » et tant d'autres belles choses à la Schiller, tel est le tableau courageusement entrepris par l'auteur. Avouez que vous avez rencontré, rarement, un poëte de cette force ! Ah ! l'aimable idiot ! quelle langue, et quel style ! et quelles idées ! — Nous possédons à Charenton des poëtes de cette force ; ils écriraient et ils penseraient plus sagement.

La pièce est digne de ces préfaces et de ce prologue.

La première scène du premier acte se passe dans le jardin de mademoiselle de La Vallière. La jeune fille part demain pour la cour et elle fait ses adieux à sa mère, aux vignes, aux bois, aux cloches lointaines, aux oiseaux, à tout le monde, excepté au pauvre Bragelone. Mademoiselle de La Vallière n'a pas l'air de savoir ce que vaut Bragelone. « Ce rôle, dit M. Bulwer, renferme « dans ma pièce *tout ce qui prétend à l'héroïque.* » Il avoue même « que, dans ce caractère, il a pris, lui, M. Bulwer, *la* « *liberté d'idéaliser la réalité.* » C'est comme s'il nous disait : *J'ai pris la liberté d'être sublime!* Et sans ajouter : *Excusez de la liberté grande!* — Quoi qu'il en soit, Bragelone, est depuis longtemps le fiancé de mademoiselle de La Vallière :

« Louise, dit-il dans son langage simple et sans art, ton père « nous fiança dès ton enfance; *je t'ai veillé, bourgeon du prin-* « *temps virginal*, et dans ta jeunesse *il me semblait thésau-* « *riser la mienne. — La lumière purpurine qu'Hébé de son* « *urne verse sur la froide terre*, m'est revenue dès que je t'ai « aimée. » Et comme ce malheureux Bragelone se trouve fort ridicule de parler ainsi, il ajoute : « C'est l'amour qui m'a d'abord « enseigné les mots dorés sous l'effigie desquels les cœurs hon-« nêtes frappent, eux aussi, leur métal massif. » Je ne sais pas si c'est là du métal massif, c'est de la lourde poésie à coup sûr.

La scène change et représente (ici le Schiller anglais se rappelle à plaisir les descriptions *du château d'Otrante*)! un vieil arsenal *de la lourde architecture française qui précède l'époque de François I*^{er}. Bragelone est rentré dans sa maison pour prendre ses armes, et il s'entretient avec Bertrand, son écuyer. Bragelone dit à Bertrand : « Ordonnez qu'on fasse monter le chèvrefeuille tout à l'entour du bâtiment de l'est? » Puis il sort, car il a entendu hennir son cheval de bataille, *qui flaire de loin les glorieuses fanfares de la guerre!* Le vieux Bertrand, resté seul, se dit à lui-même : « Le cœur d'un tourtereau bat sous cette poitrine de lion ! »

Scène III. — Le théâtre représente *les jardins de Fontainebleau illuminés en verres de couleur.* Entrent Lauzun et Grammont. J'ai besoin de vous avertir que c'est ici le même Lauzun qui fut le plus brillant cavalier et le plus aimé de la cour de Louis XIV;

que c'est le même chevalier de Grammont un bel esprit à la Voltaire dont Hamilton a fait son charmant héros. Hélas! vous allez voir comment M. Bulwer les a *ressuscités!*

Dans la pièce anglaise Lauzun est un marquis de bas étage, un triste ricaneur sans esprit, sans beauté, sans jeunesse, qui ne parle que de ses créanciers, comme ferait un des chevaliers de Regnard. Grammont est un pauvre hère qui donne la réplique à Lauzun, et qui n'a pas un mot à répondre à personne. — « GRAMMONT : Sa Majesté est froide ; elle tient plus d'Auguste que d'Ovide. »

LAUZUN. — « Un roi doit avoir une maîtresse. Quand le roi vit
« chastement, il nous pille, *il nous vole quatre-vingt-dix-neuf*
« *pour cent.* — Les temps sont bien changés. Nos pères, *comme*
« *de vrais bouchers*, assouvissaient leur ambition à coups d'épée,
« à coups de lance; pour nous, *l'esprit est notre lance, l'in-*
« *trigue notre armure, l'antichambre notre champ de bataille,*
« *et le plus grand héros est le plus grand coquin!* »

Entre alors le roi ; il a vu mademoiselle de La Vallière à sa cour, il l'aime et il dit à Lauzun : — *Tu* as vu, *mon* Lauzun, la nouvelle et la plus belle *fleurette* de notre cour — *la suave* La Vallière? »

LAUZUN (à part) : « Je crois que mes créanciers se réjouiront de l'aventure de cette nuit. »

Le roi, Lauzun et Grammont, cachés dans un bosquet, prêtent l'oreille pendant que mademoiselle de La Vallière, non moins emphatique que Bragelone, déclame ces beaux vers :

« Qui a parlé d'amour? l'héliotrope, regardant le soleil, ne lui
« demande que sa lumière pour briller ! — La présence même de
« la grandeur de Louis *élève l'âme au-dessus d'une vile tenta-*
« *tion.* Il semble venir sur la terre pour élever et pacifier nos pen-
« sées éparses en les concentrant sur lui-même. »

A ce beau discours « *de cette jeune Diane qu'accompagnent des caprices de vestale* » comme dit Lauzun, le roi ne se sent pas de joie et il s'écrie : — « *Charmante* La Vallière ! » Rentre alors toute la cour. C'est l'heure de tirer les billets gagnants à la loterie royale. Le roi gagne un bracelet de diamants *dont chaque pierre vaut un duché!* et il le donne à mademoiselle de La Vallière.

LAUZUN. — « Bravo ! — Bien joué ! — Dans ce jeu si *singulier*
« *nommé femme*, les diamants sont toujours à-tout sur les cœurs. »

Ce qui est une triste, une maussade, une méchante plaisanterie et, pour le dire en passant, tout à fait déplacée à propos de mademoiselle de La Vallière.

Au second acte, Bragelone, inquiet pour sa fiancée, s'en vient dans les jardins de Fontainebleau pour savoir quelques nouvelles ; en ce moment le lion est encore un tourtereau, jusqu'à ce qu'il soit un chat tigre, et ce sera bientôt fait !

Bragelone. — « On m'a dit à Dunkerque, que le roi aimait une « certaine jeune personne, la fille du brave La Vallière.

Lauzun. — « A l'heure qu'il est, mon cher, *nos laquais ont* « *usé ce caquet jusqu'à la corde.*

Bragelone. — « Tu mens ! »

A ce : *Tu mens !* nos deux coqs-plumets tirent leur épée.

Ils se battent; Lauzun est désarmé, il ramasse son épée et il s'en va avec son démenti, en disant : — « Voilà ce qu'on gagne à « *parler à des gens qui ignorent le ton de la bonne compa-* « *gnie.* »

La scène suivante, entre mademoiselle de La Vallière et Bragelone, n'est guère de meilleure compagnie.

Bragelone. — « *Vous avez appris le métier* de bonne heure.

Mademoiselle de La Vallière. — « Le métier ! Vous m'insultez, « Monsieur.

Bragelone. — « Des reproches ! N'avez-vous pas honte de cette « ruse de fille de joie (*Harlot's trick ?*) »

Et plus bas, quand Bragelone s'est attendri : « Je ne t'aimais « pas, Louise, comme aiment les galants ! *Tu m'étais* la pensée « de cette vie remplissant l'univers d'amour et de sainteté, *et revê-* « *tant de poésie la beauté humaine,* etc. » Bragelone devrait bien dire à mademoiselle de La Vallière ce qu'il disait tout à l'heure à M. de Lauzun : — « Pardonnez-moi cette phrase de « mauvais goût. »

Et enfin il entraîne mademoiselle de La Vallière au couvent.

« Grammont (à Lauzun). — Je n'ai jamais ouï parler de filles « d'honneur fuyant des rois.

« Lauzun. — Si vous aviez été fille, vous auriez été bien aimable, vous, *polisson !* »

La belle compagnie !

Acte III. — Intérieur d'une chapelle, le tonnerre, les éclairs, la nuit, etc.

Mademoiselle de La Vallière. — « Dans les ténèbres *le cœur glisse.* (*Tonnerre*). Roule, roule, char funèbre des orages dont les roues sont le tonnerre! (*La cloche sonne*). Voici le glas de la nuit; langage du temps nous ordonnant de méditer ces paroles : *Au lit! au lit! Aux larmes! Au lit! au lit!* »

N'est-ce pas, je vous prie, une chose étrange, qu'un poëte anglais se permette de faire agir et parler, comme une folle, une des plus grandes dames de l'histoire de France, et comme la chose est bien trouvée : *Au lit! au lit! au lit!* J'aime autant ce brave homme qui entendit les cloches de Londres lui réciter un jour : « Tu seras lord-maire, Wirgtington! » Avec un peu de zèle, de respect et de bonne volonté, M. Bulwer se pouvait faire instruire de l'époque et des personnages de son drame. Il eût trouvé, dans les œuvres mêmes de Bossuet, parmi les lettres de ce père de l'Église, plusieurs passages qui lui eussent montré les combats, les obstacles, l'hésitation de madame de La Vallière avant de quitter, à tout jamais, ce monde où elle brillait de toutes les grandeurs de la beauté, de la jeunesse et de la passion. Dans ses lettres à M. le maréchal de Bellefond, l'évêque de Meaux raconte d'un style attristé, grave et touché tout ensemble, ce drame caché dont M. Bulwer et ses complices ont fait une parodie. Ces pages chrétiennes exhalent les angoisses et les douleurs de cette âme en peine, et l'on se sent plus attendri, voyant cette illustre personne hésiter, que si elle se jetait, comme on nous la montre au théâtre, au beau milieu de l'abîme, la tête la première! « J'ai vu plusieurs « fois madame la duchesse de La Vallière, je la trouve dans de « très-bonnes dispositions qui auront leur effet, je l'espère. Un « naturel un peu plus fort que le sien aurait déjà fait plus d'un « pas, mais il ne faut pas l'engager à plus qu'elle ne saurait sou- « tenir... »

Certes, nous voilà bien loin de la hâte et de la précipitation de M. Bulwer. On ne quittait pas Louis XIV, quand on s'appelait madame la duchesse de Vaujour, et qu'on était trois fois mère, avec aussi peu de sans-gêne que si l'on eût été une comédienne à la mode, en puissance de quelque duc et pair! On prenait son temps, on choisissait son heure et l'heure du roi. On a la disposition prochaine, *la grâce*, oui, mais il faut *entretenir ces saintes dispositions.* « Et si je trouve quelque occasion d'avancer les « choses, je ne la manquerai pas ! » C'est Bossuet qui parle, il ajoute (et voilà le drame) ! « Madame de La Vallière m'a obligé de « traiter le chapitre de sa vocation avec madame de Montespan ! »

Juste ciel qu'est-ce à dire? madame de Montespan mêlée à la conversion de mademoiselle de La Vallière ! Ah ! dramaturges, race ignorante; ils n'ont pas su tirer parti de cet aveu de Bossuet ! Madame de Montespan consultée à l'occasion de cette prise de voile, et disant *que les Carmélites lui font peur !* Les Carmélites *lui font peur*, et elle en rit !

« On a couvert, ajoute Bossuet, autant qu'on a pu cette réso-
« lution d'un grand ridicule. » (16 janvier 1674).

Rions donc, et que madame de Montespan soit contente, avant peu cette repentie et cette repentante ira, en effet, en dépit de ce *grand ridicule*, au couvent des Carmélites, et *toute la cour sera édifiée et étonnée de sa tranquillité et de sa joie !*

« En vérité, ses sentiments ont quelque chose de si divin, que
« je ne puis y penser sans être en de continuelles actions de
« grâces, et la marque du doigt de Dieu, c'est la force et l'humi-
« lité qui accompagne toutes ses pensées, c'est l'ouvrage du Saint-
« Esprit. Ses affaires se sont disposées avec une facilité merveil-
« leuse ; elle ne respire plus que la pénitence, et sans être ef-
« frayée de l'austérité de la vie qu'elle est prête d'embrasser, elle
« en regarde la fin avec une consolation qui ne lui permet pas
« d'en craindre la peine ! »

O l'admirable et touchante éloquence, à propos de cette femme insultée à plaisir par ce malheureux M. Bulwer ! Et que serait-ce donc si nous assistions à ce fameux sermon pour la prise de voile de madame de La Vallière, en présence de cette reine de France qui a pardonné à cette femme, en ce moment couverte de la cendre des morts ! (4 juin 1675.)

Soyons charitables, épargnons cette humiliante comparaison à M. Bulwer, détournons nos regards de tout ce qui brille, de tout ce qui rit aux yeux, de tout ce qui nous paraît grand et magnifique autour de ce monarque dont on fait un tyran de comédie, autour de cette femme illustre et sainte, devenue un jouet dans la main de M. Bulwer. Cet homme est naturellement boursouflé; il ne comprendra jamais ce qui est simple et naïf. Cet homme est un hâbleur de fausse éloquence ; il ressemble à cette femme ambitieuse et vaine dont parle Bossuet pour s'en moquer : « Elle « croit valoir beaucoup parce qu'elle s'est chargée d'or, de pierre- « ries et de mille autres ornements. Pour la parer, la nature s'é- « puise, tous les arts suent, toute l'industrie se consume. »

A quoi bon? vous n'avez sous ces ajustements qu'un vieux corps, une âme vide, un pauvre esprit, un fantôme, un mensonge, un copiste, un faux Shakspeare, un faux Schiller! J'ai pitié de M. Bulwer, mais il a fait représenter cette ignoble pièce, il la subira jusqu'au bout; nous allons donc, s'il vous plaît, entrer dans ce couvent des Carmélites [1] à la suite du roi et de M. de Lauzun. Écoutez maintenant comment M. Bulwer fait parler la *mère Agnès* qu'il appelle *l'abbesse*, car il n'a pas voulu se donner la peine de savoir le nom de ce collaborateur de Bossuet :

Entre, dans le couvent, le roi suivi de Lauzun.

L'Abbesse. — « Quel *tumulte souille* la demeure de Dieu !

Lauzun. — « Le roi, Madame.

L'Abbesse. — « Le roi! *Vous plaisantez, Monsieur !* »

J'avoue franchement que je doute fort qu'en pareille circonstance la mère Agnès ait répondu : — *Vous plaisantez, Monsieur!*

Le roi qui ne plaisante pas, « *s'avance avec passion*, s'arrête, « puis dit, *avec dignité : Abbesse, sans vouloir vous offenser,* « *nous n'ignorons pas que souvent des motifs non avoués exci-* « *tent votre zèle pour les conversions.* »

Et moi, je vous réponds que le roi Louis XIV n'a jamais tenu un pareil langage à une abbesse, dans son propre couvent, et qu'en tout cas, si jamais le roi eût tenu ce discours, il ne l'aurait pas tenu *avec dignité!*

Alors le roi, sans plus de préparation enlève mademoiselle de La Vallière et la ramène à la cour.

Il y avait, dans ce troisième acte, des choses encore plus extraordinaires, s'il est possible. Par exemple, on voyait arriver Lauzun et madame de Montespan ; madame de Montespan disait à Lauzun : « Je suis fatiguée de plaisirs, il me semble *que la terre soit gazonnée d'écarlate*, sans un seul coin vert. »

---

[1]. « La retraite de madame de La Vallière aux Carmélites a causé des tempêtes ; il faut qu'il en coûte pour sauver les âmes. »

Après quoi Lauzun disait à madame de Montespan : « Votre « esprit est réellement un esprit de cour, assez lumineux pour « échauffer et ne jamais brûler. Vous avez beaucoup de cette « énergie qui ressemble au sentiment, etc. » Madame de Montespan répondait à Lauzun : « Je sais que tu as été l'architecte de « ma puissance. » On voyait ensuite Louis XIV jouant aux échecs avec mademoiselle de La Vallière.

Le roi (à mademoiselle de La Vallière). — Pourquoi si peu « de gaîté? pourquoi ne pas sourire ? — L'amour se croit offensé « *si le chagrin jette ses ombres sur le cœur qu'il cherche à* « *remplir d'un soleil sans nuages.* »

Et un peu plus bas ce roi gentilhomme, si plein de tact et de goût, s'oubliait jusqu'à dire à mademoiselle de La Vallière : — « Madame, ai-je mérité le muet reproche de votre chagrin? *Je* « *ne veux pas de ce jargon de femme-de-chambre à propos* « *de la vertu perdue !* »

Enfin Louis, resté seul, se dit à lui-même : « Je verrai Lauzun; « *son esprit me convient, j'aime presque sa fourberie; elle* « *ne nous fait jamais bâiller comme les vertus collet-monté !* » Songez à cela! Le roi Louis XIV qui dit d'un *fourbe* : *Son esprit me convient!*

Arrivait ensuite le marquis de Montespan, *avec une brillante chaussure écarlate*, et Lauzun lui disait : « Cher marquis, *vous* « *êtes le reflet de la mode*. Grand Dieu! Quels bas! *Vous parcourez la terre en Cupidon monté sur une paire de torches.* »

Le roi (au marquis de Montespan) : « Le *decorum* exige votre « bannissement; laissez votre femme en paix et vivez seul. — « Allez! Et, pour votre maison séparée, *qui nécessite un sur-* « *croît de dépense*, notre trésorier vous comptera cent mille « couronnes. »

M. de Montespan (*avec ravissement*) : Cent mille couronnes ! »

Eh bien! c'est là encore mentir à l'histoire et avilir à plaisir et sans aucune nécessité dramatique, le noble caractère de M. le marquis de Montespan.

Accablé de cette misère, il s'en revint chez lui en grand deuil; il s'enferma dans un vieux château, non loin de Toulouse, et quand ses enfants lui demandaient des nouvelles de leur mère : — Elle est morte, répondait M. de Montespan.

Une scène auparavant, quand madame de Montespan rencontrait Louis XIV, elle lui faisait à haute et intelligible voix et à brûle-pourpoint, l'aimable déclaration que voici :

MADAME DE MONTESPAN. — « *Quel ravissement* ce doit être, « de pouvoir *seulement contenter un atome du divin Louis;* « que serait-ce de remplir son âme entière ?... Perdre *ton* amour « (c'est la première fois qu'elle lui parle !) doit être, non pas « du chagrin, mais quelque *chose comme le désespoir sublime* « *de ce Romain, qui sentait qu'il perdait un monde...* Se « savoir à lui ! quel orgueil, quelle gloire, même quand toute la « terre crierait : *Honte! La terre ne pourrait assourdir à son* « *cœur la trompette qui, de sa voix sonore et triomphante, lui* « *dirait que la terre n'est que l'esclave de Louis!* » Et cette folle, qu'on fait parler ainsi trois pages durant, c'est madame de Montespan, cette *superbe* dont parle Racine dans *Esther*, et dont l'orgueil humilia même l'orgueil de Louis XIV ! C'est ainsi que M. Bulwer prétend ressusciter le XVIIe siècle, dont on peut dire ce que disait Bossuet [1] d'Alexandre le Grand : « Il vit dans la bouche de tous les hommes sans que sa gloire soit effacée ou diminuée depuis tant d'années. »

Mais si madame de Montespan parle comme une bacchante à jeun, Louis XIV, de son côté, lui répond comme le vieux célibataire ne répondrait pas à sa servante Babet : « *Belle dame,* quand « *tu* parles, je rêve ce que devrait être l'amour. Tu viens implo-« rante et tu restes juge ; oh ! je m'agenouille devant toi, pour te « demander espérance et merci ! »

Toutes ces burlesques inventions se terminaient par un très-inutile affront que faisait le roi, en pleine cour et chez la reine, à mademoiselle de La Vallière.

Enfin au quatrième acte, il y avait encore entre Lauzun et madame de Montespan, la plus incroyable scène qui se puisse imaginer. — « *Athénaïs*, disait Lauzun à madame de Montespan : « Maîtresse du roi, avez-vous demandé au roi la place que vous « aviez désiré de me faire obtenir ? Mes créanciers me pressent. »

Madame de Montespan, impatientée, finissait par répondre à Lauzun : — « Insolent ! vous paierez cela ! » — Lauzun, en vrai

---

[1]. *Sermon pour la prise de voile de madame de La Vallière.*

compère de mélodrame, regardait madame de Montespan et disait : — « Tisse bien la toile, tisse ; la plus forte *araignée* dévo-
« rera l'autre ; un de nous deux doit succomber. »

Il paraît que dès le premier jour de ce triste drame, toutes ces belles inventions furent vivement répudiées par la saine partie du public anglais. — Il y a de beaux et justes esprits au sommet de cette nation qui ne pouvaient pas tolérer ces abominables mensonges, et ces honteux démentis donnés à la majesté de l'histoire ! Certes le public anglais est trop versé dans les choses historiques et trop habitué à respecter la véritable grandeur, pour ne pas prendre en main la défense d'un roi pareil et d'une pareille époque. C'est pourquoi les plaisanteries de M. Bulwer parurent, à la première représentation de sa pièce, si insipides et si déplacées, qu'on eut honte de les avoir entendues ; nul ne voulut être complice d'une comédie où le roi Louis XIV parlait comme un valet de chambre, où M. de Lauzun se conduisait comme un escroc, M. le chevalier de Grammont comme un niais, M. le marquis de Montespan comme un infâme, et madame de Montespan comme une fille. Il fallut, bon gré mal gré, « réduire « *aux proportions d'une esquisse* le rôle de Lauzun, *le rôle le* « *plus intellectuel, et que j'avais le plus travaillé*, dit l'auteur. « (*Parturient montes.*) »

Au quatrième acte (notez bien que voici tantôt sept ans que dure cette pénible intrigue), nous nous trouvons encore une fois dans les jardins de Versailles. Dans ces jardins de Versailles, nous retrouvons cette *esquisse* beaucoup trop *travaillée*, qu'on appelle Lauzun. Lauzun raconte au chevalier de Grammont qui arrive d'Angleterre, de la cour de ce brillant et futile Charles II, spirituel et licencieux copiste de Louis XIV, « que l'amour brû-
« lant de Louis pour mademoiselle de La Vallière *est tombé de* « *son cœur comme un fruit mûr ;* que le roi, désirant *calmer* « *sa conscience*, permet à lui Lauzun, de demander la main de « La Vallière. — La dot est digne du prince » ajoute Lauzun :

« Et si j'obtiens la main de cette *riche* duchesse, je sais, plus « d'un honnête *juif d'Israël* qui *seraient bien les gaillards* « *les plus heureux de Paris.* » La plaisanterie n'est pas nouvelle et voici tantôt six ans que M. de Lauzun nous parle de ses créanciers.

Les plaintes de mademoiselle de La Vallière, ainsi outragée, sont naturellement sans noblesse et sans charme. Une fois que vous soumettez cette pauvre créature à des outrages impossibles, il lui est impossible à elle d'égaler vos outrages par sa douleur. Vous l'appelez *femme-de-chambre*, *fille de joie*, vous voulez la marier, elle, la duchesse de Vaujour, à un *fripon*. Que voulez-vous qu'elle réponde? Vous lui parlez un langage qu'elle n'entend pas, vous lui faites des menaces qu'elle ne saurait comprendre!

Dans tous les arts, mais surtout dans l'art dramatique, les sentiments et les passions se tiennent. — Mettez une insolence dans la question que fait un de vos personnages, à coup sûr l'autre personnage répondra, tout au moins, à cette insolence, par une bêtise. L'emphase appelle l'emphase, le faux appelle le faux. Dans la pièce de M. Bulwer, Louis XIV traite mademoiselle de La Vallière comme un crocheteur ne traiterait pas sa maîtresse, il est de toute nécessité que mademoiselle de La Vallière se désole et se lamente comme ferait une femme de la halle.

« Hélas! hélas! que je hais ce monde! L'amour est mort, excepté
« dans mon cœur, et cet amour, amour survivant, se transforme
« et devient désespoir! — Fi! toi Lauzun, gentilhomme de haute
« naissance, *d'éclat et de scepticisme* (scepticisme! le mot
« n'était pas inventé, heureusement pour le XVIIe siècle), tu accep-
« terais le rebut d'un roi! Fi! tu n'as pas de cœur! »

Mademoiselle de La Vallière parler ainsi! Voilà pourtant où mène l'ignorance de toutes choses! — Si M. Bulwer eût seulement lu une seule des tragédies de Racine, il eût appris comment pleuraient, comment s'enveloppaient dans leur chaste douleur, comment mouraient les femmes de Louis XIV; il se fût dit que toutes les femmes de Racine étaient faites à l'image de mademoiselle de La Vallière et de quelques âmes d'élite qui ont honoré ce siècle, afin que rien ne manquât à sa beauté, comme rien ne manque à son génie; il eût respecté à la fois Louis XIV et mademoiselle de La Vallière, et comme tout respect bien placé porte sa récompense, M. Bulwer n'eût pas fait ce drame déshonorant pour son esprit.

Tout ce qui se passe après la demande en mariage de Lauzun est, comme tout le reste, parfaitement absurde. A l'instant même où mademoiselle de La Vallière est le plus désolée, un moine se présente chez elle ; ce moine c'est Bragelone. Bragelone, en habit de moine, rapporte à mademoiselle de La Vallière une vieille écharpe qu'elle lui a donnée il y a huit ans ; la première personne que rencontre le moine chez la duchesse, c'est le roi, qui vient voir *comment vont les amours de Lauzun?* Alors, voilà Bragelone qui se dit tout bas : « *Comme ma chair frémit! Éloigne-toi, Satan! tentateur, retire-toi!* » Or, le tentateur ne s'en va guère, car Bragelone insulte le roi de toutes les façons.

Il parle ni plus ni moins, comme les plus acharnés pamphlétaires ont parlé de Louis XIV depuis sa mort. Il lui reproche d'avoir dévoré le peuple et d'avoir bu ses sueurs. : « Un « million de soldats ont versé leur sang pour payer vos lauriers, « un million de paysans sont morts à la peine pour vous bâtir « Versailles. » Il lui reproche ses peintres, ses poëtes, ses prêtres, ses architectes ; il finit par lui prédire très-clairement la révocation de l'Édit de Nantes, et le règne de madame de Maintenon.

« Roi, quand l'âge *paralysera ta chair*, tu tomberas entre les « mains des prêtres, *radotant mais non pas repentant.* » Et que répond le roi à ces injures ? Le roi répond par trois bêtises insupportables :

Première bêtise. — *On le dirait inspiré!* Ce qui veut dire : — Voilà un moine qui a bien lu les mémoires que se prépare à écrire le duc de Saint-Simon.

Deuxième bêtise. — Le roi (au moine) : « On n'a jamais dit « que Louis XIV, à l'heure de son plus grand orgueil, *n'ait pas « abaissé son sceptre devant la crosse de l'Église.* » Mais, au contraire, ce fut là une des gloires de Louis XIV, de faire respecter sa puissance royale, même par le souverain pontife. Avant de mettre une pareille phrase dans la bouche du grand roi, M. Bulwer aurait bien dû interroger le premier écolier venu ; celui-ci lui eût rappelé la conduite du roi, quand M. de Créqui, notre ambassadeur à Rome, fut insulté par la populace. Le roi exigea une réparation complète ; en vain le pape appela à son aide l'Allemagne et l'Espagne, il fallut que la tiare s'inclinât devant la couronne !

« Il fut forcé, dit Voltaire, d'exiler de Rome son propre frère, « d'envoyer à Versailles son neveu, le cardinal Chighi, faire satis- « faction à Sa Majesté, de casser la garde corse, qui avait tiré sur

« notre ambassadeur, et d'élever une pyramide qui contenait l'in-
« jure avec la réparation. » Voilà un poëte anglais bien venu à
faire dire à Louis XIV : *On n'a jamais dit que Louis XIV n'eût
pas abaissé son sceptre devant la crosse de l'Église.*

Troisième bêtise, qui n'est pas la dernière. — Quand le roi de
France, c'est-à-dire le roi de M. Bulwer, a été bel et bien écrasé
par les déclamations et les prédications furibondes de ce moine,
que pensez-vous que fasse le roi pour se remettre d'une alarme si
chaude ? Je vous le donne en cent à deviner. Le roi appelle un
des gens de madame de La Vallière, et il demande — « *Du vin!...
C'est bien, cela nous remet.* » Et le roi boit !

Le cinquième acte est digne des quatre autres : rien ne marche
et rien n'avance ; c'est toujours La Vallière qui pleure, toujours
Lauzun qui rit, toujours Louis XIV qui s'ennuie. L'auteur n'entend guère plus les passions qu'il ne sait l'histoire, et il se perd
lui-même dans un chaos d'événements.

Au couvent des Carmélites arrivent, à la suite l'un de l'autre
le moine Bragelone, mademoiselle de La Vallière, le roi, l'inévitable Lauzun, madame de Montespan. Lauzun donne son
congé à madame de Montespan, de la part du roi : — « Notre
gracieux roi vous permet de quitter Versailles. » Bragelone
déclame contre les vanités de la vie et de l'amour : — « *Quel
grand philosophe que la vie !* » Il est sur le point de ramasser
un gant de mademoiselle de La Vallière, mais il s'arrête en se
disant : — *C'est un péché !* Ce Bragelone est toujours le même ;
il faisait planter du chèvrefeuille au premier acte, il n'ose pas
toucher aux reliques de sa maîtresse !

Au dernier acte, Mademoiselle de La Vallière arrive aux sons
de la musique, pour prononcer ses vœux ; au pied de la croix,
le roi l'arrête, en s'écriant : — « *Tu* es rendue à l'amour. —
Ne m'appelle pas *sire*; reviens à ces heures délicieuses où je
n'étais que ton amant. — Où tu étais *mon oiseau, ma belle
fleur, ma violette! — La convoitise insensée du changement
m'a entraîné !* » Ces amoureux petits discours, si jolis et si bien
placés dans cette chapelle des carmélites et dans une circonstance si solennelle, ne touchent pas, le moins du monde, la sœur
Louise de la Miséricorde. Le roi s'en va en disant : — « Je ne
« veux pas t'entendre, — *Ne me touche pas!* Ne me parle pas!

« Vois! — Vois! — *Je suffoque!* Ces larmes!... qu'elles parlent
« pour moi! Maintenant, maintenant ta main! O mon Dieu! —
Adieu pour toujours[1]! »

Ainsi finit ce malheureux drame. — Je me trompe ; il n'y avait
que le marquis de Montespan qui pût le finir dignement et de
manière que le dernier couplet fût à la hauteur de tous les autres.
Quand donc mademoiselle de La Vallière a pris le voile ; « quand
« elle fit cette action [2], comme elle a fait toutes les autres, c'est-
« à-dire d'une façon charmante », M. de Montespan s'avance sur
le devant du théâtre, et il remplit l'office du clown anglais en
récitant, à propos de mademoiselle de La Vallière, qui vient d'entrer aux Carmélites, une longue plaisanterie industrielle, dont
voici quelques passages :

« A dire vrai, Messieurs, il y a eu de singuliers changements
« depuis que Louis et sa gloire ont disparu de la scène des vivants.
« Dans ma jeunesse, quand les ducs désiraient sortir, — six che-
« vaux les menaient à près d'un demi-mille de chez eux ; mais
« aujourd'hui un duc prend ses promenades vers la lune [3] et fait
« son demi-mille en ballon! De mon temps, les honnêtes gens qui,
« comme moi, pouvaient soutirer à l'État une aisance, vivaient
« tranquilles. Aujourd'hui tout le monde, quelle que soit sa posi-
« tion, court après ce qu'on nomme *spéculations tentantes!*
« Dites-moi, mes amis (cela me tourmente), comment placer *ma*
« *pension* le plus profitablement? La terre ne me convient pas
« — on n'en retire jamais sa rente. Les fonds publics? — qui,

---

1. Pour nous reposer de ces folies, relisons la péroraison du discours de
Bossuet :
« Et vous, ma sœur, qui avez commencé à goûter ces chastes délices, des-
« cendez, allez à l'autel, victime de la pénitence ; allez achever votre sacri-
« fice : le feu est allumé, l'autel est prêt, le glaive est tiré, le glaive c'est la
« parole qui sépare l'âme d'avec elle-même pour l'attacher uniquement à
« son Dieu. Le sacré pontife (M. l'archevêque de Paris) vous attend avec ce
« voile mystérieux que vous demandez. Enveloppez-vous dans ce voile ;
« vivez cachée à vous-mêmes aussi bien qu'à tout le monde ; et connue de
« Dieu, échappez-vous à vous-même, sortez de vous-même, et prenez un si
« noble essor, que vous ne trouviez de repos que dans l'essence du Père, du
« Fils et du Saint-Esprit. »
2. Madame de Sévigné.
3. Allusion au duc détrôné de Brunswick, qui était du dernier voyage
aérien de M. Green, de Londres au Rhin.

« diable, peut vivre avec 2 pour 100? Mais, Dieu merci! il y
« a pour se consoler quelques spéculations fameuses.... dans les
« journaux! (*Il en prend un.*) Premières des façons nombreuses
« de lever le vent. « Quarante pour cent — nouveaux *cabriolets*
« à neuf roues! » — « Chemin de fer de Gretna-Green, dix
« milles à la minute, cent-vingt-cinq francs l'action! » Mettez-
« m'y! Grande Compagnie de Caoutchouc! (des mots durs pour
« attraper les badauds) pour faire des portes en gomme indiennes.
« Nouvelles banques qui vous paient trois pour cent. — Je vois
« ce que c'est. — Elles empochent vos cents et vous rendent trois!
« Tout cela s'appelle des compagnies — toutes demandent de l'ar-
« gent comptant, et toutes font boule, si elles font du gâchis. Et
« quand vous les avez toutes parcourues, il vous reste encore
« votre corps à assurer; et une nouvelle compagnie enterrera vos
« os dans ce jardin charmant — LE CIMETIÈRE DE LONDRES! C'est
« bien! c'est bien! Que les autres mouches se laissent prendre
« au miel, ces attrape-nigauds n'auront pas mon argent! —
« bien que le vent soit vif, je vais lever l'ancre, et, pardieu! je
« laisserai ma pension chez mon banquier.

« Comme je bavarde! — Excusez tout ce radotage, mais les
« pensions sont aujourd'hui quelque chose de si embarrassant!
« Vous me semblez des personnes charmantes, je le déclare;
« revenez, je vous en prie — ne nous réduisez pas au désespoir!
« Et quoique le couvent nous ait pris notre duchesse, pardonnez-
« lui ses fautes et elle sera enchantée, ravie. »

L'ANALYSE DE DON JUAN. — MADAME LA DUCHESSE
DE MONTPENSIER.

Vraiment l'on peut dire que Don Juan *a fait bruire mes fu-
seaux*, car je m'aperçois qu'il y avait encore à faire, — après tant
de discours, — l'analyse du chef-d'œuvre, et justement la veille
du jour où la révolution de février allait éclater, dans cette salle
admirablement réparée aux frais du roi qui est parti et qui est
mort, sans qu'il lui ait été permis d'assister au résultat de ces dépenses royales, en présence des jeunes princes accourus à cette
fête, — la dernière fête de la monarchie expirante, — entre mademoiselle Augustine Brohan, l'esprit et la grâce en personne, — le

charme, — et mademoiselle Rachel qui, dans huit jours de là, allait chanter *la Marseillaise*, une très-belle représentation du *Don Juan* copié sur l'édition de 1682, délivré de ses ratures et de ses cartons, fut donnée en l'honneur du deux cent vingt-cinquième anniversaire de la naissance de Molière. Hélas! jamais la réunion des esprits, des beautés et des puissances de la grande cité parisienne n'avait été plus complète, au milieu d'une salle plus éblouissante de pourpre et d'or, non pas même le jour illustre où dans Versailles ressuscité, dans la salle hardiment et royalement reparée, on vit représenter *Tartufe*, sous les auspices réunis du roi Louis-Philippe et de mademoiselle Mars.

Même ce jour-là, on eût joué une comédie inédite, un chef-d'œuvre heureusement retrouvé, par exemple, on eût annoncé ce drame immense et qui ne fut jamais fait, cette comédie de *l'Ambitieux* à laquelle songeait Molière quand il est mort, cette comédie qui eût été le pendant de *Tartufe*, et que personne n'a osé écrire — elle n'eût pas amené, sous ces voûtes rajeunies, une plus belle réunion. Surtout, parmi ces hommes et ces femmes, les ornements vivants et glorieux de ces fêtes de la poésie, celle qui attirait l'attention, les regards et les respects, la jeune femme applaudie à son entrée comme si elle eût été la reine, c'était madame la duchesse de Montpensier! — Véritable fille de l'Espagne, élégante jeunesse, visage charmant et brun, éclairé par ces deux grands yeux bienveillants et étonnés! A la voir, ainsi parée à la mode de son pays, la dentelle mêlée à la soie, le corail mêlé aux diamants, on eût dit une apparition de l'ancienne Espagne, quand toutes les Espagnes frémissantes battaient des mains à ce fier gentilhomme, à cet ardent amoureux, à cet impétueux duelliste, à ce chercheur d'aventures amoureuses, à ce damné Don Juan.

Ce *Don Juan* est une œuvre à mille faces; on le peut admirer à outrance, on le peut critiquer sans pitié, et même on ne voit pas à quel point l'on pourrait soutenir, sans quelque danger, que cette très-sérieuse comédie, établie sur un fond si noir, et dans laquelle se montrent à nu les plus honteuses passions du cœur de l'homme: le vice sans frein, l'ironie sans respect, le doute sans examen, l'athéisme sans motif; un drame où le héros, qui insulte Dieu, ne sait pas même rendre à son père des respects apparents, soit en effet une comédie irréprochable.

Au contraire, il semblerait que ce Don Juan soit le seul des êtres évoqués par Molière qui ne fasse pas rire le parterre. Le parterre a ri aux malheurs du Misantrope, il a ri aux malheurs de M. Orgon, à la profonde misère de Georges Dandin... le parterre reste sérieux et pensif à la verve étincelante et railleuse de Don Juan.

Cet homme étonne et il afflige: il n'a pas d'excuse et il n'a pas d'espérance; son châtiment même a quelque chose de si incroyable, qu'on ne le trouve pas assez châtié; un peu de mépris pour cette belle Célimène, l'horreur profonde pour Tartufe, le profond dégoût que nous inspirent M. et madame de Sottenville et leur digne fille, voilà des êtres plus sévèrement châtiés et plus complétement punis que Don Juan lui-même dans ces flammes qui viennent de l'enfer. Eh quoi! ce damné meurt sans avoir crié: Grâce! pitié! merci! Il meurt sans avoir courbé la tête ou fléchi le genou! L'abîme l'emporte, mais au fond de l'abîme son orgueil triomphe encore! Non, pour un parterre français, cet homme-là n'est pas assez châtié.

Il faut dire aussi que si l'on veut soumettre ce drame même à la critique, la critique aura beaucoup à reprendre. Ce drame de *Don Juan* manque d'unité, non pas cette unité de temps et de lieu dont il faut faire assez bon marché, ce me semble, mais cette unité de passion, de caractère, d'intérêt qui seule peut donner, dans une suite non interrompue de surprises, d'étonnements, de leçons, un seul et même enseignement, très-actif, très-varié, très-compliqué. Peut-être bien ce défaut-là vient-il justement de cette louange que nous donnions tout à l'heure à la fantaisie! La fantaisie ne tient compte ni du temps, ni du lieu, ni des distances, ni des caractères; elle va son chemin au hasard; tantôt elle court à perdre haleine; tantôt elle s'arrête sans dire pourquoi; ou bien elle attend les événements sans rien faire, pour les tourner au drame et aux coups de théâtre.

Notez bien que chacun de ces cinq actes de Molière, si vous le prenez à part, est un chef-d'œuvre, écrit avec tant de soin, ou, ce qui revient au même, avec tant de bonheur, que l'on dirait de temps à autre la langue même des *Provinciales*, cette langue correcte, incisive, railleuse, qui parle comme parle la comédie, quand la comédie le prend sur le ton le plus élevé[1]. Dès la première scène, Sganarelle est charmant, et comme on ne sait pas encore à quel abominable service ce brave homme est attaché, on rit franchement et de bon cœur.

Dès que paraît Don Juan, le rire s'arrête ; *ce séducteur* n'a rien qui séduise, même au premier abord : froid sourire, méchant regard, tête insolente, sa raillerie est la raillerie méprisante d'un homme fatigué qui obéit, même à ses vices, plutôt par habitude que par plaisir. Non, non, ce n'est pas là un marquis des petits appartements, un Lauzun aimé des princesses ; Don Juan n'est même pas un jeune homme, si jamais il a été jeune ; ce n'est pas là un homme amoureux, c'est un homme ennuyé ; pour suffire à ces conquêtes nombreuses, sitôt faites et sitôt oubliées, cet homme n'a plus qu'une seule ruse à son service, le faux mariage. Quand il a dit à sa victime : *Je vous épouse !* il a tout dit ; vienne un accident qui mette quelque bâton dans la roue de ses projets, aussitôt il s'en console, et la première venue, pourvu qu'elle le veuille épouser, lui fait oublier ce malheur. Il ne tient ni à la naissance, ni au nom, ni même à l'âge, fort peu même à la beauté ; tout lui convient, pourvu que cela soit vite fait. Ce n'est pas celui-là qui passerait des nuits et des jours à la porte de la maison où repose la femme qu'il lui faut absolument, seule entre toutes les femmes de la création[2] !

Bref, ce vagabondage ou plutôt cette fantaisie qui ne s'arrête sur rien et sur personne, jette dans toute la pièce je ne sais quoi de décousu que Molière lui-même avait pressenti quand il a voulu faire de dona Elvire le nœud de sa lugubre comédie ; mais faute d'un peu d'amour dans l'âme de Don Juan, cette Dona Elvire, elle-même, par un privilége dont elle jouit seule, a beau paraître deux fois, au commencement et à la fin du drame, rien n'empêche qu'elle ne soit un personnage épisodique ; pas une de ces femmes, aimées ou perdues par Don Juan, ne tient à l'action principale.

Le séducteur est seul, il marche seul, il vit seul, il aime seul, il parle seul ; — à Sganarelle lui-même, si Don Juan répond

---

1. *Interdum vocem comœdia tollit.*
2. « La vie est un ennui que chacun trompe à sa manière. Toutes les manières sont bonnes à Don Juan ! » MALLEFILLE. *Mémoires de Don Juan.*

parfois, Don Juan répond comme un homme qui ne sait pas ce ce qu'on lui a dit, et si même on lui a parlé.

Vous traversez donc tout ce premier acte, en le trouvant un peu vide, un peu silencieux : un valet poltron et rusé, un seigneur oisif et perdu de débauches, une fille séduite qui est encore plus humiliée qu'elle n'est amoureuse, et tout est dit.

Le second acte commence par une scène charmante, charmante justement parce que Don Juan n'est pas là. Il s'agit de cette idylle en prose, que l'on prendrait pour du Théocrite brouillé avec du Fontenelle, tant cela est simple et spirituel à la fois. Ici Charlotte, plus loin Pierrot ; pour ces deux êtres, ce sont vraiment deux êtres réels, bien naïfs, bien vrais ; naïve celle-ci dans sa coquetterie, naïf celui-là dans sa rusticité villageoise. Ajoutez que ce Molière parle un patois vif, alerte et vrai ; même il parle tous les genres de patois, comme un digne enfant des Halles :

Tout lui va, le patois de la ville et celui du village, le patois des provinces, la vraie langue des franches natures, la langue qu'il nous faut protéger contre Despréaux, ce dédaigneux qui posait l'*Art poétique* comme la borne qui ne veut pas qu'on aille plus haut, ou plus loin. Cette charmante scène de Pierrot et de Charlotte, lestement enlevée par cet excellent Régnier et mademoiselle Brohan, la digne fille de sa mère, une vive, une railleuse, une piquante, a causé dans toute l'assemblée une vraie joie ; on se reposait déjà de ce Don Juan, on se reposait de ses bonnes fortunes en écoutant les pénibles amours de Pierrot.

Parlez-moi de Pierrot le séducteur ! En voilà un qui se donne toutes les peines imaginables ! En voilà un qui est jaloux, qui est triste, qui est gai, qui est pensif, qui est amoureux pour tout dire ! Si bien que, lorsque reparaît Don Juan, on trouve qu'il revient trop vite. C'est dommage ! Pierrot attaquait si bien, et Charlotte se défendait si bien contre Pierrot !

La scène suivante, quand vient Charlotte, est encore d'une grâce achevée ; mais le beau rôle, à qui est-il ? Le beau rôle appartient à ces deux jeunes filles qui se défendent avec leur amour, avec leur bon sens, avec leur honnêteté naturelle, et qui se sauvent, en fin de compte, des griffes de ce bandit. Pauvre Don Juan ! la journée sera mauvaise pour lui. Il serrait, et de très-près, une jeune mariée, et crac ! peu s'en faut qu'il ne se noie ; il allait son petit train avec Charlotte, et voilà Mathurine qui lui coupe l'herbe sous le pied. Mathurine, de son côté, est sauvée par Sganarelle... Séducteur malencontreux, ce Don Juan !

A l'acte suivant, nous retombons dans cette fantaisie un peu solennelle qui désormais ne nous quittera plus, en dépit même des efforts du poëte pour arriver à la gaieté. Nous errons toujours dans cette campagne de Sicile, non plus sur le bord de la mer bruyante, mais dans la forêt profonde, car en ce moment Don Juan se cache pour éviter des hommes qui le cherchent; Sganarelle, sous la robe d'un médecin, s'abandonne à ses lazzis ; sur le devant du théâtre s'élève une tombe. — Si tout ce détail est triste, le dialogue n'a rien de trop réjouissant. En effet, le maître et le valet se disputent sur la question : *Être ou n'être pas !* C'est-à-dire que Don Juan, qui n'est pas un docteur, qui ne dispute avec personne, parce que le faux et le vrai, le juste et l'injuste, tout lui est égal, laisse parler Sganarelle avec ce dédain mêlé d'indifférence qui a inspiré à M. de Lamennais un si beau livre. J'avoue très-volontiers que cette suite de raisonnements, de proverbes, de choses vraies, de choses fausses, d'inductions naïves que Molière place dans la bouche de ce digne Sganarelle me conviennent moins que le monologue d'*Hamlet*, ce rêve d'un esprit éveillé, cette suite de conséquences logiques, ce grand : *peut-être* [1] ! poursuivi dans ses derniers retranchements par une raison inflexible et lumineuse. Ces questions souveraines de la conscience, ce débat d'une âme qui s'agite entre Dieu et le néant, valent la peine, selon nous, que le rire s'arrête quand elles commencent; Molière lui-même ne parviendra jamais à nous faire rire de la démonstration de l'existence de Dieu.

Quand le *pauvre* a passé, faites silence ! En ce moment les événements sont graves : le cliquetis des épées fait tressaillir Don Juan qui court au danger, l'épée haute, car au moins faut-il, pour que cet homme soit supportable, qu'il ne tienne ni à son argent, ni à sa vie, les deux choses que les hommes estiment le plus. De même qu'il a donné son louis d'or *au nom de l'humanité*, de même Don Juan peut se faire tuer pour le premier venu, au nom

---

[1]. « Comme la science, comme la guerre et l'amour, l'espace a son *peut-être*. Qu'y a-t-il de caché derrière les vapeurs du lointain ? Il faut le savoir ! » *Les Mémoires de Don Juan.*

de ce point d'honneur qui remplace tous les genres de vertus, pour ces mauvaises et élégantes natures. — Arrive alors la scène du tombeau. Le Commandeur repose dans sa chapelle funèbre, son marbre se montre à la clarté des lampes, l'orchestre joue doucement quelque lamentation de Mozart. L'effet est grand, et par conséquent terrible; Don Juan lui-même s'éloigne épouvanté; mais, encore une fois, la singulière comédie de carnaval, et comme Molière aura été emporté loin de son but!

L'acte suivant, ou, pour mieux dire, la comédie suivante, serait un vrai sermon, si M. Dimanche, dont le nom est devenu un proverbe (le rôle est bien joué par Provost), n'égayait pas quelque peu cette lugubre méditation. Savez-vous, dans notre langue, un plus beau passage que la plainte de ce vieillard déshonoré par son fils, mais en même temps savez-vous une création plus amusante que M. Dimanche ? C'est là tout à fait le marchand de Paris, quand il y avait à Paris de grands seigneurs qui se faisaient gloire de ne pas payer les marchands, et des marchands tout glorieux de se ruiner pour ces grands seigneurs. M. Dimanche est le proche parent de M. Jourdain, l'un vaut l'autre; celui-ci berné par un fripon et par une drôlesse, celui-là berné par Don Juan... que dis-je? berné par Sganarelle!

Ainsi nous allons d'avertissements en leçons, et si Don Juan se perd, ce ne sera pas faute d'avoir été prévenu à temps. Seigneur Don Juan, comptez vos pertes de cette journée seulement : vous avez perdu cette belle fille que vous poursuiviez dans votre barque fragile, vous avez perdu deux jolies filles de la campagne sicilienne, deux alouettes au beau plumage que vous aviez prises à la glu de votre déclamation : le mendiant du chemin vous a trouvé sans réplique, une statue de pierre vous a frappé d'épouvante, et maintenant voici que Dona Elvire, une dernière fois, vient chez vous, et, chose étrange, vous la trouvez belle à ce point que vous voudriez la retenir, mais elle s'enfuit et elle vous laisse à votre abîme; enfin M. Dimanche lui-même, le dernier bonhomme qui ait foi en votre crédit, vous venez de le perdre, et avec M. Dimanche vous perdez vos beaux habits, vos riches dentelles, vos broderies, vos élégances; plus de fêtes, plus de serviteurs, plus d'argent dans votre bourse, seigneur Don Juan!

Tout ceci posé, et quand ce père infortuné s'est éloigné de

cette maison maudite, en maudissant monsieur son fils, que nous fait la statue du Commandeur? Elle n'est plus qu'un vain spectacle. Ne savons-nous pas en effet qu'il faut absolument que Don Juan soit châtié, et comme rien ne peut l'atteindre, ni la colère des maris poussés à bout, ni l'épée des frères déshonorés, ni les larmes des femmes au désespoir, ni les prières de son propre père parlant au nom d'une mère qui se meurt, nous sommes sûrs que la vengeance divine ne peut pas tarder davantage !

Une invention qui ne réussit guère le jour dont je parle, ce fut, au prologue de cette reprise, de nous montrer Molière également placé entre la comédie sérieuse, mademoiselle Rachel, et la comédie légère, mademoiselle Brohan. De grâce, ne séparons pas ce que Molière a réuni, laissons le rire à côté des larmes, la pitié non loin de l'ironie. En vain mademoiselle Brohan et mademoiselle Rachel ont récité, celle-ci de sa voix grave, et celle-là de sa voix enjouée, une louange, une *nénie* à la gloire de Molière ! On a pas goûté ce prologue en mal d'enfant ! Le poëte était trop jeune pour la circonstance ! C'est un des priviléges de la jeunesse, ou tout au moins, est-ce un de ses défauts les plus charmants de ne pas savoir le premier mot de sa plus difficile entreprise ; elle ignore surtout le plus difficile de tous les arts, l'art par excellence de s'arrêter à temps, de commander à la rime cette esclave révoltée, le grand art de placer sous l'harmonie sonore d'un vers bien fait, une idée, un sentiment, un peu de bon sens. Il ne fallait pas déranger pour si peu, de leur piédestal, les deux statues de Pradier, la Comédie sérieuse que l'on prendrait, aux belles lignes de son manteau et de son front, pour la Melpomène antique, la Comédie légère, au fin sourire, au gai regard, aux bras charmants, à la ceinture d'or, que l'on prendrait pour la fille aînée de M. Scribe ou de Marivaux.

Ces deux échos d'une poésie plus remplie d'idées que d'images ont été bien étonnés de n'avoir rien à dire en tant de grands vers, et, charmantes l'une et l'autre, elles sont restées, comme on dit, le bec dans l'eau, sans doute pour mieux ressembler aux deux statues de la fontaine Molière.

CHAPITRE V

Pendant que nous sommes en train de comédie, il faudrait quelque peu jeter un coup d'œil sur les œuvres et les tentatives de la comédie après Molière. En dépit du titre un peu compromettant de notre livre, *Histoire dramatique*, etc., nos lecteurs ne doivent pas s'attendre à une histoire complète; il n'y a pas d'histoire complète, et puis nous ne pouvons entreprendre que l'histoire des œuvres nouvelles, ou des œuvres récemment remises en lumière ; tout au plus une excursion nous est permise, de temps à autre, sur le terrain de l'antiquité; encore faut-il que cette excursion favorable au critique, lui soit indiquée au moins par les nécessités du sujet dont il parle. En un mot, ceci est une *Histoire du Théâtre*, en ce sens que toutes les choses dont nous parlons ont vécu une heure, ou vécu des siècles, et pour peu qu'un brin de cette vie à part dans les lettres humaines se retrouve en nos sentiers perdus, notre œuvre est accomplie. Il ne faut pas demander à Suétone le talent de Tacite, au marquis de Dangeau l'esprit de madame de Sévigné, l'exactitude et le sang-froid de Mézerai à M. le duc de Saint-Simon; il ne faut pas demander au Feuilleton les dates, les titres, les anecdotes des frères Parfait. A chacun son œuvre et sa tâche! Encore le lecteur et surtout l'auteur du préseul livre se doivent-ils estimer heureux de cette espèce d'unité qui se présente, inespérée, en cette œuvre de dépouillement.

Une autre excitation qui nous pousse à revenir tout de suite aux comédies passées du Théâtre-Français, et à les remettre en lumière à cette place même, c'est que, dans la plupart de ces œuvres du théâtre ancien, nous sommes sûrs de rencontrer la beauté, le talent, le charme et le souvenir de mademoiselle Mars ! Partout elle est présente en cette œuvre d'agrément et de perdition ; l'écho du théâtre a gardé les enchantements de cette voix divine ; les trumeaux de ces salons, disposés pour la société du grand siècle, ont conservé le profil incertain de cette image et le charme piquant de son sourire. Elle est encore, du fond de sa tombe, ouverte à l'heure où il fallait mourir, l'hôte et la souveraine de ces demeures fondées par Molière, en l'an d'esprit, de génie et de grandeur : l'an de grâce 1666 ! Au moment où j'écris ces pages funèbres, dans ce cabinet où si souvent elle est venue, et dans ce fauteuil où elle aimait à s'asseoir, écoutant plus qu'elle ne parlait, et de temps à autre admirant, de ces hauteurs, les fleurs et les eaux de ces jardins enchantés qui s'étendent sous ma fenêtre en plein soleil, mademoiselle Mars m'écoute encore et — contente de son apothéose — elle sourit à ces pages où sa trace est restée.

Hélas ! la trace est fugitive de ces comédiennes accomplies ! Hélas ! leur tâche à peine achevée, autant vaudrait courir après l'oiseau qui chante, après le parfum qui s'envole, après le rayon que l'ombre absorbe à la tombée du jour. O comédiens et comédiennes, jouets brisés par des enfants ! Qu'est-il devenu ce conquérant sous la pourpre dont la voix faisait trembler le monde romain ? Il allait, entouré de terreur, de poésie et de toute puissance.... il tombe, il est oublié, il est mort ! A peine est-il un nom, une ombre, un écho. Et cette beauté, cette jeunesse, cette conquête, ce riant visage aux pas légers. « *Sermo cum risu incessans*, » disait Quintilien, cette malice éloquente et qui mord ; « *dicacitas cum morsu.* » Vanité des vanités !

Qu'est-ce à dire et quels changements en si peu de jours ? La ville était aux pieds de l'enchanteresse, attendant son heure et son bon plaisir. Elle était l'espérance du poëte et la fortune de sa poésie ; elle disposait à son gré de la popularité, de la gloire ;

elle poussait au but qu'il lui plaisait d'indiquer, la sympathie ardente de la foule... O douleur ! ô misère ! un rien se dérange dans la toute-puissance de cette créature adorée, un pli du visage, un cheveu qui blanchit, et le monde hésite à la reconnaître ! Cette taille svelte a-t-elle pris quelque peu d'embonpoint, aussitôt se fait entendre aux oreilles de cette infortune une voix, cette voix de la satire de Juvénal où il dit à l'esclave en disgrâce du maître : — Allons, çà, faisons place à une autre, ton nez nous déplaît, la belle ; sors d'ici et t'en va chercher fortune ailleurs ! A cet ordre il faut obéir. On la chasse, il faut qu'elle parte ! En vain voudrait-elle implorer la pitié, le secours, l'aide et l'appui de la foule qui était à ses pieds, la foule a passé à d'autres amours, elle ne sait plus rien de ses transports de la veille ; elle brise en riant ce qu'elle adorait avec rage ; elle siffle, elle hurle au passage de cette beauté que tout à l'heure encore elle inondait de fleurs. — Ainsi, chaque instant de la vie est un avertissement des vanités de l'état où Talma était roi, où mademoiselle Mars était reine.

> Immortalia ne speres monet annus et almum
> Quæ rapit hora diem.

Cette gloire du théâtre est un nuage ; plus haut le nuage vous emporte, et plus vous devez redouter la tempête qui le brise et qui vous précipite des hauteurs :

> Circumfusa repente
> Scindit se nubes.

J'ai donc voulu, puisqu'il était question de la comédie et de ses alentours dans les chapitres de ce livre, raconter, par des exemples, les derniers moments de mademoiselle Mars ; j'ai voulu rattacher son souvenir au souvenir de toutes les œuvres qui l'entouraient, et conduire avec tant de soin cette barque funèbre, à travers tant d'écueils, ou pour mieux dire à travers tant de comédies oubliées, que tout parût s'arrêter un instant à la retraite et à la mort de mademoiselle Mars. Voilà le seul fil par lequel seront reliées les comédies qui vont venir ; seulement il faut prévenir le lecteur que mademoiselle Mars n'est pas seulement dans les œuvres passées, elle se retrouvera dans les œuvres modernes, avec les poëtes qui vont venir. Hélas ! elle appartenait non-seulement à Molière, à Marivaux, à toute l'école des maîtres, elle appartenait aussi à cette brillante école de la Restauration et de la révolution de Juillet, dont le premier protecteur s'appelait le roi Charles X, dont le second roi s'appelait le roi Louis-Philippe Ier. Au roi Charles X revient l'honneur d'avoir fait représenter *Hernani*. A M. le duc d'Orléans, premier prince du sang, il faut compter la protection qu'il accorda au poëte des *Messéniennes* et des *Vêpres Siciliennes*. Sur la liste des pensions du bon roi Charles X éclate et brille, en lettres de feu, le nom du jeune poëte à qui étaient réservés à la fois tant de gloire et de malheur. Auguste infortune, exil éternel!

> Spes atque opes vitæ meæ jacent
> Sepultæ in pectore.

Mais reprenons le masque du poëte comique ; voyons passer la comédie en deuil du grand Molière, et cherchons la trace du maître jusqu'à ce que peu à peu la trace s'efface et disparaisse, on ne sait dans quelles broussailles, où de temps à autre elle se retrouve, tant il a laissé, ce géant, l'empreinte de ses pas.

Plusieurs lecteurs curieux qui lisent un livre, uniquement pour apprendre quelque chose, qui font peu de cas de la forme, et qui ne tiennent nul compte de la recherche et des efforts du langage, vont demander à quoi bon ces passages qui ne sont que des longueurs ; pourquoi, par exemple, quatre longs chapitres à propos de *don Juan* et pas un mot de *l'Avocat patelin*? Pourquoi cette *histoire* (il est vrai que ce livre est mal nommé) ne remonte pas plus haut que Molière, et enfin pourquoi toujours mademoiselle Mars, et rien que mademoiselle Mars, comme si avant elle, il n'y avait, en effet, pas un comédien habile et pas une comédienne intelligente ? — En un mot, disent-ils, est-ce que avant Molière il n'y avait pas de comédie? est-ce que avant mademoiselle Mars il n'y avait pas eu de comédiens? Essayons de répondre à l'une et à l'autre de ces deux questions.

LES MARIONNETTES ET LES COMÉDIENS. — DE LA CRITIQUE AUX PREMIERS TEMPS DU THÉÂTRE.

Autrefois, remontons seulement aux premiers jours du grand règne autour duquel nous tournons sans nous lasser, la comédie à peine était inventée, et elle allait fort bien sans la critique. En ce temps-là peu ou point de critique ; on s'arrêtait devant ce grand titre : *Comédiens du roi!* Et si par hasard, Critique ma mie, il te plaisait de faire la rebelle, haro sur toi, tu seras traitée, ou peu s'en faut, comme nos seigneurs les Comédiens du roi ont traité les marionnettes de la foire qu'ils ont voulu envoyer à la Bastille.

> En ce temps-là
> C'était déjà comme ça!

En ce temps-là déjà ce plaisant pays de France était partagé par mille divisions intestines ; on se disputait après la Fronde, — en attendant mieux — pour et contre messieurs les Comédiens du roi, pour et contre mesdames les marionnettes. A qui restera la victoire ! On n'en sait rien : aux comédiens de bois ? ils sont bien intrigants ; aux comédiens en chair et en os ? ils sont bien mal avec le public. Et vous avez beau dire avec un mépris mal dissimulé : *le public! fi du public!* Le public peut supporter facilement toutes les tyrannies, mais absolument il ne veut pas qu'on lui impose son admiration et ses plaisirs. Ordonnez au parterre qu'il ait à admirer la comédienne à la mode ; à peine l'ordre est donné, la comédienne est perdue. Imposez vos amours à la comédie, aussitôt le public s'éloigne ou il brise les banquettes. Il veut aujourd'hui des marionnettes, à bas les comédiens, et laissez-lui ses marionnettes.

En vain nos seigneurs de l'Hôtel de Bourgogne, ces Jupiters-Scapins de la comédie, appellent le ciel et la terre à leur aide, contre les comédiens de bois, le public étranglera de ses mains, tout l'Hôtel de Bourgogne, plutôt que de briser les marionnettes. Et pourtant quelle plaidoirie en faveur des comédiens ! Ils disaient que l'art était perdu, que c'en était fait du goût public ; les marionnettes outrageaient (c'est l'usage) la morale et le bon sens. Les marionnettes mâles étaient des prédicateurs d'athéisme ; les marionnettes femelles montraient au parterre bien des choses que montreraient à peine d'honnêtes femmes en chair et en os ; ceux-ci étaient des sacripans qui blasphémaient la terre et le ciel, celles-là étaient de franches drôlesses parées et fardées, dont les vives allures faisaient venir de coupables pensées. « Messieurs et mes seigneurs du Parlement, faites-nous justice des marionnettes, disaient messieurs les comédiens ; délivrez-nous des marionnettes, s'écriaient mesdames les comédiennes ; » c'était un bruit à ne pas s'entendre, et messieurs du Parlement se trouvaient bien embarrassés.

Il est vrai que nos seigneurs les illustres de l'Hôtel de Bourgogne, quand s'éleva le grand débat des comédiens et des marionnettes, une des plus terribles collisions de l'histoire de France, pouvaient invoquer plus d'un précédent qui leur était favorable. Témoin le grand procès entre l'Hôtel de Bourgogne et les *Confrères de la Passion*. Ces comédiens primitifs, les véritables enfants sans souci et sans art, vivaient encore, en dépit de leurs bien-aimés et féaux successeurs de l'Hôtel de Bourgogne. Ils vivaient, et même le public les aimait comme de gros réjouis qui ne sont pas difficiles sur le mot pour rire, à ce point que l'Hôtel de Bourgogne s'en émut ; de quel droit ces coquins-là faisaient-ils rire encore ce public ignorant ? De là citations, enquêtes, dits, contredits, procès, plaidoiries pour *le Prince des Sots*, plaidoiries pour l'Hôtel de Bourgogne. Pierre Micou plaidait pour la Comédie, il avait le côté sérieux de ce débat ; Charles Loiseau, François Pinçon, Lucien Soëlfe et toutes les bonnes langues du barreau de Paris s'étaient rangés du côté du Prince des Sots, et vous pensez si l'artillerie fut vive, et violente, et bien nourrie contre messieurs les comédiens sérieux.

Cette cause de la *sotie* contre la comédie était en effet une cause nationale. C'était le vieil esprit français qui se défendait à outrance contre le bel esprit envahisseur de toutes choses ; c'était le dialogue improvisé, la comédie inventée à toute heure, à tout bout de champ, qui cédait la place, mais non pas sans coup férir, à l'art arrangé, peigné et tiré à quatre épingles. On y mit, de part et d'autre, beaucoup de vivacité et de chaleur. Que d'esprit du côté du Prince des Sots ! que de verve ! quelles charges admirables ! que de factums ! Dans tous les lieux où se fabrique l'esprit à bon marché, qui est la courante monnaie de la comédie, sous les piliers des halles (qui se connaissaient en comédie, et pour cause), sur le Pont-Neuf (une grande autorité aujourd'hui perdue) dans les cabarets, (il n'y a plus de cabarets, il y a des cafés où l'on boit de l'eau chaude), dans les boutiques des barbiers (aujourd'hui fermées et remplacées par les salons des coiffeurs), chez les suisses des hôtels (il n'y a plus de suisses, il n'y a plus d'hôtels, il n'y a que des maisons et des portiers), parmi les porteurs de chaises, race plaisante et moqueuse qui joue son rôle dans la première comédie de Molière (il n'y a plus de chaises et plus de porteurs, il y a des cochers de fiacre en haillons), dans le corps illustre des laquais (il n'y a plus de laquais), et parmi les clercs de procureurs (il n'y a plus de procureurs, il y a des avoués; il n'y a plus de clercs, il y a des dandys en gants jaunes), en un mot dans tous les endroits où l'on causait, tout haut, avec la verve et l'esprit qui arrivaient, à chacun, dans son partage, et chez les bourgeoises (il n'y a plus de bourgeoises), et partout enfin où le rire facile et moqueur, où le bon sens trivial, où l'expression énergique, où l'adjectif sonore étaient les bienvenus, on prit parti pour les comédiens d'autrefois, contre les comédiens modernes; pour la Melpomène crottée et couverte d'oripaux reluisants au soleil, contre la Melpomène élégante et parée.

Vain espoir, cependant, héroïque mais folle résistance! Les adversaires de l'Hôtel de Bourgogne avaient de si bonnes raisons à donner, la cause qu'ils défendaient était si fort la cause populaire, que les juges donnèrent gain de cause à l'Hôtel de Bourgogne. Ordre vint aux Confrères de la Passion de fermer leur théâtre et de ne plus se montrer à l'avenir. Hélas! il fallut obéir. *Les enfants sans souci* se séparèrent, plus de joie et plus de gaîté, plus de folie et plus rien que de longues comédies bien vêtues. — *Togatæ!* Adieu la joyeuse et la folle, adieu la rieuse et l'accorte, adieu à toi la joie française libre comme l'air, et si doucement avinée, adieu à toi la comédie en plein vent!

C'est ainsi que disparut, de nos murs, mais non pas de nos mœurs, la comédie qui avait fait la joie antique. L'arrêt qui brisa le vieux théâtre en faveur du théâtre nouveau est à coup sûr un arrêt mémorable, et il nous semble que la comédie de Molière n'avait pas besoin d'être défendue par de pareils moyens. Quant aux derniers enfants du gai-savoir, une fois séparés, la misère les prit, que dis-je, la misère? l'ennui les prit. Ils étaient nés pour être des vagabonds, des bohémiens, on n'en put jamais faire des comédiens sérieux. Tel qui était plein de verve et d'entrain sur son tréteau natal, restait morne et triste aussitôt qu'on l'avait transplanté sur le théâtre de l'Hôtel de Bourgogne. Il manquait d'air, de liberté, d'espace ; il manquait de mémoire. Être obligé d'apprendre, par cœur, le dialogue écrit par un autre, et de le retenir, et de dire toujours le même dialogue pendant trois mois, c'était trop d'ouvrage pour ces admirables vagabonds ; l'improvisation était leur vie. Ils étaient faits tout exprès pour trouver, chaque matin, leur comédie et leur pain de chaque jour. Ils étaient faits pour tous les hasards, pour toutes les guenilles, pour tous les délires de la comédie. Ainsi, ceux qui tentèrent de faire partie de la troupe de l'Hôtel de Bourgogne, ceux-là furent les plus malheureux. Essayez donc de prendre Frédéric Lemaître et d'en faire un des gros sociétaires de la rue de Richelieu !

Savez-vous cependant ce que devint *le Prince des Sots*, le dernier roi tout-puissant des anciens mystères, celui-là à qui avait été transmis le sceptre orné de grelots des Confrères de la Passion ? Hélas ! ô vanité des grandeurs humaines ! quand son royaume lui fut enlevé, quand il n'eut plus dans sa main droite qu'un sceptre brisé, le roi de la sotie se fit moucheur de chandelles chez ses ennemis de l'Hôtel de Bourgogne. Hélas ! celui-là qui avait fait agir à son gré la comédie des anciens âges, il venait dans les entr'actes, presque à genoux, pour ranimer le suif qui servait à montrer, dans leur plus beau jour, l'héroïsme de ces messieurs, la beauté de ces dames, douce et favorable lueur que la comédie a perdue ! O chandelles bénies des comédiens édentés, des comédiennes sur le retour, clartés favorables et ténébreuses qui protégiez de votre ombre salutaire, tant de héros mal bâtis, tant de jeunesses de cinquante ans, suif bienveillant qui as joué un si grand rôle dans l'illusion dramatique, combien messieurs nos comédiens ont été mal avisés, et que nos plus belles comédiennes ont été maladroites de vous remplacer, par ce gaz traître et méchant qui projette ses vives et infernales lueurs sur les mensonges du théâtre !

Que ceux-là qui recherchent les causes de l'ennui qui les attend au théâtre, ceux qui pleurent l'illusion à jamais perdue, s'en prennent tout simplement au flot dangereux du gaz éclatant qui éclaire trop de choses. Vous tous qui aimez l'illusion dramatique et le clair-obscur ami complaisant de ces fausses jeunesses, de ces fausses beautés, rendez-nous tout simplement, tout bêtement, les chandelles d'autrefois, clartés intermittentes, mêlées d'une fumée sans fin, et soudain vous verrez reparaître ces comédiens qui avaient dix coudées, ces tragédiennes dont la voix évoquait les fantômes d'autrefois, ces belles princesses l'amour de la terre ! — et avec ces illusions-là, que d'enthousiasme, que de passions, que d'amours à jamais évanouis !

Ce malheureux Prince des Sots, devenu moucheur de chandelles, avait repris naturellement le nom de son père ou tout au moins le nom de sa mère ; il se faisait nommer Nicolas Joubert. En sa qualité de majesté détrônée, Nicolas Joubert inspirait de vives sympathies. Ceux qui l'avaient connu dans sa gloire, ne manquaient jamais de l'applaudir quand il arrivait dans son humiliation. Il était pour eux le dernier représentant de la comédie improvisée : moralités, mystères, soties, histoire du ciel, histoire de la terre, drames, miracles, coups d'épée, coups de soleil !

Rien qu'à le voir, Nicolas Joubert, en dépit des grands comédiens de l'Hôtel de Bourgogne, la foule était heureuse ; le moucheur de chandelles faisait des recettes à la Comédie. Le parterre n'écoutait plus les comédiens, pour peu que le moucheur de chandelles se montrât dans la coulisse opposée ; impatiemment il attendait l'entr'acte pour revoir son ami, le Prince des Sots. Au milieu de la tirade la plus dramatique, le parterre criait : Joubert ! Et Joubert arrivait les mouchettes à la main, son tablier autour du corps, une larme dans les yeux. Aussitôt c'en était fait de la prose représentée ; on ne s'occupait plus ni du sort de la princesse amoureuse, ni de la destinée du prince persécuté, ni de la férocité du tyran, ni du roi qui perdait sa couronne ; en revanche on s'occupait d'une chandelle éteinte ou d'une mèche trop fumeuse, et l'on criait : Joubert ! bravo Joubert ! Et c'était des trépignements de joie ! on revoyait Joubert. Quand par hasard les chandelles allaient trop bien, quelque bon plaisant du parterre, enflant sa bouche d'une façon démesurée, soufflait sur la chandelle.... et c'était une nouvelle occasion de rappeler Joubert. Peuple cruel, même dans ses sympathies ! C'est ainsi que les Tartares devaient contempler Tamerlan, dans sa cage de fer.

A la fin donc, ces mêmes comédiens qui avaient dissipé, par huissier, leurs Confrères de la Passion, s'inquiétèrent de cette popularité suprême du Prince des Sots. Quoi donc ! Chez nous, dans notre maison, à la lueur de nos propres chandelles, à notre barbe (ce sont ces dames qui parlent, on pourrait aisément s'y tromper), ce maudit Prince des Sots viendra nous enlever les applaudissements, l'attention et les éloges qui nous sont dus! Non pas, certes, et nous y mettrons bon ordre. Ainsi firent-ils. On donna huit jours de répit au pauvre Joubert; après quoi tu iras chercher fortune ailleurs!.... L'arrêt comique fut signifié à ce malheureux.

A ce nouvel arrêt de la mauvaise fortune impitoyable, le Prince des Sots opposa un front calme et serein. Les combats de son âme, nul ne les vit, sur son visage impassible. N'avait-il pas passé à travers de plus terribles orages? — N'avait-il donc pas vu lui échapper l'héritage comique de trois siècles?. N'était-il pas le Thespis vieillissant et chargé d'outrages, qui n'espérait plus le jour vengeur, le jour des vendanges? Il vécut ainsi sept jours encore. Le dernier soir venu, ces messieurs et ces dames de l'Hôtel de Bourgogne se disaient entre eux: Nous allons être délivrés du Prince des Sots et des sots qui l'applaudissent.... ils ne croyaient pas si bien dire, hélas!

Ce jour-là on avait repris l'admirable farce de *l'Avocat Patelin*, cette comédie si gaie et si triste, que vous y trouveriez au besoin toute la tristesse de Molière et toute la gaîté de Regnard; ce soir-là, plus que d'habitude, le parterre était colère et maussade. Il avait tout vu sans rien voir, tout écouté sans rien entendre; il n'avait eu ni un bon mot, ni une raillerie, il avait trouvé que messieurs et mesdames de l'Hôtel de Bourgogne avaient joué, d'une façon trop pédante et trop peu leste, cette bonne comédie qui tenait à l'enfance de l'art, enfance adorée, art de la comédie qui n'est jamais plus parfait que lorsqu'on se rapproche de ses commencements davantage; bref, au parterre, tout était silence et murmure à la fois, lorsque tout à coup voilà le bruit qui reparaît, et avec le bruit la bonne humeur. — Nicolas! Nicolas! Bonjour, Nicolas! Salut à toi, le Prince des Sots! La sotie! la sotie! les mystères! les mystères! Bravo, Nicolas!

Lui cependant, il s'abandonnait en toute liberté à ce dernier moment de triomphe et d'orgueil. Cette fois, il oublia de moucher les chandelles, ou, pour mieux dire, il jeta les mouchettes par terre et il les foula aux pieds. Il arracha son tablier et il le déchira en mille pièces, puis il s'avança tout au bord de la rampe, et le corps droit, la tête haute, la main sur son cœur, il regardait, il regardait cette foule qui lui avait appartenu et qui voulait le revoir. Un instant le parterre pensa que Nicolas allait parler... On le vit tomber sans pousser un seul cri... Nicolas Joubert, le dernier prince des sots, était mort! Toute la ville le pleura, les vieillards par souvenir, les jeunes gens par opposition ; pendant huit jours, messieurs et mesdames de l'Hôtel de Bourgogne furent sifflés à outrance ; c'était la seule oraison funèbre qni pût aller au cœur du pauvre et trois fois malheureux Prince des Sots.

Messieurs les comédiens de l'Hôtel de Bourgogne étaient donc fièrement retranchés derrière la défaite et la mort du dernier prince et confrère de la Passion, lorsque parurent, pour le désespoir de ces messieurs et de ces dames, les marionnettes de la foire Saint-Laurent. Cette foire Saint-Laurent était pour Paris une grande fête toute remplie de licences et de gaîtés de tout genre; c'était comme un long carnaval où se rendaient la ville et la cour, pour vivre pêle-mêle, non pas sous le masque, mais cette fois à visage découvert. Soudain, à de certaines heures de la journée, se glissait derrière ces grandes toiles une foule oisive et curieuse qui venait chercher, à l'entour de ces tréteaux, comme un souvenir de la comédie d'autrefois. C'était le même besoin d'échapper aux grands comédiens, aux célèbres comédiennes, aux tragédies aux vers alexandrins. Il faut dire aussi que l'intrigue amoureuse trouvait son compte à ce déplacement.

Le mystère était assuré dans cette foule compacte; les mésalliances étaient faciles ; la farce au sein nu se faisait sentir à la salle entière sans qu'il en revînt rien au comédien. Le comédien était un bonhomme en bois peint, les comédiennes se composaient d'une douzaine de jolies poupées dont les œillades n'étaient à craindre pour personne. Comme chacun était là pour son argent, les hommes et les femmes, ils étaient bien aises les uns et les autres, de n'avoir pas à redouter la concurrence de ces messieurs et de ces dames de l'Hôtel de Bourgogne; chacun pour soi, et les marionnettes pour tous.

Mais voici bien un autre accident imprévu. A ce théâtre de la Foire rien ne devait manquer, ni les rendez-vous galants, ni les intrigues cachées, ni les rencontres mystérieuses, ni la chronique scandaleuse, rien, pas même un poëte comique, — et le plus grand des poëtes comiques après Molière, Lesage en personne.

L'auteur de *Turcaret* et de *Gil Blas*, chassé de la Comédie, n'avait pas fait: fi! des tréteaux de la Foire Saint-Laurent, de la Foire Saint-Germain. Lesage était un des grands poëtes comiques qui ont foi en leur comédie, et qui savent que la comédie est bonne à prendre, partout où elle se montre. Nul ne reconnaît en ce monde l'aristocratie de l'éclat de rire. Le public rit où il peut rire ; trop heureux quand il s'amuse, il ne regarde pas dans quel lieu. Où le rire l'appelle, il y va ; bonne ou mauvaise compagnie, on ne s'en inquiète guère, nous sommes égaux devant le plaisir que nous cause une farce ou une comédie bien jouée.

Je dis farce, je dis comédie et j'ai tort, parce que, à tout prendre, c'est même chose. Quelle grande comédie le *Bourgeois gentilhomme !* Et quelle farce : le *Bourgeois gentilhomme !* Tréteaux tant que vous voudrez; mais faites-moi voir un théâtre, quel qu'il soit, qui ne soit pas posé sur des tréteaux. Ainsi régnait Lesage dans ces boutiques flottantes, toutes remplies de sa malice et de son esprit. Malice piquante, ingénieux esprit, et de la bonne humeur, tant qu'on en voulait. Cette bonne humeur se répandait sur tout le monde, et principalement s'attaquait-elle aux ennemis de Lesage, qui comptait au premier rang des hommes hostiles à son génie, messieurs les Comédiens français. Aussi s'en est-il vengé dans ses comédies de la Foire, et dans son roman de *Gil Blas*, cette longue et admirable comédie. Au reste, Lesage avouait, tout haut, ces piquantes esquisses, dans lesquelles il se retrouvait tout entier.

Ainsi avertis par la popularité, qui les fuyait toujours, les Comédiens s'agitèrent de plus belle. Certes, ils ne pouvaient pas espérer que le Parlement leur donnât Lesage pour moucher leurs chandelles; mais ils obtinrent un premier arrêt qui fit défense aux marionnettes de parler : — « Vous pourrez dire tout ce que vous voudrez, mais vous ne parlerez pas, sinon supprimées. »

Or, ce qu'on ne peut pas dire, on le chante ; on mit en chansons, ce dialogue persécuté. Ils étaient trois qui rimaient à tour de rôle et à *gaîté que veux-tu ?* ces admirables couplets d'une malice populaire qui se chantaient de Paris à Versailles. Dorneval et Fuselier aidaient Lesage, et ces tourneurs de bel esprit en pointes, en épigrammes, en refrains, drus comme grêle, ils arrivaient à des effets qui ne peuvent être compris que par des peuples délivrés de la liberté de la Presse !

On n'a pas vu de grand journal, et même de petit journal, pas de *Figaro*, ou de *Charivari* produire, en ses volées de cloches fêlées, ou de bois vert, l'effet de cette épigramme rapide comme la pensée, et semblable au sifflement des vipères ! C'était un déluge de rimes, de chansons, de couplets, de pots-pourris, de calembourgs, d'épigrammes, de bons mots. Malheur à qui se trouvera sous cette averse piquante ! Si bien que le remède était pire que le mal et que le magistrat, protecteur du dialogue, en était à regretter, d'avoir remplacé le discours par la chanson.

Le dialogue s'en allait çà et là en parcelles inaperçues, et tout à fait oubliées au bout de trois heures ; au contraire le couplet, armé à la légère, sortait de ces vils et charmants tréteaux, à la façon d'un mousquetaire qui s'en va à la conquête ! — On épelait le dialogue, on retenait avidement le couplet ; on le chantait tout haut, et pas un trait n'était perdu. Voilà les marionnettes de nouveau triomphantes, et la Comédie humiliée de nouveau. Tout était perdu, et surtout les rieurs qui n'étaient pas du côté des plaignants.

Alors la Comédie en pleurs s'en fut, une seconde fois, se jeter aux pieds de nos seigneurs du Parlement. Ses beaux cheveux étaient épars sur son beau sein, ses mains étaient jointes et bien posées ; elle avait à son service tant de sortes de sourires et de larmes ! A ces causes, la justice fut touchée de ses plaintes. Elle fit entendre de nouveau son... *quos ego!* contre ces insolentes marionnettes, et comme elle avait défendu le dialogue et le monologue, elle proscrivit le couplet. Quoi ! plus rien à chanter, plus rien à dire ! Ah dieux et déesses de la Courtille et des Porcherons, qu'allez-vous devenir, et par quel artifice imprévu votre ami Lesage, avec tout son esprit, saura-t-il se tirer de ce pas difficile ?

Voilà pourtant où l'attendait ce public amoureux de l'esprit de son poëte et charmé de ses ressources ! Cependant les Comédiens triomphaient de nouveau, et cette fois, pour tout de bon ils se lavaient les mains dans leur joie ; les marionnettes, humiliées et dolentes, restaient nonchalamment couchées dans leur cercueil de chaque soir, lorsque, ô résurrection ! et jugez de la surprise générale, voici que l'affiche du théâtre forain annonce le spectacle accoutumé ! On entre, on se précipite, on se foule, on regarde, la toile se lève..... Entendez-vous ces éclats de rire ? Assistez-vous à cette gaîté ? et comprenez-vous que ce silence ait réussi tout autant que ce dialogue et que ces chansons ? Jamais on n'a tant ri quand on parlait, quand on chantait sur ces tréteaux ; et cependant nos marionnettes ont la bouche close, par arrêt même du Parlement. D'où vient cette fête ? et pour qui, juste ciel ! et pour quoi ? Qu'y a-t-il donc ?... Il y a que Lesage et son ami Fuzelier, puisque la parole et le chant leur étaient défendus, ont eu recours

à l'art ingénieux
De peindre la parole et de parler aux yeux.

Sur de grands écriteaux, ils ont écrit leur dialogue, leurs couplets, leurs quolibets, leurs épigrammes, et, sur la tête des marionnettes condamnées au silence, sont descendus ces écriteaux comme autant de langues de feu. Cette révolution obstinée, éloquente et cette suite d'épigrammes écrites qui se lisaient à haute voix, faisait de chaque spectateur autant de comédiens qui se jouaient, à eux-mêmes, leurs propres comédies.

Chaque rôle se lisait, tout haut, dans toutes sortes d'inflexions, et avec toutes sortes de réflexions ; chaque couplet se chantait en chœur, sur tous les airs indiqués par le programme. Jamais l'illusion d'un conte bien fait n'avait été portée plus loin ; jamais comédie mieux jouée, couplets si bien chantés, jamais rire plus unanime, épigramme plus acérée.

Ajoutez que l'indignation publique faisait justice de toutes ces tracasseries mesquines : aller aux marionnettes, y prendre sa part du dialogue malin, y chanter tout haut ces mille couplets grivois, prêter sa voix et son geste à ces pauvres créatures rendues muettes par ordre du Parlement, c'était faire acte d'indépendance. D'où vous pouvez juger combien c'était un rare plaisir : jouer la comédie en public, chanter des couplets à la façon des mousquetaires, et donner une leçon au Parlement !

A ce nouveau triomphe des marionnettes, la Comédie et le Parlement s'inquiétèrent pour tout de bon, et ils eurent cette fois recours à la force brutale. Mort définitive aux marionnettes ! tel fut le cri de ralliement de tous les huissiers, recors et gens d'armes de Paris.

Les marionnettes furent mises hors la loi ; — les tréteaux furent abattus sans autre forme de procès. Trois huissiers au Parlement, les sieurs Bazu, Girault et Rozeau, étaient les plus furieux classiques de ce temps-là, et rien qu'à les voir, les marionnettes s'enfuyaient épouvantées, et sans attendre les atteintes de pareils drôles. Cette révocation de l'édit des foires Saint-Laurent et Saint-Germain rencontra cependant ses fanatiques des Cévennes. Il y eut des résistances à main armée, des désespoirs héroïques. Surtout un illustre bateleur, nommé Godard, apprenant que les huissiers approchaient, fit bonne contenance ; loin de s'enfuir en emportant ses marionnettes, comme Énée emporta son vieux père, Godard fit un appel énergique à tous les galants, jeunes ou vieux, qui avaient mis à profit l'ombre discrète de sa tente dramatique, et cet appel fut entendu. On se battit fort et ferme à la porte des marionnettes-Godard. Les uns criaient : Vive Godard ! c'est-à-dire vive la liberté des théâtres et par conséquent la liberté de la pensée ; les autres criaient : A bas Godard, c'est-à-dire sauvons la censure et les censeurs. Godard était un drapeau pour les uns, une torche pour les autres : pour les plus sages, il n'était qu'un brave homme, fort discret, dont la baraque s'ouvrait à tous les amours défendus. Or, parmi ces derniers sages, il y avait des juges au Parlement, voire des juges au grand conseil. Ces derniers, une fois sortis de la mêlée Godard, prirent en main la défense des marionnettes, leurs bien-aimées protectrices. *Tabernariæ*, comédie, de la taverne ! un genre de comédie que nous avons oublié et qui était si bien nommé par les rhéteurs latins.

Arrêt intervint enfin du Grand Conseil, qui rétablissait les marionnettes dans tous leurs droits, priviléges, immunités, lequel arrêt mettait à l'index les sieurs Bazu, Girault et Rozeau, huissiers au Parlement ; défense aux sieurs Pannetier et Leroux, exempts des archers du guet et de la robe courte, de prêter main-forte aux vexations précitées ; défense au sieur Pelletier, menuisier de la Comédie, et au sieur Saint-Jean, garçon de théâtre, de se chauffer à l'avenir avec les planches des tréteaux. Mémorable arrêt celui-là, mais il était rendu trop tard. L'esprit qui faisait toute la force et toute la valeur de ces gamineries, l'homme de génie qui avait rendu ces innocentes marionnettes si redoutables, le père de *Gil Blas* et du *Diable boiteux*, Lesage était rentré dans son mépris et dans son repos.

LE VIEIL AMATEUR.

Ce débat de la vie et de la mort, du bois blanc et de la chair, de la marionnette et du comédien, vous le retrouverez, à coup sûr, à toutes les époques et dans tous les arts. Que de fois le pantin l'a emporté sur l'homme d'État, le polichinelle sur l'homme de guerre, et surtout que de fois la poupée a triomphé de la vraie et sincère beauté intelligente, honnête et formée à tous les grands préceptes du beau et du bon! La poupée est souveraine, elle règne, elle gouverne, elle impose aux plus grands esprits ses volontés et ses caprices ; la poupée a créé le rococo, le joli, le bouffon, le mignard, les amours enrubanés, la poudre aux cheveux, la mouche à la joue ; elle était l'inspiratrice de Dorat et de Gentil-Bernard! La poupée a plus d'une fois, au Théâtre-Français, fait obstacle aux comédiennes sincères, aux comédiens véritables ; elle a dominé la ville, elle a dominé la cour, elle a bâti le château de Luciennes, elle a écrit, elle a joué les comédies de Collé, elle a élevé à sa propre gloire le théâtre de Choisy, le théâtre de l'Ile-Adam, le théâtre de madame de Montesson !

La poupée a protégé Palissot, Boidin, Riccoboni, les bergères de madame Favart, et les comédies de M. Laffichaut ; la poupée a chanté les chansons de M. Vadé, de MM. Anseaume et Fuselier ; elle aimait les vers de Morand, la prose d'Autereau, les rires de Taconet et les obscénités du théâtre des boulevards! La poupée a récompensé, royalement, des œuvres misérables : les tragédies de Boyer, les comédies de Laplace, les ballets de Cahusac et les opéras de Danchet. La poupée a rappelé les bouffons d'Italie, elle avait un faible pour Arlequin, pour Scapin, pour M. Pantalon ; elle trouvait que Colombine était faite à son image ; elle parait son boudoir du portrait de M. Clairval en pendant au portrait de mademoiselle Carlin. Race abominable et funeste aux beaux-arts, la race des poupées triomphantes, des marionnettes couronnées, des Flaminia, des Coralines, des Biancanelli, des Pompadour, des Dubarry, des Muses cachées ou des Muses d'apparat. Vous cherchez sur l'ancien Parnasse les Muses, augustes filles de Jupiter, Thalie aux pieds légers, Melpomène en sa pourpre, et vous trouvez mademoiselle Marquise, mademoiselle Desmâtins, mademoiselle Laguerre et mademoiselle Galodier! Vous invoquez *Andromaque*, *le Cid*, *Tancrède*, *Alzire*, on vous donne *Absalon*, *Cénie* et l'*après-souper des auberges!* Qui voudrait lire seulement le titre de ces comédies en toiles peintes, jouées par des comédiens de bois, sur le théâtre déshonoré de Molière et de Marivaux, s'étonnerait du nombre de fadaises que peut contenir le règne des poupées! Ici madame de Tencin, la digne sœur de son frère, et quelque chose de pis, a fait jouer *le Complaisant*, en cinq actes; là Marmontel, ce vaniteux gonflé de vent, ce belître Normand qui s'était fait le patient de mademoiselle Clairon, a donné *Denis le Tyran*; plus loin monsieur Bret a fait jouer, huit fois, *l'École amoureuse*; je vois sur cette liste incroyable (eh! que dira-t-on de la liste actuelle, dans cinquante ans?) *le Fat puni*, par M. de Ponteville, *Géta*, tragédie de Péchantré, *Habis*, tragédie de madame Gomez, deux *Hypermnestre* en cinq actes, la première signée Lemierre, et la seconde signée Riouperaux.

Ceci, pourtant, si l'on avait du temps à perdre, aurrait sa place dans une histoire de l'art dramatique; on y verrait, et de plein droit, *les Philosophes* de Palissot (de Montenoy), le *Saül* de l'abbé Nadal, le *Varon* de M. le vicomte de Grave; la *Zénéide* de M. Watelet, et les *Abenséid*, les *Bradamante*, les *Canantes*, les *Coronis*, et les dignes auteurs de ces raretés : madame de Saintonge, mademoiselle Saquet, les bas bleus, les roucoulantes, les philosophesses, les prophétesses, les Lælia de ce temps-là.

Évidemment, à raconter toutes ces choses qui ne sont plus curieuses, on y perdrait sa peine et son patois.

La race obstinée et savante de ces chroniqueurs du théâtre s'est perdue, ou peu s'en faut, dans la nuit des temps. Il y avait autrefois, dans le Paris en deçà de 1789, c'est-à-dire en deçà de la liberté de parler et d'écrire, entre la Bastille et le château de Vincennes, sous le coup des lettres de cachet, quand une allusion dans quelque tragédie où le censeur avait passé trois fois, éclatait soudaine et terrible, au milieu d'un parterre où toutes les révoltes couvaient sourdement, tel président au Parlement, tel chevalier de Saint-Louis, telle marquise occupée à profiler et à médire de Notre-Seigneur Jésus-Christ, faute d'oser mal parler du roi, tel entretenu des gabelles, de l'Église, de l'Académie ou des fermes-générales, qui possédait sur le bout du doigt, l'état complet de l'Opéra-Comique, du théâtre de la foire ou des concerts spirituels.

— « Au concert spirituel, on a chanté : *Lauda Jerusalem* de Philidor, *Exultate Deo* de l'abbé Dugué, *Diligam te* de M. Gibert; mademoiselle Dubois, de la Comédie-Française, a chanté *Pange lingua* et autres motets. Au Théâtre-Italien, la mort de M. le dauphin a interrompu le grand succès de *Scaramouche ermite*, de *Nicaise*, d'*Acajou*, du *Prix de Cythère* et du *Périclès amoureux*. A la foire, en ces fêtes de nuit où la bonne compagnie et la mauvaise, au milieu des licences permises et défendues, s'amusaient à des quolibets du plus vil étage, ces messieurs et ces dames ont applaudi, du fond de leurs petites loges : le *Mirliton enchanté*, *Arlequin sultane*, la *Ceinture de Vénus*, la *Foire galante*, *Pierrot-Cadmus*, les *Poussins de Léda*. »

Ainsi c'était parmi ces Ducange et ces Montfaucon de coulisses, vieillards à tête chauve, à qui chantonnerait d'une voix cassée et d'un œil égrillard, les chansonnettes les plus hardies. Triste science et malheureuse; un galant homme, arrivé à l'âge des sérieuses pensées et de la mort prochaine, devrait être honteux de frissonner encore au frôlement de ces jupes brodées, au bruit de ces refrains et de ces licences qui conviennent, tout au plus à la jeunesse. Il est des choses qu'il est bon d'ignorer, même quand on les sait le mieux. A ces enthousiastes de la chose jouée et chantée, à qui tout souriait de ce qui a touché même les planches malsaines des théâtres équivoques, un galant homme préfère un bon joueur de boules, ou un grand joueur de bilboquet.

A Dieu ne plaise que nous confondions ces fanatiques avec la race aimable disparue, ou peu s'en faut, de quelques vieux spectateurs, grands écouteurs aux portes du théâtre, et grands jugeurs de leur métier, qui de temps immémorial se tiennent dans quelques stalles choisies du Théâtre-Français ! Ces messieurs, du fond de leur stalle, ont coutume de proclamer leurs oracles, et qui les écoute un instant, a bien vite reconnu l'*amateur*.

L'amateur du Théâtre-Français était naguère un homme bien

élevé, bien posé dans le monde, esprit calme, âme candide, ambition modeste. Toute sa journée se passait dans les travaux ou dans l'oisiveté de sa profession ; le soir venu, vous retrouviez l'amateur à sa place accoutumée, non loin de la contre-basse qui lui prêtait son ombre hospitalière et bourdonnante. Cette place était si bien la propriété exclusive de ce digne homme, que si par hasard un curieux de la province fût venu pour s'asseoir dans cette stalle réservée, Hermione ou Britannicus, oubliant la passion du moment, se seraient écriés : — Arrête ! profane, tu es assis à la place de l'amateur qui va venir !

Comprend-on, je vous prie, que la vie d'un homme sage se passe ainsi à entendre, chaque soir que Dieu fait, des comédiens et des comédiennes qui récitent, vingt ans de suite, la même prose et les mêmes vers ? Certes, je comprends, à tout prendre, que l'on fasse une collection de beaux papillons ou de beaux insectes ; je comprends que l'on se forme un herbier. Le bel insecte qui reluit au soleil, tout fier de sa cuirasse resplendissante, le papillon, fleur volante qui s'en va de feuille en feuille au gré du vent qui souffle ; l'herbe qui se cache dans un tas d'herbes, et qu'il faut reconnaître à son fruit à peine formé, ce sont là des joies qui tiennent à des joies saintes. Le printemps est en jeu et le soleil ; le créateur se manifeste dans ces admirables et toutes petites créations dont il anime son œuvre sublime. Mais aller s'enfermer dans un lieu sans air, sans soleil, souvent fétide, et n'avoir plus d'autres clartés que le gaz qui brûle, et plus rien sous les yeux que des hommes chamarrés et des femmes attifées qui se racontent, entre eux, toutes sortes de mensonges, passions factices, amours fictifs, terreurs qui tiennent à un poignard sans lame, à une coupe sans poison...

En un mot, pendant trente ans, chaque soir, jusqu'à ce qu'enfin la mort vous prenne et vous couche au cercueil, assister à la rapide décomposition de ces visages fardés ; voir passer ces broderies et ces sourires ; demander le nom de cette vieille toute courbée, et savoir, horreur ! que c'est la même jeune fille dont vous avez applaudi les pas chancelants, n'avoir pas d'autres préoccupations que celles-ci : Comment a été joué le rôle d'Émilie en telle année ? et le rôle de Sémiramis en telle année ? Pourriez-vous me dire comment s'appelait Mérope en 1788 ? Et qui donc a créé le rôle du grand Frédéric dans les *Deux Pages ?*

O les belles questions à se faire, par Dieu ! Et que voilà bien de charmants souvenirs fondés sur toutes sortes de vanités, de misères, de néants : larmes taries, roses desséchées, rubans fanés, jeunesses évaporées et perdues on ne sait où ! Cette sorte de collection des momies qui ont joué la comédie était donc, à mon sens, la collection la plus triste et la plus inutile qui se pût faire : autant valait ramasser dans la rue infecte, les vieux pots de fard où rien ne reste du vermillon déteint.

Ainsi je parlais tout haut, imprudent et sacrilége envers ces grandeurs impérissables, lorsque je fis la rencontre d'un véritable amateur du Théâtre-Français, c'est-à-dire un amateur qui l'a été et qui ne l'est plus. Cet homme, tout rempli d'urbanité et d'indulgence, appartient à l'ancienne société française. Il en a conservé le beau langage, le bon goût, l'atticisme. Entre autres passions, il a aimé passionnément le théâtre : les débuts, les rentrées, les représentations de retraites, les caprices ; les intrigues, les orages, les succès, les chutes du vieux théâtre, avaient un charme sans égal, pour l'amateur intrépide. Au demeurant actif, plein de zèle, sachant siffler à merveille, redoutable même quand il applaudissait, jetant hardiment et tout haut, le bon mot qui allait frapper au cœur le poëte comique dans sa loge grillée, le tyran sur son trône, la grande coquette à sa toilette ; très-écouté et très-entouré au café Procope dont il était le tyran, cet homme a été dans son genre, un de ces formidables journalistes que le public écoute même avant qu'ils aient parlé.

Aimait-il *l'art pour l'art?* Voilà une phrase qui n'était pas construite de son temps, et dont il se serait bien moqué lui-même ; il aimait cet art de la comédie pour les larmes que le cœur y verse, pour les éclats de rire que l'esprit y rencontre ; il aimait cette façon de parler aux hommes assemblés et de leur imposer tous les sentiments poétiques ; enfin, je vous le dis tout bas, il était de ces hommes qui croient encore que le théâtre est *l'école des mœurs :* belle école vraiment ! et que les mœurs d'une nation seraient bien faites, si elles ne se faisaient que sur de pareils tréteaux !

Notre amateur est né à la fin du siècle passé. Quand il avait quinze ans, l'art dramatique était en grand honneur dans notre bon pays de France. Les Français de ce temps-là se figuraient qu'ils faisaient une révolution, au théâtre. Au théâtre ils renversaient l'autel, ils renversaient le trône, ils brisaient la Bastille, ils préparaient la Révolution de 1789, ils aimaient le théâtre comme on aime en France tout ce qui est l'Opposition.

Le premier comédien qui fit trembler le jeune amateur, ce fut Lekain en personne. Lekain, le favori de Voltaire, et pour tout dire, son disciple, n'était guère plus grand que M. Ligier, ses bras étaient petits, ses jambes étaient grêles, sa tête était énergique et sans grâce ; son visage... ni grec, ni romain. — Il ressemblait, à s'y méprendre, aux spahis de notre armée d'Afrique.

Certainement voilà bien des crimes contre la vraisemblance dramatique ; mais en revanche l'intelligence de Lekain était vive et prompte ; sa voix était pleine d'éclat pour la colère, de tendresse pour l'amour, pleine de déchirements pour les grandes douleurs, d'accablement pour le désespoir. Il était tour à tour Mahomet, Orosmane, Tancrède, Gengis-Kan, Vendôme, Zamore, Arsace ; il était, par excellence et par grand privilége, le héros des tragédies de Voltaire, j'aurais mieux aimé pour ma part qu'il eût été l'homme des tragédies de Corneille. — Aujourd'hui, maître Lekain, que dirait-il s'il pouvait savoir où en est la tragédie de son poëte bien-aimé. — Pour jamais ils se sont évanouis, ses héros fameux, Tancrède, Gengis-Kan, Zamore, Vendôme ; que dirait Lekain, s'il venait à apprendre qu'Orosmane aujourd'hui s'appelle Othello, et qu'il a repris son nom primitif ?

Avec Lekain, après lui, à côté de lui, venaient plusieurs tragédiennes dont on parle encore, mademoiselle Dumesnil, mademoiselle Clairon, par exemple. La première obéissait à l'inspiration, et quand l'inspiration ne venait pas, tant pis pour vous et tant pis pour elle ; l'autre, au contraire, c'étaient l'art et le calcul en personne. Avec mademoiselle Dumesnil vous ne pouviez rien prévoir ; avec mademoiselle Clairon tout était convenu à l'avance. On pouvait dire, de son jeu, ce que disait Démosthène de ses propres harangues, qu'elles *sentaient l'huile*. Mais, en fin de compte, ça devait être ennuyeux quand mademoiselle Dumesnil voulait mettre dans son jeu un peu de règle et d'art ? Que ça devait être fatigant lorsque mademoiselle Clairon, apportait dans le sien, un peu d'abandon et de naturel ?

Quant à Préville, ne parlons pas de Préville, ou plutôt parlons-en, rien que pour rendre heureux celui qui en parle. Notre amateur n'a vu Préville qu'une seule fois.

Préville jouait, ce soir-là, au bénéfice des pauvres; il jouait dans deux pièces : *la Femme invisible* et *le Bourgeois gentilhomme*. Où prenez-vous *la Femme invisible?* Je n'en sais rien. C'était là, sans nul doute, un de ces caprices auxquels s'abandonnaient les grands comédiens d'autrefois. Cela les amusait outre mesure, d'imposer au public des œuvres insipides dont ils étaient toute la renommée et qui les suivaient dans leur retraite. Mort le comédien, morte la comédie. Dans *le Bourgeois gentilhomme*, Préville était inimitable. Il ne s'amusait pas à faire de l'esprit à tout bout de champ, comme fait M. Samson, — au contraire il était impossible d'être plus naïf, plus ridicule, plus bon enfant. Il était si admirablement bête ! Il y avait cela si bien écrit sur sa figure : *trompez-moi !*

Depuis ce temps jamais notre amateur n'a passé par Senlis sans faire une pause devant la maison habitée par Préville. Il lui semble toujours que le bonhomme en va sortir, suivi de son premier laquais, de son second laquais.

Silence ! Voici Molé. Molé, à plus de cinquante ans qu'il a déjà, est encore un jeune homme inimitable. Non pas qu'il soit très-beau ou très-bien fait....., son buste est trop long pour ses membres, ses membres sont trop courts pour son buste, son ventre est rebondi outre mesure, et laisse tomber le vêtement nécessaire sur ses genoux; en fin de compte, personne mieux que Molé, ne sait porter le chapeau, l'épée et l'habit de cour.

C'était une fête que de le voir jouer avec son jabot et ses manchettes; on ne se sentait pas d'aise quand il ouvrait, fermait et remettait sa tabatière..... C'est à ne pas croire que tout un peuple s'amuse de si peu, un jabot, une tabatière, un gros ventre ! Cependant la chose était ainsi. A l'âge de soixante et cinq ans, Molé a joué l'*Inconstant*, et il était si léger ! Soixante-cinq ans ! nous sommes moins patients de deux ans, de nos jours.

Il y avait aussi Monvel. Celui-là avait le grand défaut de mettre son nom à des comédies qu'il n'avait pas faites et qui étaient de bien mauvaises comédies. Monvel n'était pas beau, il n'avait rien de ce qui fait le gentilhomme, et cependant il jouait, à s'y méprendre, le rôle d'Auguste dans *Cinna*... Il est vrai qu'il jouait encore mieux le rôle d'*Ésope à la cour*, à la grande joie des bossus de son temps. Ésope et l'empereur Auguste ! l'esclave et le maître du monde ! le loustic et le maître de la république ! Comprenne, qui pourra, tous ces contrastes.

Au contraire Larive était le plus beau des comédiens. Son œil était grand et plein de feu, sa taille était élevée et souple, svelte et gracieuse, sa voix était harmonieuse et flexible ; il portait avec aisance, avec bonheur ces noms sonores Vendôme, Bayard, Tancrède, Montalban, Philoctète, Achille, Œdipe, Mahomet, et cependant il manquait de verve, d'esprit, d'intelligence, de profondeur ; le parterre l'applaudissait dans *Warwick*, grâce à ce calembour galant, qui serait sifflé aujourd'hui :

Seigneur, Warwick arrive,
Le peuple impatient se presse sur *la rive*.

L'amateur du Théâtre-Français pousse si loin ses souvenirs, qu'il se souvient même de Dupont, ce bon Dupont, le digne père de mademoiselle Dupont. Il trouve que Dupont rappelait à merveille Abel, Nérestan, Nemours, Xipharès et autres innocents de même trempe. Il se souvient aussi de Saint-Phal comme d'un très-honnête homme, dont la voix était rude et fausse ; Saint-Phal était charmant à voir dans *le Vieux Célibataire*. Il se rappelle Damas, intelligent et plein de zèle, mais sans grâce et sans goût, poussant le travail jusqu'à la grimace, et se permettant le vers à la Molé, le vers de quinze pieds.

En fait de valets et pour porter dignement cette belle livrée brodée par Regnard, vous aviez Dugazon et Dazincourt. Dazincourt, à tout prendre, était plutôt l'intendant et l'homme de confiance que le valet des grands seigneurs et des beaux galants de la comédie passée. Dazincourt était le confident, mais non pas l'ami intime de son maître. Même dans ses plus grands instants de familiarité, il se tenait à la distance convenable. Portait-il un message d'amour, et cette charge-là n'était pas tout à fait dans son emploi, Dazincourt y mettait plus de bonne grâce que d'abandon. On voyait qu'il n'avait pas cherché pareille commission, il l'avait tout simplement acceptée. Aussi, jamais la dame en question n'était traitée que selon ses mérites. Pour celle, qui était une grande dame, il était plein de politesse et de respect; pour celle qui était une jeune personne bien élevée, il était plein de ménagements et de réserve; pour cette autre enfin, une franche coquette, il avait l'air de lui dire : — Part à deux, Madame!

Dugazon, au contraire; à celui-là rien ne coûtait; il était tout à fait le *Pasquin* de la vieille comédie. — Il était plein de verve, de mouvement et d'abandon : on n'est pas un plus fieffé fripon dans les Frontin, un riboteur plus goguenard dans les Larissolle; et comme il savait l'art de se travestir! — Larochelle était un admirable valet de pied, — Michaut un maître de taverne, plein de gros sel et d'entrain. — L'*amateur* a connu même Bordier; Bordier jouait le rôle de Lolive dans la comédie de *Ruses contre Ruses*, et il disait de la façon la plus comique : « Vous verrez que pour arranger l'affaire, c'est moi qui serai pendu! » Le pauvre diable! il ne croyait pas si bien dire. En effet, il fut hissé bel et bien, haut et court, aux fourches patibulaires de la ville de Rouen, pour crime de révolte et de conspiration. Mais c'est bien rare, un comédien qui s'élève si haut.

Qui donc arrive? quelle est cette voix qui sort de ce nez de mauvais augure, un pied de nez, autant que de cette bouche pincée en cœur? Malheureux, que dites-vous? c'est Baptiste aîné en personne, c'est *le Philosophe sans le savoir*, c'est *le Métromane*, c'est *le Glorieux*, c'est *Robert, chef de brigands*. En ce temps-là Robert Macaire n'était pas inventé. Robert, chef de brigands, était bon gentilhomme, comme *Tartufe*; il portait des bottes molles et un habit neuf. J'aurais voulu voir Baptiste aîné aux prises avec les haillons, avec la graisse et le sang de Robert Macaire. *Fortes fortuna adjuvat!* « La Fortune aime les gens de cœur. »

Si vous avez aimé Baptiste aîné, vous avez adoré Baptiste cadet. Long corps, jambes sans fin, longue figure et des bras qui n'en finissaient pas : celui-là faisait rire et pleurer à volonté. Il jouait en ce temps-là *les Déguisements amoureux*; vous en souvient-il? — Pour porter les manteaux, vous aviez Caumont, Lacave et Grandmesnil. Grandmesnil était un gros propriétaire qui avait obéi à la vocation des comédiens; il était grand, maigre, osseux des pieds à la tête; sa voix était aigre et criarde; l'avare, le joueur, le grondeur lui convenaient que c'était admirable. Dans *l'Avare* surtout, Grandmesnil allait jusqu'au drame. On ne riait plus, on avait peur. Cet homme avare faisait pitié, cette passion faisait peine à voir. Pour les esprits qui savent voir et comprendre, la comédie de Molière a toujours deux aspects, le côté plaisant, le côté sérieux ; le rire à la surface, et tout au fond les larmes, et voilà ce qui fait que l'on est, complétement, un poëte comique.

Saluez cependant sa majesté mademoiselle Contat. Le noble front ! le grand œil ! la ferme et éloquente diction ! Elle était grande, belle, imposante. La Florise du *Méchant*, la baronne de *Turcaret*, la Céliante du *Philosophe marié*, la comtesse Almaviva, et plus tard la Suzanne, la Julie du *Dissipateur* et la Julie de *la Coquette corrigée*, et enfin *madame Evrard*, telle était mademoiselle Contat. Elle était fantasque, bizarre, légère, tendre, impétueuse, indéfinissable, jolie au dernier point. Comme elle se serait moquée — la reine ! — des petites minauderies, des petits grimacements, des chatteries, des miaulements, de la fausse et misérable diction des petites Contat de ce temps-ci.

Arrive alors, moitié satin et moitié velours, moitié marquis et moitié soldat, Fleury lui-même. A peine au monde, Fleury jouait la comédie. Il poussait, à un degré incroyable, la fidélité historique, témoin son rôle de Frédéric II dans *les Deux Pages*. Longtemps avant la première représentation, Fleury avait porté l'habit de Frédéric, et aussi le chapeau, les bottes à l'écuyère et la canne. Il avait consulté les vieillards qui avaient vu le roi de Prusse à Berlin ; mais aussi quand il parut plié en deux, le corps penché de droite à gauche, l'air satirique et goguenard, chacun de s'écrier en pâlissant : — Le voilà, c'est le grand Frédéric !

Plus il s'éloigne des conditions d'autrefois, et plus l'amateur du Théâtre-Français se tient sur ses gardes. Son enthousiasme diminue à mesure qu'il approche des comédiens contemporains. Son souvenir est toujours bienveillant ; mais il est moins vif et moins chaud. Il donne en passant un regret à Armand ; Armand était un joli homme, bien vêtu, disant bien la comédie, et c'était tout. Il est mort très-vieux ; il est mort deux fois : c'est-à-dire que le bruit de sa mort avait couru un samedi, et comme il n'y avait pas de grandes nouveautés au théâtre ce jour-là, le feuilleton s'empara de la mort de M. Armand, et — il en fit un drame, une comédie, une chose en l'air. Même (on nous garantissait le bon homme mort dans les formes) il arriva que le feuilleton traita assez mal M. Armand, et vous jugez de l'étonnement du défunt lorsqu'il vit, par ce léger spécimen d'oraison funèbre, que sa gloire n'était acceptée que sous bénéfice d'inventaire. Il en eut une grande pique, ce qui ne l'empêcha pas de vivre encore une dizaine d'années comme un autre homme, après quoi il décampa pour tout de bon. Le maladroit! Il mourut un lundi; il mourut dans une semaine féconde en pièces nouvelles, et comme on avait déjà dit ce qu'il en fallait dire, le feuilleton ne parla pas davantage du bel Armand.

Il faut mourir à temps, si l'on veut faire un dernier bruit dans le monde des vivants. Tel s'est passé d'une louange méritée, pour avoir pris congé de la vie un jour de quelque première représentation. Tel autre obtient douze colonnes de louanges, pour être mort un jour de disette. Un bon mois pour mourir, c'est le mois d'août, le mois juin, le mois de juillet, mais le soleil est si beau, l'air est si doux, que l'on ne se hâte guère, alors tant pis pour vous, si vous mourez en carnaval!

L'amateur se souvient fort bien de mademoiselle Desgarcins, de sa voix touchante, pleine d'accents et de larmes; de mademoiselle Sainval, si belle dans l'*Émilie* de Cinna, dans l'Ariane abandonnée. — Madame Talma avait une voix charmante, à l'entendre pleurer, on se prenait à pleurer. — Mademoiselle Volnais excellait dans le rôle d'Agrippine. — Rien n'était plus joli et, disons-le, plus virginal et plus chaste que mademoiselle Bourgoin sous les longs voiles d'Iphigénie. — En fait de jolies femmes, œil tendre, avenant sourire, limpide regard, taille élancée, cœur qui bat au hasard, vous aviez mademoiselle Lange et mademoiselle Mézerai. Mademoiselle Lange jouait la comédie comme une rose sans épine; elle épousa un financier, et elle disparut, emportée, ou plutôt empêtrée dans cette fortune.

Mademoiselle Mézerai, au contraire, elle resta fidèle au théâtre, jusqu'à ce qu'elle fut obligée de disparaître au fond de l'abîme des petites Maisons. Singulier accident, quand il frappe ces gens heureux qui vivent de l'esprit des autres, et qui n'ont pas d'autres soucis que d'y mêler un peu de leur esprit!

Vous aviez aussi mademoiselle Rose Dupuis, sage, intelligente, agréable. Madame Sainval aînée, corps si frêle, âme si grande. Quand elle ne jouait pas la tragédie, madame Sainval se cachait sous un voile noir qui la couvrait de la tête aux pieds.

Vie austère et lugubre! — Pour cette femme, pas de joie et pas de repos, pas un sourire, tant elle avait pris au sérieux son rôle d'impératrice qui persécute, ou de reine persécutée. Cette reine, ainsi vêtue de noir et cachée sous le voile des parricides, j'aurais mieux aimé la voir dans la rue qu'au théâtre; elle m'eût fait peur davantage, et, sans qu'il le dise, je crois que le vieil amateur est de mon avis.

Dans les palais des reines, froids palais, tristes demeures qui tombent en ruines, colonnes renversées, sceptres brisés, trônes défoncés, nous avons madame Vestris, toute froide, toute blanche et parfois terrible. Cette femme avait du feu dans les yeux, et pas de sang dans les veines; on eût dit un fantôme évoqué par les passions de la terre. — Mademoiselle Raucourt, jeune encore et d'une beauté antique, mais abandonnée à des licences sans nom, à des passions sans frein; vous eussiez dit une statue descendue de son piédestal pour courir, à la suite de cette impératrice de Rome, au milieu de la nuit, pendant le sommeil du César.

Elle jouait les grands rôles : Agrippine de *Britannicus*, la Cléopâtre de *Rodogune*, Sémiramis, la Jocaste d'*OEdipe*, la Frédégonde de *Macbeth*, Athalie et Médée, des rôles que mademoiselle Georges a sauvés. Le vieil amateur se rappelle très-bien les débuts de mademoiselle Georges et sa lutte mémorable avec mademoiselle Duchesnois; lutte incroyable de ce merveilleux visage et de cette inépuisable inspiration! — Madame Paradol, mademoiselle Leverd, ce bon Lafond, le dernier des Tancrède et des Achille, des Xipharès et des Zamore, des Gengis et des Pyrrhus, ont leur place dans les regrets de l'amateur; de Talma et de mademoiselle Mars, l'amateur parle comme nous parlons tous, avec toutes sortes de regrets et de sympathies; la tragédie est morte avec Talma; la comédie aussi devait mourir avec mademoiselle Mars. — Je ne vais plus au Théâtre-Français, dit l'amateur, que pour voir mademoiselle Mars.

Ainsi parle le vieil amateur, et nous le trouvons quelque peu louangeur quand il parle des comédiens qui ne sont plus. A notre sens, le vieil amateur fait bien de l'honneur au théâtre d'autrefois de s'en occuper avec tant de soins et tant de zèle. A quoi bon, je vous prie, souffler sur ces cendres éteintes? A quoi bon ranimer ces passions inertes? Que nous fait à nous cette comédie passée de mode dans un théâtre vide, silencieux, obscur, et jouée par des fantômes? Amateur du Théâtre-Français, que je le plains, grands dieux! Avec beaucoup moins de peines, de soins et de dépenses, ce brave homme pourrait être un amateur de roses et de tulipes ; des roses qui renaissent tous les ans, des tulipes qui reprennent, à tous les printemps, leur manteau d'or et de pourpre. Éternelles beautés. Majestés éternelles!

Mais des comédiens morts! Des comédiennes épuisées! Des jeunesses anéanties, des têtes pelées, des visages ridés! Hélas! c'eût été aussi amusant pour vous d'écrire l'histoire de la bataille de Cannes ou de la bataille d'Austerlitz. Morts pour morts, j'aime mieux les morts qui ont laissé après eux, même du sang, même des ruines, que ces morts insaisissables et ridicules qui n'ont rien laissé, pas même un sourire sur les lèvres qu'ils ont égayées, pas même une larmes dans les yeux qu'ils ont fait pleurer.

La vie et l'action, voilà tout le théâtre ! A ces grandeurs évanouies, je préfère, sur leurs tréteaux, Bobêche et Galimafré, son compère ; à ce profane cimetière des comédiens évanouis, je préfère, eh oui! quand vient la semaine sainte, à l'heure où le printemps va s'ouvrir, où le théâtre est fermé pour un jour, je préfère, et de grand cœur, cette halle et ce marché qu'on appelle le *Café des Comédiens.*

LE CAFÉ DES COMÉDIENS.

Figurez-vous un trou noir et malsain, d'un aspect lugubre, situé près de la Halle-aux-Blés, où les Dorante édentés, les Célimène en cheveux blancs, les Dugazon en retraite, les Elleviou à la réforme, viennent chercher une planche, garnie d'un quinquet, afin d'y pousser un dernier soupir. C'est un spectacle à la fois plaisant et grotesque, triste et gai, et dont on ne peut jouir complétement que quelques jours avant le jour de Pâques. C'est l'heure, en effet, où tous ces pauvres diables, martyrs asthmatiques de la tirade et du couplet, s'en reviennent, du fond de leurs provinces grêlées, chargés de gloire et de misère. Misère intelligente et fière ; — à travers les haillons vous retrouvez facilement l'orgueil du grand seigneur, le drame et ses douleurs, la comédie et son rire. O toute-puissance de cet art fameux que ni la misère, ni l'abandon, ni la vieillesse de ses interprètes, tant que ces interprètes sont à l'œuvre, n'en puissent affaiblir la grâce, l'intérêt et la grandeur !

Ses ruines même ont une grâce ineffaçable. En vain, la misère et le haillon envahissent la comédie errante, cherchez bien dans ce silence, dans cette pauvreté, dans cet abandon, dans cet hôpital, dans ce rendez-vous des comédiens qui invoquent le pain et l'habit, le *victum* et le *vestitum* que promettait saint Paul à ses disciples, vous retrouverez l'odeur des cuisines fermées, des bouteilles brisées le bruit des gaietés envolées, le vestige, en un mot, de l'œuvre des maîtres, et je ne sais quel parfum d'atticisme qui vous fait deviner que Molière et Racine, Lesage et Corneille, quelquefois même Mozart et Rossini ont passé par ces ruines. — « Esclave, va-t'en dire que tu as vu Marius assis sur les débris de Carthage ! » Ceci pourrait s'écrire au fronton du *Café des Comédiens*.

A ce rendez-vous du talent sans feu ni lieu, de la vieillesse errante et de la médiocrité vagabonde, ces honorables mendiants de l'art dramatique arrivent dans toutes sortes d'attirails et se placent fièrement sur ces bancs vermoulus ; ils attendent qu'un autre pauvre diable de leur espèce, un directeur de province, les vienne passer en revue, comme ferait un amateur de chevaux de coucou ; — même, dans cette extrémité, jamais la gaieté ne les abandonne, jamais l'espérance ne s'envole de ces cœurs imbus de la plus précieuse des poésies, c'est-à-dire la plus rare, la plus merveilleuse, la plus difficile, la plus heureuse invention des hommes. La comédie, sous quelque forme qu'elle se présente, bouffonne ou sérieuse, triste ou gaie, en habit brodé ou en souquenille usée, avec la perruque de Louis XIV ou en queue rouge, sous l'habit de Célimène et sous la robe de Tartufe, elle est toujours la comédie. Elle plaît, elle charme, elle attire, elle passionne les hommes assemblés ; eh ! mon Dieu ! ne prenez pas en pitié ce Bobêche, ne dédaignez pas cet admirable Galimafré, ils sont les arrière-petits-cousins des petits-cousins de Molière. Ils sont plus nobles que bien des rois !

BOBÈCHE ET GALIMAFRÉ. — MADAME SAINT-AMAND.

Bobèche, de son vivant, je veux dire du vivant de son esprit, de sa gaieté et de son indolence (il ne songeait pas en ce temps-là à visiter le *Café des Comédiens*), jouait sur un tréteau du boulevard du Temple, le rôle de Jocrisse. Mais c'était un si admirable Jocrisse, il était si naïf, si malheureux, si étonné; il était toujours si nouveau, il se mêlait avec tant de bonheur aux plus terribles événements politiques de son temps, il avait des formules si heureuses et si nettes, pour juger les hommes et les choses; il remplaçait si bien la liberté de la presse dont il était le seul et le courageux représentant, qu'il était impossible, même aux esprits les plus distingués, de ne pas se plaire à ces saillies toujours renouvelées, souvent burlesques, quelquefois éloquentes, à cette malice sans fiel, à cette grâce sans art; facile et fugitive conversation d'un bouffon qu'on aime, et qui parle d'autant plus volontiers avec son auditoire, qu'il l'amuse gratis aux bagatelles de la porte.

Le sang-froid de Bobèche était inimitable; il n'aurait pas ri, quand bien même on l'eût fait maréchal de France : c'était un bouffon sérieux de la bonne qualité des bouffons. Plus l'Empire allait de victoire en victoire, et plus Bobèche était grave et calme. Il représentait à merveille cette partie de la société qui se compose de goguenards de sang-froid; aussi était-il le favori des intelligences les plus avancées, et l'on cite encore tel homme d'État de l'Empereur qui dans les affaires les plus importantes, commençait sa journée par Bobèche.

Galimafré, au contraire, était le représentant de la vraie joie, de cette bonhomie sans façon toujours prête à rire de tout, et même des plus terribles événements de la vie. C'était un homme gros, court, réjoui, vêtu en paysan, rubicond. Les mains dans ses poches, il riait aux éclats; il se démenait de toutes ses forces, il était alerte, il était bruyant, il était heureux, il était enfariné. Il s'adressait à tous les instincts du peuple; il lui parlait de bonne chère et de gros vin, et de poudre à canon : il était tout à fait le bouffon comique, facile à gouverner, à qui l'opposition eût fait peur, et qui trouvait que tout était pour le mieux dans le meilleur des mondes possibles, pourvu que du haut d'un tréteau solide il se rechauffât à quelque bienfaisant rayon de soleil, quatre ou cinq fois par jour.

Malheureusement, il arriva qu'un beau jour l'ambition saisit Bobêche, que l'ennui s'empara de Galimafré. Bobêche se voyant le seul homme qui osât faire de l'opposition sous l'Empereur, conçut l'idée de se faire tout de bon un comédien, et de changer ses planches en plein vent contre un théâtre. Galimafré, las de rire aux éclats, voulut rentrer dans la vie vulgaire. Bobêche perdit tout, en perdant ses tréteaux; il perdit sa gaieté, il perdit sa verve imprudente, il perdit la liberté de son sarcasme, il fut soumis à la censure comme eût pu l'être un sénateur, il fut oublié le jour même où il ne fut plus qu'un jocrisse.

De son côté, Galimafré, en renonçant à sa folle gaieté, fit perdre à Paris son meilleur quart d'heure de chaque jour; on ignore ce qu'est devenu Bobêche; peut-être, à l'heure qu'il est, est-il le domestique battu et non payé d'un arracheur de dents. Galimafré est aujourd'hui un sage machiniste de théâtre; il ressemble à l'homme de Lucrèce, qui contemple d'un œil serein et du haut de son rocher les tourmentes de la pleine mer; il dispose les forêts, il arrange les salons, il prépare les cavernes, il ouvre et il ferme les indiscrets boudoirs, il marche d'un pas assuré dans cette arène glissante du théâtre; il trouve que ce sont là bien des préparatifs inutiles, et qu'avec quatre chandelles, un morceau de tapisserie, un brin de farine, un vieux paravent et un peu d'esprit comptant, on produisait, de son temps, beaucoup plus d'effet que n'en produisent aujourd'hui, les solennelles, burlesques et ennuyeuses machines du *grand Opéra!*

L'un et l'autre de ces héros de la grosse gaieté et de la farce populaire, ils ont évité, par fortune, les deux écueils des comédiens dont le public ne veut plus, — le *Café des Comédiens*, et l'arrière-boutique du *Café des Comédiens*, l'hôpital. — Le mot est dur, il est vrai. Le comédien est resté l'être imprévoyant par excellence, l'enfant du hasard, le bohémien, le frondeur, le bon vivant. D'un pareil comédien, nous vous dirons l'histoire tout à l'heure; il s'appelait Rosambeau; sa vie entière s'est passée au milieu de la foule ingrate, sur les grandes routes et dans le Café des Comédiens. Ces braves gens ont gardé la mémoire de Rosambeau; de cette vie abandonnée à l'heure présente, ils n'ont pas été étonnés que je sache. Et de quoi se peuvent-ils étonner! Ils ont passé, dès l'enfance, par tant de fortunes diverses! « *Nihil humani a me alienum puto!* » disent-ils avec le poëte!

Ils se sont habitués de si bonne heure à porter tour à tour le haillon et la pourpre, que pour eux tout haillon est un manteau de pourpre. A leurs voix puissantes se sont agités les peuples, sont tombés les empires, ont disparu les dynasties; que voulez-vous qu'ils s'inquiètent de n'être pas entendus aujourd'hui? Ils ont passé leur vie parmi tant de péripéties cruelles ou imprévues, que voulez-vous qu'ils s'inquiètent de leur sort de demain? Ils ont eu, de leur vivant, en avancement d'hoirie un grande quantité de trésors inestimables : la joie et l'esprit, la gaieté, le hasard, la grâce et la faveur des Bohémiens, ils en ont l'insouciance.

Autour d'eux tout le monde *a vieilli*, — et parmi toutes ces vieillesses, ils ne reconnaissent que deux jeunesses éternelles, leur propre jeunesse et celle des chefs-d'œuvre qu'ils ont appris par cœur, en suçant le lait de leur nourrice. — Pauvres gens, braves gens, que rien n'abat, que rien ne décourage. Ils sont venus au monde apportant, pour tout capital, beaucoup d'esprit, beaucoup d'amour, beaucoup de jeunesse; ils ont dépensé avec une profusion étourdie ce précieux capital, et maintenant qu'il ne leur reste plus guère que la menue monnaie de ce fugitif trésor, ils vont où Dieu les pousse. — Ils meurent deux fois, le jour de la mort, et le jour où ils quittent les premiers rôles. Eh! le jour où Valère s'appelle Orgon, est plus dur cent fois que le jour où M. Orgon disparaît de l'affiche des vivants.

Dites-moi ce que deviennent les vieux comédiens, et je vous dirai ce que deviennent les vieilles lunes. Ils passent sur la terre en déclamant, puis tout d'un coup ils se perdent dans un grand silence. Ils portent aux hommes assemblés, le rire et les larmes, l'amour et la haine, la passion et la terreur, puis tout d'un coup les hommes les oublient, à peine leurs larmes sont-elles séchées. Il y a une retraite, il y a un asile, il y a un hôpital pour tous les invalides de ce monde; pour les invalides de l'art dramatique, il il n'y a que le Café des Comédiens, c'est-à-dire un hôpital sans repos. Mais où est le comédien qui se repose? où est le comédien qui renonce tout à fait à ses joies, à ses transes, à ses délires? où est le comédien, qui tôt ou tard, vieux, malade, infirme, délaissé, abandonné, privé de sa beauté qui était sa force, ne vienne encore se traîner sur les bancs du *Café des Comédiens?*

Notez bien que si je dis le comédien, je dis aussi la comédienne ! Un moment arrive, et bientôt, où la comédienne n'est plus d'aucun sexe ; alors, elle aussi, elle s'en va, résolue, au *Café des Comédiens*, implorant une place de servante en quelque tripot dramatique. — Ah ! moins que rien, un coin pour vieillir, un coin pour mourir. Ainsi vous avez vu disparaître madame Saint-Amand, un enfant perdu, ou, si vous aimez mieux, un enfant trouvé de Molière. Elle était venue au monde dans la propre maison de M. Orgon ; Damis a été son parrain, et dans cette importante affaire M. Damis avait choisi Dorine pour sa commère, ce qui vous explique l'esprit, la verve et en même temps le bon goût de la jeune catéchumène... Donc l'enfant grandit sous les chênes touffus, au bord des ruisseaux, à l'ombre des bocages en fleurs ; fleurs de chiffons, chênes en bois peint, ruisseaux tracés sur la toile. Il y a, voyez-vous, du printemps, du soleil et des fleurs pour tous les enfants de ce monde ! A quinze ans, l'enfant était une jolie fille à la mine éveillée, à la taille fluette, autour de cette jolie taille elle attachait déjà le tablier vert d'Isabelle.

Que ses yeux étaient beaux alors ! que son sourire était limpide ! Sa main était comme une flamme qui passe ! Elle se laissait embrasser et enlever, une demi-douzaine de fois chaque soir ; sa tête était pleine de beaux vers, son cœur plein de nobles passions ; elle rajeunissait le vieux velours à force de beauté, elle rendait son éclat au vieux satin à force de jeunesse. Qu'importe que le vase où l'on boit soit ébréché, quand on est jeune ? la dent recouvre la brèche du vase, de son émail plus blanc que la porcelaine de Sèvres. En ce temps-là, vous auriez mis un bas troué à cette jambe, toute la ville eût demandé en quel lieu donc l'enfant avait acheté ces bas brodés à jour ? Ainsi elle a mis à profit sa jeunesse, et chacune de ses belles heures a glissé comme les grains d'un chapelet d'ambre et d'or entre les mains d'une jeune dévote priant le bon Dieu pour son amant qui va venir.

Hélas ! et sitôt est venue à la suite de la première jeunesse, de la vraie, une seconde jeunesse, et avec cette jeunesse de seconde main sont venus les rôles de la grande coquette ! Célimène a frappé à la porte d'Isabelle ; puis Célimène s'est appelée Arsinoé, puis enfin Arsinoé est devenue madame Pernelle. Sous ce dernier nom nous l'avons aimée, et certes il ne fallait pas un grand instinct pour deviner que l'amour et la comédie avaient passé par là.

Maintenant, madame Pernelle a vu démasquer son dernier Tartufe. De toute la famille qui l'entourait, plus rien ne reste. Elle reste seule, seule et pauvre, et la voilà bien étonnée de ne plus avoir un petit coin de terre à habiter, elle à qui autrefois appartenaient en propre, de si beaux domaines dans le pays des Climènes. Donc, elle prend, encore une fois, sa longue canne à pomme d'or, et elle va frapper à toutes les portes, la charmante vieille, et aux jeunes qu'elle rencontre, elle sourit en leur disant :

— Jeunes gens, venez en aide à votre grand'mère ! Prêtez-lui un peu de votre esprit, afin qu'elle puisse acheter son dernier manteau. Jeunes gens, chantez pour moi quelques petits couplets, faites pour moi une ou deux pirouettes ! — Déclamez pour moi votre tirade la plus amoureuse, ma chère fille ; pour moi qui vous ai vue naître et grandir. Hélas ! de notre temps, nous appartenions corps et âme à l'art dramatique, c'était là toute notre vie. Molière, notre père, avait soin de nourrir ses enfants. Chaque jour nous apportait son pain et son esprit. Nous étions les vagabonds de l'art dramatique, et nous remplissions à merveille notre emploi qui était de faire rire, quand nous passions quelque part, le cœur, l'esprit et le nez au vent.

Autrefois nous n'étions pas de grands seigneurs bien payés, bien repus, et les caisses d'épargnes n'étaient inventées pour personne. Nous vivions un peu au hasard ; or, le hasard est un grand bon dieu, depuis quinze ans jusqu'à cinquante ; passé cet âge, le dieu devient dur et cruel ; à quinze ans nous étions les enfants chéris de ce dieu-là, nous sommes à peine ses bâtards, à soixante.

Allons, venez à mon aide, enfants, je n'ai rien à me reprocher, car j'ai été fidèle toute ma vie à la comédie, notre mère-nourrice. Quand j'ai été riche, toute ma fortune a passé à me faire belle et parée ; je rendais ainsi au parterre ce qu'il m'avait donné, et le reste, je le donnais à de pauvres diables que nous trouvions en chemin, les mains gelées sur leur fusil. — Venez à mon aide, je sais par cœur tout le répertoire dramatique, et je pourrais le réciter dans les rues, comme faisaient les rapsodes pour les vers d'Homère. Allons, allons, laissez-vous attendrir, parce que je suis vieille et rieuse, parce que je suis pauvre et seule. Une autre viendra demain, riche, jeune et jolie, vous demander ce que je vous demande aujourd'hui? Et pourquoi faire, je vous prie? Pour acheter un collier de plus!

Ainsi elle parle, ainsi elle va de porte en porte; elle est comme le passant dont il est parlé dans l'histoire de Sparte : — *Passant, va dire à Lacédémone que nous avons vécu!* Heureuse encore, la pauvre vieille qui peut sonner ainsi le glas funèbre de la représentation *à bénéfice*, afin d'acheter quelque petites rentes viagère qui la console de tout l'argent qu'elle a gaspillé dans sa vie, heureuse, si elle ne meurt pas de regret et de douleur comparant son abandon, sa pauvreté et sa misère avec le luxe, la fortune et les scandales de ces fausses comédiennes dans la soie et dans l'or qui donnent à peine à la bonne vieille un regard de pitié. — Luxe menteur! vice impitoyable! Ces fortunes ne sont faites que pour le vice, et celui-là se tromperait qui voudrait y atteindre honnêtement; ainsi, croyez-moi, esprit ou génie, ou courage, ou talent, n'usez pas votre tête et votre cœur dans les travaux de la science, gardez-vous de remporter des batailles ou d'écrire ces beaux poëmes que chante l'avenir, soyez tout simplement un comédien quelque peu aimé du public, une danseuse au tendre sourire, un bouffon amusant, un tragédien qui fait pleurer.

Ce n'est pas, à Dieu ne plaise! que je veuille déclamer contre la facilité de ces fortunes comiques. Au contraire, je trouve que cela est de bon goût pour une grande nation comme est la nôtre, de payer beaucoup trop les gens qui l'amusent, sauf à ne rien donner à ceux qui la servent. — Un histrion qui gagne cinquante mille livres par an, disait un lieutenant-général à Lekain. — Eh! comptez-vous, pour rien, Monsieur, le droit de me parler comme vous faites, répondait Lekain. — Lekain avait raison! tout comme les comédiennes ont raison d'être belles, pimpantes, et parées! L'illusion n'est pas gênée, au contraire, par les apparences extérieures de la fortune! Je ne veux pas que Jules César, soit obligé de s'enfuir devant son bottier; je ne veux pas qu'Iphigénie demande un sursis de huit jours, à sa marchande de modes. La belle œuvre quand Célimène arrivera traînant encore après sa robe, la paille pourrie du fiacre qui l'a portée! Même à Dorine je ne reconnais pas le droit de porter des socques. Comme aussi M. le marquis de Moncade ne peut pas mettre deux fois les mêmes gants, ou porter le même jabot deux fois! Habituez de bonne heure vos comédiens à l'élégance, à la dépense, à la prodigalité. Donnez-leur tout l'argent dont ils auront besoin et même l'argent du jeu, comme cela se faisait chez le surintendant Fouquet pour les courtisanes de Louis XIV, mais à une condition : que cet argent que donne le public à ses comédiens ordinaires soit loyalement dépensé. Le public prodigue cet argent-là pour qu'il soit prodigué. La caisse d'épargne doit être expressément défendue à ces enfants perdus de Corneille et de Molière. Un comédien qui achète des rentes vole le public. Une comédienne qui place son argent manque à sa vocation, qui est de le dépenser sans s'inquiéter du reste. *De usu licito pecuniæ* : c'est un petit traité de saint Ambroise, à l'usage des comédiennes qui portent leur argent à la Caisse d'Épargnes, et des comédiens qui placent leurs économies, dans le trois et le cinq pour cent !

DIDEROT. — LE PARADOXE DU COMÉDIEN.

Un homme qui doit être compté parmi les fondateurs du journal moderne, un maître écrivain qui jetait sur le papier son esprit et son âme à tout hasard, Diderot, s'est beaucoup occupé de l'art du théâtre et de l'art des comédiens. Il aimait le théâtre, ou tout au moins il en aimait le bruit, le mouvement, le détail ; il aurait eu honte d'être *le spectateur tranquille de la nature humaine;* il disait qu'il était bon qu'il y eût au parterre un homme d'un génie ardent, afin que le regard de cet homme et son suffrage arrivant au comédien, l'encourageassent à bien dire et à bien faire.

Il ne faudrait pas beaucoup d'hommes de cette trempe dans une salle de comédie ; ils y feraient une émeute. Ils auraient des sourires à tout briser, des regards à tout brûler ! — *Ah! monsieur Diderot, que vous êtes beau*, lui disait Sedaine un jour où Diderot racontait une de ses propres comédies! Il devait être, en effet, si beau, écoutant, applaudissant, sifflant, que le regard du spectateur laissait le comédien pour s'arrêter sur cet auditeur qui avait dix coudées. — Tête intelligente, active passion, cœur généreux ; il avait l'intuition de tant de choses ! Il savait par cœur, aussi bien qu'elle-même, le jeu parfait de mademoiselle

Clairon ; il devinait, il pressentait mademoiselle Dumesnil et sa sublime singerie! Il adorait mademoiselle Gaussin qui jouait *la Pupille* à cinquante ans; il disait avec mademoiselle Duclos: — « Ris donc, parterre! au plus bel endroit de la pièce. » Le premier il avait encouragé le fils de Lesage, Montménil, lorsqu'il le fit voir à son illustre père dans *les Fourberies de Scapin!* Il aimait l'emphase, il aimait la déclamation, il aimait l'éloquence à haute voix, comme on aime les couleurs voyantes; il disait : « Est-ce bien moi qui ai fait cela? » et il pleurait, comme un enfant, aux beaux passages du *Père de famille*.

« Oui, disait-il, parlant de sa comédienne, je suis content de son âme, de sa voix, de ses entrailles, de ses gestes, de son maintien! » et à lui seul il tenait tout le spectacle avec un bruit, un enthousiasme, une fête! Ou bien il s'irritait, il se fâchait, il était hurlant; il montrait d'un doigt indigné, ce vil Palissot, le dénonciateur Palissot « l'auteur fameux, non pas célèbre, des *Philosophes*, » et il jurait qu'il le voulait tuer *à grands coups de pied dans le ventre!* Et Dieu sait s'il inquiétait la garde et le commissaire, et Dieu sait s'il avait une armée à sa suite et s'il jugeait sans appel! Même d'une pièce déchirée il savait relier et sauver les meilleurs lambeaux! Même dans une parole il devinait tout un drame. Il a pleuré, entendant raconter un jour cette parole touchante de madame de Mailly. Elle était à l'église, à genoux et les mains jointes. Une bourgeoise, en passant, dit à sa camarade : — Voilà une catin! — « Puisque vous la connaissez, reprit madame de Mailly, priez pour elle! »

« — La drôlesse, disait Diderot, ça doit être la femme à Palissot! » Que vous étiez une mouche admirable à faire bourdonner cette grande ruche qu'on appelle *la société*, ami Diderot! Oh! disait-il encore, et il avait raison, les ineptes et sottes créatures que nous serions, si nous ne savions que ce que nous avons lu! » Aussi bien il ne lisait guère, il voyait beaucoup; il aimait la rue et le sentier, la ville et le faubourg, la taverne et le salon; il fréquentait l'église et la coulisse; il était tout ensemble l'architecte français qui sait dire, et l'architecte athénien qui sait faire; il s'étendait et se confiait à qui voulait l'entendre, et riait bien haut quand il voyait passer l'abbé Morellet, « les coudes serrés en dedans pour être plus près de lui-même. »

Il aimait le point d'interrogation, le point d'interjection, tous les points qui n'arrêtent pas la phrase, lancée au galop. Il disait de son propre sophisme, « que les sophismes d'un homme d'esprit ne sont jamais inutiles, et que le paradoxe a bien son prix, quand il fournit une bonne thèse à l'éloquence ! » Il détestait les coquins et les lâches, les flatteurs et les traîtres, les bandits vautrés dans la fange ! Il ne comprenait pas certaines attitudes de la servitude volontaire ; il riait de ces malheureux qui disent sans rougir : « je bois de la cymbale et je mange du tambour, » qui font de la calomnie une vertu, de la délation une gloire ! Il haïssait les faquins, les beaux parleurs et les écrivains compassés :

« Écris, écris, disait-il de M. Suard, tu ne seras jamais qu'une poule qui a couvé des œufs de cane ! » Il exécrait la bassesse et les basses œuvres ; d'un poëte bien venu à la cour : — « Le roi, disait-il, dont il faisait les amusements, ce qui n'est pas toujours un éloge. »

Dans la classe bipède des hommes, il ne tolérait l'intolérance que pour les choses de goût ; s'il était intolérant en poésie, en comédie, en tableaux, en statues, en éloquence, il avait pour ceux qu'il admirait, une coupe remplie de nectar, comme on porte une boîte de ces bonbons que l'on tire de sa poche et qu'on offre aux femmes, et aux enfants, sans que jamais on y touche soi-même.

Il faut l'aimer quand on veut écrire, et l'honorer de toutes ses forces, cet énergique et immense Diderot. Pour quiconque aspire à l'honneur de parler au public, dans ces feuilles changeantes, chères à la multitude éclairée, il est nécessaire d'étudier l'esprit, l'allure et la véhémence de Diderot. Même quand il s'enivre de son propre bruit, son ivresse est belle, et ne ressemble pas à la fausse ivresse des cabarets et des tavernes où se boit à grands traits, le vin frelaté. Que de belles pages il a perdues ! Que de belles pages il a données à son voisin ! Que de livres il a fait signer par ses amis, par le baron d'Holbach, par le baron de Grimm, par l'abbé Raynal ! Quel grand critique en toutes les choses, où il pouvait placer un peu de son âme, un peu de son cœur ! *Le paradoxe sur le comédien !* L'admirable découverte, ce *paradoxe sur le comédien !*

Étudiez ce beau livre ; il vous démontrera tout d'abord que le vrai comédien doit avoir des actions de grâces à rendre à la nature autant qu'à l'étude. Il faut avant tout que la nature ait donné au comédien, les qualités de la personne, à savoir : la figure, la voix, le jugement, la finesse ; il obtiendra plus tard, de l'étude et d'un travail assidu, l'usage du monde, l'expérience du théâtre et la connaissance du cœur humain. Fi ! du comédien imitateur qui copie assez bien toutes choses, mieux vaut cent fois le *comédien de nature*, atroce aujourd'hui, demain sublime ! Le premier n'a rien à espérer de plus ou de moins que ce qu'il a déjà ; le second peut tout demander à l'avenir ; il peut deviner, il peut comprendre ce qu'il ignore ; il peut trouver en lui-même la vie et l'accent des éloquentes paroles ; il peut réveiller la passion endormie au fond de son cœur ; il est un grand *peut-être*, il est un grand hasard ; tenez-vous-en à celui-là, et cependant ne comptez pas qu'il sera bon, ce soir, parce qu'il a été admirable, hier.

Il n'y a que le comédien médiocre qui soit excellent tous les jours, à toute heure, au moment venu, quand tout est bien mesuré, combiné, appris, ordonné dans sa tête ; il n'y a que celui-là qui retrouve, à l'heure dite, la voix, la pose et le geste qui lui ont réussi une première fois ; une glace ne montrerait pas les objets avec une plus édifiante précision.

Regardez mademoiselle Clairon. Quand une fois elle a disposé dans la chambre obscure de son cerveau rétréci, l'héroïne qu'elle doit représenter, elle reste jusqu'à la fin dévouée et fidèle à cette image qu'elle s'est tracée, et quoi qu'il arrive, elle n'ira jamais plus loin que cette ligne où son imagination s'est arrêtée en son travail ; — telle qu'on la voit le premier jour, telle elle sera cent jours après. C'est elle, la voilà, la voici, vous la savez par cœur.

Tout au rebours, la Dumesnil déchaînée ! A peine lâchée, elle va, elle vient, elle fait bondir la planche ébranlée. Elle s'arrête, elle attend, elle se passionne, elle accomplit quelque intime opération, semblable au travail du poëte ; elle obéit à l'impulsion surnaturelle, elle obéit à sa tête, elle obéit à son cœur, c'est la Dorval anticipée, à côté de mademoiselle Mars, correcte et calme en ses plus grands écarts. Ce n'est pas une pleureuse, à coup sûr ; ce n'est pas une nonchalante ; elle a en elle-même le secret d'un art qui est au delà même du grand art.

En deçà — au delà, qu'importe ? Elle n'est pas dans la coutume, elle n'est pas dans l'usage ; elle crie, elle parle, elle se plaint, elle gémit, elle ne sait rien des choses convenues : la voix qui tremble, les larmes qui coulent, les sons étouffés, les genoux vacillants, le frémissement de tous les membres, — et — la plupart du temps, c'est à grand'peine si le parterre la supporte. Il se fatigue, il s'impatiente, il trouve que c'est payer trop cher un beau cri, un beau geste, un beau regard ; d'où il suit « que l'extrême sensibilité fait les acteurs médiocres, que la sensibilité médiocre fait la multitude des mauvais acteurs, et que le manque absolu de sensibilité prépare les acteurs sublimes. » *Les larmes du comédien descendent de son cerveau, celles de l'homme sensible montent de son cœur ;* le comédien pleure comme un prêtre incrédule qui prêche la passion, comme un séducteur aux pieds d'une femme qu'il n'aime pas, mais qu'il veut tromper, comme un gueux dans la rue ou à la porte d'une église, — et qui vous injurie, aussitôt qu'il a vu que rien ne peut vous toucher ; — telle encore une courtisane qui ne sent rien, et qui se pâme entre vos bras.

Quoi de plus juste, à tout prendre, et de quel droit viendriez-vous exiger de cette créature à part qu'elle se passionnât d'une passion vraie, et qu'elle fût sincèrement Auguste, Cinna, Cléopâtre, Mérope, Agrippine? *Être vrai!* cela veut-il dire que le théâtre va nous montrer les choses comme elles sont en nature? Allons donc, on se moquerait de vous et vous feriez grande pitié si vous tombiez dans la vérité triviale, la vraie et pure vérité. « La vérité du théâtre consiste en ceci : la conformité des actions, des discours, de la voix, du mouvement, du geste, de la figure, avec un modèle idéal imaginé par le poëte, et souvent exagéré par le comédien. » C'est pourquoi il ne faut pas s'attendre à reconnaître *à la ville,* l'homme que l'on a vu agir sur un théâtre. « Ah ! disait Diderot à mademoiselle Clairon, je vous croyais plus grande de toute la tête. » Diderot aurait pu raconter à ce propos que lorsqu'il fallut mesurer le roi Louis XIV au cercueil, ses médecins eux-mêmes furent étonnés que le roi n'eût que cinq pieds deux pouces. Il avait, de son vivant la taille des héros d'Homère, vingt coudées !

Et l'étrange chose aussi que dans cet art du théâtre, un comédien dépende absolument du comédien qui joue avec lui, tout comme un bon joueur de whist dépend de son partner! J'ai conçu un rôle grandement, il me faudra descendre de ces hauteurs rêvées, si je veux être au niveau du pauvre diable avec qui je suis en scène. — Art étrange! où c'est l'homme qui se possède le mieux, qui se livre aux plus féroces emportements; où c'est le cœur froid qui exprime le mieux les tendresses de l'amour; où les beaux rôles de la jeunesse appartiennent, par droit de conquête, aux hommes et aux femmes d'un âge mûr. — Baron jouait, à soixante ans, le comte d'Essex, Xipharès et Britannicus. Molé, à son début, était un automate. — Deux jeunes gens amoureux l'un de l'autre, vont manquer tout à fait la scène charmante du *Dépit amoureux;* eh bien! cette scène du *Dépit amoureux* fut jouée admirablement par un homme et une femme qui se disputaient, en plein théâtre, et dont la dispute, mêlée aux roucoulements de ces vingt ans, fut notée, on le croirait, par notre ami Diderot :

ÉRASTE.

Non, non, ne croyez pas, madame,
Que je revienne encor vous parler de ma flamme.

La Comédienne : — Je vous le conseille.

ÉRASTE.

C'en est fait;

La Comédienne : — A la bonne heure!

ÉRASTE.

Je me veux guérir, et connais bien
Ce que de votre cœur a possédé le mien.

La Comédienne : — Plus que vous n'en méritiez.

ÉRASTE.

Un courroux si constant, pour l'ombre d'une offense...

La Comédienne : — Vous, m'offenser! je ne vous fais pas cet honneur.

ÉRASTE.

M'a trop bien éclairé sur votre indifférence;
Et je dois vous montrer que les traits du mépris

La Comédienne : — Le plus profond.

ÉRASTE.

Sont sensibles, surtout aux généreux esprits.

La Comédienne : — Parlez-en, un généreux !

ÉRASTE.

Je l'avouerai, mes yeux observaient dans les vôtres
Des charmes qu'ils n'ont point trouvés dans tous les autres,

La Comédienne : — Ce n'est pas faute d'en avoir vu.

ÉRASTE.

Et le ravissement où j'étais de mes fers,
Les aurait préférés à des sceptres offerts.

La Comédienne : — Vous en avez fait meilleur marché.

ÉRASTE.

Je vivais avec vous,

La Comédienne : — Vous en avez menti !

ÉRASTE.

Et je l'avouerai même
Peut-être qu'après tout j'aurai, quoique outragé,
Assez de peine encore à m'en voir dégagé.

La Comédienne : — Cela serait fâcheux !

ÉRASTE.

Possible que malgré la cure qu'elle essaie
Mon âme saignera longtemps de cette plaie.

La Comédienne : — Ne craignez rien, la gangrène y est.

ÉRASTE.

Et qu'affranchi du joug qui faisait tout mon bien
Il faudra me résoudre à n'aimer jamais rien.

La Comédienne : — Vous trouverez du retour.

ÉRASTE.

Mais enfin il n'importe, et toute votre haine
Chasse un cœur tant de fois que l'amour vous ramène.

C'est la dernière ici des importunités
Que vous aurez jamais de mes vœux rebutés.

Lucile alors reprend l'entretien, et c'est le Comédien qui fait *l'a parte* de la Comédienne.

LUCILE.

Vous pouvez faire aux miens la grâce tout entière
Monsieur, et m'épargner encor cette dernière.

Le Comédien : — Mon cœur, vous êtes une insolente, et vous vous en repentirez.

ÉRASTE.

Eh, bien, Madame, eh bien! ils seront satisfaits.
Je romps avecque vous, et je romps pour jamais
Puisque vous le voulez, que je perde la vie
Lorsque de vous parler je reprendrai l'envie.

LUCILE.

Tant mieux, c'est m'obliger.

ÉRASTE.

. Non, non, n'ayez pas peur

La Comédienne : — Je ne vous crains pas.

ÉRASTE.

Que je fausse parole; eussé-je un faible cœur
Jusques à n'en pouvoir effacer votre image,
Croyez que vous n'aurez jamais cet avantage

La Comédienne : — C'est le malheur que vous voulez dire.

ÉRASTE.

De me voir revenir.

LUCILE.

Ce serait bien en vain.

Le Comédien : — Ma mie, vous êtes une fieffée gueuse à qui j'apprendrai à parler.

ÉRASTE.

Moi-même, de cent coups je percerais mon sein.

La Comédienne : — Plût à Dieu !

ÉRASTE.
Si jamais j'avais fait cette bassesse insigne.

La Comédienne : — Pourquoi pas celle-là après tant d'autres?

ÉRASTE.
De vous revoir après ce traitement indigne!

Ainsi ils déchiraient ces beaux vers, comme autant de vieux linge; ainsi ils se disaient des gueulées en récitant l'ode amoureuse, et quand Lucile dit à Éraste : *Ramenez-moi chez nous!* Éraste serre le bras de Lucile à la faire crier.

Certainement si les gens du parterre pouvaient, la plupart du temps, entendre ce qu'ils se disent en plein théâtre, *sotto voce*, ces Comédiens et ces Comédiennes qui semblent tant animés de l'ardeur dramatique, il prendrait en haine et en dégoût cet art misérable, exposé à de pareils mensonges. On représente une œuvre considérable qui tient le public attentif; on rit, on pleure, on s'extasie, on crie, on menace, on promet, et dans l'intervalle des différents couplets de cette passion, ces messieurs et ces dames se disent toutes sortes d'impertinences qu'ils devraient réserver pour la coulisse : — *Où soupes-tu ce soir? — Fi le vilain boudeur qui se fâche! — Est-ce qu'on songe au chevalier?* Un soir Mademoiselle Gaussin expire entre les bras de Paulin, la salle est en larmes, l'amante est en pamoison, l'amant la rappelle en sanglotant : — *Ah! que tu pues!* dit la princesse au prince amoureux.

Autre exemple : au moment où Lekain sort du tombeau de Ninias, les yeux hagards, les cheveux hérissés, dans toute la fantasmagorie horrible d'un homme qui a vu un fantôme, Lekain voit à ses pieds une pendeloque en brillants, et du pied, il repousse la pendeloque dans la coulisse. Moi qui vous parle (ce n'est pas Diderot!) j'ai vu un grand comédien de ce temps-ci, au milieu d'une tirade énorme, en plein monologue, perdre au même instant, et d'un seul coup les trente-deux dents qui remplissaient sa mâchoire. O douleur! le funeste râtelier tombe aux pieds de ce prince malheureux, et voilà notre héros qui se baisse et qui ramasse, en disant je ne sais quoi, cet instrument à demi brisé de son éloquence. Il fit mieux, il le remit en place, et retrouvant cet ornement de sa parole, il reprit le fil de son discours à la Tragaldabas.

J'aime assez cependant cette définition de Sénèque, de l'homme en général, et du comédien en particulier : « l'homme (et le comédien) dit-il, est un animal naturellement élégant, et fait pour les beaux arts. » *Munda vestis electio appetenda est homini : naturâ enim homo mundum et elegans animal est.*

Ce sont les miracles du sang-froid. Si Tragaldabas eût été vraiment ivre, il n'eût pas retrouvé sa mâchoire béante à ses pieds. Le sang-froid ! le sang-froid ! « Un acteur est pris de passion pour « une actrice. Une pièce nouvelle les met par hasard en scène « dans un moment de jalousie. La scène y gagnera si l'acteur est « médiocre, elle y perdra s'il est un habile homme. Alors, en « effet, le grand comédien amoureux de son Isabelle ou de sa « Lucile, devient lui-même ; — s'il joue en ce moment la comédie, « il la joue pour son propre compte, et ne songeant qu'à ses « amours, le voilà bien loin d'être le modèle idéal et sublime qu'il « s'est fait d'un jaloux... Un moyen sûr de jouer petitement, mes- « quinement, c'est de jouer son propre caractère. Vous êtes un « *tartufe*, un *avare*, un *misantrope*, vous jouerez le rôle, mais « vous ne ferez rien de ce qu'a fait le poëte : il a fait *le* tartufe, *le* « misantrope, *l*'avare, et non pas un certain avare, un certain misantrope, un tartufe exceptionnel. »

Le grand comédien est tout... il n'est rien ! — « Un grand comédien n'est pas un piano, une harpe, un violon, un violoncelle ; il n'a point d'accord qui lui soit propre, mais il prend l'accord et le ton qui conviennent à sa portée. » Il est tout. « Celui-là qui, dans la société, a le malheureux talent de plaire à tout le monde, n'a rien qui lui appartienne et qui le distingue des autres hommes. Il parle toujours, et toujours bien ; c'est un adulateur de profession, c'est un grand courtisan. » C'est un grand comédien — il n'est rien !

Un grand comédien est un pantin merveilleux dont le poëte tient la ficelle. Encore une fois, c'est Dieu lui-même, et après Dieu ce sont les poëtes qui tiennent le fil de cette exquise sensibilité des êtres raisonnables. C'est un des priviléges de l'âme humaine d'obéir, d'un mot, d'un rien, d'un souffle, à la vivacité de l'imagination, à la délicatesse des nerfs, aux plus imperceptibles sensations! Voilà la force ingénue, irrésistible, qui incline le spectateur à compatir, à frissonner, à admirer, à craindre, à se troubler, à pleurer, à se trouver mal, à partager avec des angoisses, avec des rires, avec des larmes, la moindre parole chappée au poëte : — Allons, fuyons, accourons, appelons à notre aide! Au secours! Je te hais! je t'adore! je te maudis! Voilà de bon vin! voilà un beau jour! Vous avez là un bel habit!

Tout ceci, la douleur ou le rire, la joie ou les larmes, l'exclamation ou l'abattement, appartient à la vie ordinaire, à l'existence de chaque jour, et s'il était nécessaire qu'en effet, le comédien éprouvât, l'une après l'autre ou tout à la fois, ces émotions courantes de l'existence journalière, il aurait le droit de vous dire aujourd'hui : — Ma foi, je suis gai, content, je me porte à merveille, et je n'irai pas représenter la colère d'Achille ou la douleur d'Agamemnon pour vous divertir!

Une autre fois, il vous dira du même sans gêne : vous me la donnez belle avec votre rôle de Don Juan, ma maîtresse m'a mis à la porte! — Ou bien, comme dit madame Jourdain : Moi rire au moment où j'ai perdu ma fortune! *Nous avons fort envie de rire, fort envie de rire nous avons!* « Souvent (c'est Diderot qui parle), j'ai vu rire un comédien hors de la scène, je n'ai pas mémoire d'en avoir jamais vu pleurer un. Cette sensibilité qu'ils s'arrogent et qu'on leur alloue, qu'en font-ils donc? La laissent-ils sur les planches, quand ils en descendent, pour la reprendre quand ils y remontent? »

Il ajoute, et ceci soit dit tout ensemble à l'accusation, à la louange du comédien :

« Qu'est-ce qui leur chausse le socque ou le cothurne? (voilà
« l'accusation!), le défaut d'éducation, la misère et le libertinage.
« Le théâtre est une ressource, jamais un choix. Jamais on ne se
« fit comédien par goût pour la vertu, par le désir d'être utile
« dans la société et de servir son pays ou sa famille, par aucun
« des motifs honnêtes qui pourraient entraîner un esprit droit,
« un cœur chaud, une âme sensible, vers une aussi belle pro-
« fession.

« Moi-même (et voilà la louange!), moi, jeune, j'ai balancé
« entre la Sorbonne et la Comédie. J'allais, en hiver, par la sai-

« son la plus vigoureuse, réciter à haute voix des vers de Molière
« et de Corneille dans les allées solitaires du Luxembourg.

« Quel était mon projet? d'être applaudi? Peut-être! De vivre
« familièrement avec les femmes de théâtre que je savais faciles?
« assurément. Je ne sais ce que je n'aurais pas fait pour plaire à
« la Gaussin qui débutait alors, et qui était la beauté personni-
« fiée, à la Dangeville qui avait tant d'attraits sur la scène. »

Ainsi parle Diderot, et l'on peut dire que l'Église ou le Théâtre
ont fait une perte irréparable en perdant cet homme à la taille
des héros et des martyrs. Il eût porté en toutes les professions
qu'il eût choisies une grande autorité, une force, une conviction.
C'est, au reste, un grand plaisir de l'entendre dire aux comédiens, de bonnes et justes vérités que ces messieurs et ces dames
ont désapprises depuis longtemps.

« J'ai beau examiner ces hommes-là, je ne vois rien qui les
« distingue du reste des citoyens, si ce n'est une vanité qu'on
« pourrait appeler insolence, une jalousie qui remplit leur comité
« de trouble et de haine. Entre toutes les associations, il n'y en
« a peut-être aucune où l'intérêt commun de tous et celui du
« public, soient plus constamment et plus évidemment sacrifiés à
« de misérables petites prétentions. L'envie est encore pire entre
« eux qu'entre les auteurs, c'est beaucoup dire, mais cela est
« vrai. Un poëte pardonne beaucoup plus aisément à un poëte le
« succès d'une pièce, qu'une actrice ne pardonne à une actrice les
« applaudissements qui la désignent à quelque illustre ou riche
« débauché! Vous les voyez grands sur la scène, parce que,
« dites-vous, ils ont de l'âme; moi je les vois petits et bas dans
« la société parce qu'ils n'en ont point. Avec les propos de Ca-
« mille et le ton du vieil Horace, toujours les mœurs de Frosine
« et de Sganarelle [1]. »

Véritablement, il faut avoir l'autorité d'un sage et l'éloquence
d'un homme, pour parler si librement, avec tant de véhémence,
et, disons-le, avec tant de cruauté de cette nation mobile et variable à l'infini, exposée à tant d'actions bonnes et mauvaises,
amoureuse avant tout de bruit, de fumée et de louanges, et qui
s'est habituée, on ne sait de quel droit, à humer tous les encens

---

[1] *Mémoires, correspondance et œuvres inédites de Diderot.* — Tome IV
— Paris 1834.

dans toutes sortes d'apothéoses inventées à sa gloire ! Incroyable privilége et facile à comprendre pourtant, que la comédienne et le comédien, la danseuse et le danseur, et quiconque a touché, peu ou prou, aux choses du théâtre, ait échappé, autant que l'on y peut échapper, à la censure de la Comédie, mais encore que cette censure se soit changée en admiration, en louange, en adoration unanimes ! Otez ce passage hardi de monsieur Diderot, effacez quelques vifs chapitres du *Gil Blas*, et n'allez pas jusqu'à la comédie intitulée : *Les Comédiens*, de M. Casimir Delavigne, vous trouverez que la profession la plus exaltée et la plus admirée, admirée au delà de toute mesure... sur le théâtre, est justement la profession du comédien ! Cela les amuse à outrance de s'admirer les uns les autres ; cela les charme de se composer eux-mêmes à eux-mêmes, des drames où l'on voit les princes aux genoux des soubrettes, et les reines sur leurs trônes implorant la clémence des comédiens sur leurs planches.

Ouvertement, le poëte dramatique se peut moquer de l'avoué, du notaire, de la coquette, de la bourgeoise, du capitaine, du magistrat lui-même... il aura tort de se moquer du comédien ! Combien de fois le Feuilleton, ami passionné de Diderot, n'a-t-il pas relevé cette insupportable aberration de la comédie et des comédiens. Par exemple, à propos de l'histoire d'un certain Mégani, le Feuilleton s'inquiétait d'une si évidente et si injuste partialité.

MÉGANI, OU LES COMÉDIENS DU GRAND-DUC.

Mais jusques à quand, disait le Feuilleton, irez-vous donc chercher dans leur humilité toutes les grandeurs de ce siècle, pour les fouler aux pieds? Que vous ont-elles fait, ces pauvres grandeurs? Où sont-elles? Est-ce que par hasard elles auraient eu l'audace de relever la tête? Est-ce qu'elles auraient demandé justice? Auriez-vous rencontré en votre chemin un roi assez hardi pour porter sa couronne en plein jour; et si ce roi existe, a-t-il donc été assez insolent pour ne pas se découvrir pendant que vous passiez, et pour vous rendre, sa couronne à deux mains, le salut de votre casquette de loutre? Que diable! il faut que nous soyons bonnes gens les uns et les autres; et parce qu'on a l'honneur d'être un bourgeois, un électeur, un garde national, il faut savoir être modeste. C'est bien peu de chose un duc de Parme, à les entendre; le duc régnant, par exemple, est tout simplement la fille d'un empereur d'Autriche, la veuve de l'empereur Napoléon; sur sa tête se sont accumulés, à plaisir, les honneurs des plus vieilles royautés et la toute-puissance de la royauté la plus illustre de ce siècle. Mais enfin, après tout, qu'est-ce un duc de Parme? La belle chose d'être duc de Parme! Il ne s'est jamais promené de la Bastille à la Porte-Saint-Denis; il n'a jamais vu un seul mélodrame de l'Ambigu-Comique ou de la Gaîté!

C'est un méchant petit prince de rien du tout. — J'aimerais mieux, mon cher, vois-tu, je te le dis entre nous, être seulement receveur du douzième arrondissement que duc de Parme! — Voyez-vous, ma chère, si le duc de Parme et le fils de monsieur le commissaire de police de notre quartier me demandaient la main de notre fille Isabelle, je dirais au duc de Parme : — Touchez là; la main de notre fille n'est pas pour vous! Ma fille duchesse de Parme! ah bien oui! A quoi la voisine répond : — Parme, n'est-ce pas l'endroit d'où viennent les violettes qui n'ont pas d'odeur? Mais qui vous parle, ma voisine, de donner votre fille à un marchand de violettes?

Certes, à voir comment tous les seigneurs de l'Allemagne et de l'Italie ont été traités par le vaudeville français, je serais bien étonné que le duc de Parme, fût-il en même temps duc de Plaisance et prince de Guastalla, trouvât à se marier convenablement, dans ce pays d'auditeurs au conseil d'État, de maîtres des requêtes, de substituts, de banquiers, de commissaires de police et d'huissiers-priseurs. Duc de Parme! fi!

En même temps, par une inconséquence fatale, il se trouve que ces malheureux petits princes, après qu'on nous les a montrés si ridicules, on nous les montre, plus puissants pour le mal que s'ils étaient Caligula, Néron, Domitien en personne. Ils pillent, ils volent leurs sujets; ils réunissent les caprices des petites tyrannies, aux lâchetés des tyrannies toutes-puissantes.

Ainsi, d'une part, le ridicule, et d'autre part, l'exécration. Voici par exemple un duc de Parme qui permet, à sa cour, une des plus tristes méchancetés qui se puisse voir. Ce duc de Parme compte parmi ses comédiens un certain Mégani, qui est devenu très-amoureux d'une jeune ouvrière nommée Paula. La grande passion de la jolie fille, c'était d'aller au théâtre du grand-duc (chacun prend son plaisir où il le trouve), et, une fois au théâtre, elle pleurait, elle riait, elle était heureuse! Elle admirait les héros et les belles dames, les beaux vers et les grandes actions, et elle applaudissait des mains et du cœur.

Ce que voyant, Mégani le sculpteur s'était mis à envier l'habit brodé de ces messieurs, et leur plume flottante, et leur bonne dague de Tolède, et les bottes jaunes et les éperons d'or.

Alors Mégani était parti pour la France, le pays de l'Europe où l'on jouait le mieux la comédie, bien décidé, à devenir un grand comédien quelque jour. Au reste, c'était le beau temps de la comédie; en ce temps-là régnaient sans chef et sans partage Molé, Préville, Lekain, mademoiselle Clairon, toutes sortes de génies disparus, et qu'on a remplacés tant bien que mal; tels furent les maîtres de Mégani. A force de les voir et de les entendre, et même à force de jouer, à côté d'eux, les rôles de confidents ou de Frontin, Mégani devint le plus grand comédien de l'Italie. Vous savez, au reste, que le plus difficile, le plus héroïque, le plus rare, le plus excellent, le plus méconnu de tous les arts, c'est l'art du comédien. Vous seriez le plus malappris et le plus grossier des hommes, si vous osiez comparer l'impératrice Élisabeth à mademoiselle Comtat, Jules César à Roscius, Michel-Ange à Talma, Raphaël à Bouffé. Le comédien est le maître du monde!

Et la comedienne? — Rien n'est comparable à la femme qui déclame des vers du haut d'un théâtre, ou qui bat un entrechat dans l'air à peine agité, d'où il suit qu'on ne peut pas trop les entourer d'honneurs, de richesses, et de dithyrambes!

Hélas! ces pauvres malheureux, tout leur art s'en va aussitôt qu'ils sont morts; ils ne laissent rien après eux que leur nom, et encore..... Et ils se plaignent! Insensés! ne laisser après soi que son nom mais c'est la façon la plus certaine d'être immortel! Empêtrez votre gloire dans de gros livres, entourez votre nom d'une foule de créations, l'abondance même de votre génie, sera plus tard, un obstacle à votre gloire. On ne va pas, disait Voltaire, à la postérité avec de gros bagages.

C'est que pour se souvenir d'un homme un peu célèbre, qui a beaucoup produit, il faut se souvenir de tous ses tableaux, de tous ses livres, de tous ses drames ; c'est là une petite vanité dont personne n'est exempt ; d'où il suit, qu'à la longue, et à force d'enregistrer des grands hommes dans sa mémoire, la mémoire se fatigue ; elle oublie tantôt ce chef-d'œuvre et tantôt ce chef-d'œuvre, et enfin, une fois qu'elle est en train d'oublier, elle oublie même le malheureux producteur, c'est plus tôt fait.

On n'aime pas à nommer un homme, sans pouvoir faire sa petite preuve d'érudition. Mais quand pour avoir l'air d'être savant, vous n'avez qu'à dire, *stans pede in uno*, et d'une lèvre dédaigneuse : Roscius ! Comtat ! Fleury ! (et encore on lui a fait écrire des *Mémoires* à ce pauvre Fleury !) oh ! alors l'immortalité de pareils noms est assurée. Qui donc a bâti le temple d'Éphèse ? Le savez-vous ? Ils ont été peut-être dix mille...! il n'y a pas de petit enfant qui ne vous dise le nom de celui qui a brûlé le temple d'Éphèse. Il faut donc que ces pauvres comédiens cessent de se lamenter de ne rien laisser après eux, c'est justement ce qui les fait vivre. Mais ce n'est pas ici la question.

La question est que Mégani est revenu dans son pays plus rempli de vanité, d'amour-propre, d'orgueil, d'admiration pour soi-même, que s'il eût été un véritable comédien français. Paula, qui pense tout à fait comme lui, s'estime trop heureuse d'épouser un si grand homme, et pour que l'épouse n'ait pas à rougir des grandeurs de l'époux, Mégani en fait une comédienne. Seulement la femme de Mégani reste un peu inférieure à son mari, ce n'est pas tout à fait un premier sujet ; tenez, M. Mégani est à madame Mégani, ce que M. Volnys était à madame Volnys, et c'est un peu pour avoir M. Mégani que l'on engage madame Mégani. Mais que cela est commode en ménage ! On fait le même métier, on apprend ses rôles dans le tête-à-tête de chaque soir, on les répète dans le déshabillé du matin, à toutes les heures du jour ! Ne voyez-vous donc pas, au contraire, malheureux comédiens que votre mariage va détruire, pour vous, toute l'illusion de votre art ?

Eh quoi ! vous êtes destinés à jouer, pendant vingt-cinq ans au moins, vous, Monsieur, le rôle de l'amoureux ; vous, Madame, le rôle de l'amoureuse, et vous vous mariez, pour vivre ensemble éternellement ! Une fois mariés, songez-y, vous vous verrez, sans cesse, l'un l'autre, mal vêtus, mal peignés, mal lavés, grondeurs, grognons, peut-être sifflés la veille, à coup sûr inquiets pour le soir! Et vous viendrez vous dire ensuite tout naturellement, en présence de six cents personnes et même moins : — Théodore, que vous êtes beau ! — Marianne, que vous êtes belle ! En ce cas, vivez chacun de votre côté ; tâchez de vous être un peu nouveaux à vous-mêmes; attendez, pour répéter vos rôles, que vous ayez quitté l'atmosphère conjugale. — Mais encore une fois, ce n'est pas là la question.

La question est, qu'une fois comédienne et quand elle a bien montré, chaque soir, sous son jour le plus favorable, sa beauté et ses vingt ans, rien que vingt ans! quoi de plus beau? cette petite Paula, à qui nul n'accordait un regard, quand elle venait aux premières galeries pour rire ou pour pleurer tout à son aise, maintenant tout le monde l'aime et l'admire. Au nombre des soupirants les plus vifs et les plus empressés, se fait remarquer le duc d'Ascalio. Il a vu la jolie comédienne, et, ma foi ! (que voulez-vous? c'était l'usage) il a adressé à Paula ses hommages et ses vœux. A la cour de Parme, en ce temps-là, le théâtre n'était pas ce qu'il était en l'an de grâce 1840. Il n'avait entendu parler ni du prix de vertu, ni de la caisse d'épargne. Les comédiennes auraient été bien embarrassées à écumer leur pot, à acheter leur poisson à la halle, à venir à pied au théâtre, à faire dégraisser leurs gants; elles y allaient bon jeu, bon argent : tant payé, tant dépensé. L'argent qu'on leur donnait pour se faire belles, elles l'échangeaient contre des dentelles et des velours et des diamants, et quand le public ne leur donnait pas assez d'argent pour payer tout cela, elles y mettaient du leur. Elles auraient cru voler le public en vivant de la vie des petites gens; d'ailleurs, en ce temps-là, elles avaient le grand honneur d'être excommuniées, elles vivaient grandement, en dehors de toutes les lois de la société et de l'église, ce qui était une raison de plus pour les rendre populaires et recherchées. La comédienne était véritablement, en ce temps-là, une espèce à part. Le théâtre, comme disait la vieille Gottitis, est favorable surtout aux femmes. «Le plus beau tableau qui n'est pas dans son jour, ne frappe point. Une comédienne, si elle est sage, je veux dire si elle ne favorise qu'un amant à la fois... etc.»

C'était là le bon temps ; on ne prenait pas ces dames de si haut, on n'en faisait pas les héroïnes des plus grandes histoires de fidélité et de passion, et toutes choses n'en allaient que mieux.

Comme aussi vous rappelez-vous dans *Gil Blas*, que l'on pourrait appeler à bon droit le roman de la vie comique, la rencontre que fait Gil Blas d'un jeune homme de vingt-sept à vingt-huit ans, bien fait et de bonne mine, qui trempait des croûtes de pain dans une fontaine. « Nous l'abordâmes civilement, il nous salua de même, et nous demanda, d'un air riant, si nous voulions être de la partie.... « Je fais la comédie, nous dit-il, depuis quinze années « pour le moins. — Franchement, répliqua le barbier, j'ai bien de la peine à vous croire. Je connais les comédiens ; ces messieurs-là ne font pas comme vous des voyages à pied ni des repas de saint Antoine, je doute même que vous mouchiez les chandelles. — Vous pouvez, repartit l'histrion, penser de moi ce que vous voudrez, mais je ne laisse pas que de jouer les premiers rôles ; je fais les amoureux. »

Alors nos trois amis, le barbier, Gil Blas et le comédien, rongent leurs grignons à belles dents, puis, tout en mangeant, le barbier qui n'en revient pas de voir un comédien si pauvre : — « Pour un héros de théâtre, lui dit-il, vous avez l'air bien indigent. Pardonnez-moi si je vous parle si librement. — Si librement ! s'écria l'acteur. Ah ! vraiment vous ne connaissez guère Melchior Zapata. Grâce à Dieu, je n'ai point un esprit à contrepoil. J'avoue de bonne foi que je ne suis pas riche. »

En même temps il leur montrait son pourpoint doublé d'affiches et sa garde-robe comique : vieilles plumes, vieux haut-de-chausses, bas de soie tout pleins de trous et souliers de maroquin rouge fort usés. Puis il ajoute gaîment : « Vous voyez que je suis passablement gueux. — Cela m'étonne, réplique l'imperturbable barbier, vous n'avez donc ni femme, ni fille ? — J'ai une femme jeune et belle, repart Zapata, et je n'en suis pas plus avancé. Admirez la fatalité de mon étoile ! J'épouse une aimable actrice dans l'espoir qu'elle ne me laissera pas mourir de faim ; et, pour mon malheur, elle a une sagesse incorruptible. — C'est asurément jouer de malheur, dit le barbier. Aussi que ne preniez-vous une actrice de la grande troupe de Madrid, vous auriez été sûr de votre fait. — J'en demeure d'accord, reprit l'histrion ; mais malepeste ! il n'est pas permis à un petit comédien de campagne, d'élever sa pensée jusqu'à ces fameuses héroïnes. »

Voilà certes de la gaîté, de l'esprit, de l'abandon, de la bonne grâce, de la belle humeur la plus jeune et la plus limpide! Voilà comment on garde à chacun ses mœurs, son langage, ses vices, et comment la variété peut pénétrer dans les œuvres humaines.

Mais à force d'excès dans le paradoxe, nous sommes loin de ces admirables révélations du génie! Nous avons tout forcé, tout renforcé; nous avons fait du beau le laid, du laid le beau, du grand seigneur le comédien, du comédien le grand seigneur. Pendant que l'on vous montre Kean, pris de vin, qui insulte publiquement, du haut de son théâtre, le prince de Galles et les plus grands seigneurs de l'Angleterre, voici Mégani, qui accable de ses quolibets, de ses bons mots, de sa mauvaise humeur, monseigneur le duc de Parme. Il en dit tant, il en fait tant, qu'il reçoit l'ordre de quitter le duché en vingt-quatre heures.

Mégani ne demande pas mieux que de partir, pourvu qu'il emmène sa femme Paula; mais Paula est engagée avec le théâtre, il faut qu'elle reste et que Mégani parte tout seul. Rage! damnation! perfidie! malheur! En un mot toutes les exclamations furibondes. Que je voudrais vous entendre ami Diégo, disant à ce Mégani : — *Vous n'avez donc ni femme, ni fille?*

Six mois se passent. Paula est restée à Parme, Mégani a traîné son exil où il a pu. Mais Paula n'a point de nouvelles de Mégani. Mégani cet homme *à rebrousse-poil* n'a point de nouvelles de Paula. Je le crois bien, ce méchant duc d'Ascalio fait intercepter la correspondance des deux époux. Ce duc d'Ascalio est horrible; on dirait Robert Macaire devenu vieux et duc. On n'a jamais vu un plus grand misérable employer de plus grands crimes et de plus grandes phrases pour séduire une petite fille qui joue la comédie. D'un pareil homme près de sa femme, Mégani s'inquiète, et tout proscrit qu'il est, il revient à Parme.

A entendre parler de la *proscription* de Mégani, ne dirait-on pas Dante ou Michel-Ange chassés de Florence? — Notre comédien rentre dans sa maison à la faveur d'un déguisement. Son frère est un des soldats du grand-duc; il prend l'habit de son frère. A peine en son logis voilà notre homme, qui passe de l'inquiétude à un degré de jalousie mieux senti. — Il était jaloux tout bas, il est furieux, et aussitôt de déclamer une terrible scène de vengeance, de douleur, d'imprécation et de mort.

Paula qui l'entend et qui se figure que son mari joue la comédie, l'applaudit de toutes ses forces, et je crois bien que le malheureux jaloux en deviendrait fou, si S. A. le duc de Parme étonné, lui aussi, d'un si grand talent, ne pardonnait à *Mégani* qu'il exempte de son exil.

Pour ma part, j'aime mieux le dénoûment de l'histoire du seigneur Zapata, à quelques années de là. — « Je suis bien trompé, lui dit maître Gil Blas, si vous n'êtes pas ce seigneur Melchior avec qui j'ai eu l'honneur de déjeuner un jour, au bord d'une claire fontaine, entre Valladolid et Ségovie. Zapata se mit à rêver quelques moments. — Vous me parlez, répondit-il, d'une chose que j'ai peu de peine à me rappeler. Je revenais alors de débuter à Madrid et je retournais à Zamora. Je me souviens même que j'étais fort mal dans mes affaires. — Je m'en souviens bien, répondit Gil Blas, à telles enseignes que je n'ai pas oublié non plus que vous vous plaigniez dans ce temps-là d'avoir une femme trop sage! — Oh! je ne m'en plains guère à présent, dit avec précipitation Zapata. Vive Dieu! la commère s'est bien corrigée de cela; aussi en ai-je le pourpoint mieux doublé. »

Brave et digne Zapata! Il se souvient des croûtes de pain noir, de la claire fontaine, des affiches qui doublaient son pourpoint, et il bénit le ciel qui a mis un terme à ses malheurs! O seigneur Zapata, que vous et les vôtres, les comédiens bons vivants et sans façons, les comédiennes avenantes, amoureuses, coquettes et jolies, vous et votre père Gil Blas, le grand bohémien, que vous seriez étonnés et stupéfaits, si vous pouviez assister aux représentations forcenées de *Kean* et de *Mégani!*

Que d'épouvante pour vous, bonnes âmes, et que ces horreurs vous feraient grande peur. — Il me semble en effet les entendre déjà qui s'écrient : nous ne voulons pas de votre fanatisme stérile, nous n'acceptons pas cette lutte que vous nous proposez contre la société dont nous devons être l'amusement et non pas le fléau! A Dieu ne plaise que jamais nous maltraitions les grands seigneurs qui nous font vivre, ou que nous tenions école de ces difficiles et rudes emplois dont vous nous affublez! C'est là un trop lourd bagage à porter dans les chemins, dans les joyeuses hôtelleries, dans les granges où nous passons. Tenez, Messieurs les moralistes, reprenez votre manteau de vertu, il est trop chaud pour nous, rendez-nous nos bas troués, nos souliers rouges et nos pourpoints si faciles à doubler !

MENJAUD. — DUPARAY. — ODRY. — BRUNET.
LE CAPITAINE PAROLES.

Puisque nous sommes tombés dans ce chapitre inépuisable des comédiens qui ont disparu de nos jours, en voici quelques-uns qui méritent un souvenir, même dans ces pages que nous arrachons à l'oubli, de toutes nos forces, et sur lesquelles l'oubli retombera, de tout son poids, j'en ai grand'peur !

Menjaud était un de ces rares comédiens sans art, sans prétention, d'une naïveté incroyable, qui ne valent quelque chose que par eux-mêmes. On eût dit, à le voir entrer sur son théâtre, l'air étonné, que c'était la première fois qu'il y montait; mais la première surprise une fois passée, aussitôt le comédien reparaît, et à force de naturel et de bonne grâce, il vous a bientôt fait oublier les embarras du premier moment. On devine fort que ce comédien-là n'était guère avide de se montrer, — il ne courait pas après l'éclat de la rampe et le bruit du parterre comme font ses confrères, — et si le public l'eût voulu oublier, il n'eût demandé pas mieux que de se laisser oublier. — Voulez-vous ses rôles? prenez-les, il vous les cède et de grand cœur. Voulez-vous sa place sous le lustre? il restera dans sa maison. C'était un homme rare, au théâtre, et s'effaçant autant qu'il pouvait s'effacer.

Sous ce rapport, Menjaud était tout à fait le digne pendant de cet excellent Duparay, qui a été si longtemps le plus vert soutien de la comédie de Molière. De celui-là, non plus, on n'entendait guère parler. Malgré les applaudissements qui l'attendaient, il endossait, en rechignant, les habits de M. Orgon ou de M. Jourdain; il avait un de ces bons sens féroces qui n'abandonnent jamais leur homme; il n'appartenait à aucune des ambitions du théâtre; l'enthousiasme du public ne pouvait rien sur lui, aussi bien que sa froideur; pour avoir pris son art au sérieux, ce vénérable comédien en avait détruit tout le charme. Aussi n'aspirait-il qu'à la retraite, et quand l'heure eut sonné, soudain il disparut pour ne plus reparaître; aucune prière ne put retarder sa retraite, d'un seul jour. Depuis ce temps, nul n'a plus entendu parler de

Duparay. Est-il vivant? est-il mort? On l'ignore! Il se repose caché quelque part, sous le chou qu'il a planté.

Là, il repasse les chefs-d'œuvre qu'il ne joue plus que tout bas, dans son esprit et pour lui-même. — Molière est son Dieu, la comédie de Molière est son mystère. Cela lui suffit pour être heureux. L'hiver, il s'illumine de cet esprit. Il dresse, dans sa pensée, un théâtre bien plus magnifique cent fois que les plus beaux théâtres de l'univers, et ainsi isolé du monde réel, il monte à son gré ces chefs-d'œuvre qu'il n'a jamais vus bien joués que dans ses rêves, — *Tartufe*, — *le Misantrope*, — *le Malade imaginaire*, — *le Bourgeois gentilhomme*. Quels beaux comédiens il va chercher pour former cette illustre compagnie à son poëte !

Comme il hésite lui-même à accepter un petit rôle dans ces comédies ainsi montées ! — L'été venu, quand toute chose est en fleurs, il dresse son théâtre imaginaire derrière la charmille ; il fait représenter à son bénéfice, *le Dépit amoureux*, cette élégante idylle de l'amour naïf et coquet ; *la Critique de l'École des Femmes*, ce plaidoyer de Molière pour Molière, plaidoyer digne de l'avocat, à la fois, et de la cause qu'il plaidait ; *les Précieuses Ridicules*, cet adorable commencement de la comédie ; *le Mariage forcé*. — Enfin, quand vient l'automne, à l'anniversaire de l'art dramatique dans le monde, Duparay se demande à lui-même *le Cocu imaginaire*, adorablement joué par les comédiens ordinaires de cette imagination puissante ! Voilà comment ce vieux comédien a échappé à ce théâtre dont il était le rire le plus sérieux !

A propos d'artistes sérieux, le lecteur sera quelque peu étonné de rencontrer M. Odry ; mais s'il paraît en cette solennelle compagnie, il faut que M. Odry l'ait franchement mérité.

C'était un bonhomme, un farceur, une bête, un des précurseurs de ces magnifiques farceurs du Palais-Royal qui sont une des fêtes de ce bas-monde ; il a précédé, de vingt ans, en leur indiquant la route qu'ils ont suivie, Alcide Tousez, Sainville et Grassot, les rois du rire ! Odry était un lourdaud d'une gaieté brutale ; on riait, à le voir, mais on riait, malgré soi, et l'on se trouvait honteux de tant s'amuser, à quoi, je vous prie ?

A voir un maltourné, la tête penchée à droite, une épaule de ci, une épaule de çà, et butor ! — Mais on riait ! Mais on lui faisait des rôles excellents dans des pièces charmantes! La foule en voulait, de cet homme, jusqu'au jour brutal où elle n'en voulut plus!

Étrange caprice! —Aujourd'hui tout, et demain un peu moins que rien! Aujourd'hui, rien qu'à voir ce gaillard-là, Athènes oublierait que Sylla est à ses portes, et demain le meunier ne voudra pas de ce maltourné pour tourner la meule du moulin pendant que son Plaute se repose à écrire des comédies! Dans ces jours de repos où travaillait son génie, il pouvait dire, qu'il avait bien gagné sa journée :

Bene prospere que hoc die operis processit mihi [1].

La perte de M. Odry lui vint d'une tentative assez malséante, qui lui fut tournée en crime! A force de voir que tout lui était permis, il osa toucher au maître, à Molière, et pour *son bénéfice* (il appelait cela *son bénéfice*, le malheureux!), il se mit à jouer le rôle de M. de Pourceaugnac! Là était l'enclouure, et il fallut vraiment que M. Odry se connût bien peu lui-même (en dépit du précepte qui est la porte ouverte à toute philosophie!) pour oser, de gaieté de cœur, s'attaquer à Molière! En vain, direz-vous qu'il s'agit d'une bouffonnerie, on ne fera jamais de M. Odry un bouffon de Molière!

C'était un homme à part, un comédien incroyable, un être à demi créé, une intelligence évidemment en retard. Si le Kaliban de Shakspeare eût tenté les honneurs de la comédie, il eût été un comédien de l'école de M. Odry. Certainement une écaille de poisson lui tenait lieu de peau, et voilà ce qui faisait tout le charme et le prix de ce sublime butor.

En le voyant, on oubliait le genre *homo*. Il avait quelque chose en deçà de l'homme, et c'était plaisir de le voir grognant, pataugeant, s'embourbant à plaisir dans le vaudeville, et se vautrant avec délices sur son fumier, comme un jeune animal de basse-cour dont le grognement n'est pas sans charme, dont les brusques mouvements ne sont pas sans grâces!

Heureux s'il n'avait pas entendu parler d'un poëte nommé Molière, s'il n'avait pas quitté son vrai domaine, à savoir les œuvres faites pour lui seul, et dont il était le miracle; heureux enfin s'il ne s'était pas jeté, la tête la première, au beau milieu d'une

[1]. *Amphitryon*, scène I, page 7. De l'édition Aldine, 1522.

comédie qui avait besoin, pour être jouée et comprise par l'acteur, de gentillesse, de goût, d'intelligence et d'esprit.

O douleur! ce misérable Odry était tombé du *Pygmalion* de M. Brazier, dans la plaisanterie de Molière, il s'y était cassé la patte, et, trébuchant, beuglant, pleurnichant, il fallait le voir hurlant et suant sous le harnais de Pourceaugnac! Le pauvre homme faisait pitié; il avait des contorsions horribles; il appelait à son secours ses meilleures grimaces; il se menait et se démenait comme un possédé dans un exorcisme! Quoi d'étonnant? Il était exorcisé par l'esprit de Molière; il était châtié de sa hardiesse par le poëte qui ne plaisante guère; — il était battu de ces verges salées, parce que le farceur de tréteaux avait osé jouer le rôle du comédien. Le supplice dura trois actes. Ce pauvre homme essoufflé se sentait, dans *Monsieur de Pourceaugnac*, sous l'influence de quelque chose qu'il ne connaissait pas. Il avait endossé un habit de gentilhomme, lui manant; un habit élégant, lui contrefait; un habit difficile à porter, lui habitué à la veste, à la souquenille, à l'habit de Paillasse! — Molière l'a tué, Molière l'a pris au corps, Molière l'a placé entre deux étaux! — Entre ces deux médecins si profonds, si comiques, si admirablement savants, Odry, voyant qu'il n'y comprenait rien, s'est mis à rire de son rire bête. — On eût dit un crétin du Valais qui rencontre un éléphant.

J'ai lu dans l'histoire, qu'après une bataille, le bouffon du roi François Ier avait fait prisonnier un général espagnol. Le prisonnier était de haute stature, et, obéissant aux chances de la guerre, il suivait patiemment son vainqueur. Arrivé près de son maître, le fou lui dit : « Sire roi, je t'amène une prise que j'ai faite en me promenant dans les champs. » A ces mots, le prisonnier, voyant à qui il s'est rendu, enfonce d'un coup de poing le crâne du fou.

Ainsi a fait Molière sur le crâne du pauvre Odry. — Bon, s'est dit Molière, il avait un crâne en carton-pâte, je suis fâché d'avoir frappé si fort!

Pareille aventure est survenue, (et c'est pourquoi nous les plaçons l'un et l'autre à la suite de Molière), et dans la foule, à un autre comédien célèbre du boulevard, à un homme qui ne s'attendait guère à s'entendre appeler le *vénérable* Brunet.

Vénérable, en effet, par ses cheveux blancs, par son dos voûté, par les rides de son visage, par cette voix chevrotante, par ce regard éteint; vénérable par tout ce qui fait de la vieillesse une chose respectable et respectée. Cet homme a fait rire deux générations qui ne riaient guère. Il a été l'amuseur d'une nation tout occupée de s'égorger au dedans, de se battre au dehors.

Il a été un instant un homme politique, à force d'être naïf. Puis, enfin, la vieillesse lui est venue tout d'un coup, comme elle arrive aux pauvres diables des deux sexes qui n'ont pas d'autre métier que d'être la joie de leurs semblables. Il n'a manqué à ce digne Brunet, que d'avoir pu vivre, sans remonter sur son théâtre et de rester paisiblement sur son rocher.

Hélas! les malheurs de sa dynastie ont tiré ce pauvre homme de son repos. La queue rouge a reparu sous la perruque brune; l'électeur a fait place à Jocrisse; on a ri de nouveau, mais on a ri, par pitié pour ce vieillard qui revenait si péniblement aux gaîtés de sa jeunesse! Après quoi Jocrisse disparut; — et on ne s'attendait plus à le revoir, lorsque soudain il s'est montré de nouveau dans la bouffonnerie la plus vive et la plus insolente de Molière : *M. de Pourceaugnac.*

Une pareille comédie, remplie de ce gros sel, de cette verve comique, de cette plaisanterie à brûle-pourpoint, ne se peut représenter que par des comédiens jeunes, vifs, alertes, disposés à supporter les camouflets de la comédie. — Je veux, à tout prix, que le comédien qui s'appelle M. de Pourceaugnac soit un gaillard alerte, bien portant et ne craignant rien. Mais faites jouer ce rôle-là par un vieillard, soudain ma gaîté s'en va pour ne plus revenir. Quoi! un vrai cacochyme entre ces deux médecins! Un véritable vieillard poursuivi par tous ces apothicaires! un homme tout courbé que vous mettez ainsi tête à tête avec ces tristes détails de fièvres et de maladies de tous genres! Voilà pourtant ce que M. de Pourceaugnac est devenu, représenté par Brunet!

Aussi bien toute folie a disparu; l'éclat de rire s'en est allé; toute la verve de Molière, est retombée affaissée sur elle-même et comme épouvantée de se savoir arrivée là! Il y avait, entre autres, parmi les hommes à tablier qui poursuivent ce pauvre M. de Pourceaugnac un méchant gamin né dans les coulisses, qui n'avait guère plus de sept ans. Ce petit apothicaire, comme c'était son rôle, donnait de grands coup de pied au derrière de ce pauvre

Brunet, qui s'enfuyait à toutes jambes. Or, à l'âge de soixante-dix-huit ans que Brunet pouvait avoir, cela fait quatre générations entre lui et son persécuteur. C'était donc tout comme si nous nous étions amusés, ce soir-là, à voir un enfant battre à grands coups de pied son bisaïeul ! Triste plaisir !

Lamentable histoire ! la vieillesse des comédiens qui ne savent pas quitter le monde, au moment où le monde les quitte. Imprudents ! Ils se figurent que pour eux seuls, va s'arrêter l'inconstance, et que le caprice populaire qui renverse les trônes les plus solides, respectera leur grandeur de vanité et de mensonge ! C'est la loi ! Après tant d'agitation, tout s'arrête, et sur ce grand bruit de tous les jours, et de tant de jours, tombe enfin le mépris et le silence. Ah ! que te voilà devenu penaud et contristé ! ah ! magnifique et éloquent *capitaine Paroles*, que te voilà devenu muet et bâillonné ! « Qui m'eût proposé une pareille vie, je me serais pendue ! » ainsi parlait mademoiselle de Lenclos !

Être oublié, ne plus bruire et ne pas faire bruire autour de soi, serait plus difficile à supporter pour le *capitaine Paroles*, qu'aux autres hommes de bien supporter le bonheur.

Je ne sais pas pourquoi cette image à la Falstaff, ce capitaine Paroles me revient en mémoire, à propos de comédie et de comédiens, mais puisqu'il est là, qu'il y reste ! — Depuis tantôt deux siècles et demi que ce digne Paroles a été créé et mis au monde, il doit avoir cruellement monté en grade ; quand donc vous diriez le Généralissime Paroles, vous ne diriez pas encore assez.

Paroles, simple capitaine, dans un siècle où chacun parle partout et toujours ! y pensez-vous ? — Grâce à tant de progrès proclamés chaque jour, maître Paroles est devenu le maître du monde : il vit, il règne, on l'écoute ; personne n'est assez hardi pour ne pas être rempli d'attention quand il parle. Shakspeare s'en est moqué devant la reine Élisabeth, je le veux bien. En présence de cette dédaigneuse majesté, le pauvre capitaine a été couvert d'outrages et d'insultes, rien n'est plus vrai. On l'a accablé de mépris, d'ironie et de dédain : qui le nie ? Comme aussi, rien n'est plus vrai, le pauvre capitaine a tout supporté sans trop se plaindre ; son heure n'était pas venue. Mais, juste ciel ! comme il a pris sa revanche depuis ce temps-là ! Quelle vengeance terrible il a tirée des mépris de cette cour !

Il a tué, à lui seul, lui Paroles, le roi Charles Ier..... il en a tué bien d'autres ! Le roi Louis XVI par exemple, — sans compter ce qu'il voudrait tuer encore, si on le laissait faire. Quand il ne tue pas, il renverse ; quand il ne renverse pas, il calomnie ; même dans son triomphe il a conservé ses airs de matamore et de poltron ; même placé à cette hauteur, il reste ce que l'a fait Shakspeare, un lâche, un menteur, un vil coquin qui vous égorge par derrière... un de ces gens dont il est dit — lâche avéré, sot aux trois quarts.

« *Tu n'es bon à rien qu'à être démenti,* » dit Shakspeare, et encore !

Si vous tenez à savoir dans quel endroit des œuvres du poëte anglais se peut rencontrer le capitaine Paroles, ouvrez la comédie qui porte ce titre de bon augure : *Tout est bien qui finit bien;* là se démène et s'agite notre capitaine hâbleur Paroles ! Et que de peines Shakspeare s'est données pour faire accepter ce héros qu'on appelle chez nous, car nous ne savons rien inventer, nous autres, — *un blagueur!* Shakspeare a trouvé cette histoire parmi les contes de Boccace, cette source inépuisable des plus aimables et des plus poétiques inventions. Le drame est là, caché sous les fleurs.

Écartez ces roses, ces tubéreuses, ces violettes immodestes (car Boccace ôte sa virginité même à la fleur) et, tout au fond de ce parterre agité par le vent qui vient de l'Arno, vous rencontrez plus d'une douleur vive et bien sentie, plus d'une tragédie sanglante, plus d'un soupir parti du cœur. C'est le grand charme de ces dix *journées* qu'on pourrait appeler *les folles journées,* mais qui ne sont pas si folles qu'on n'y verse, de temps à autre, les plus douces larmes. *Le Décaméron* commence par la description d'une peste à Florence, description si terrible que même avec toutes leurs grâces, leur éclat printanier, leur adorable et amoureuse malice, madame Pampinée et les belles Florentines ses compagnes de *gaie science,* ne peuvent pas nous faire oublier le fléau qui se tient aux portes de ce jardin de la causerie amoureuse.

C'en est fait, le coup est porté par le récit de cette peste, et, depuis la première journée jusqu'à la dernière, je ne sais quel souvenir de ces morts soudaines, de ces églises désertes, de ces hommes frappés par un mal invisible, se glisse, à votre insu, dans ces galantes histoires, si galantes qu'elles en sont naïves ! Grande et sage habileté du conteur, qui, à force de terreur et de pitié dans la préface de ses contes, a rendu tout excusable.

Le moyen de refuser cette consolation dernière à ces jeunes gens, à ces belles dames de seize à vingt ans, — que peut-être la peste emportera demain?

Donc vous vous rappelez, et Shakspeare s'en est souvenu avant vous, la touchante histoire de Gillette de Narbonne, si bien contée par la belle Laurette. Gillette était la fille d'un savant médecin nommé Gérard. — En mourant, Gérard laissait à sa fille quelques-uns des mystères de son art. Restée seule, Gillette avait été élevée à la cour de la comtesse de Roussillon, dans un beau petit coin de terre aimé des dieux. Mais hélas! le jeune comte de Roussillon était beau et charmant; Boccace va plus loin : *Era bellissimo e piacevole.*

A force de le voir, Gillette se dit à elle-même, qu'à tout prix elle deviendrait un jour la femme du jeune comte. Justement le roi de France était malade, et pas un médecin ne répondait de cette guérison. Que fait Gillette? Elle part, elle arrive, elle dit au roi que dans huit jours, s'il veut se fier à la fille de Gérard, il redeviendra, tout à fait, le prince bien portant d'autrefois. D'abord le roi, qui était à bout de remèdes et lassé de charlatans, reçoit assez mal la pauvre fille. Comment donc, lui dit-il, une si jeune femme, *giovane femmina*, en peut-elle savoir plus long que les plus vieux médecins? — Monseigneur! répond Gillette, songez que je viens à vous par la volonté de Dieu. Rappelez-vous que je suis la propre fille du fameux médecin Gérard de Narbonne; enfin ma vie vous répond de la vôtre; si donc dans huit jours vous n'êtes pas guéri, faites-moi mourir. — *Fate mi brusciare.*

Si tu me guéris, dit le roi, quelle récompense veux-tu? Sois sûre, Gillette, que je te marierai de la bonne sorte. — *Noi vi mariteremo bene et altamente!* — Gillette répond au roi qu'elle y a déjà songé, que son choix est fait, et qu'après le sang royal auquel elle n'a garde d'aspirer, on ne saurait trouver rien de mieux. C'est donc marché conclu. En huit jours le roi est guéri de ce mal incurable, et il dit à Gillette : *Damigella, voi havete ben guagnato il marito*, vous avez bien gagné votre mari. Ce mari, c'est le comte de Roussillon!

Dans le récit de Boccace, Gillette dit cela un peu brusquement. Shakspeare, au contraire, dans sa comédie, arrange à merveille la déclaration d'amour de l'aimable Gillette. Voici la scène :

Autour du roi sont réunis les seigneurs de la cour, et parmi ces jeunes gens c'est à qui offrira son cœur et sa main à la belle fille qui a sauvé les jours de Sa Majesté. Alors Gillette s'adresse à chacun de ces jeunes gens avec une grâce et une coquetterie charmantes. — Monseigneur, dit-elle au premier, vous plairait-il d'écouter ma requête ? — Oui, répond le jeune homme, et surtout de vous l'accorder. — Gillette, s'adressant à un autre capitaine : — Je vois, dit-elle, à la fierté de votre regard que vous n'êtes guère disposé à donner votre main à une humble fille de ma sorte ? — Essayez-en, répond le capitaine, et vous verrez, la belle, si j'ai peur. — Le troisième, ainsi interrogé, répond à Gillette : — Non ! non ! je ne me trouve ni trop riche, ni trop noble, ni trop beau pour vous, Gillette, et en preuve, je serai votre mari, si vous voulez !

Une fois donc qu'elle est bien sûre de l'effet de sa beauté, que les plus beaux jeunes gens de la cour et même les vieillards la trouvent digne de porter une couronne de comtesse, Gillette s'avance en tremblant auprès du comte de Roussillon, et elle lui dit d'une voix émue : — « Monseigneur, je n'ose vous dire que je « vous prends pour moi ! C'est moi qui me donne à vous tout « entière — votre esclave pour la vie, Monseigneur ! »

Alors le roi crie au comte : « Épouse-la ! épouse-la ! paie la dette de ton prince ! » Mais le comte de Roussillon ne veut pas pour sa femme d'une fille sans naissance. Cependant notre jeune homme n'ose pas résister longtemps à la volonté du roi, son maître. Après le premier débat, il consent à faire de Gillette la comtesse de Roussillon ; mais le soir même de ses noces, il signifie à sa jeune épouse que jamais il ne vivra avec elle, à moins qu'un jour lui, son mari, il ne retrouve Gillette, un enfant légitime dans ses bras, et, à son doigt, l'anneau que voici !

Ceci dit, le comte, emportant son anneau, s'en va faire la guerre sous les drapeaux du duc de Florence. C'était le beau temps de Florence, le temps des grands princes, des riches marchands, des belles dames, des artistes célèbres, des poëtes et des conteurs.

A Florence, le comte de Roussillon eut bientôt conquis la popularité qui ne pouvait manquer à sa bonne mine, à son grand air, à sa leste façon de jeter à pleines mains l'argent, le courage et l'esprit. Ainsi il eut bientôt oublié son mariage forcé et cette pauvre Gillette qui l'aimait tant. Elle cependant, elle avait quitté le Roussillon, elle était partie, on ne pouvait dire pour quels royaumes inconnus. Eh donc! où voulez-vous qu'elle aille, sinon à Florence, afin de revoir l'ingrat qu'elle aime, et de respirer le même air?

La belle comtesse inconnue arriva dans la ville du Dante, qui allait être bientôt la ville de Boccace, à l'instant même où il n'était question que du fol amour du comte de Roussillon pour la fille d'une pauvre veuve qui demeurait non loin de cette église de l'Annonciata où s'ouvre le *Décaméron*. — Ce n'étaient, de la part du jeune comte amoureux et prodigue que sonnets, concerts, sérénades, et quantité de ces belles fleurs sur lesquelles Florence est assise, et qui ont donné leur nom à la ville des Médicis. Heureusement que la dame veuve était une noble et honnête dame, et que sa fille était la digne fille de sa mère, et qu'elles étaient à l'abri, l'une et l'autre, de ces poursuites amoureuses. En ceci, le poëte anglais va plus loin que le conteur d'Italie. Shakspeare donne un nom propre à cette dame veuve et pauvre, et savez-vous comme il l'appelle? Il l'appelle du plus grand nom que sa mémoire lui fournisse. — Lady Capulet, c'est le nom de la dame.

Toute vieille et toute pauvre que peut être cette dame, elle est la parente de Juliette, la femme de Roméo; Juliette, le grand nom poétique de cet âge! Ainsi le veut Shakspeare. Ce souvenir donné en passant à son chef-d'œuvre, ou du moins à son élégie la plus touchante, et ces nouveaux *concetti* jetés dans les misères de cette famille, pour parler comme Ben-Johnson, ne sont pas un des moindres intérêts de cette comédie : — *Tout est bien qui finit bien!*

Dans son désespoir, Gillette s'adresse à sa rivale elle-même, à cette dernière descendante des Capulets, qui doit comprendre mieux que personne, pour peu qu'elle sache l'histoire de sa maison, les chagrins, les douleurs et les traverses de l'amour.

Je vous en prie, disait Gillette, faites dire à mon mari que vous êtes enfin toute prête à l'écouter, et s'il accepte votre rendez-vous d'amour, qu'il vous envoie son anneau d'or. Ainsi fut dit, ainsi fut fait. Le comte répondit qu'il apporterait lui-même, son anneau, la nuit suivante, et qu'il le donnerait à la belle Florentine. Et c'est ainsi que Gillette obtint, sous le nom de cette humble Juliette, l'anneau du comte de Roussillon, son mari, plus, deux fils jumeaux qui ressemblaient à leur père.

— Ceci fait, le comte de Roussillon rentre dans son comté sans trop s'occuper de ses amours. Seulement le jeune comte trouve déjà que les heures sont longues, que son château est bien triste, et pour se réjouir, il donne un grand dîner à tous ses voisins. Vains efforts! notre prince regrettait tout bas la jeune femme dont il n'avait plus de nouvelles, lorsqu'au milieu de la fête il vit entrer, triomphante, la comtesse Gillette; elle avait au doigt l'anneau d'or, et sur chacun de ses bras, ses deux enfants.

« Monseigneur, dit-elle, avec un juste orgueil, votre condition est accomplie, voici deux enfants de vous, et voici votre bague! »

Qui fut bien heureux? Ce fut le comte. Il retrouvait en même temps, sa femme, ses enfants, sa bague, son repos; aussi bien il ouvrit ses bras à sa femme, et depuis ce jour il l'entoura d'amour et de respects. Tel est ce petit drame, un drame tout fait, et d'une simplicité si grande, que Shakspeare ne s'est pas contenté des personnages indiqués par Boccace. Le poëte anglais a enrichi la narration italienne de ce bouffon impudent, le capitaine Paroles, qui est tout au plus le bâtard de sir John Falstaff. Après *Falstaff*, qui appartenait déjà à ce que la bouffonnerie anglaise a de plus distingué, il me semble qu'il était peut-être inutile de nous donner *le capitaine Paroles*. Encore une fois, à quoi bon? Et d'ailleurs, puisque ce bouffon vous faisait envie, pourquoi le séparer de l'action principale? Autant vaudrait tirer Gros-René du *Dépit amoureux,* et l'isoler, même de Marinette.

Séparé du drame dans lequel il est placé, ce fameux capitaine Paroles perd beaucoup de son effet. Entre autres scènes oubliées dans le massacre général, il en est une surtout que je regrette, elle nous eût mis sur la trace d'une imitation qui n'a pas été remarquée. Vous savez ce passage du *Mariage de Figaro,* où il est dit que — *Goddem!* c'est le fond de la langue anglaise?

Maître Paroles, avant que Figaro eût trouvé que : *Goddem!* était le fond de la langue anglaise, avait trouvé que : *O mon Dieu, Monsieur!* était le fond de la langue française. « C'est une réponse « qui convient à toutes les questions. Par exemple, vous me « demandez : — Ohé! l'ami, êtes-vous un courtisan? à quoi je

« réponds — *O mon Dieu, Monsieur!* — Voulez-vous boire de ce
« vin clairet? — *O mon Dieu, Monsieur!* — Est-il vrai que vous
« ayez reçu, ces jours passés, des coups de bâton? — *O mon*
« *Dieu, Monsieur!*

« Le *O mon Dieu, Monsieur!* convient à toutes les ques-
« tions, tout autant qu'une pièce de huit sous à un procureur,
« une couronne française à une fille en taffetas, une gaufre au
« Mardi-Gras, une danse au premier de mai, une méchante
« diablesse à un mari bourru! » Voilà comment Beaumarchais,
cet esprit primesautier, ne dédaignait pas, de temps à autre, ces
petits emprunts dont personne ne se doutait de son temps.

MONROSE. — LE DOCTEUR BLANCHE.

Le souvenir du *Mariage de Figaro* (j'ai beau faire, il faut bien
me pardonner la brusquerie de certaines transitions) nous amène
à Monrose. Monrose était un des meilleurs valets qui eussent jamais
porté la livrée honorable de Marivaux, de Molière et de Beaumarchais. Il avait l'esprit, la grâce, et le sourire, et le bon mot. Il était
fin, léger, hardi, railleur; figurez-vous Mascarille élevé et dressé à
l'école de Figaro. Il était une des fêtes de la Comédie, il était
au rang des comédiens qui font rire. De Molière il répandait le sel
à pleines mains; de Marivaux il notait et soulignait la gaieté. C'é-
tait bien là vraiment l'ingénieux Frontin, le malicieux Dubois, le
spirituel Figaro, le philosophe railleur, le maître et le valet tout
ensemble des beaux petits messieurs de vingt ans que poursuivent leurs créanciers et qui poursuivent leurs maîtresses!

Un jour, on découvrit que ce gai Monrose, ce vif entraîneur du
parterre en belle humeur, habile à provoquer, à corriger les ruses,
les tours et les détours de la jeunesse passagère, était tombé dans
une mélancolie abominable. Il appartenait désormais, corps et âme
à ce délire inquiet mêlé de fièvre et d'insomnie, auquel succom-
berait un grand courage, à plus humble raison une tête vide et
pleine de tous les vents de la vanité.

Il s'était figuré qu'il n'était plus l'heureux valet des plus folles
et des plus aimables passions que la muse comique ait jetées dans
le monde. La tristesse s'était emparée de cette âme en peine; en
un mot, Monrose avait déchiré même sa livrée! On disait qu'il
était perdu; nous fûmes les premiers à annoncer qu'il était sauvé.

En même temps, nous avions prié et supplié le parterre pour qu'il portât toutes sortes d'égards et de bonne amitié à son brave comédien. Monrose, disions-nous au parterre, Monrose ne s'appartient plus, il n'est plus le maître de son esprit, de sa pensée ; il obéit encore avec un instinct incroyable à l'esprit, à la bonne humeur, à l'entrain des anciens jours, mais combien cet instinct est chose fragile ! Monrose ne vit plus ; il rêve... De grâce et par pitié ne le réveillez pas ! Respectez ce charmant moqueur qui vous a tant fait rire ; faites silence autour de sa raison, qu'il n'entende d'autre bruit que le bruit sauveur des applaudissements et des éloges !

Ainsi parlions-nous et nous fûmes écoutés. — Monrose se montra de nouveau alerte et vif, l'esprit sur la main et dans les yeux. Jamais on ne l'avait tant applaudi ; jamais on ne l'avait trouvé si charmant. Une fois sur le théâtre ses souvenirs lui revinrent en foule ; il retrouva toute sa mémoire des beaux jours ; il redevint le gai compagnon des Ergaste et des Lindor, le franc camarade des Mascarille et des Frontin, l'égrillard amoureux des Marton et des Lisette. Jamais, à le voir si heureux et si preste, vous n'eussiez dit que ce même homme avait été la proie d'un immense délire, que d'affreuses vapeurs avaient engourdi ce cerveau si fertile, que la sombre folie avait tenu la place de cette douce et heureuse folie. Ainsi il a vécu deux années encore.

Mais un jour, au moment où il quittait le Théâtre-Français pour n'y plus revenir, voilà notre homme qui s'en va brusquement à Rouen, et, au pied levé, il joue un de ses rôles favoris. Il avait auprès de lui une excellente comédienne que le Théâtre-Français a perdue, mademoiselle Verneuil. Tout allait bien. Mademoiselle Verneuil était heureuse de retrouver cette verve fine et ingénieuse que rien ne lassait jadis, lorsque tout à coup, hélas ! l'infortuné perd le fil de sa douce gaieté ; et il se jette à tête perdue, dans les cent mille détours de ses diverses comédies ! — Un écheveau de fil sous les griffes d'un jeune chat, n'est pas plus mêlé, plus brouillé et plus enchevêtré d'un fil à l'autre, que tout cet amas de prose et de vers qui se brouillent soudain dans ce cerveau malade ! O pauvre cervelle en proie au désordre !

Tout se confond dans son rôle, dans sa pensée et dans sa raison. — O douleur ! le parterre était impitoyable ce jour-là, parce qu'il était attentif. D'abord le parterre s'étonne, puis il s'impatiente, et enfin il se fâche. O douleur! ils ont traité ce malheureux Monrose comme s'il était pris de vin! Hélas! à ce bruit inattendu, à ce coup terrible, le malheureux artiste se sent défaillir.

Quand le parterre put comprendre enfin à quel drame il venait d'assister, le parterre applaudit à outrance... il n'était plus temps, l'éclat de rire s'était arrêté sur les lèvres brûlantes de Monrose, — arrêté à tout jamais!

Désormais, il était fou, complètement fou, sans que rien pût remédier au désastre de ses sens! A grand'peine on le transporta dans la maison d'aliénés du docteur Blanche. — Hospitalière et bienveillante maison où mourut, dans le silence et l'isolement, une des plus grandes dames de l'ancien empire français, une grande dame qui était un bel esprit et un charmant écrivain.

Plus tard, et dans la même maison, le fils aîné, l'héritier de ce grand titre gagné sur tous les champs de bataille de l'Empereur devait suivre sa mère infortunée! Dans ces lieux témoins de tant de rêves, où tant de rêves ont abouti, est mort à son tour entouré des soins les plus tendres, Étienne Becquet, mon cher confrère; il avait à peine trente-six ans, il avait, lui aussi, gardé tout son esprit, il venait d'entrer dans la grande fortune de son père; il m'avait précédé dans cette œuvre futile qui ne vous demande guère que votre vie entière, — il est mort, sous ce toit bienveillant, en murmurant une ode d'Horace, en guise de prière suprême.

Hélas! au moment où j'écris ces lignes, où le nom du docteur Blanche apparaît pour la première fois dans mon livre, voici qu'il meurt à son tour, ce galant homme, et puisque nous sommes à causer des choses et des hommes du théâtre, il ne faut pas que nous le laissions partir de ce bas monde, et sans lui rendre les honneurs mérités. Le docteur Blanche est mort le 4 novembre 1852; l'on eût dit que tous les hommes de lettres de ce temps-ci s'étaient donné rendez-vous autour de son tombeau :

> Qui que tu sois, voici ton maître!
> Il l'est, le fut, ou le doit être:

disions-nous autrefois du docteur Blanche, ce que disait Voltaire de l'amour! et rien n'amusait le docteur Blanche davantage.

Véritablement on chercherait dans toute la France, on ne trouverait peut-être pas un homme qui ait donné à la poésie, aux beaux-arts, aux artistes, aux écrivains français, des preuves plus signalées de zèle, d'amitié de bonne grâce que M. le docteur Blanche, expiré dans cette maison qu'il avait fondée à l'extrémité du beau village de Passy, entre la Seine et le bois de Boulogne, et tout à côté d'Auteuil, la patrie adoptive de Molière et de Boileau.

Les bonnes œuvres du docteur Blanche pour la famille des esprits de ce temps-ci ne se comptaient déjà plus, il y a dix ans. Que d'infortunes il a soulagées! que de misères il a apaisées! que de malheureux, sans asile et sans pain, il a accueillis dans sa maison, ouverte à tant de pauvres hères qui perdent la raison avant de perdre la vie, et qui s'en venaient, naturellement, sous ce toit hospitalier, pour chercher un peu de calme et de repos!

Il avait fait une longue étude des maladies mentales, il ne croyait guère à leur guérison, il croyait au soulagement, au bien-être de l'homme, ainsi frappé dans ce que l'homme a de plus précieux, sa pensée et son libre arbitre!

Hélas! il a vu, mieux que personne, en ce temps-ci, à quoi tient l'intelligence humaine, et dans quel abîme peut tomber l'imagination livrée à ses propres forces! Que de poëtes, que d'écrivains, et combien de philosophes ont invoqué la science et la piété du docteur Blanche! Combien de jeunes gens l'ont appelé dans leurs désastres! Que de jeunesses, perverties par la folie et le zèle du travail, en proie à l'ambition qui tue, ont dû à ce galant homme le rétablissement de leur intelligence! Il était, de sa nature, un observateur attentif, prévoyant, très-calme et très-ferme tout ensemble. Dans cette diversité infinie d'accidents que le cerveau de l'homme... et de la femme peut contenir, il s'attachait surtout à rechercher les accidents qui frappaient les intelligences d'élite, à guérir, à rasséréner les grandes âmes plus facilement et plus cruellement malades que toutes les autres.

Celui-là donc était le bienvenu chez le docteur Blanche, qui était la victime de l'étude ou des passions, la victime du génie et du travail; celui-là était le bienvenu qui succombait sous le fardeau des espérances trompées, de la gloire incomplète et de l'orgueil blessé à mort! — A ces âmes en peine il accordait tous ses soins, se croyant trop payé et trop récompensé s'il avait retrouvé une lueur sous cette cendre éteinte, une pensée en cette âme blessée à mort, un rêve logique dans cet esprit abandonné à tout le dévergondage de la fantaisie! Hé! qu'il en a vu mourir et s'éteindre en gémissant, de ces intelligences à part qui sont le tourment des corps qui les subissent!

Jeune encore, le docteur Blanche a vu venir à lui, à demi fous d'épouvante, les vieux poëtes de l'Empire épouvantés des premiers bruits de la naissante poésie; il a vu l'Académie inquiète du Cénacle; il a vu plus tard le Cénacle, à son tour, possédé de cette ambition perverse qui ne veut rien tolérer de tout ce qui s'élève ou se tient debout à côté d'elle! Ainsi, des deux partis, des deux armées littéraires, il a recueilli les blessés; il a ramassé les morts sur le double champ de bataille de la poésie; il a été le témoin affligé de tous ces suicides; il a assisté à tous ces duels; il a vu des hommes, amoureux de leur gloire et de leur renommée à ce point qu'ils s'appelaient des dieux, et qu'ils se dressaient à eux-mêmes des autels!

Que dis-je? Il a donné la douche à des rhétoriques; il a condamné des écoles à la diète; il a mis la camisole de force à des chefs de secte; il savait le côté faible et le côté fort de ces intelligences avortées, et que rien ne mène à la folie aussi vite, et par un sentier plus frayé que la vanité des poëtes, l'ambition des prosateurs, l'envie et la haine des comédiens, et le souffle du parterre et le mépris du lecteur; ajoutez l'indifférence, la pitié et l'insensibilité du public, et tant et tant de causes qui pèsent incessamment sur ces têtes malades; ces fièvres, ces spasmes, ces délires, ces rêves!

Qui l'ignore? Ces frêles machines, d'où sortent incessamment la comédie et le roman, le vaudeville et l'histoire, le drame et le journal, un rien les détraque... un rien les remet dans leur voie; il leur rendait un mouvement régulier quand elles avaient bien battu la campagne! Frêle machine en effet, l'esprit qui produit, la tête qui pense! Quel souffle la pousse, et quel souffle l'arrête?

Il n'y a que Dieu qui le sache! Elle va, rapide comme la foudre, — elle s'arrête hors de sa voie! — Elle est au ciel, elle touche aux enfers; elle pleure, elle prie, elle maudit; elle implore, elle blasphème, elle crie, elle s'apaise; elle est vivante outre mesure... elle est morte! Ah! race oisive et terrible des penseurs de profession, des écrivains par métier, des amoureux et des amoureuses condamnés aux travaux forcés de la poésie et du drame!

Ah! natures perfides, insensibles, vaniteuses, frileuses; bêtes sans peau, têtes sans cervelles, sourires sans causes, amours sans motifs, passions sans feu ni lieu, rêveries, projets, châteaux en Espagne, images, sommeils et ténèbres, aviez-vous besoin sans cesse et sans fin du secours du docteur Blanche, et le saviez-vous trouver, tantôt au sommet de sa montagne de Montmartre, et tantôt dans sa vallée ou sur sa terrasse de Passy?

On ne peut pas dire ici le nom des malades du bon docteur Blanche; il était le premier à taire le nom des gens qu'il avait sauvés; il cachait le nom de ceux qui étaient morts! Il savait que ce mot-là : *Un fou!* est plus cruel à dire et plus ineffaçable que cet autre mot : *Un bandit!* il passait, sans le saluer, à côté d'un malade sauvé par lui! Il ne les reçonnaissait plus, tant qu'ils se promenaient dans les jardins de l'univers habité.

Il a accompli dans ces esprits malades, des miracles d'habileté et d'intelligence! — Tel qu'on lui avait conduit qui se croyait Homère ou Talma, il le renvoyait, au bout de six mois, persuadé qu'il s'appelait Boniface ou Bernard, qu'il était bon tout au plus à jouer le rôle d'Arbate ou à publier des poésies fugitives. Celui-ci qui était un furieux, tout rempli d'une impatiente ardeur de vengeance, il le renvoyait, calmé, à son travail innocent de chaque jour! D'un poëme épique, il a fait, bien souvent, un conte pour le *Journal des Enfants*; d'un *discours-ministre*, il a tiré, plus d'une fois, vingt lignes de bonne politique. Un de ses malades lui lisait une tragédie, et la tragédie, écoutée en riant, devenait un vaudeville! Il reprenait les faquins, il abaissait les superbes, il humiliait les natures insolentes qui se croient faites pour le commandement et pour le règne absolu; il écrasait ces esprits impuissants qui veulent produire, à toute forces, on ne sait quelles œuvres malades.

Mais autant il était sans pitié pour les humiliations méritées, autant il était plein de grâce et de bienveillance paternelle pour l'artiste découragé, pour l'écrivain mal compris, pour le révolutionnaire convaincu, pour l'âme grande et souffrante, pour l'intelligence épuisée avant l'heure; alors il apaisait, il calmait, il consolait, il relevait, il encourageait son malade. Il le ramenait dans les sentiers connus ; il le traitait comme un père traite son enfant ; et par tant de bons soins, par tant de bonnes paroles, et tant d'exemples dont il avait le secret, il faisait que l'ordre et l'espérance rentraient, tout à la fois, dans cette âme et dans cet esprit au désespoir. Encore une fois, on ne désigne ici personne ; mais voyez-vous dans son improvisation armée, ce bel esprit qui est le charme et la fête de l'œuvre imprimée en courant ? — Ce bel esprit ressuscité est un des chefs-d'œuvre du docteur Blanche ! Et cette femme accorte et vive, au regard plein de feu, le rire à la lèvre et le printemps à la joue ? Elle a passé par la maison du docteur Blanche ; elle se promenait, l'été passé, sous ces vieux arbres qui ont abrité de leur ombre séculaire, Son Infortune madame la princesse de Lamballe, et Son Éloquence monseigneur le duc Saint-Simon !

Il a fait bien d'autres miracles, il a accompli bien d'autres chefs-d'œuvre ! Il a guéri une jeune femme amoureuse du Soleil ! Elle s'éveillait au matin, souriant à son bien-aimé du sourire des anges ; à midi, rien ne manquait à cette fête de son cœur ! Peu à peu, quand descendait le crépuscule, elle tombait dans l'anéantissement de la mort ! Elle se remettait à parler et à sourire à l'heure où chantait la statue de Memnon ! Le docteur Blanche a guéri cette héliotrope ; il l'a mariée : elle le pleure aujourd'hui !

Bon homme et digne homme, et bienveillant à quiconque vivait de la vie exceptionnelle de la poésie et des beaux-arts ! Sa maison était ouverte, et sans condition, aux gloires condamnées ! — On ferait une fortune de l'argent qu'il a dépensé à cette œuvre ; on composerait la plus belle académie et la plus brillante Comédie du monde avec les intelligences d'élite qu'il a secourues ou sauvées ! Sans nul doute, il était juste que la Poésie eût souvenance de cet homme qui lui a rendu de si nombreux et de si grands services ; il était juste aussi qu'il ne fût pas oublié à cette place où j'écris, au milieu de tant de joie et de tristesse, l'histoire littéraire de ce temps-ci :

Hic jacet.... Hoc saxum non coluisse nefas !

Ah ! maison redoutée et redoutable du bon docteur, de quelles misères n'êtes-vous pas l'asile ? On eût dit la dernière étoile des matelots de la poésie et des beaux-arts, on eût dit le refuge après la tempête, l'asile au plus fort de l'orage !

En ce lieu de calme, de repos et de délassement s'était réfugié Monrose ; il avait rencontré tout d'abord les meilleurs sympathies ; même un poëte, un vrai, sincère et digne poëte, Antoni Deschamps, s'était rencontré, sous ces ombrages, qui avait encouragé et consolé l'infortuné comédien.

Le lecteur ne sera pas fâché de retrouver ici les vers d'Antoni Deschamps, adressés à Monrose au moment où quelque favorable lueur semblait se poser sur ce faible cerveau, doucement réjoui.

> Hier je rencontrai sur le bord d'un chemin
> Thalie assise, en pleurs, la tête dans sa main.
> — « O Muse, qu'as-tu donc, et quel est ce prodige ?
> « Si tu pleures, grand Dieu ! qui donc rira ? lui dis-je. »
> Mais elle répondit d'une touchante voix,
> Que ses sanglots coupaient, hélas ! plus d'une fois :
> — « C'est que je ne vois plus mon cher enfant Monrose ;
> « Il emporte avec lui ma guirlande de rose,
> « Et les joyeux ébats, et les chants et les ris,
> « Avec l'âme et le cœur de ses amis chéris. »
> — « Muse, rassure-toi ; sous une main amie
> « Sa cuisante douleur enfin s'est endormie ;
> « Avec lui rentreront dans tes sacrés parvis
> « Et les joyeux ébats, et les chants et les ris,
> « Et les fêtes du soir sans regrets accomplies,
> « Et jusques à minuit les charmantes folies. »

2 janvier 1841.

Vaine espérance et vaine promesse. Absolument, cependant, il fallait que Monrose se montrât, une dernière fois, à son public du Théâtre-Français. Son humble fortune y était engagée, et même, ô cruauté ! on pouvait espérer que le bruit de cette misère et de cette intelligence éteinte, augmenterait la curiosité du public et le porterait à cette représentation dernière, qui était donnée au bénéfice de Monrose, et dont sa folie, un instant suspendue, allait faire tous les frais. Quelle triste aventure cependant, et quel spectacle malheureux !

Les moralistes reprochent à l'antiquité ses combats de gladiateurs ; nous aussi, nous avons nos combats de gladiateurs, nos jeux féroces qui se terminent par la mort des hommes, bien plus que la mort des hommes, car, une fois qu'ils ont paru dans cette arène formidable, on les emporte, privés de raison.

On nous dit : — Accourez tous à cette fête ; voici un malheureux homme qui ne sait plus son nom, qui ne reconnaît plus ses enfants, ses amis ; tous ceux qu'il aime, accourez en toute hâte, ce même homme, pour vous amuser une heure, va se rappeler, par une illumination soudaine, les joies de sa jeunesse, et ses amours, et ses délires, à l'instant même où la comédie lui prodiguait ses plus folles et ses plus enivrantes caresses.

Venez..... cela sera curieux de voir comment le souvenir de l'esprit d'autrefois peut survivre à l'esprit qui n'est plus, comment le rire le plus malicieux et le plus charmant peut surgir de toute cette misère ! — Venez, vous verrez l'abîme dans lequel se débat ce malheureux ! Vous verrez combien cette nuit est épaisse, dans laquelle tout à l'heure il va marcher en dansant, et dans quel silence abominable de sa raison absente il va chanter sa plus vive chanson de joie et d'amour.

N'est-ce pas, en effet, que c'est chose curieuse, cet être sans nom, qui ce matin encore ne savait pas qui il était, et qui ce soir redevient tout d'un coup le Figaro étincelant qui jette l'ironie et l'esprit à pleines mains? Beau spectacle ! amusante soirée ! Vous verrez, que de progrès en progrès, nous attendrons, pour bien juger le talent de nos grands coloristes, de M. Decamps, par exemple, que M. Decamps soit aveugle ; — et la voix de madame Dorus, que madame Dorus l'ait perdue. Savez-vous à quelle heure commence, dans ce système, le génie de Beethowen? A l'instant même où Beethowen est devenu sourd !

Voilà où nous en sommes ; nous jouons avec les plus effroyables mystères de la raison humaine ; nous sommes sans pitié pour qui nous a fait rire, et, quelle que soit sa misère, nous n'avons rien pour lui s'il ne veut pas nous faire rire encore. Pauvre Monrose ! de son vivant était-il assez aimable, assez gai ; avait-il le geste animé, le visage souriant, la repartie facile, la jambe alerte comme son esprit ! Personne, mieux que lui, ne comprenait les grâces du style, les finesses du dialogue ; pour qu'il fût à l'aise dans un rôle, il fallait nécessairement que ce rôle fût écrit par une plume habile. Voilà pourquoi il a créé si peu de rôles dans les comédies modernes, pourquoi il a excellé dans la comédie de

Molière, de Regnard, de Beaumarchais, de Marivaux surtout. Il aimait l'esprit, il le cherchait avec art, il appuyait avec joie sur tout ce qui lui paraissait un bon mot ; il était railleur, non pas insolent ; hardi, non pas effronté ; il avait une certaine façon de se tenir et de porter la livrée qui sentait son homme de bonne compagnie ; en un mot, si quelqu'un avait besoin de toute sa raison et de toute son intelligence pour jouer la comédie, à coup sûr c'était Monrose.

Eh bien ! justement cette intelligence s'éteint, cet esprit s'en va, ce tact exquis se perd, toute cette douce et enivrante fumée de la poésie dramatique s'éloigne de cet homme qui en faisait sa vie. Tout d'un coup la sombre humeur remplace cette gaieté. Les papillons noirs voltigent autour de ces yeux hardis qui découvraient si bien, dans l'ombre, la robe blanche de Rosine ou la cornette égrillarde de Marton. Plus de sourire, plus de gaieté, plus de propos en l'air, plus de déclamation goguenarde, plus rien ! Il se replie sur lui-même, il se parle tout bas ; il se demande ce que c'est que la comédie, et le théâtre, et Monrose ? Ainsi est-il.

Cependant le public veut le revoir. Plus on dit : — Il est malade ! et plus le parterre répond : — Qu'il paraisse ! Alors il reparaît. A l'instant où il reparaît, à l'instant où il va venir, on tremble ; le frisson se répand dans la salle. Pauvre homme ! dit-on à la fin. O miracle ! le voici, c'est lui, c'est bien lui, c'est le Monrose d'autrefois ! Il chante, il fredonne sa petite chanson ; il compose ses petits vers ; il les écrit sur son genou ; rien ne l'étonne, ou plutôt il se revoit avec joie dans ce monde idéal qui est pour lui le véritable univers. Rien n'est changé. Voici la maison de Bartholo ; voici la jalousie fermée à clef, derrière laquelle étincelle et brille un œil noir. Voici M. le comte Almaviva lui-même ; et Figaro de rire déjà du comte ! — C'est bien le rire d'autrefois. Jamais l'épigramme n'a été lancée avec plus de sans-gêne et de bonne humeur. Et maintenant que Monrose s'est reconnu lui-même, laissez-le faire, il n'a plus besoin de personne. Il va donner, ô l'instinct ! — la vie et le mouvement à toute cette comédie.

Chacun tremblait pour lui, c'est lui-même qui les rassure tous. Le comte Almaviva se préparait à soutenir Figaro, Figaro rit au nez du comte. Rosine avait peur, Figaro rassure Rosine. Bartholo et lui-même Basile, étaient émus, et ils se promettaient bien de ménager leurs brutalités habituelles, Figaro ne leur en donne pas le temps ; il les prend, il les pousse, il les obsède si fort que ceux-ci sont obligés de se défendre. C'est un sauve-qui-peut général, mais c'est l'alerte *sauve-qui-peut* de la grâce, de l'esprit et de la bonne humeur. Pourtant il y a dans ce rôle de Figaro des mots qui nous faisaient frémir, ces trois, par exemple, qui terminent le troisième acte : *il est fou! il est fou! il est fou!* Et comme Monrose les a dits ; à chaque fois, sa voix s'élevait d'une façon lamentable. C'est le seul moment où ce malheureux artiste ait oublié son rôle de Figaro ; on eût dit, à entendre ce sanglot caché, qu'il allait enfin échapper à ce tour de force inexplicable, affreux.

Vous dites qu'il y a des physiologistes, vous parlez d'une science intitulée la phrénologie, la philosophie, la médecine, l'explication des songes, — que sais-je ? Mais expliquez-nous donc ce mystère ! Cet homme qui revient au monde pour trois heures, cet esprit endormi qui se réveille pour réciter une certaine quantité de bons mots, disparus de son crâne il y a trois ans, et qui vont, de nouveau disparaître et pour toujours ! Comment cela se fait-il ? par quel procédé ? comment va l'esprit en toute cette affaire ! où est l'esprit ? où l'intelligence ? Ce Figaro sautillant, vif et léger, et preste et charmant, a-t-il remplacé le malade de ce matin, tout comme la veste de velours brodé et la résille a remplacé la robe de chambre et le bonnet de coton ? L'esprit est-il revenu à une certaine invocation, comme font les flammes bleues du troisième acte de *Robert* ? L'esprit va-t-il devant, ou marche-t-il derrière ?

Rentré dans la coulisse, cet homme est-il encore Figaro ? ou bien redevient-il le malade du docteur Blanche ? Quand il est là prodiguant la louange à Rosine, sait-il bien ce qu'il dit, et ce qu'il fait et ce qu'il veut dire ? Ces malices de Beaumarchais, malices enveloppées dans toutes sortes de réticences, cet homme qui les dit si bien, les comprend-il ? Et si aucune de ces finesses ne lui échappe, d'où vient que demain, tout à l'heure, il lui sera impossible d'en retrouver le sens ? C'est à s'y perdre — en même temps c'est à ne plus rien comprendre à l'art du comédien.

En effet, voilà un art que vous dites rempli de difficultés et de périls, voilà un art qui demande, plus que tout autre, l'attention, l'imitation, l'intelligence, — et pourtant vous avez là, sous les yeux, l'exemple d'un comédien excellent qui joue un des rôles les plus compliqués et les plus complets de la comédie, qui le joue à merveille, sans avoir l'intelligence de ce qu'il dit, de ce qu'il fait! Est-ce bien possible? Et s'il a en effet assez d'intelligence pour être, pendant trois heures, l'homme créé par Beaumarchais, vous admettrez (et il faudra bien l'admettre) qu'il ne lui restera pas assez de bon sens pour être un bon bourgeois de la ville de Paris, qui se promène, sur le boulevard, au soleil! Je n'ai jamais plus regretté de n'être pas un philosophe, que ce jour-là.

Cette représentation suprême du *Mariage de Figaro* par un homme dont la raison était absente devait être comptée au docteur Blanche comme le chef-d'œuvre de sa volonté ; nous appelions cela : Son miracle ; et comme il était né à Rouen, nous lui chantions souvent cet hymne qui se chante encore en l'église de Saint-Ouen :

> Adsis supreme spiritus,
> In nocte sis lux mentium.
>
> Toi seul tu peux calmer cet esprit agité,
> De ce nuage épais, toi seul es la clarté !

une ode même de Santeuil, traduite en vers, par un poëte de Rouen, M. Édouard Neveu, mort, l'an de grâce 1852, à l'Hôtel-Dieu, sur le lit même de Gilbert.

LA COMÉDIE ET LE VAUDEVILLE. — DE L'EMPLOI DES DIAMANTS ET DES PERLES. — Mlle AUGUSTINE BROHAN, MADAME DESMOUSSEAUX. — Mlle MANTE ET Mlle JUDITH. — LES FEMMES SAVANTES. — AMPHITRYON.

La comédie des *Femmes savantes* est une de ces rares merveilles que le temps semble rajeunir. Dans vingt ans la comédie des *Femmes savantes* aura deux siècles, et l'on dirait qu'elle est faite d'hier ! Eh ! quel temps fut jamais plus taché d'encre, que le nôtre ? Quelle époque plus remplie de lâchetés et de haines littéraires, et, quand vivait le roi Louis XIV, se pouvait-on douter de la quantité infinie de bas-bleus troués qui sillonnent nos rues, nos salons borgnes, et nos académies suspectes?

Appelée à juger cette nouvelle attaque de l'auteur des *Précieuses ridicules* contre le faux esprit, la bête noire de ce franc, net et sincère Molière, la cour du grand roi trouva que Molière avait frappé un peu fort. On aimait en ce temps-là toutes les recherches de la métaphysique, de l'esprit, du beau langage ; on se passionnait, de bonne foi, pour la science et pour la philosophie ; on suivait Descartes, le nouveau maître, dans ses beaux sentiers semés de fleurs et d'étoiles ; les femmes, même les plus sensées, étudiaient l'astronomie à leurs moments perdus ; et comme d'ailleurs ce n'était guère la mode alors de faire métier et marchandise de son style, de son esprit, de sa prose, de ses vers, chacun s'inquiéta de savoir pourquoi Molière, après avoir fait si bonne justice des *Précieuses*, manifestait contre les *Femmes savantes* cette indignation qui semblait presque inutile ?

En ce moment (voilà le mystère !) notre poëte écrivait l'histoire des Bélise et des Araminte du siècle suivant, après que madame de La Fayette et madame de Sévigné auront jeté, spontanément, leur éclat imprévu sur le grand siècle. Il pressentait la fureur implacable des Trissotins et des Vadius de nos jours ; il prenait en pitié le bon sens du père de famille, notre aïeul Chrysale, battu en brèche par les prétentions de sa femme ; il se passionnait, en brave homme, pour les douleurs intimes de la jeune Henriette, aimable fille d'un si rare bon sens, forcée de vivre dans les abominables dissensions de la vie littéraire.

Ceci nous explique comment cette comédie des *Femmes savantes* est restée pour nous une comédie toute moderne, pendant que des chefs-d'œuvre de la même famille : *Tartufe* et *le Misantrope*, ressemblent à ces admirables portraits passés de mode, que les amateurs conservent précieusement dans leur cadre d'or, par le double respect qui est dû à la main d'un ouvrier de génie, et au souvenir des ancêtres vénérés.

De toutes les comédies de Molière, la comédie des *Femmes savantes*, est peut-être celle qui renferme le plus de rôles excellents et bien joués, et parmi ces rôles excellents celui d'Henriette est, à coup sûr, le rôle le plus charmant qui soit sorti, tout paré de ses grâces naturelles, du cœur et de la tête de Molière. La libre allure de cette jeune fille élevée au milieu des pédants, l'ironie alerte et de bon goût de cette enfant obligée de se défendre contre les vices du bel-esprit si difficiles à saisir, et si dangereux, par cela même qu'ils ne sont pas tout à fait des vices ; ce petit grain de coquetterie dédaigneuse qui se fait jour à travers les folles prétentions de ces trois ou quatre pédantes sans esprit, sans sagesse et sans cœur ; — enfin les dangers courus par cette enfant, les obstacles apportés à cet amour légitime, le caractère ingénu de son père, cette vraie tendresse mêlée de faiblesse et d'enjouement, ce sont là autant de grands motifs pour que nous portions un vif intérêt à cette aimable héroïne d'un drame véritable.

Supposez en effet, que Molière ait oublié, un instant, que son génie lui imposait le devoir de corriger les hommes en riant de leurs faiblesses, et vous tombez aussitôt dans les plus profondes noirceurs. Philaminte, Armande, Bélise, ne sont plus que d'affreuses mégères, Trissotin et Vadius se conduisent comme les plus vils scélérats, Chrysale, cette faible digue à tant de passions mauvaises, leur abandonne, en toute liberté, le bonheur et l'honorabilité de sa maison, et cette pauvre Henriette, que devient-elle, hélas ! indignement sacrifiée à la plus stérile, à la plus honteuse, à la plus injuste, à la plus abominable de toutes les vanités, la vanité du bel-esprit?

Mademoiselle Judith, dans ce beau rôle d'Henriette, s'est montrée une débutante, un peu sérieuse et toute disposée à bien faire, mais n'osant pas encore se livrer à cette composition si remplie de majesté : une comédie en cinq actes, écrite en si beaux vers et récitée en si bon lieu ! Ce doit être, en effet, une terrible révolution pour une fille bien avisée, passer soudain, d'un petit théâtre où l'on chante, sur un théâtre où la gaîté même a quelque chose de solennel ; prendre congé du flonflon, du drame improvisé sur le tréteau, et des émotions à bon marché de la comédie en plein vent, pour pénétrer, d'un pas ferme et leste à la fois, dans les mystères d'une action dramatique, fondée sur les mouvements les plus divers et les plus imprévus de l'âme humaine.

Autant le succès était facile en ces petits théâtres de la Melpomène en jupon court, quand on n'avait qu'à se montrer pour être trouvée belle, et pour être applaudie de ce facile public qui se contente de rien : un mot, un signe, un regard, un bon mouvement, un geste, il est content ! — Autant le succès est difficile ici, chez Molière, quand il s'agit de se montrer la digne interprète du plus grand poëte de l'univers. Voilà pourquoi il faut savoir bon gré, à ces jeunes filles qui se hasardent dans les grands rôles, de leur réserve, de leur hésitation, et de leur trouble.

Cependant, elle hésite, l'ingénue! — Elle n'ose pas oser, on voit qu'elle comprend, ou tout au moins qu'elle devine. Cette petite voix douce et tendre suffit à réciter ces admirables passages d'un amour sincère et vrai, comme on n'en met guère dans le vaudeville; ces grands yeux humides et clairs ne manquent pas d'un certain feu ironique. Pour elle, tout est nouveau dans ce drame : la majesté du langage, la profondeur de la leçon, l'ampleur du costume, la netteté et la clarté de l'action.— surtout ce qui l'étonne et ce qui la trouble à chaque instant, ce qui contrarie plus qu'on ne saurait le dire, des habitudes déjà violentes, c'est que le drame qui se présente à chaque instant, dans cette comédie, il y faut renoncer!

A chaque instant il faut se retenir pour ne pas tomber dans ce piége, à savoir le grand effet dramatique! — En vain le drame se montre et se fait sentir à l'esprit de cette fillette sans expérience, et docile à toutes les impressions, ah la malheureuse, si elle cède à cette invitation, aux grands cris, aux grands effets, aux grands gestes... elle est perdue! Allons! songez que même au milieu de ces tortures de l'esprit et du cœur, il faut sourire! Allons la tragédie arrive, entre Vadius et Trissotin...

Il faut détourner la tête, il le faut, quelque chose se lamente dans cette comédie... évitez ces lamentations, faites mieux... soyez tout entière à cette douce et agissante gaîté que le poëte a mise à la surface des plus grandes douleurs. Songez donc que du *Mariage forcé*, Molière a fait une comédie où l'on rit aux éclats! Il a fait un héros comique, de Tartufe! Il nous force à rire du Misantrope! Ah! c'est là une de ces nécessités difficiles à comprendre pour une petite fille qui nous faisait pleurer naguère, en chantant des chansons sur le théâtre des Variétés à côté de Bouffé, ce gai comédien des émotions tristes et tendres, qui n'est jamais plus heureux que lorsqu'il mouille, des plus douces larmes, son ironie et sa gaîté?

Assez souvent, cette comédie des *Femmes savantes* est jouée avec un heureux ensemble au Théâtre-Français; on voit qu'elle est passée dans les mœurs du théâtre, comme elle est passée dans nos mœurs. Provost, dans le rôle de Chrysale, se ressent de ce mélange heureux de justice et de faiblesse, de bon sens et de bonté qui distingue cet excellent Chrysale, fanfaron loin de sa femme, mais reprenant son humble attitude dès qu'il entend gronder chez lui. — « Ce n'est pas ma femme que je crains, disait un sage; je crains le bruit ! » A côté de Chrysale, Martine, est une créature toute neuve, même pour Molière.

Martine, la soubrette inculte; elle n'a pas passé par le salon, elle arrive de son village, plus disposée à bien faire qu'à bien dire, et sûre de bien servir ses maîtres aussitôt qu'elle aura appris à les aimer. Or, dans ce taudis qui sent son Académie d'une lieue, Martine ne peut aimer que le bon Chrysale et la bonne Henriette; elle a pitié de l'un et de l'autre, et elle devient, par la force même des bonnes et loyales natures, le courage de ce bonhomme et l'espérance de cette enfant. Ce rôle est fait, on le dirait, à la taille, à la jeunesse, à la gaîté de mademoiselle Brohan, la vie et la grâce et la charme de cette génération nouvelle de jeunes comédiennes qui ont repris la tradition où leurs anciennes, les dames sérieuses, l'avaient laissée ! Il y avait aussi, naguères, une admirable Bélise, madame Desmousseaux !

Quelle hautaine et superbe Philaminte, mademoiselle Mante ! et comme l'une et l'autre elles se sacrifiaient, sans tant marchander, à l'odieux du personnage qu'elles représentent ! On ne sait en effet laquelle des deux on doit le plus haïr, cette mère de famille livrée à des jouets d'enfant, ou cette vieille fille qui se jette dans l'amour idéal, faute d'une passion moins éthérée.

De ces deux femmes, pas une n'est digne de jouer le grand rôle de la mère de famille, et voilà pourquoi cette Philaminte et cette Bélise, incorrigibles égoïstes, resteront éternellement accablées sous la haine et sous le mépris publics. A la rigueur, on peut espérer que mademoiselle Cathos, mademoiselle Madelon, mademoiselle Armande elle-même, bien qu'elle soit cruellement gangrenée de science et d'envie, auront fini par se corriger et par épouser quelque honnête homme qui les aura mises à la raison. Mais Philaminte, mais Bélise, ce sont des créatures aussi incorrigibles que si elles étaient, tout simplement, des hommes de lettres pour tout de bon !

On se rappelle l'admirable scène du troisième acte, quand sont réunis les divers acteurs de ce grand drame, et quand, seule entre ces vanités furieuses, la jeune Henriette tient tête à tous ces forcenés de science et de littérature. De cette scène-là, surtout, Molière a pu dire : — « Si je ne vais pas à la postérité, je n'irai jamais ! »

Jamais, en effet, même en comptant la grande scène de Célimène devant le jury qui la juge sans pitié, Molière n'a rien fait de plus complet, de plus hardi. — Ce beau troisième acte est difficile à bien jouer... la comédienne aura-t-elle assez d'ironie, assez de sang-froid? Saura-t-elle écouter, d'une façon assez railleuse, les poésies de M. Trissotin et soutenir convenablement l'admiration de ces dames savantes? Là est le difficile, et il ne suffit pas de nous dire avec une belle révérence :

> Chacun fait, ici-bas, la figure qu'il peut !

Et puis la trace et le souvenir de mademoiselle Mars ! Ce rôle d'Henriette était son chef-d'œuvre ! Elle y était la vérité même et l'ingénuité en personne, une ingénuité hardie à la défense et prompte à la réplique ; avec quelle grâce et quel naturel parfait elle écoutait ces folies pleines de verve, et comme elle suivait, d'un regard brillant d'ironie et d'intelligence, les phases diverses de ces gens qui se louent jusqu'à l'adoration, et qui se déchirent jusqu'aux morsures ; hélas ! la gaîté, où est-elle, la charmante et brillante gaîté de mademoiselle Mars?

Mademoiselle Mars, — ceci est à l'adresse des jeunes débutantes qui tiennent à faire de *brillants* débuts, et qui se chargent de rubis et de perles, — mademoiselle Mars qui avait de très-beaux diamants, comme c'était le droit de son talent et de sa fortune, avait grand soin de ne pas mettre pour vingt-quatre sous de pierreries, quand elle jouait ce rôle d'Henriette. Henriette, modestement, honnêtement élevée dans cette maison pédante ; Henriette, la digne élève de son père Chrysale, de son bon oncle Ariste, l'indulgence même, n'a pas le plus petit brillant à son service, et même je doute que, lorsqu'elle sera mariée, l'aimable femme songe, de si loin, à se permettre ces coûteuses folies qu'elle laissera aux dames de la cour. — Les débutantes jeunes et belles ne savent pas, ou ne veulent pas savoir que Chrysale n'est pas un financier, mais bien un honnête père de famille. Toute sa maison se compose d'une pauvre servante et d'un petit garçon ; le gendre qu'il s'est choisi est *riche en vertus*, et c'est là tout.

Donc à quoi bon ces diamants? — Fi des diamants, à propos des rôles les plus honnêtes de Molière ! Célimène en est couverte, madame Orgon n'en a jamais porté, non plus que mademoiselle Lucile ou madame Jourdain. Il faut laisser ces carcans de pierreries aux jeunes demoiselles du Vaudeville, aux ingénues du Palais-Royal et autres lieux. Ce rôle d'Henriette est un rôle fâcheux, j'en conviens, pour les grandes coquettes qui se plaisent à montrer, à tout propos, comme un marchand son enseigne, leurs bagues, leurs colliers, leurs ceintures, leurs rivières, leurs peignes, leurs bracelets, mais ces grands rôles des ingénuités ingénues ne souffrent pas les diamants et les perles. Molière et Beaumarchais lui-même ne comprenaient pas que l'ingénuité pût cueillir ses ornements autre part, que parmi les modestes fleurs du champ voisin :

Cueille en un champ voisin ses plus beaux ornements.

Ces diamants, ces folies, ces pompons, l'ornement obligé des comédiennes et des pièces fugitives... il y a des pièces de Molière où ces richesses sont les bien-venues ; tout comme un autre, il aimait l'éclat, l'ornement, la parure et les riches habits. Il a fait des pièces tout exprès, on le dirait du moins, pour que sa comédienne eût de temps à autre une belle occasion de montrer ses richesses. — *Amphitryon* est une féerie, et la féerie a toujours à ses ordres, peu ou prou, les ressources de la *lampe merveilleuse!* A-t-on jamais vu, je vous prie, une fantaisie où la bonne grâce et l'éclat se rencontrent, plus complétement, en plus agréable domicile? — Est-il une fable au monde, à la fois plus agréable et plus plaisante, où le sel joyeux, mêlé au parfum de l'antiquité, ait été prodigué, d'une main plus élégante et plus libérale? O la rare et excellente suite aux contes de Boccace, aux folies de la reine de Navarre, aux récits amoureux des vieux fabliaux! quelle plus gaie et plus vraie science que celle-là?

Bien souvent j'ai entendu d'oisives dissertations à propos du costume et de la *vérité* du costume ! Les plus habiles artistes de ce temps-ci, Eugène Giraud, et le premier de tous dans le genre des représentations fidèles et scrupuleuses des vieux temps, Tony

Johannot qui vient de mourir, laissant à peine de quoi payer la pompe austère et chétive de ses funérailles, ont fait mille efforts pour retrouver exactement le costume et l'ornement de la comédie.... il était si simple, en ceci comme en toute chose, de s'en rapporter à Molière !

De sa comédie il avait tout prévu ; il suffit de l'étudier avec soin pour y retrouver toutes choses, à commencer par le costume de ses acteurs. S'est-on disputé sur le costume des divers comédiens qui jouent le *Misantrope* ou le *Bourgeois gentilhomme!* A-t-on bataillé pour savoir à quelle époque appartiennent ces robes, ces habits, ces armes, ces parures... et que de scènes et de paroles les faiseurs de dissertations se fussent épargnées, s'ils eussent consulté tout simplement, Molière :

M. JOURDAIN.

« Ah! vous voilà, j'allais me mettre en colère.

LE MAITRE TAILLEUR.

« Je n'ai pu venir plus tôt et j'ai mis vingt garçons après votre
« habit.

M. JOURDAIN.

« Vous m'avez envoyé des bas de soie si étroits que j'ai eu
« toutes les peines du monde à les mettre, et il y a deux mailles
« de rompues.

LE MAITRE TAILLEUR.

« Ils ne s'élargiront que trop.

M. JOURDAIN.

« Vous m'avez aussi fait faire des souliers qui me blessent
« furieusement.

LE MAITRE TAILLEUR.

« Tenez, voilà le plus bel habit de la cour et le mieux assorti.
« C'est un chef-d'œuvre que d'avoir inventé un habit sérieux qui
« ne fût pas noir, et je le donne, en six coups, aux faiseurs les
« plus éclairés.

M. JOURDAIN.

« Croyez-vous que l'habit m'aille bien?

LE MAITRE TAILLEUR.

« Belle demande ! Je défie un peintre avec son pinceau de faire
« rien de plus juste. J'ai chez moi un garçon qui, pour monter

« une rheingrave, est le plus grand génie de monde, et un autre
« qui, pour assembler un pourpoint, est le génie de notre temps.

M. JOURDAIN.

« La perruque et les plumes sont-elles comme il faut?

LE MAITRE TAILLEUR.

« Tout est bien.

Les *habits du temps?* Molière lui-même les décrit en cent endroits de ses comédies; rappelez-vous d'abord les vers de Sganarelle dans *l'École des maris*, quand Sganarelle dit à son frère :

>Voulez-vous des muguets m'inspirer les manières,
>M'obliger à porter de ces petits chapeaux
>Qui laissent éventer leurs débiles cerveaux ;
>Et de ces blonds cheveux de qui la vaste enflure
>Des visages humains offusque la figure ;
>De ces petits pourpoints sous les bras se perdants,
>Et de ces grands collets jusqu'au nombril pendants ;
>De ces manches qu'à table on voit tâter les sauces,
>Et de ces cotillons qu'on nomme haut-de-chausses;
>De ces souliers mignons de rubans revêtus
>Qui vous font ressembler à des pigeons pattus,
>Et de ces grands canons où, comme en des entraves,
>On met tous les matins ses deux jambes esclaves,
>Et par qui nous voyons ces messieurs les galants
>Marcher écarquillés ainsi que des volants?

J'avoue que pour ma part je n'ai guère compris ces dissertations sur *la forme* ou sur *la figure* d'un chapeau! A quoi bon l'habit? L'habit ne fait pas le moine, il ne fait pas les comédiens! Les comédiens du Théâtre-Français n'auraient pas seulement besoin qu'on leur rendît les habits de la cour de Louis XIV, il faudrait encore leur rendre la taille, le visage, le pied, les mains, la jambe, la démarche de ces beaux petits messieurs qui posaient complaisamment devant Molière. Il faudrait leur donner aussi l'esprit, la grâce, l'abandon, la politesse de ces belles époques; hélas! nous ne les connaissons plus que par ouï-dire ; alors seulement et une fois au grand complet, il leur sera permis de s'habiller à leur guise et dans toute la vérité du costume. — En attendant, pour être plus scrupuleusement vêtus, ils ne sont qu'un peu plus ridicules, et il me semble que j'entends d'ici se récrier ce bonhomme, dans le *Festin de Pierre :*

« Il faut que ce soit quelque gros monsieu, car il a du d'or à
« son habit, tout depuis le haut jusqu'en bas.... Quien Charlotte,
« ils avont des cheveux qui ne tenont point à leurs têtes, et ils
« boutont cela, après tout, comme un gros paquet de filasse. Ils
« ont des chemises qui ont des manches où t'entrerions tout
« brandis toi et moi. En glieu d'haut-de-chausse, ils portont une
« garde-robe aussi large que d'ici à Pâques; en glieu de pour-
« point, de petites brassières qui ne leur vont pas jusqu'au bri-
« chet; et en glieu de rabat, un grand mouchoir de cou à résiau
« aveuc quatre grosses houppes de linge qui leur pendont sur
« l'estomaque. Ils avont itou d'autres petits rabats au bout des
« bras, et de grands entonnoirs de passement aux jambes; et
« parmi tout ça tant de rubans, tant de rubans que ça c'est une
« vraie piquiè; ignia pas jusqu'aux souliers qui n'en soyont
« farcis.... »

Et si Nicole les voyait ainsi affublés les uns et les autres, que dirait-elle? — « Hi, hi, hi, hi, hi!

M. JOURDAIN.

« Que veut dire cette coquine-là?

NICOLE.

« Vous êtes tout à fait drôle comme cela! — Hi, hi, hi! »

Et madame Jourdain, que dirait-elle dans son gros bon sens?

« Ah! ah! voici une nouvelle histoire! Qu'est-ce que c'est
« donc, mon mari, que cet équipage-là? Vous moquez-vous du
« monde de vous être fait enharnacher de la sorte, et avez-vous
« envie qu'on se raille partout de vous?

M. JOURDAIN.

« Il n'y a que des sots et des sottes, ma femme, qui se riront
« de moi. »

Et celui-là aussi, il peut dire ce que disait, si justement de lui-même, le grand Corneille :

> Je ne dois, qu'à moi seul, toute ma renommée!

Il n'a rien dû à personne, pas même au faiseur de décorations. Le faiseur de décorations n'était pas inventé du temps de Molière, et le poëte, maître chez lui, eût violemment chassé le barbouilleur qui se fût mêlé de sa comédie!

Il ne devait rien, non plus, au metteur en scène, aux accessoires, aux comparses, aux claqueurs... Toutes ces belles choses lui eussent fait pitié ! Il était lui-même, son *metteur en scène ;* pour tout *accessoire* il avait un bâton, un sac, un miroir, une cassette gris-rouge, un diamant d'Alençon. — Pour chef de claque et pour claqueurs, il avait Louis XIV et les courtisans de Versailles. — Mais revenons à *l'Amphitryon*.

PLAUTE ET TÉRENCE. — LIVIUS ANDRONICUS. — ARISTOPHANES. — LA COMÉDIE LATINE. — L'EUNUQUE. — LES AFFRANCHIES.

Amphitryon. — La plus charmante plaisanterie que l'antiquité nous ait laissée ! A coup sûr c'est la comédie la plus latine de Plaute, ce vieux latin qui représenterait, au besoin, toute la langue vulgaire de l'ancienne Rome. Après le *Misantrope*, *Amphitryon* est la comédie que Molière ait écrite avec le plus de soin, de zèle et d'attention sur lui-même ! Un jour, au cabaret, Boileau, qui venait de lire des vers, priait Molière d'en lire à son tour : « Ah ! dit Molière, je me sauve ; je n'ai pas le temps de si bien écrire... » Molière a pris son temps dans *Amphitryon ;* il a été un poëte tout à son aise, et même le prologue, en guise d'invocation au jeune Roi, qui venait d'ajouter la Franche-Comté à la France, atteste un grand soin poétique :

> Mais nos chansons, grand roi, ne sont pas sitôt faites,
> Et tu mets moins de temps à faire tes conquêtes
>   Qu'il n'en faut pour les bien louer.

Quant au prologue, c'est un chef-d'œuvre de goût, d'atticisme et d'élégance ; la plaisanterie est vive et légère, le sourire est fin et railleur ; on dirait, au ton soutenu de ce passage, du vers même de Quinault, on dirait des vers de La Fontaine :

> Que vos chevaux par vous au petit pas réduits,
> Pour satisfaire aux vœux de son âme amoureuse,
>   D'une nuit si délicieuse
>   Fassent la plus longue des nuits !

On devait parler ainsi, à Versailles, chez le roi Louis XIV, à Chantilly chez le prince de Condé, à qui la pièce est dédiée, « bien qu'il

« fût plus simple, Monseigneur, de mettre votre nom à la tête d'une
« armée qu'à la tête d'un livre. » Le prologue latin, au contraire,
s'inquiète assez peu de ces précautions et de ces élégances.

Plaute, en pareille aventure au moment du prologue, s'adresse
uniquement au peuple romain ; il ne veut pas d'autre client,
d'autre protecteur. Venu dix-huit ans après Térence, ce digne
enfant de Ménandre, Térence, un Athénien sous l'enveloppe
romaine, l'ami, le commensal, quelques-uns ajoutent le collaborateur des plus grands seigneurs de la république, Plaute se
dit à lui-même qu'il réussirait surtout en s'adressant aux passions populaires, en parlant à son auditoire aviné et sans frein
(*potus et exlex*) la langue courante des lieux suspects, des
tavernes, des carrefours, des boutiques ; que lui importent les
applaudissements délicats de Scipion, de Lælius, de Sulpicius
Gallus ?

Plaute en veut à l'admiration et au contentement de la foule
immense ; il faut que son public s'amuse à tout prix, que sa gaieté
soit affranchie de toute gêne, et, tant pis pour les délicats, s'ils
s'offensent de cette verve hardie à tout dire. Plaute, qui est en
même temps comédien, poète comique et entrepreneur de spectacles (tout comme Molière !), ne veut pas hasarder, tout à la fois,
sa renommée et sa fortune, en renonçant aux libertés, disons
mieux, aux licences de la comédie romaine ; plus sa comédie sera
extravagante, folle, amoureuse, libertine, comique et en pointe de
vin, plus le grand peuple sera content.

Voilà, en effet, par quels moyens il a réussi, ce vif représentant
des passions et des mœurs de la Rome bourgeoise... Ce qu'il faut
admirer dans l'œuvre de Molière, c'est justement la réunion de
tant de qualités opposées qui ont fait, de ce grand maître, Plaute
et Térence tout ensemble, l'ami du peuple et l'ami du maître,
le favori des halles et le favori des petits appartements, d'un
côté *Sganarelle*, de l'autre côté *les Femmes savantes*. — Le prologue d'*Amphitryon*, et la comédie d'*Amphitryon* devant les
mêmes spectateurs, et le même jour !

Le parallèle a été fait souvent entre la comédie du poëte français et la comédie du poëte latin ; au bout de ce travail, qui
est des plus faciles, il est évident, pour tout homme d'un goût
exercé, que Molière a raison, mais que Plaute n'a pas tort.

L'un et l'autre, ils obéissent à leur époque, à leur public, au génie de la langue qu'ils parlent si bien, chacun de son côté. Molière est évidemment contenu par l'envie de plaire à cette cour élégante dont les hardiesses même sont correctes. Plaute, à coup sûr, s'enivre de joie d'avoir rencontré — dans un sujet scabreux, tant de gravelures, de quolibets, de calembours, de bon sens, de faux sens, de bonnes folies, et, pour tout dire, d'avoir placé là, en riant aux éclats, tout ce bon esprit qui a donné des siècles entiers de popularité et d'enthousiasme à cette comédie de Plaute réprouvée par les esprits délicats, par Horace lui-même dans un jour de mauvaise humeur. (*Plautinos Laudavère sales nimium patienter*).

Peut-être de son art eût remporté le prix,

dit Boileau en parlant de Molière ; la mauvaise humeur de Boileau ressemble beaucoup à la mauvaise humeur d'Horace, et, Dieu merci, le peut-*être!* de l'*Art poétique* français s'est trouvé démenti, tout aussi bien que le peut-être de l'*Art poétique* latin.

Mettons des bornes même à la délicatesse de notre goût; nous voulons rester dans le vrai, n'allons pas froncer le sourcil à des œuvres qui amusent, si longtemps, de si grands peuples. Le critique le plus timoré ne court pas, que je sache, un très-grand danger à reconnaître l'auteur du *Misantrope* au fond du sac où se cache la victime de Scapin; de même il est juste, quand on joue l'*Amphitryon* de Molière, de saluer l'*Amphitryon* de Plaute :

« O Jupiter souverain! que vois-je? le même signe, au même bras, à tous les deux.... Jamais on ne vit un prodige pareil! »

Amphitryon a ce grand privilége de rendre très-heureux les quelques gens d'esprit qui ne manquent pas ces bonnes occasions d'un bon rire bien franc, bien joyeux, bien incisif. On salue, d'un sourire chacun de ces vers, autant de proverbes qui ont pris leur place méritée dans la sagesse des nations ; on se plaît à ces joutes étranges de l'esclave poltron et du dieu en bonne fortune ; on aime ce drame singulier, dans lequel la foudre de Jupiter tonnant, et les coups de bâton jouent, en même temps, un si grand rôle ; et quand enfin cette étincelante fantaisie est achevée, on se demande ce qu'il faut admirer le plus, de l'imagination qui a changé en tréteaux ces nuages de pourpre et d'or, ou du génie incroyable qui a donné la forme à ces nuages, la parole, la vie et la gaieté comique à ces solennelles fictions.

Puisque nous sommes dans la comédie latine, un instant, restons-y, nous sommes bien sûrs de retrouver Molière à propos de Térence, aussi bien que, tout à l'heure, à propos de l'*Amphitryon* de Plaute. Il est partout, ce Molière, il sert d'échelon à toutes les grandeurs du sourire et de l'ironie. — S'il vous plaît, nous réunirons au maître absolu, Aristophane qui fut le vrai père de la comédie.

C'est d'ailleurs une expérience de l'esprit français au xixe siècle; il aime à refaire (même il le refait assez mal) ce qui a été fait avant lui. Certes, nous sommes de grands inventeurs; nous ravaudons les vieilles comédies, nous rapetassons les anciennes tragédies, nous mettons des manches neuves aux vieilles chlamydes, nous réparons la bande de pourpre des vieux manteaux; chez le savetier du coin on n'est occupé qu'à repiquer des cothurnes, à ressemeler des brodequins; — nous sommes des poëtes en vieux, calembour à part. Sentez-vous cette vieille odeur de laine et de cuir? c'est la tragédie qui passe ! Sentez-vous le safran qui vous monte à la tête? voyez-vous ces vieilles couronnes de lauriers de Pœstum, ces écharpes et ces roses de Malte, *rosas Melithenses?* — c'est la vieille comédie qui passe!

Vous la reconnaîtrez aux franges de sa robe, à sa démarche avinée, à la grossièreté de son langage, à cette plaisanterie amusante comme un coup de bâton, à la folie impossible de ses narrations les plus vraisemblables. Cette comédie est la fille des vendanges et du hasard; elle est venue à Rome du fond de l'Étrurie, colportée sur tous les chemins et dans toutes les tavernes, par des bateleurs et des joueuses de flûte; elle se tenait sur un pied, elle chantait mille insolences lascives. Elle plut aux jeunes gens de la ville éternelle, jeunes gens de joie et de malice, qui mêlaient la danse au chant; mélange singulier de la prose, du vers, de la chanson bachique, de l'ode amoureuse, de l'insulte publique, de la déclamation effrontée; tout cela s'appelait en effet mélange, *satire*.

Ce premier hasard plein de gaieté, d'abandon et de verve moqueuse, prit bientôt une forme certaine dans les compositions du père de la comédie italienne, Livius Andronicus. — Il a deviné, il a pressenti l'art nouveau qui allait ajouter le rire et le ridicule aux divertissements de la république romaine ; il a composé, d'abord, des comédies à l'exemple d'Aristophane, conservant à la comédie grecque son manteau quelque peu solennel ; il a composé aussi des comédies romaines moitié rire et moitié larmes, marchant ainsi sur les brisées de Diderot et de La Chaussée : enfin ce vieux bonhomme d'un vrai génie n'a pas dédaigné la vraie comédie, la comédie où l'on rit, sans rien qui ressemble à la haine personnelle, à l'allusion politique ; on rit parce que le rire éclate soudain, irrésistible, comme fait une douce flamme dans le regard d'un jeune homme amoureux, sous l'influence d'une pointe de vin !

A cette comédie plaisante, toute licence fut donnée ; elle prit tous les costumes, tous les manteaux, tous les visages. Tantôt elle sépare le récit de l'action, tantôt elle mêle l'action au récit. Le pied droit dans le cothurne, et l'autre pied dans le brodequin, ou même les pieds nus, le plus souvent, elle s'avançait joyeuse, éloquente, peu passionnée, médiocrement amoureuse, parlant comme on parle dans les tavernes, dans les bains, sur les places publiques, chez les courtisanes, pleine de sel attique, de jurons, de caprices, d'argot populaire, et se gardant bien de rien embellir aux mœurs qu'elle raconte, de peur de tout gâter : telle est la vraie comédie latine que Livius Andronicus devait enseigner à Plaute le tourneur de meules.

Pour la première fois avec Térence, la comédie latine se met à parler le plus beau langage des plus grandes maisons romaines : elle touche aux premières marches de la tribune, elle s'assied aux banquets de Scipion et de Lælius ; ceci est le commencement de la grande société philosophique et littéraire qui allait devenir le siècle d'Auguste.

En effet, la comédie de Térence enseignait à ces grands seigneurs, plus puissants que des rois, l'urbanité et le beau langage. Jules César lui-même, aussi grand écrivain que grand capitaine, admire tout haut cette gaieté correcte et retenue en ses plus vifs excès, cette grâce élégante qui fait tout accepter, ce vers ingénieux et piquant qui donnait une forme supportable, même aux vices cruels de ce bon peuple romain, alléché à son théâtre, moins par l'esprit du poëte que par le poignard des gladiateurs.

Tel est Térence : il n'a pas l'entrain, l'audace, l'insolence, la raillerie, l'orgie et la brutalité cynique de la comédie primitive ; il n'a pas cette gaieté éveillée, avinée, alerte, cruelle, impitoyable d'un enfant des faubourgs ; il n'est pas, tant s'en faut, la joie de la populace et de la canaille d'Italie ; en revanche, quel fidèle observateur des mœurs et des élégances romaines ! quel plus bel esprit, et mieux fait pour parler aux grandes dames, aux sénateurs, aux chevaliers !

A chaque mot de cet excellent génie, vous reconnaissez l'ami de Furius, de Lælius, de Scipion, grands esprits dans la paix et dans la guerre, qui ont eu le rare honneur de passer pour les collaborateurs de Térence. « Que cet ouvrage soit leur, dit Montaigne en parlant de *l'Andrienne*, sa beauté, son excellence le maintient assez ! » En effet, l'ouvrage était *leur*, mais non pas comme l'entend Montaigne ; il était *leur*, par l'amitié qu'ils portaient au poëte Térence et par l'influence toute-puissante, sur un pareil esprit, des mœurs, du langage, de l'urbanité de ces trois hommes, l'honneur de la société romaine. *L'Andrienne* appartient à Scipion, comme *Cinna* appartient au cardinal de Richelieu, comme *Britannicus* appartient à Louis XIV, et la tragédie d'*Esther* à madame de Maintenon ; par l'honneur des couronnes il faut croire que les grands poëtes sont inspirés, par les intelligences toutes-puissantes qui marchent devant eux.

Ajoutez à ce rare mérite de Térence, qu'il abandonne enfin la peinture des mœurs basses de la Grèce pour ne s'occuper que des mœurs élevées de l'Italie. On dirait qu'il respire, à l'avance, je ne sais quelle prévision du siècle d'Auguste, et le siècle d'Auguste eût été fier à bon droit de cet homme, qui fut adopté avec transport par les plus illustres génies : Cicéron, Tite-Live, Horace, tous enfin, étonnés et charmés de cette *Vénus africaine*, l'amour et la passion des plus beaux esprits de tous les temps.

Toutefois, quelles que soient l'urbanité et la grâce décente de notre poëte, vous n'empêcherez pas qu'il n'obéisse, de temps à autre, aux appétits sensuels de ce peuple romain qu'il faut arracher à sa frénésie pour les jeux du Cirque. *L'Eunuque*, est une comédie écrite, à coup sûr, par Térence ; mais Plaute lui-même, dans ses licences les plus hardies, désavouerait cette fable horrible d'un jeune homme amoureux d'une jeune fille qu'il aura aperçue longeant la voie Sacrée, et qui s'en va du même pas, pour violer cette fille innocente et pure! Car voilà tout le nœud comique ; et cette fille déshonorée, ces voiles déchirés, ce désordre de la maison, ce jeune homme qui sort de ce guet-à-pens en triomphe, aussi gai qu'un écolier qui a volé des pommes dans un jardin, tous ces détails d'un grand crime faisaient rire aux éclats les descendants de Lucrèce et de Virginie. Ils applaudissaient, véritables enfants de la louve, à l'espièglerie abominable du jeune Chrémès. Mais qu'y faire? Leur excuse est toute prête! Cette fille déshonorée est une esclave ; or l'esclave n'est pas une personne, c'est une chose ; plus cette enfant se lamente, et plus nous devons applaudir à l'espièglerie de ce galant Chrémès. Applaudissez, de par Jupiter! Jupiter se rit du crime des amants. — *Perjuria ridet amantum!*

Comment un pareil sujet de comédie a-t-il pu se montrer sur un théâtre français? par quel déplacement de mœurs et d'idées a-t-on pu afficher, sur les murailles de Paris, ce mot mal sonnant et pis que romain : *l'Eunuque?* On n'en sait rien ; ce qui est sûr, c'est que la chose est étrange. Je sais bien que La Fontaine, en plein Louis XIV (1654), quand nous étions encore sous l'influence de Voiture, le maître de cette galanterie ingénieuse dont Voiture est resté le modèle, avait affiché, lui aussi, *l'Eunuque de Térence;* mais je sais aussi que la ville et la cour sifflèrent de compagnie, ô singulier accident! La Fontaine et Térence!

Le titre seul révolta les belles dames de cette jeune cour abandonnée à toutes les galanteries. *L'Eunuque!* — fi donc! Ne me parlez pas de cet *incommodé*, disait la princesse de Conti. Je sais aussi que, plus tard, en pleine régence, quand la comédie ne demandait qu'un prétexte pour aller, le sein nu et les épaules peu couvertes, les deux amis, les deux égrillards, Brueïs et Palaprat, attirés par l'esprit, la verve et l'intrigue de la comédie latine, imaginèrent une *incommodité* moins révoltante pour un public français, et de *l'Eunuque* ils firent un *Muet*. « Cet *Eunuque* a pensé déshonorer La Fontaine et Térence, » disait Brueïs en sa préface.

En même temps, — avec beaucoup de tact et de finesse, les deux amis nous expliquent comment la délicatesse de l'amour français répugnait à cette convention funeste par laquelle Phœdia, l'amant de Thaïs, se tient éloigné, pour deux grands jours, de la présence de sa jeune maîtresse, laissant la place libre à son rival ; il explique aussi (c'est un étrange dénoûment pour un public parisien) ce Phœdia, amant reconnu de Thaïs qui consent désormais à recevoir chez lui, comme ami de la maison, ce capitaine ridicule qui lui a déjà pris sa maîtresse pendant un jour.

— Il est riche, dit Gnaton le parasite. — Eh ! c'est une raison de plus pour le mettre à la porte, répond la délicatesse française. Il est riche ! la belle excuse pour un public qui vient d'applaudir *le Misantrope !* — Mais, reprennent les défenseurs de Térence, cette Thaïs, après tout, est une courtisane hardie et badine et de facile accès ; elle appartient à ces affranchies de toute pudeur que vous rencontrez, partout, dans Rome, à pied, en litière, au théâtre, au Champ-de-Mars, les unes en plein vent, les autres en espalier, esclaves révoltées qui se vengent de l'esclavage passé en ruinant de fond en comble les fils de leurs maîtres.

Ces femmes-là on les retrouve partout, dans les plaintes de Tibulle, dans les feux de Properce et dans les galanteries d'Ovide. Elles sont jeunes, elles sont belles, elles ont du sang italien dans les veines ; elles se montrent avec des talents, un esprit, un abandon et mille agréments qui les font adorer. Le moyen de leur demander une vertu qu'elles ignorent, un désintéressement que personne ne peut leur apprendre ? Acceptez donc cette Thaïs telle que le poëte l'a vue et telle qu'il la représente. Sa porte est une porte mercenaire ; qui en doute ? sa main nue est habituée à frapper dans toutes les mains ; pourquoi s'en fâcher ? Et d'ailleurs la passion de ce temps-là n'a pas une autre allure. On s'aime et l'on se marchande ; on se prend et l'on se quitte pour se reprendre ; cela se passe ainsi dans les odes d'Horace et dans les épigrammes de Martial ; c'est le sigisbéisme qui commence.

D'ailleurs la belle Thaïs ne prend pas en traître son ami Phœdia : elle ne lui sert pas de plats couverts ; au contraire, elle l'avertit de la nécessité où elle est de le tromper, pour vingt-quatre heures, et de cette tromperie elle lui donne un motif honorable, son vif désir de sauver une jeune fille, compagne de son enfance. — Cet interrègne, d'un amant à l'autre, ne gêne en rien cette Rome qui sera plus tard la Rome d'Ovide et de Catulle ; les dieux y consentent, les mœurs l'autorisent, l'usage le permet, Cicéron n'a-t-il pas répudié, pris et repris sa chaste moitié ?

M. de La Rochefoucauld, païen en ceci comme en tant de choses, ne vous dit-il pas à l'appui de cette comédie : *Le corps peut avoir des associés, mais jamais le cœur!*

Tel est le raisonnement des amateurs à tout prix de l'antiquité profane et païenne. A quoi les critiques terre-à-terre, les arriérés de sang-froid qui ont la faiblesse de défendre les mœurs de leur époque et les usages de leur nation, vont répondre qu'il faut laisser à chaque peuple le costume et les préjugés de sa comédie, comme on lui laisse ses lois et sa façon de se vêtir. Tu es Romain, reste Romain, et le vieux Caton, quand tu sortiras d'une maison décriée, te dira tout haut : — *Courage, jeune homme, voilà la vertu!* Tu es Romain, c'est-à-dire tu es retranché de la société des honnêtes femmes : tu ne vois les vestales qu'au théâtre ; et des dames patriciennes, portées dans leur litière entourée des clients de leur mari, c'est à peine si tu aperçois, de loin, la pourpre flottante. Eh bien! c'est ton droit de jeune homme, nouveau vêtu de la toge virile, donne ta jeunesse aux courtisanes! Que si tu n'as pas de maîtresse, commence par affranchir ton esclave, et tu seras un homme de bonne compagnie, car une fois libre, cette esclave adorée te laissera peut-être pleurer et transir à sa porte rebelle. — *Lydia, dormis?*

Nous, cependant, nous, les Parisiens du vieux Paris, les petits-maîtres de la ville et de la cour ; nous, les fils des bourgeois enrichis, la fine fleur du Parlement ou de la finance, nous aurons des amours plus délicates, parce qu'elles s'adresseront à toutes les femmes, à la jeune Agnès, à la belle Elmire, à la franche Hortense, à la gracieuse Lucile, à des femmes, nos égales, que nous finirons par épouser, si elles le veulent bien. Par cela même que toutes nos amours seront d'une origine libre et qu'elles s'agiteront dans un cercle plus vaste, nos amours vont gagner en dignité, en élégance, en esprit, en passion surtout, ce qu'ils perdent en facilité, en abandon, en sans-gêne. — Les jeunes Romains d'autrefois faisaient une esclave, même de leur maîtresse libre ; les jeunes Parisiens du temps de Molière faisaient même de Célimène (la Phédia de Térence) une si grande dame, qu'elle reçoit la meilleure société de la cour, et qu'un gentilhomme *qui veut être compté*, comme est Alceste, ne rougit pas de mettre aux pieds de cette indigne coquette, sa fortune et son nom.

Vous le voyez, c'est une différence du jour à la nuit, de la femme libre et née libre, à l'affranchie, esclave et fille d'esclave ; c'est la différence de la débauche à l'amour mutuel et librement consenti ; c'est la différence de la jeune et timide fille, bien née et défendue par les remparts sacrés de la famille, à la courtisane vagabonde, à l'avide affranchie, toujours soumise à la folle enchère de son cœur et de son corps. De quel droit voudriez-vous donc (en supposant que nous adoptions, en France, ce système de traductions littérales) nous ramener à des vices corrigés par leurs propres excès, à des ridicules anéantis depuis des siècles? En fait de comédie, soyez-en sûrs, nous sommes les maîtres de tous les peuples de ce monde ; nous avons pris à nos devanciers tout ce qu'on leur pouvait prendre décemment, nous avons traduit tout ce qu'on pouvait traduire honnêtement, — *ad munditiem;* nous avons emprunté aux vieux comiques tout l'esprit qui se pouvait assaisonner à la française, nous avons adopté toutes les œuvres du théâtre antique qui pouvaient accepter un vernis de décence.

Ce que Molière n'a pas traduit, ce que les successeurs de Molière n'ont pas adopté, n'est plus que la lie funeste de ces comédies dépouillées de leur sel attique par les poëtes de la France. — Et voilà pourquoi il faut désormais se méfier des traducteurs ; le traducteur est un maladroit sans génie qui ne sait pas comment on se rend maître absolu de ses emprunts et comment on copie avec grâce ; homme nécessairement médiocre et sans invention, il ne sait que mettre au jour une traduction sèche et indigente de charmants passages déjà copiés mille fois par les maîtres ; et le voilà bien avancé, pour avoir écorché un renard dont les plus habiles ont enlevé la peau depuis cent ans !

Cependant, puisque nous l'avons sous les yeux, étudions cette comédie que, déjà du temps de Térence, on affichait ainsi : *l'Eunuque de Térence;* car il n'est pas le premier, parmi les écumeurs d'anecdotes singulières, qui ait mis à profit cette histoire du loup introduit dans la bergerie. Térence lui-même, dans le prologue de sa comédie de *l'Eunuque,* nous avertit qu'avant lui Plaute et Névius avaient fait leur profit de cette fable qui était déjà une vieille fable. Bien plus, les divers personnages de cette comédie, son *fanfaron* et son *parasite,* Térence les avait empruntés à Ménandre, ce qui fait que Jules César appelait Térence : *Dimi-*

diate Menander (mon demi Ménandre!). Mais cependant avec quel grand art Térence emploie, arrange et combine ses divers emprunts! Le fanfaron de Ménandre, tel que Plaute l'a copié, va tout droit son chemin, sans gêne, sans encombre, à tout hasard ; celui de Térence, au contraire, est arrêté à chaque pas par un obstacle, par un sarcasme ; il est alerte, actif et sur la défensive ; il a servi de modèle aux fanfarons de Molière :

Faisons l'Olibrius, l'occiseur d'innocents!

Ce qu'il a fait pour son fanfaron, Térence l'a fait pour son parasite ; son glouton, aussi affamé que celui de Ménandre ou de Plaute, est cependant d'une humeur plus récréative ; sa complaisance non-seulement est marquée à un coin moins vil de basse flatterie, mais encore elle montre, de temps à autre, un certain aiguillon d'ironie qui la fait accepter avec joie. Ce parasite-là servira plus tard de contenance et de consolation aux poëtes malheureux de la Rome impériale, aux gens d'esprit sans manteau et sans dîner, à notre ami Martial, par exemple, qui eût rougi de honte et d'épouvante s'il lui eût fallu ressembler au *parasite* de Plaute, et qui s'accommode assez bien des os, à demi rongés par le Gnaton de Térence.

C'est l'honneur de Ménandre d'avoir indiqué le premier cette façon de philosophe cynique, moins jaloux de s'envelopper dans les trous de son manteau que d'avoir un manteau neuf, chaque année, aux ides de mars. Disciple complaisant d'Épicure, Ménandre aura trouvé dans les doctrines de son maître, mais non pas sans leur faire violence, ce personnage de Gnaton, esprit toujours prêt, estomac complaisant, pauvre diable vivant de raccroc, tripant et ventru, songeant à peine à sauver le décorum de la gueuserie, et dont toute l'invention se borne à se tirer, chaque jour, de la grosse nécessité.

Regardez-le, ce Gnaton sera la cheville ouvrière de la fable comique : il est chargé de nouer l'intrigue et de la dénouer, il tient le milieu entre l'esclave et le maître ; or, il a cela de commun avec le maître, qu'il est citoyen de Rome, et cela de commun avec l'esclave : il est mêlé à toutes les intrigues : il est exposé à toutes les humiliations et à toutes les injures.

La grande supériorité de Térence sur les autres poëtes comiques de l'antiquité, c'est qu'il adoucit toutes choses, c'est qu'il élève le tréteau à la dignité du théâtre. Les couleurs de cette gracieuse comédie sont beaucoup moins tranchées, le rire en est moins violent, le bon mot moins épicé, les mœurs restent les mêmes, mais avec plus d'urbanité et de politesse. Thaïs n'est qu'une affranchie, Thaïs est comme la Suzanne de Figaro : — *Elle accepte tout, et l'on n'est pas plus coquine que cela*, et pourtant, grâce à la réserve du poëte, on s'intéresse à cette Thaïs, elle a des accents qui sont vrais et justes ; elle veut sauver sa jeune amie, et sans trop déplaire à Phédia :

Il faut que ma raison cède à votre colère.
Je ne veux point de temps, non, pas même un seul jour.
Je renonce à ma sœur plutôt qu'à votre amour.

Tout ce personnage de l'affranchie amoureuse est ainsi conçu avec une grâce, une décence, une réserve inconnues aux Romains. Cette Thaïs qui parle si bien d'amour, soyez-en sûrs, elle ne sera pas inutile à la Didon, l'héroïne du quatrième livre. A cette comédie de Térence, commence la langue véritable de l'amour. En ce moment la courtisane disparaît : on ne se souvient plus que cette belle fille est une affranchie, et que tout à l'heure elle va appartenir à l'Olibrius Trason ; c'est une jeune femme aimable, aimée, et charmante, comme vous en trouvez dans les comédies de Molière.

La grande déclamation de Gnaton, le parasite, est un de ces morceaux à effet qui plaisaient aux oreilles romaines, presque autant qu'aux oreilles des Grecs. Si l'art dramatique a fait un pas avec Térence, la langue dramatique est parvenue à un immense progrès. C'est un beau langage, clair, limpide, sonore et plein de cet accent qui est la saveur d'une langue bien faite ; le peuple y retrouvait avec joie ses vieux mots, précieusement enchâssés dans les formes nouvelles de la belle langue des maisons patriciennes.

Dans cette comédie de *l'Eunuque*, les détails de mœurs ne manquent pas, et même (tant la vanité se ressemble à toutes les époques) vous retrouverez dans *l'Eunuque* des détails qui se rencontrent dans les petits romans, sur la fin du règne de Louis XV. « Il vous a fallu un eunuque, dit Phédia à sa maî-

« tresse, parce que c'est le privilége des grandes dames d'en
« avoir ; vous avez voulu une éthiopienne, elles sont à la mode;
« j'ai compté, hier, vingt mines au marchand d'esclaves. »

Eh bien ! Phédia parle tout à fait comme parlait cette petite
danseuse dont se moque la duchesse de *** dans je ne sais quel
roman de Crébillon : — « Elle renvoie les Maures aux femmes de
« la robe, et prend à son service des Turcs et des hussards. »

Un peu plus loin la dame parle avec grand mépris *des laquetons
de bourgeois et des grisons de dévotes*... Vous le voyez, en ce
temps-là, on était bien près de revenir, sinon aux eunuques, du
moins aux *Éthiopiennes*. Ces détails-là sortent des mœurs, ce me
semble, et l'on ne dira pas que Crébillon fils ait jamais lu et traduit Térence.

En opposition avec Gnaton le parasite, vous avez Parménon le
valet. Ce Parménon est encore une création de Térence ; avant
que Térence ne le prît à son service, Parménon était un grand
tavernier, vivant avec des gens de toute sorte de mauvais commerce, effronté coquin, plus semblable à un coupe-jarret qu'à un
honnête homme. De ce gueux-là, Térence a fait un digne valet,
hâbleur, mais dévoué, imprudent, mais capable d'un bon sentiment au fond de l'âme. Il est impossible de mieux tourmenter le
parasite, et de lui prouver davantage toute sa bassesse ; bien plus,
ce valet Parménon est si contenu dans son mépris, que Molière lui
a emprunté, pour le compte de madame Jourdain, ses meilleures
reparties !

Pendant que nos deux escogriffes, Gnaton et Parménon, se pi-
cotent en mille paroles, passe l'esclave en litige, la jeune fille
destinée à Thaïs. — « Plus belle que Thaïs, » dit Parménon ; et,
sans mot dire, la pauvre enfant pénètre dans cette maison qui sera
sa perte. — Voilà de l'art grec, voilà qui tient à la chasteté antique!
Entre le bouffon et le valet, cette fille passe, la tête haute,
esclave, mais résignée, et ce silence est d'un effet tout-puissant ;
car plus elle sera respectée en public, moins elle sera proche du
bouffon, du capitan, du valet, de la courtisane, et plus la belle esclave nous paraîtra touchante quand cet indigne jeune homme
aura assouvi, sur elle, la violence de sa passion.

De ce genre d'idées, très-élevées et très-dignes d'être offertes en
spectacle à une grande nation, le théâtre moderne est incapable ;

le rôle de cette esclave, dans la comédie de Térence, est un rôle muet; en conséquence, mesdames nos comédiennes ne se figurent pas que ce soit un rôle ; et quand on devrait chercher avec soin quelque belle statue athénienne, descendue de son piédestal pour traverser la scène, à la façon de l'Iphigénie, on fait passer sous nos yeux quelque horrible comparse, mal vêtue, qui se croit fort dégradée de faire ce métier de Muse muette!

Nous avons déjà dit que dans les idées modernes, dans le respect que les nations chrétiennes portent à la jeune fille, l'action du jeune homme qui viole, de gaieté de cœur, et même sans trop savoir à qui il s'adresse, une enfant sans défense, est un crime horrible, hideux, insupportable et qu'on ne saurait montrer à d'honnêtes gens sans les insulter. Mais, ceci dit, convenons que ce jeune Chrémès, pour sa bonne humeur, pour sa vivacité et sa bonne grâce, est bien un enfant de Térence. Cette jeune fille est très-belle! Ce n'est pas celle-là dont la mère a battu les épaules ou comprimé la poitrine! Ce n'est pas celle-là à qui sa mère coupe les vivres, pour en faire un véritable roseau! — Elle est si jolie! — La fraîcheur même, *color verus!* la santé! — une fleur! —*flos ipse!*

Elle a seize ans! âge heureux où tout s'épanouit. Mais où est-elle? qu'est-elle devenue? — Notre jeune homme l'a perdue de vue? « Fais-la-moi rencontrer, ô mon cher Parménon! » Tout ce passage est d'une grâce infinie ; Molière n'a pas mieux fait, n'a pas mieux dit; le reste de la scène est du Regnard tout pur.

— « Eh quoi! dit-il, ce vil eunuque, — heureux homme! — il
« la verra à toute heure, il habitera sous le même toit, il prendra
« son repas avec elle, quelquefois même son sommeil à ses côtés! »

Au même instant l'idée vient au jeune homme de prendre l'habit de l'esclave; et voyez l'ingénieux retour du poëte comique, ce déguisement si peu moral se fait au nom de la morale. « Ne
« faut-il pas châtier Thaïs et les femmes qui lui ressemblent?
« C'est de bonne guerre! Elles nous ont pris notre argent,
« notre jeunesse! — Tromper mon père, je n'oserais, mais trom-
« per Thaïs! »

Ainsi parle le bon apôtre, et l'instant d'après il arrive sous l'habit de l'eunuque, et chacun de louer sa bonne mine. Thaïs est la première à trouver que son nouvel esclave est un être charmant, et qu'il ressemble (ce que c'est que l'instinct) à un jeune homme de bonne famille. Mais comme ce n'est pas à elle qu'on en veut, Thaïs n'a pas le temps de démêler ce qui se passe dans son âme. Elle ne s'appartient pas à elle-même, elle appartient au capitan Thrason ; elle lui a promis ces deux journées, et elle tiendra sa parole, en honnête femme. Je dis honnête ; car placez-moi dans un de nos drames une affranchie, amoureuse d'un beau jeune homme, à qui l'on vient de donner un bel esclave, et qui est obligée de passer toute la sainte journée avec un malotru de capitaine, en compagnie d'un affreux glouton sur le retour, vous verrez que la belle poussera de beaux cris ! Il me semble que je la vois d'ici : elle se lamente, elle se désole, elle appelle à son aide les dieux et les hommes ; elle arrache ses beaux cheveux, elle crie à s'enrouer.....

Thaïs est plus sage ; elle a une dette à payer au capitaine Thrason, elle paiera sa dette ; elle a promis d'accepter son dîner, elle dînera avec lui et elle sera de bonne humeur ; tant promis, tant tenu ; voilà comment nous sommes, nous autres, les affranchies du festin et de l'amour ; nous n'avons pas le droit de pleurnicher à tout propos, nous obéissons à la nécessité, comme nos sœurs de Paris obéissent à la fantaisie et à la pauvreté, ce rude maître, ce maître sans pitié pour ses esclaves ! Avec celui-là, point d'affranchissement, point d'espérance, il faut obéir, il faut servir. Regardez ces hommes hideux en si belle et souriante compagnie ! Qui donc peut vivre avec ces misérables ?... Des femmes qui ont faim !

On a beau dire que c'est une jolie condition, la condition d'une jolie femme ; au cou des femmes qui n'ont d'autre revenu que le revenu de leur beauté, cherchez avec un peu d'attention, et vous trouverez toujours un petit bout de la chaîne de l'esclavage antique. C'est la même nécessité qui les opprime ; c'est le même commerce de trichoterie et d'impudence qui les nourrit. Par l'esclavage, ou, ce qui revient au même, par le vice, vous pouvez rattacher les personnages de la comédie grecque ou latine aux personnages de la comédie moderne. Hommes et femmes ce sont les mêmes créatures souffrantes, patientes, et dont le rire même porte avec lui son enseignement sérieux. A ce compte, le courtisan, la comédienne, le fâcheux, le plaideur, le poëte, le banqueroutier, le parasite, sont les mêmes, sur le théâtre d'Athènes, de Rome ou de Paris.

Ce sont les mêmes mœurs, c'est le même langage, et ce sont les mêmes détails. Quelle image plus ressemblante, enfin, de l'affranchie, de la courtisane, de ces beautés que l'on voit de toutes parts, *quotidianarum formarum*, comme dit Térence! quel tableau plus ressemblant de ce luxe au dehors, de cette indigence au dedans:

« Au dehors les voilà pimpantes, l'élégance n'a rien de plus
« recherché, la propreté rien de plus exquis; dînent-elles chez
« leur amant, à peine si elles touchent les mets du bout du doigt;
« mais laissez-les rentrer dans leur taudis, quelle saleté, quelles
« misères! Ces délicates s'abandonnent à leur appétit glouton, et
« le cœur vous manque, rien qu'à les voir tremper un pain de huit
« jours dans un bouillon de la veille! »

« Térence ajoute : *Quelle salutaire leçon pour la jeunesse dans un pareil tableau!* »

Eh bien! qui le croirait? La Fontaine n'a pas traduit ce passage d'une énergie, digne des satyres de Régnier, nous racontant les infamies de Macette. Lui-même, La Fontaine, qui osait tant dans une époque retenue, n'a pas osé tout traduire; la scène du jeune homme déguisé, ses forfanteries quand il a laissé, à demi morte, la jeune esclave, son air triomphant lorsqu'il raconte qu'on l'a pris pour ce qu'il n'était pas : « Elle va au bain, elle en revient, « on la met dans son lit.—Tiens, Dorus, me dit une des esclaves, « prends cet éventail et rafraîchis l'air! » Et enfin le désespoir de cette enfant, ses vêtements déchirés, ses larmes... tout cela a été représenté dans la traduction, devinez par quoi? — par un baiser! Oh! la bonne folie! un baiser à Rome, un baiser sur le front d'une esclave qui sort du bain! Une pareille fiction à fille achetée au marché!... un baiser!

S'il se fût contenté de si peu, l'eunuque lui-même eût été honni dans toutes les petites maisons de Rome, *car ces sortes de gens sont dangereux!* s'écrie Dorcas la soubrette. Ainsi, vous le voyez, toutes ces tentatives hardies, ces audaces littéraires, ces grandes promesses « je vais changer d'un trait de plume la face du théâtre et du monde! » ces miracles, ces merveilles, ces magnifiques tentatives, ces folies, cette représentation complète du drame antique, tout cela pour aboutir à un dénoûment à la Florian, — « quinze moutons pour un baiser! »

Quant aux menus détails de la comédie de Térence, quoi de plus facile aux traducteurs qui venaient à la suite de Molière, que de donner une physionomie égrillarde aux valets de Térence, un air militaire et menaçant à ses matamores? Le beau mérite de nous montrer ce glouton, toujours repu, toujours affamé, vivant de tous les sales commerces, en premier ordre dans l'antichambre, en sous-ordre chez l'affranchie, passant, tour à tour, du métier d'ami du prince à l'état de farfadet? La chose difficile en effet de nous raconter ces mangeailles épiques, ces coups de bâton héroïques, ces gronderies de vieillards, ces étourderies de jeunes gens, ces agaçantes et provocantes malices de soubrettes bien éveillées? Rien n'est plus simple: reprenez à Molière les emprunts qu'il a faits au poëte latin, ces emprunts dont il a fait la propriété légitime de son esprit.

Tout bien compté, tout bien pesé, le théâtre français ne s'accommode guère de ces traductions *fidèles;* les gens sensés, les esprits sages et prudents ne peuvent guère approuver ces imitations si pénibles que, par la force même des mœurs publiques, il faut qu'elles s'arrêtent, à l'instant même où se sont arrêtés les premiers génies qui ont exploité la comédie des anciens. Vouloir aller plus loin que les maîtres, gens hardis de toute la hardiesse que donnait le génie, la nouveauté, l'état nouveau d'une langue très-osée parce qu'elle est à moitié faite, c'est vouloir se perdre plat et court. Et d'ailleurs à quoi bon traduire l'impossible? Pourquoi copier ces tableaux sur lesquels, l'instant d'après il vous faudra nécessairement jeter un voile? Enfin ne voyez-vous pas combien le public se fatigue à reconnaître dans vos traductions d'Aristophane ou de Térence, des pensées de Molière!

Il arrive ceci, en effet, à vos meilleurs passages: vous avez beau faire, vous ne traduirez pas Térence; — c'est Molière lui-même, en personne, dans son œuvre réelle, vivante, française, que vous défigurez indignement!

Il y avait encore une grande raison pour ne pas entreprendre une traduction en vers de *l'Eunuque de Térence;* c'est que de très-beaux esprits l'avaient inutilement tentée, avec la plus grande réserve. Horace s'est contenté d'en traduire quelques vers (satire 3, livre II); Perse en a traduit une scène (satire 5); — enfin La Fontaine, un plus grand poëte que ces deux-là, à trente-six ans, dans toute la verve de sa poésie et de sa jeunesse amoureuse, a vainement essayé cette entreprise impossible. Sa traduction est une triste et lamentable parodie; heureusement il s'en est vengé en faisant, de cette comédie, un de ses contes les plus charmants.

Le jour où il entreprit de traduire, pour un parterre français, *l'Eunuque de Térence*, on pouvait dire à La Fontaine ce que dit l'esclave de Cheréastre dans la satire de Perse : « Paroles perdues, mon cher maître ! pas tant d'efforts, pas tant de peines, vous n'en êtes pas où vous croyez; prenez garde à la pantoufle rouge ! »

Qu'est-ce que la pantoufle rouge, je vous prie ? sinon cette sage prudence d'un esprit modeste et plein de réserve, qui nous défend de toucher à certains chefs-d'œuvre d'une grâce délicate et étrange, débris respectables, parfum d'un autre siècle, souvenir des vieux âges, précieux matériaux que la tourbe des traducteurs doit laisser à quelques hommes de génie, à ceux-là qui savent composer des œuvres vraiment nouvelles, avec les débris et sur les ruines d'autrefois.

ARISTOPHANE. — LES NUÉES. — DE LA COMÉDIE POLITIQUE. — CE N'EST PAS ARISTOPHANE QUI A TUÉ SOCRATE. — OPINION D'ARISTOTE ET DE PLATON. — STREPSIADE ET GEORGES DANDIN. — DANS TOUTE COMÉDIE ÉTRANGÈRE IL Y A DES CHOSES INTRADUISIBLES. — LE TERROIR.

Ainsi voilà l'échelle ascendante : Molière, — Térence, — Plaute, — Aristophane. — A propos de la comédie, il faut absolument parler d'Aristophane, une des ces flammes de l'esprit que ne brillent que sur les siècles splendides ; il fut, de son vivant, le poëte favori des Athéniens et la gloire la plus fêtée de la ville d'Athènes... c'est tout dire, et je ne connais pas de plus grand éloge que celui-là !

On aimait surtout trois choses dans la ville d'Athènes, la déclamation, le bel esprit et l'injure. Peuple causeur et jaloux, il fallait, pour lui plaire, admirablement, abondamment parler cette belle langue qu'il avait faite, et, dans ce beau langage, où se déployaient toutes les recherches du goût, du talent et de l'esprit [1] couvrir d'insultes les meilleurs citoyens et les plus célèbres.

La raillerie et la calomnie sans pitié, l'éloquence écrasante, l'exil qui chasse Aristide le *Juste* parce que tel bourgeois d'Athènes se fatigue d'entendre Aristide être appellé *le Juste*, c'étaient là les conditions de la gloire athénienne. — Le plus grand homme de la ville de Minerve (ainsi le voulait cette injuste démocratie) était né, vivait et grandissait au milieu des huées; les citoyens oisifs sur la place publique, les rhéteurs dans leurs écoles, l'orateur à la tribune, le juge à son tribunal, le soldat à l'armée, accablaient les honnêtes gens de cette ingrate et turbulente république, sous la calomnie et le sarcasme. Point de repos, pas de relâche, vous étiez le but de ces traits acérés, de ces cruautés mal déguisées, de ces satires violentes qui couraient les rues, car la rue était le salon de ces beaux esprits amoureux d'égalité et de scandale; enfin, quand vous aviez tenu ferme contre ces violences et ces ricanements de l'esprit, une dernière épreuve vous attendait, épreuve impitoyable et terrible, tant la médisance et la calomnie étaient la félicité des oreilles athéniennes! Épreuve qu'il fallait subir si vous-même vous vouliez être assuré, pour quelques jours, de votre popularité dans la Grèce entière.

Je veux parler des violences publiques et coupables de la comédie primitive, *prisca comœdia*, avant qu'une loi salutaire eût ordonné *de masquer les noms et les visages*. Au théâtre, en effet, tout autant que devant l'Aréopage, vous étiez jugé en dernier ressort. De tous les côtés de l'Attique accouraient les spectateurs, avides d'émotions jalouses, pour voir traîner dans la lie de ce peuple, *fœcem et sordem urbis*, dit Cicéron, les plus grands caractères, les plus illustres génies, les plus dédaigneuses et les plus hautes vertus. Par quelle force (de nos jours cet accident

---

1. Cicéron a dit cela, bien mieux que nous ne saurions le dire, et le conseil est trop bon à suivre pour que nous le passions sous silence en songeant à tant de beaux esprits impatients (déjà)! de fumée et de bruit qui tiennent la plume en disant : « ces vieux critiques sont bien lents à mourir. »

« *Neque concipere, neque edere partum mens potest, nisi ingenti flumine litterarum undata!* » Oui le grand secret du critique écouté, applaudi, envié, glorifié, le grand secret du style abondant, facile, ingénieux, des esprits clairs, féconds et toujours prêts, c'est l'abondance même de toutes les choses, grandes et petites, qu'un homme de lettres peut apprendre et retenir!

n'est arrivé qu'à Fréron, insulté en plein théâtre par Voltaire)! assister, de sangfroid, à cette publique immolation de sa personne et de son nom ! Comment souffrir que l'insulte, en présence de la multitude avide, vienne salir vos traits, votre honneur, votre famille et vos amis livrés en pâture, aux calomniateurs?

O quelle misère et comme il faut que l'esprit d'un homme soit poussé à une puissance incroyable pour qu'Aristophane ait échappé au déshonneur ; quelle patience et quel respect cela suppose aussi, dans les premiers hommes de la république : rester exposé aux traits blessants de cette folle liberté, à ces ingénieuses bouffonneries comme en jetaient autrefois les vendangeurs ivres de vin nouveau ; assister soi-même à cette dégradation complète de son être, entendre dire à ses oreilles qu'on est un voleur et un lâche, se sentir mêlé aux obscénités, aux turpitudes, aux blasphèmes d'une satire effrontée ; se voir traîner, sans se plaindre, dans les vertiges dégoûtants de cette débauche d'une ignoble et basse plaisanterie à l'usage du petit peuple.

Ajoutez (cela s'est vu, plus d'une fois dans la cité athénienne), payer de sa liberté, de sa fortune et de sa vie ces horribles bacchanales de l'esprit, que Socrate lui-même, ce beau railleur, appelait *les délices attiques*... telle était, en fin de compte, la consécration dernière de tout ce qui était la vertu et le génie dans la république d'Athènes.

Mais qu'y faire? A ce prix terrible s'achetait la vraie gloire, et les avides ne trouvaient pas quelle fût trop payée! C'était la condition *sine quâ non* de toute grandeur. Vous vouliez conquérir votre place dans l'estime de ces hommes jaloux de tout ce qui sortait de l'égalité, vous saviez à l'avance de quel prix serait payée votre domination.

Pourtant j'imagine que plus d'un, parmi ces Grecs ambitieux, se sont trouvés bien malheureux lorsqu'au retour des fêtes de Bacchus, dans ce théâtre rempli des joies et des délires de la comédie satirique, notre homme, qui espérait les honneurs de l'insulte publique, aura vu que son nom était passé sous silence. Quoi ! pas une injure, pas une accusation, pas un mot qui me rappelle aux souvenirs et aux railleries de la railleuse Athènes? — C'est qu'en effet, en ce temps-là comme aujourd'hui, il fallait être bien grand parmi ses concitoyens, et bien privilégié, pour mériter les honneurs du vers anapeste.

Quand Aristophane se met à dire : *Allons çà, parlons en vers anapestes!* soyez assurés qu'il va être sans pitié, qu'il va être sans respect ; il va porter sa lampe brûlante sur les parties les plus glorieuses ou les plus honteuses de cette société qui lui tend la joue pour être souffletée à outrance. Sauve qui peut ! le bouffon va parler comme un juge ; le vil comédien va se poser en magistrat ; le poëte, car il a toutes les grâces de l'invention, toute la verve intarissable, toute la chaleur hardie, pittoresque et railleuse qui fait les poëtes comiques, le poëte va tout à l'heure accomplir son métier d'athlète : il va se prendre corps à corps avec les plus puissants par l'intelligence ou par la force. Quelle lutte avec Cléon, par exemple ! Ce Cléon est le général de l'armée athénienne : il a les vœux des soldats, il est l'élu des citoyens, le héros du peuple ; c'est un géant à la voix de stentor, le Murat de l'Attique, et pourtant la comédie, ou pour mieux dire l'*aigre Archanienne*, lapide Cléon d'invectives.

Pas un comédien, ni Callistrate qui excelle à faire la charge des citoyens, ni Philodine qui se moque, par métier, des archontes, n'ont osé mettre sur leur joue effrayée le masque de Cléon. Eh bien ! qu'à cela ne tienne, Aristophane lui-même montera sur les planches et jouera le rôle de Cléon, *le fils du corroyeur*. Ainsi attaqué Cléon reste sans armes et sans force ; il entend, à chaque mot du dialogue, s'élever l'immense éclat de rire qui le condamne ; il assiste au triomphe de cet esprit qui s'évapore en mille allusions frappantes. Si en effet Cléon est coupable du crime dont on l'accuse, si le poëte n'a fait que la satire des vices personnels du général athénien, si le bouffon qui s'est fait le vengeur du gouvernement a dit juste, une fois en sa vie, si cet ardent délabreur de réputations n'a fait que remettre l'usurpateur à sa place, alors il faudra bien que Cléon courbe la tête, et qu'avouant la victoire du poëte, il se retire devant cette allusion dentée et pleine d'aiguillons.

Si, au contraire, Aristophane n'a été que le vil bouffon de la multitude, s'il a abusé de son habileté à peindre les mœurs de sa nation pour faire une simple pochade ; s'il s'est acharné sur quelque galant homme, digne de ses déférences et de ses respects, croyez-vous donc que l'homme injustement attaqué va baisser la tête sous les sarcasmes de l'épouvantable gueux qui l'attaque ? Pensez-vous que le peuple d'Athènes sera si cruel que d'ajouter ses propres injures aux injures du poëte, ses insultes à cette fange? Non pas, certes, le bon sens public l'aura bien vite emporté sur ces injures d'un moment, et plus d'une fois vous verrez l'honnête homme insulté dans son intime fierté, montrer aux spectateurs rassurés sur sa gloire, le noble front où son âme est empreinte, se mettre lui-même hors d'insulte à force de sang-froid, couvrir de ses dédains publics les libertinages de cette plume insolente, et chasser, d'un regard, le Diogénisme de son accusateur.

Ainsi fit Socrate, lui-même, à la première représentation des *Nuées*. Il se tint debout, le visage tourné vers l'assistance, afin que chacun pût voir qu'avec tout son esprit, soutenu de la malice athénienne, Aristophane ne pouvait le faire pâlir.

Pour Socrate, — ce philosophe, jeune encore, — ce fut une belle journée, une insulte heureuse, une récompense publique, un très-rare honneur dont il fut le premier à s'applaudir. Plus que jamais il se sentit disposé à aimer cette cité de Minerve, qu'il aimait, parce que le pain y était à bon marché, parce que la jeunesse était docile, et parce que l'eau des fontaines était intarissable et limpide. Ses disciples accompagnèrent le maître jusqu'à cette maison, si étroite qu'elle ne pouvait pas contenir ses amis. Les Athéniens battirent des mains à l'aspect de ce grand homme que la calomnie n'avait pas effleuré, et au retour du théâtre, Socrate pouvait dire à ses disciples ce que dit Montesquieu quelque part : — *Vous le voyez, les ennemis injustes font grand bien.*

Ici se place l'accusation, la banalité : la mort de Socrate, tué par la comédie d'Aristophane. Socrate tué par Aristophane ! ce génie presque divin succombant sous le quolibet banal d'un libelliste ! O Jupiter ! et vous tous, les grands dieux invoqués par Pindare, qui donc aurait jamais pensé qu'une bouffonnerie d'Aristophane le farceur, aurait produit cette immense révolution qui pensa faire de la philosophie de Socrate martyr, une religion révélée ? Non, non, le dieu de la philosophie antique, l'homme à la voix intérieure, n'est pas sorti vaincu de la fête licencieuse et avinée des tonneaux, des coupes et des marmites. C'est se railler que de vouloir donner au quolibet cette importance ! C'est se moquer du bon sens des hommes que d'élever, à la dignité du déicide, cette bouffonnerie d'Aristophane ! Si elle affectait de pareilles prétentions, ce serait bien le cas de dire à la comédie : — *Connais-toi toi-même !* Socrate est mort, non pas pour avoir supporté cette insulte d'une heure, non pas pour avoir enseigné aux païens la Providence divine, l'immortalité de l'âme, les espérances de la vie à venir ; il est mort pour avoir parlé à cette république, qui se mourait sous l'ironie et le blasphème, des saintes lois de la morale éternelle. Il est mort parce qu'avant de mourir il avait porté un coup funeste aux rhéteurs, la race qui ne pardonne jamais ; il est mort parce qu'il était le roi de l'ironie logique, et parce que l'oracle de Delphes l'avait proclamé le plus sage de tous les hommes : voilà pourquoi il est mort !

Ne répétez donc pas les choses banales ; n'allez donc pas croire aux crimes impossibles ; réfléchissez que Socrate expire, vingt-trois ans après la représentation des *Nuées*, et qu'il est mort plein de gloire, plein d'honneur, estimé des vieux soldats qui l'avaient vu combattre et ramener l'armée à la bataille du Delium, aimé des historiens, car il avait sauvé la vie au jeune Alcibiade sous les murs de Potidée, et à Xénophon jeune homme, à cette bataille de Delium. Il avait fait pâlir, d'un regard, les trente tyrans ; il avait résisté, en toute circonstance, aux colères impatientes de la multitude.

C'est de lui que parle Horace en nous montrant le sage, inflexible sous les ruines du monde ; c'est la démagogie qui l'a tué ; c'est le lâche Anitus, c'est la mythologie expirante, c'est la populace ameutée contre la vertu ! En toute cette immolation, Aristophane n'a rien à voir, et sa comédie n'a que faire. Il n'est pas question de cet homme et de son œuvre dans le *Phédon*. — Dans son *Banquet*, lorsque Platon parle d'Aristophane, Platon en parle pour faire de grandes louanges de son esprit. Platon eût été bien étonné si on lui eût dit : C'est une comédie d'Aristophane qui a tué Socrate, à une distance de vingt-trois ans !

D'ailleurs, quand les Athéniens eurent compris quel grand crime ils venaient de commettre en mettant à mort cet homme juste, quand l'exécration publique eut fait justice des accusateurs de

Socrate, à ce point que plusieurs, pour se délivrer de cette vie infâme, se pendirent au figuier de leur jardin, pensez-vous donc que la comédie d'Aristophane, si elle eût été à ce point coupable, n'eût pas été enveloppée dans cette réaction d'un peuple entier qui pleure tant de génie et tant de vertu ?

« Tes furies vieillissent, » se seraient écriés les Athéniens, la calomnie les a tuées ! Au contraire, la comédie d'Aristophane resta populaire dans toute l'Attique, la Grèce continua à se réjouir de la poésie railleuse de ce bouffon inépuisable ; — Cicéron lui-même, grand admirateur de Socrate, s'y complaît tout comme Platon, et fait l'éloge d'Aristophane : *Facetissimus poeta*. Bien plus, chose incroyable ! saint Jean Chrysostôme, cet aigle chrétien, ce Bossuet de l'Orient, il faisait sa joie des comédies de ce pendard d'Aristophane ; même il en avait traduit *vingt-trois*, et c'est à peine s'il nous en reste dix-huit ! Donc, faisons trêve aux accusations de meurtre, et, s'il se peut, cherchons d'où vient donc la gaieté de cette incroyable comédie qui faisait rire, il y a trois mille ans, le peuple le plus délicat, le plus fin, le plus railleur et le plus spirituel de l'univers.

Étrange comédie, en effet : elle a des procédés irréguliers, bizarres, des fougues inattendues, des caprices qui tiennent du délire. Elle ne rappelle en rien l'art des Grecs, cet art contenu dans les justes bornes, dans les strictes limites. La comédie grecque n'appartient à aucun genre, elle n'est pas définie dans les livres ; Aristote lui-même, qui s'est occupé des moindres détails de l'art de rhétorique, ne s'explique pas sur la comédie, par la raison, dit-il, *que l'art n'enseigne pas à faire rire*. A côté de la tragédie grecque, à côté de ces belles œuvres au cothurne rehaussé d'or, au noble manteau, la couronne sur la tête et le sceptre à la main, quel contraste, la comédie athénienne ! Ni choix, ni goût, ni méthode ; pas d'ordre et pas de nœud, rien qui se noue et se dénoue.

— Le hasard est le fabricateur de cette œuvre sans nom, et avec le hasard — la gaieté, l'abondante et facile gaieté, qui prend tous les tons, qui parle tous les langages, qui s'accommode aux plus élégantes délicatesses. Elle frappe à briser les âmes des multitudes ; style plein d'obscurité à la fois et d'élégances, dialogue ramassé dans les carrefours... et dans les meilleurs endroits de la ville ; — plaisanterie digne d'Aspasie, et l'instant d'après qui épouvante même les marchandes d'herbes ; le sel cuisant des tavernes, et l'onde salée et blanchissante, dont vous êtes sortie, ô Vénus, fille de la mer !

Écoutez ! c'est l'envie qui parle, c'est la Haine, c'est la Débauche.... Écoutez ! c'est l'amusant murmure, c'est l'atticisme, c'est la bonne grâce, c'est la malice sans cruauté. Ainsi riait Alcibiade, ainsi riait Socrate lui-même, telle était la causerie chez Périclès. Quelle est cette bacchante avinée, aux cheveux épars, chancelante sous le vin, qui fredonne de sa voix rauque des obscénités révoltantes ? c'est la comédie d'Aristophane ! Quelle est cette belle courtisane athénienne qui s'en vient sur les bords de la mer Égée prendre un bain dans le flot obéissant ? Elle dénoue d'une main presque timide sa blonde chevelure, et elle s'en fait un chaste manteau ; c'est la belle Phryné dans un accès de modestie, ou c'est la comédie d'Aristophane qui s'est faite pudique un instant. La comédie grecque se permet tout, même les louanges : plus d'une fois a-t-elle ouvert la volière de Psaphon, et les oiseaux de s'envoler en chantant : *Psaphon est un dieu !*

Tous les excès, tous les contrastes sont contenus dans cette œuvre de la malice et de l'imagination d'un poëte sans frein, et sans mœurs. On y rencontre tous les extrêmes. Tout lui convient, tout lui sert. Quel patois des plus mauvais lieux ! Et tout d'un coup ce sont des roses qui tombent de ses lèvres bien inspirées, *roda eirein*, un mot de sa poésie que lui eût envié Anacréon lui-même. Il parle à la façon des poëtes tragiques ; il s'affuble de guipures tragiques ; il se permet des inventions fabuleuses et sans exemple : des grenouilles, des guêpes, des oiseaux, des nuées et des métaphores impossibles. Pêle-mêle incroyable des hommes et des choses, des dieux et des fictions ; écrivain châtié à l'égal des plus rares poëtes, tout à coup le voilà qui se met à fabriquer des mots et des phrases de son invention qu'il vous impose, tout comme a fait, plus tard, cet esprit aristophanique appelé Rabelais.

De cette comédie d'Aristophane on peut dire absolument ce qu'il dit lui-même, d'un port de mer : « Tout s'y trouve, ail, olive, armures, bœuf salé, vinaigrette, chapelets d'oignons, flûtes, fredons, sifflements, joueuses de flûtes et *z'yeux* pochés. » Cette comédie grecque employait, à la fois, les moyens les plus divers, les machines, les décorations, les habits, les poésies, les chansons.

Elle aimait à traîner les grands hommes dans ses fanges; elle se plaisait également à tirer ses pierres au gibet; elle procédait par la violence et par la rage, par l'ironie et par la colère; elle tenait d'une main, la lanterne de Diogène pour chercher les hommes dignes de sa rage, et de l'autre main le bâton de Diogène pour les frapper. Aristophane, c'est parfois le vice vêtu de pourpre, et souvent le bon sens couvert de haillons! Et si, en fin de compte, vous trouvez que cependant c'est la satire qui surnage, si vous rencontrez dans ce pêle-mêle moins de feu que de fumée, et plus de vices que de vertus; à votre compte si l'oiseau de Psaphon ne chante guère, au plus fort de ces vices, qui hurlent dans tous les tons du mode dorique ou lydien, Aristote ou Platon vont vous dire tout de suite le motif de ce spectacle peu consolant des ridicules et des vices de l'humanité.

« Cela vient, dit Aristote, que la comédie peint l'homme plus laid qu'il n'est en effet. » — « Cela vient, dit Platon, que les fables des poëtes sont les mystères des philosophes. »

Vous savez quel est le sujet des *Nuées* [1]. Un vieillard athénien, nommé Strepsiade, est fort inquiet des dépenses de son fils Phidippide. A l'heure où tout dort, le vieillard se demande comment il pourra faire honneur aux créanciers qui le menacent? Depuis longtemps déjà, le luxe, précurseur de l'indigence, est entré dans sa maison. Le jour des échéances approche; il est temps de compter ses ressources. Alors l'idée vient au vieillard d'aller frapper à la porte d'une école voisine, afin qu'on lui enseigne quelque bon argument qui dispense un citoyen d'Athènes de payer ses dettes. — Il frappe, — la porte s'ouvre. — Au même instant vous apparaissent les disciples de Socrate, jeunes gens aux yeux caves, au visage amaigri, et des plus mal vêtus. Lui-même, le maître, Socrate, il est juché dans une *gloire* qui le rapproche du ciel. Il invoque *l'air* et les *nuées*, ses grands dieux! Aussitôt paraissent les nuées qui forment le chœur de la comédie. Cependant le maître daigne communiquer à ce barbon Strepsiade quelques-uns des mystères de l'école; mais Strepsiade a la tête

---

[1]. M. Hyppolite Lucas a donné, non pas sans succès, au théâtre de l'Odéon, une traduction des *Nuées* d'Aristophane.

dure, et il envoie à cette école monsieur son fils, l'amateur de chevaux.

Quand il tient le jeune homme sous sa loi, Socrate fait comparaître *le Juste* et *l'Injuste*, et il les met aux prises. Naturellement *l'Injuste* démontre, par des preuves sans réplique, qu'il est bien difficile de s'enrichir, si on ne mêle à son argent un peu de l'argent d'autrui. Quand il a forcé *le Juste* à battre en retraite, quand il est resté maître de la place, *l'Injuste* enseigne au jeune homme le grand art de satisfaire un créancier sans le payer. Voilà Strepsiade au comble de ses vœux. Grâce aux leçons de Socrate, le bourgeois se débarrasse de ses dettes criardes et il donne un grand dîner; mais au milieu du dîner, et quand les esprits marchands de Strepsiade sont excités au plus haut point, Phidippide se met à battre son père, et si son père se récrie : *Tu bats ton père !* le fils lui prouve alors, et par de bons raisonnements bien authentiques, qu'il a tout à fait le droit de battre Strepsiade. En effet, le voilà qui répète les arguments de *l'Injuste*. « Mon Dieu ! ma chère, disait Cathos à Madelon, que ton père a la forme enfoncée dans la matière ! » Tel est le père Strepsiade ; aussi bien, dans son indignation, il prend une torche et il met le feu à l'école de Socrate !

Voilà toute cette comédie des *Nuées*. Tout informe qu'elle est encore, c'est la comédie la mieux intriguée de toutes les pièces d'Aristophane. Strepsiade, c'est le Bourgeois gentilhomme qui s'y prend un peu tard pour apprendre la philosophie. — « Oh ! que c'est une belle chose la philosophie ! » — Strepsiade c'est aussi Georges Dandin qui se plaint, en son patois, d'avoir épousé une belle dame. — « Quel accouplement ! l'odeur du vin nouveau, des « figues sèches et de la laine, et l'odeur des essences précieuses ! « Le rustique propriétaire de ruches et d'oliviers couché à côté « de l'élégante nièce de l'illustre Mégaclès ! » — Le professeur de philosophie de M. Jourdain ressemble quelque peu au Socrate d'Aristophane, et voilà pourquoi il ne faut pas être si furieux contre le poëte grec. Dans cette comédie des *Nuées*, Socrate est placé pour personnifier les professeurs de philosophie qui infestaient la ville d'Athènes, si bien que la personnalité est moins violente qu'on n'est tenté de le croire, au premier abord.

Un jour que Socrate passait sous les fenêtres de la maison

d'Achélaüs, peinte par Zeuxis, il reçoit l'eau d'une amphore sur la tête. D'abord il croit que c'est une galanterie de dame Xantippe... C'était un citoyen qui avait pris Socrate pour son compère. — « Ce n'est pas moi qu'il a mouillé, disait Socrate; il a mouillé celui pour qui il m'a pris! » — Ceci dit, il est impossible de ne pas reconnaître la vivacité et la bonne humeur de l'action comique. Le disciple de Socrate est très-amusant dans son ardeur de néophyte qui n'a pas dîné; lui-même, le philosophe attaqué, il est d'une gravité très-divertissante. Le chœur des nuées invisibles est d'une très-belle forme et tout à fait digne d'un poëte lyrique. A ce moment l'Athénien reparaît; le poëte a repris tous ses droits sur le conteur de facéties; Aristophane s'enivre de cette poésie véritable, en oubliant la raillerie commencée; en vain Strepsiade répond à ces belles strophes par d'horribles quolibets dignes de Sancho-Pança quand il a trop mangé, la poésie persiste, brillante et fine; le lambeau de pourpre éclate et brille attaché au haillon de bure; plus que jamais nous sommes sur *le Parnès*, cette montagne qui s'élève entre l'Attique et la Béotie.

Au même instant (on ne sait plus si en effet nous n'avons pas quitté pour jamais la règle de l'unité et les autres lois d'Aristote), le poëte interrompt son hymne et son imprécation commencées (imprécation éloquente à ce point que Lucrèce l'a transportée dans son poëme) pour gourmander l'ingratitude et la paresse des Athéniens.

C'est alors qu'Aristophane a des paroles de roses, car il fait sa propre louange. Quoi! on lui a refusé, l'an passé, le prix de poésie! et il a été forcé, avant de se nommer en plein théâtre, d'avoir quarante ans accomplis (c'était en effet la volonté de la loi, qui regardait la poésie dramatique comme un sacerdoce)! A ces louanges du poëte, le chœur répond qu'il faut en effet accorder mille récompenses au poëte Aristophane! Il a combattu Cléon tout-puissant; vaincu, il l'a respecté. Il a été indignement copié par son confrère Eupolis, membre de l'association dramatique. Même, son autre confrère, Hemippus, lui a dérobé un de ses plus plaisants caractères, et cette belle pensée... un vrai proverbe: *Que les Athéniens étaient plus heureux que sages!*

Singulière aventure cependant cette louange que se donne ce poëte en pleine comédie! — Figurez-vous *la Critique de l'École des Femmes* au quatrième acte de *l'École des Femmes!* Ceci s'appelait *la parabase;* aujourd'hui, en guise de *parabase*, nous avons le *rideau de manœuvre*, c'est-à-dire un rideau qui n'est pas le rideau.

Fiction pour fiction, mieux vaut encore *la parabase!* Cependant le bourgeois Strepsiade prend sa seconde leçon de philosophie. Ici nous tombons dans la chose intraduisible de toute comédie étrangère. De ces choses-là, les Français en rencontrent, à chaque scène des comédies de Shakspeare, les Anglais en rencontrent, à chaque scène des comédies de Molière. Et justement c'est dans cette chose intraduisible que, la plupart du temps, se trouve la gaîté comique ; c'est la chose qui tient aux mœurs, au langage, au je ne sais quoi de la vie humaine ; c'est *le chic*, c'est *le truc*, c'est *le fion*, c'est l'accent, c'est le clin d'œil, c'est le génie de la province, la coupe de l'habit, la forme du chapeau ; c'est ce qui fait dire à la grisette qui passe, et qui rencontre dans son plus bel attirail une femme de province : — *Voilà une femme de province!* Qui dit cela à la grisette? qui le lui explique? Comment le sait-elle? Elle ne le sait pas, elle le sent, elle le comprend, elle le devine, c'est l'art du sixième sens ; or la comédie est justement l'art du sixième sens par excellence.

Grand danger de traduire les comédies des vieux peuples ; on ne traduit pas l'esprit et la gaîté des siècles devanciers; la plupart du temps on n'en sait rien, on ne s'en doute pas, tout vous échappe, ou bien, s'il est en effet, dans l'œuvre traduite, quelqu'un de ces traits vifs, acérés et très-vrais, tirés de l'âme humaine, qui sont de tous les pays et de tous les siècles, alors nouvel embarras pour le malheureux traducteur : il se trouve en effet que depuis longtemps ce passage de l'œuvre que vous ravaudez, avec tant de peine et si peu de récompense, a été pris et enlevé par un homme de génie nommé Molière, ou Racine, ou tout simplement Plaute, Térence, ou comme nous le disions tout à l'heure, par le poëte Lucrèce !

Toujours est-il que ces bouffonneries intraduisibles faisaient rire aux éclats le peuple d'Athènes. L'Athénien aimait ces chicanes, ces subtilités, ces minuties, ces allusions aux hommes et aux choses, ces passages difficiles, et autres tours de force auxquels nous ne savons plus rien comprendre, tant les siècles emportent dans leur vol les choses éphémères qui passionnent les multitudes! — Sans remonter à trois mille années, à dater seulement d'hier, qui pourrait nous dire, aujourd'hui, la moins cachée des petites grâces minaudières du siècle passé?

Voici une bonne scène: poussé à bout par son père, le jeune Phidippide consent à entrer dans l'école du philosophe, tout comme la servante du Bourgeois gentilhomme consent à prendre un fleuret, et à faire des armes avec son maître. — Du premier coup Strepsiade est démonté, et c'est alors que nous assistons à l'admirable plaidoyer du *Juste* et de l'*Injuste*. — C'est là un mouvement tout poétique, un très-beau passage bien traduit par M. Hippolyte Lucas. Seulement il nous semble que le traducteur eût mieux fait de ne pas aller prendre dans une autre comédie du poëte grec (dans le *Plutus*) une scène qui ne tient en rien à l'action des *Nuées*. Le débat du *Juste* et de l'*Injuste*, dans l'école du rhéteur, est parfaitement à sa place; il fallait laisser à son endroit la déclamation de la Pauvreté.

La pauvreté! mais Socrate lui-même qui l'aimait tant, mais Platon son disciple, qui l'appelait: *ce beau nuage tout plein d'or et d'éloquence*, n'auraient pu en faire un éloge plus magnifique. Éloge très-sérieux, et c'est pourquoi il est déplacé dans cette leçon que prend le jeune Phidippide. Disons cependant que le ton de cette scène du *Juste* et de l'*Injuste* est le ton même de la plus haute comédie! Caton le censeur, et même le Misantrope de Molière, ne parlaient pas, de leur vivant, un langage plus élevé, plus grave, plus austère, même dans sa joie, et plus digne de la comédie sérieuse. Voilà pourquoi il faut proscrire absolument la belle invention de la traduction nouvelle quand l'acteur se met à désigner, du doigt, plus d'un personnage des deux sexes, placé dans la salle pour être livré à ces avanies!

Dans toute autre scène... que l'on pourrait dire, cette bouffonnerie ne serait pas déplacée peut-être, bien qu'elle ait le grand inconvénient de jeter et de disséminer, dans une salle de spectacle, toutes sortes de comédiens inattendus; mais ici la situation est grave, le débat est important. Que me voulez-vous avec vos distractions malséantes? Laissez-moi assister à ce duel solennel de la vérité et du mensonge, de la philosophie et du sophisme; que j'entende retentir douloureusement ce mot terrible de la justice : *J'ai perdu! je n'ai plus qu'à me couvrir de mon manteau!*

Après cette belle déclamation (je prends le mot en bonne part), la gaîté reparaît avec le bonhomme Strepsiade. O bonheur! son fils a déjà la pâleur et l'œil affamé d'un vrai philosophe. Oui, mais le vrai philosophe bat son père au nom du *Juste* et de l'*Injuste!* C'en est fait, notre jeune homme, maintenant qu'il est un sage, renonce à la poésie, au chant, à la musique; il parle à tort et à travers; il ne paie pas ses créanciers, c'est vrai, mais, par suite de la même philosophie, il ne veut pas rendre les respects qu'il doit à son père. Vous m'avez battu quand j'étais petit, mon père, donc je vous bats maintenant que vous êtes en enfance. — Mais, dit le père, tu battras tes enfants à ton tour. — Eh! reprend le fils, si je n'ai pas d'enfants, je vais donc garder pour moi les coups que vous m'avez donnés? Si je bats mon père, ainsi le veut la Rhétorique!

C'est alors que le Strepsiade, — la torche à la main, *fait une petite dispute de philosophie aux poutres et aux solives* de la maison du philosophe. — En résumé, ceci est une comédie, tout comme les *Provinciales*, au dire de Racine lui-même, étaient une comédie; disons mieux, c'est une comédie comme le Mémoire de Beaumarchais contre M. l'avocat-général Bergasse qui n'en est pas mort, non plus que Fréron n'est mort de *l'Écossaise* et des autres violences de Voltaire : la comédie grecque, en effet, c'est le pamphlet politique transporté sur le théâtre avec l'assaisonnement excellent d'une observation nette et vive, d'une peinture hardie et fidèle, d'une malice ingénieuse et piquante; malheureusement, depuis qu'Aristophane a fait la joie de ce peuple, sans rivaux dans les arts du goût et de l'esprit, cet esprit s'est entouré d'obscurité, cette observation se perd dans le nuage; le temps dégradé ce portrait fidèle du peuple athénien.

La tentative de cette comédie grecque translatée en français est honorable pour celui qui l'a faite; il est à regretter seulement qu'une incroyable négligence ait présidé à l'exposition de ces gaîtés à la mode antique. La comédie grecque, autant pour le moins que la tragédie, était la fille des yeux et des sens, de l'imagination et de l'esprit. La comédie athénienne était riche, parée, et bien vêtue; elle portait avec grâce même les haillons, elle appelait à son aide la danse et le chant, elle se sentait de son origine bachique ; le poëte dans sa verve effrontée, dans son abandon, dans ses poses grotesques, n'était pas fâché d'invoquer l'antique liberté des vendanges ou de la fête de Minerve.

Plus tard, en effet, après les guerres et les tyrannies, fut supprimée la joie extérieure de la comédie grecque; le peuple d'Athènes ne riait plus guère, en ces temps malheureux où son esprit était à la gêne: il vivait d'épargnes; il n'avait plus d'autre joie que de manger des pois chiches et de lésiner dans un coin de sa maison. — A ces causes, toute dépense publique fut supprimée; Aristophane lui-même consentit à cette réforme des chœurs, des danses, des décorations, de la musique, et tout exprès il écrivit une tragédie déplumée intitulée : *Eolosicon*.

A voir ce théâtre de l'Odéon noir, sombre et froid ; — à voir ces comédiens assoupis dans cette nuit profonde; à l'aspect de ce bon Socrate assis dans le char de Médée, chariot barbouillé d'un nuage, sous lequel se montre encore la queue du dragon, on aurait cru assister à quelque mauvaise représentation de l'*Eolosicon*.

Il est à croire que cette tentative sur la comédie grecque sera la dernière et ne sera pas recommencée au théâtre. — En vain vous chercheriez, dans l'œuvre entière du poëte athénien, une comédie à mettre en lumière, il n'y en a pas qui se puisse adapter à nos mœurs. Le *Plutus* qui a retrouvé la vue, contient, il est vrai, une scène très-amusante je parle de ce prêtre d'Esculape qui vole l'offrande faite aux dieux. *Les Grenouilles* ne sont guère plus amusantes qu'un bon feuilleton de bonne critique, et (modestie à part)! ce n'est pas assez pour une comédie. *Les Chevaliers*, vous racontent les malheurs du général Cléon; *les Acharniens* ont résisté, par une grande scène, une scène unique :

Dicéopolis, en paix au milieu de la guerre! — La bonne et amusante scène des *Guêpes* a été prise par Racine dans *les Plaideurs*. *Les Oiseaux* ne chantent que des impiétés malséantes. *La Paix* offre, il est vrai, l'admirable plaisanterie des vendeurs de casques, de cymbales et de trompettes, ruinés par la cessation de la guerre. *Les Harangueuses* suffiraient à une charretée d'obscénités et de licences, c'est la question encore débattue des femmes *auteures*, *magistrates* et *députées*. Que dis-je ? la ques-

tion du *club des femmes* résolue en 1848 par madame Niboyet !
La fête de Cérès est une bonne comédie de bourgeoises en belle
humeur ; enfin la plus amusante de toutes ces comédies, *Lysistrata*, quand les femmes de Lacédémone et d'Athènes, pour terminer la guerre du Péloponèse, jurent de tenir leurs maris à distance, serait tout simplement impossible.

De toutes les comédies d'Aristophane il n'en est pas une seule
qui puisse satisfaire le goût, les mœurs et les habitudes d'un
peuple qui a été élevé avec la comédie de Molière. Ce n'est pas
seulement l'esprit français qui manque à la comédie grecque...
elle manque de cet art aimable de ce goût exquis, et de cette
fleur délicate qui ont signalé et glorifié les œuvres du grand siècle !
Il y manque la vraisemblance, la vérité, la curiosité, l'agrément ;
il y manque le murmure et le bruit du salon, la grâce des jeunes
gens, la beauté des jeunes femmes, le tour, le ton, l'accent, la
mode, la parure et l'ornement !

C'est le grand charme et c'est la toute puissance de la comédie
de Molière de ne s'occuper ni du gouvernement, ni de la chose
publique, mais des mœurs, des lois, des vices, des usages, des passions... et pour quoi donc comptez-vous cette supériorité incontestable..... la joie ineffable et charmante, inconnue à la comédie
grecque, la joie inépuisable des jeunes amours ?

LA MALADE IMAGINAIRE.

Il faut cependant que nous nous décidions à quitter Molière et
à revenir à mademoiselle Mars, qui nous appelle et qui bientôt va
disparaître à jamais de ce théâtre dont elle était l'ornement et la
gloire. — A ces causes, vous n'aurez plus que ce petit chapitre
qui est la suite du *Malade imaginaire*, et le chapitre suivant où
l'on voit Molière qui préside aux fêtes de la cour.

Vous saurez tout à l'heure le nom du nouveau poëte qui a écrit
la Malade imaginaire. Il est étranger, il a étudié avec un grand
soin, avec un rare esprit notre vieux théâtre.

Entre autres grands maîtres, notre auteur a lu Molière ; et
parmi les chefs-d'œuvre de Molière, *le Malade imaginaire* a
bien étonné le nouvel inventeur. Ce qui l'a frappé surtout, ce
n'est pas la gaieté, souvent folle jusqu'à l'ivresse, de cette admi-

rable bouffonnerie, c'est, au contraire, la tristesse cachée sous cet immense éclat de rire; si bien qu'en dépouillant *le Malade imaginaire* de toutes les précautions joyeuses dont Molière l'a entouré, l'auteur n'a plus vu que ce qui se voit en effet au fond d'un vase de pharmacie, quand l'amère liqueur n'est plus agitée, quand l'amertume est au fond de ce vase trompeur. — Mais, direz-vous, de quel droit votre nouveau poëte comique vient-il ainsi passer la comédie de Molière à l'alambic, pour y retrouver toutes ces douleurs cachées sous le sourire? A quoi je répondrai que notre auteur est de ceux qui ont tous les droits du monde, et à qui l'on permet bien des choses, parce qu'il use de son droit de la plus aimable et de la plus engageante façon.

Voilà donc tout ce qu'a vu notre auteur au fond de cette comédie : « Un homme incommode à tout le monde, malpropre, dégoû-
« tant, sans cesse un lavement ou une médecine dans le ventre,
« mouchant, toussant, crachant toujours; sans esprit, ennuyeux,
« de mauvaise humeur, fatiguant sans cesse les gens et grondant
« jour et nuit servantes et valets. » Certes le portrait n'est pas flatté; mais c'est Molière lui-même qui l'a tracé de sa main.

— Pourquoi donc, se sera dit notre nouvel auteur comique, pourquoi, s'il en est ainsi, avoir tant d'indulgence pour un si vilain personnage? Pourquoi donc immoler à ce malade imaginaire tous les médecins d'un grand royaume? Mais c'est là une injustice criante! Je veux, moi, que chaque chose soit remise à sa place; et, ce disant, il a fait la comédie que voici :

Madame de Sturmer est une femme qui a passé l'âge d'avoir des vapeurs, l'âge heureux où la maladie même est jeune, fraîche et rebondie. A vingt ans, qu'est-ce un brin de fièvre? Un peu de feu sur la joue, une flamme au regard ! Oui, mais plus tard, la fièvre est la fièvre. A peine si l'on vous pardonne d'être malade. Quant aux nerfs, aux vapeurs, aux malaises, aux languissements de tout genre, cachez-les avec soin, pauvres femmes; votre ami le plus cher, votre médecin le plus dévoué, ne vous permet pas d'avoir des nerfs.

Aussi bien madame de Sturmer n'a pas de nerfs. Elle fait mieux, elle se donne bel et bien les plus graves, les plus cruelles maladies; elle n'y va pas de main morte, à coup sûr. Elle tombe, d'elle-même et sans le secours de M. Purgon, de la bradypepsie dans la dyspepsie, de la dyspepsie dans l'apepsie, de l'apepsie dans la lienterie, de la lienterie dans la dyssenterie, de la dyssenterie dans l'hydropisie, et ce faisant, à pas un de ceux qui l'entourent, la dame ne donne ni paix ni trève. Mais surtout c'est la pauvre Anna, sa belle-fille, qui supporte ces dégoûts et ces fatigues.

En ceci, la malade imaginaire nous paraît plus logique et plus sincère que le malade imaginaire. — Ce digne M. Argan n'est guère à charge qu'à Toinette, sa servante; il n'exige guère les bons offices de sa fille Angélique ou de sa petite fille Louison; sa femme elle-même n'en prend qu'à son aise. — Si vraiment cet homme se sentait bien malade, il serait d'une tout autre exigence; il ferait comme madame Sturmer, il serait égoïste, il serait impitoyable, il serait insupportable. Le malade de Molière est un grand enfant, mais madame Sturmer est le véritable malade imaginaire; on rit de celui-là, mais on déteste celle-ci.

Toutefois la jeune et douce Anna, tout comme mademoiselle Angélique Argan, est en train d'aimer un jeune homme, le baron Jules de Lowemberg. Rassurez-vous, cependant, notre auteur a l'esprit libéral, et il veut bien vous prévenir que c'est là un baron de fraîche date, le fils d'un marchand enrichi; ainsi ne vous gênez guère plus avec ce baron-là que s'il s'appelait Cléante, comme l'amant d'Angélique. Notre baron, en sa qualité de baron, a fait des dettes, il a peu étudié le droit, il a laissé là, sans lui dire pourquoi, une jeune fille à qui il avait juré un amour éternel.

Sous aucun rapport ce baron ne vaut notre roturier Cléante. Cléante est un honnête garçon très-amoureux, très-fidèle, et très-dévoué. C'est en vain que tout s'oppose à son mariage, en vain que M. Argan l'a chassé de chez lui, sous prétexte qu'il n'est pas médecin, Cléante est resté fidèle à la belle Angélique; il est là, près d'elle sans fin et sans cesse; il ne la quitte ni des yeux, ni du cœur; de bonne foi, cela vaut bien autant que d'être baron, voire un des premiers barons chrétiens ou non chrétiens.

Malheureusement, comme je vous le disais tout à l'heure, la pauvre Anna est loin d'être aussi libre que mademoiselle Angélique. Anna passe le jour et la nuit à côté de sa belle-mère, c'est elle qui endort madame de Sturmer aux accords de la harpe, et c'est elle qui supporte tous les dégoûts de cette maladie.

Ce n'est pas elle qui recevrait un amant dans sa chambre, sauf à lui dire : — *Sortez, sortez, sortez, vous me mettez au désespoir...* et tout le reste du récit de la petite Louison.

Une fois seulement, par une pluie battante, madame de Sturmer, la malade imaginaire, ordonne à la douce Anna d'aller chercher à l'instant même le plus habile médecin de la ville. Anna obéit. Elle prend un parapluie et elle s'en va, au plus fort de ce déluge, jusqu'à la porte du médecin. A la bonne heure, enfin, voilà le médecin réhabilité, et de très-haut. D'abord celui-là ne s'appelle ni M. Purgon, ni M. Diafoirus, ni M. Thomas Diafoirus, ni M. Fleurant, celui-là s'appelle, devinez? Il s'appelle: M. Loewe! C'est un homme de trente-huit ans déjà, mais du plus noble cœur. Les infortunés n'ont jamais eu d'ami plus dévoué ; toutes les misères humaines trouvent en lui un consolateur.

Entrez, la maison est ouverte, l'appartement est dans ce savant et heureux désordre qui indique un brave homme : des oiseaux qui chantent, des fleurs qui fleurissent, des tableaux et des marbres, des livres qui murmurent leurs plus nobles pensées, des pauvres à la porte, et qui s'en vont les mains pleines, l'âme consolée. M. Loewe, ainsi entouré, est loin d'être heureux.

Sa solitude lui pèse ; il pleure encore la première jeune fille qu'il a aimée... elle est morte, faute d'avoir rencontré un docteur Loewe ; enfin son coquin de neveu n'est pas un médiocre souci pour ce bon docteur. — Telle est cette heureuse image ; c'est moins amusant à regarder que la thèse du petit Thomas Diafoirus, mais c'est plus consolant. Aussi eût-on peut-être bien fait d'intituler tout simplement la présente comédie : — *Le Médecin imaginaire.*

Anna arrive chez le docteur Loewe comme si elle était venue à la nage. L'eau ruisselle de ses habits ; ses cheveux même sont tout mouillés ; nul ne se douterait, à la voir ainsi faite, que c'est là une riche héritière d'un million, un million, tout autant, pas un florin de moins, et encore c'est bien peu. Voilà donc notre médecin et notre jeune fille qui sont en présence et qui se comprennent à merveille. La jeune fille est déjà un habile praticien sans le savoir. Elle panse, de ses blanches mains, une pauvre femme qui s'est blessée au front : le bon docteur est ravi de cette chaste et naïve apparition. Je vous assure que la scène est fort jolie, un peu allemande peut-être, mais où est le mal? Si vous aviez là sous la main, quelque bon et honnête roman d'Auguste Lafontaine, ne le liriez-vous pas avec le plus grand empressement?

A l'acte suivant, le docteur Loewe se fait annoncer chez la malade imaginaire, madame de Sturmer, et certes il est loin d'avoir les lâches complaisances de MM. Diafoirus père et fils pour M. Argan. Au contraire, le docteur Loewe est sévère jusqu'à la rudesse. Il ne va pas s'occuper à rechercher si le pouls de madame est « dur, repoussant et même un peu capricant; » tout ce qu'il peut faire, et encore par amour pour miss Anna, c'est d'ordonner à la malade des boulettes de mie de pain. En même temps, plus il regarde cette jeune fille, plus il la trouve belle et à son gré. Que vous dirai-je? le docteur Loewe finit par mettre aux pieds d'Anna sa fortune et sa main. En véritable malade imaginaire, madame de Sturmer ne demande pas mieux que de donner sa fille à un médecin. « Je veux me faire un gendre et des alliés médecins, afin
« de m'appuyer de bons secours contre ma maladie et d'être à
« même des consultations et des ordonnances. »

Tout ceci ne fait guère le compte d'Anna; à vrai dire, cet homme de trente-huit ans, ce savant modeste, qui aime tant les beaux livres et les oiseaux chanteurs, ne lui déplairait guère, mais elle a un tendre penchant pour le jeune baron de Lowemberg. D'abord il est beau, et ensuite il est le premier qui lui ait dit : *Je vous aime!* ce qui est un grand point; mais quand elle vient à savoir que le baron aimait autrefois une jeune fille, et que cette jeune fille est à attendre encore l'ingrat qui ne revient pas, la pauvre Anna est bien malheureuse. Épouser un perfide, quel danger c'est courir! Ici nous nous trouverions en plein drame, si nous n'avions pas, pour nous réjouir quelque peu, les transes sans cesse renaissantes de la malade imaginaire, les gaillardises de la soubrette, mademoiselle Henriette, et même un peu de politique. Si vous saviez le nom de l'auteur, vous trouveriez qu'il faut être bien malade pour trouver de la politique dans ses comédies. — En voici, cependant :

Madame Sturmer. — « Que me font les Espagnols, les Belges
« et les Grecs? Si tous ces gens-là eussent été de la même hu-
« meur que moi-même, aucun d'eux n'eût songé à faire une ré-
« volution. » Voyez-vous la politique! Voyez-vous le nom de la France qui manque sur cette liste de nations révolutionnaires?

Eh bien ! il y aurait peut-être une guerre possible, avec ce nom-là de plus.

Quant à la soubrette Henriette, elle a la dent quelque peu méchante, sa plaisanterie est moins gaie que la plaisanterie de Toinette. — C'est celle-là, Toinette, qui est une bonne et heureuse fille, un joyeux boute-en-train, une franche servante, un caractère bien fait! Mademoiselle Henriette, au contraire, rage en dedans, et dans ses plus joyeux moments elle s'écrie en parlant de sa maîtresse : « Si le docteur Loewe pouvait l'empoisonner ! » C'est fort bien fait de nous faire aimer les médecins, mais il ne faudrait pas nous faire détester les soubrettes. Il est vrai que la soubrette est un produit éminemment français, tout comme l'opéra-comique est un genre *éminemment national*.

Cette comédie, dont le nœud est suffisant, se dénoue avec bonheur. Vous assistez d'abord à la réhabilitation du notaire, tout comme vous avez assisté à la réhabilitation du médecin. Dans la comédie de Molière, M. Bonnefoi le notaire est bien près d'être un fripon, ainsi que la scène l'indique. M. Bonnefoi est consulté par M. Argan, qui veut dépouiller ses propres enfants de tout son bien. — *La coutume y résiste*, dit le notaire; mais, en personne accommodante, il indique certains expédients pour passer doucement par-dessus la loi *et rendre juste ce qui n'est pas permis;* tout au rebours le notaire de notre comédie. Le baron de Lowemberg lui a offert deux mille écus (c'est bien peu pour une dot d'un million), à condition qu'il remplacerait sur le contrat de mariage le nom du docteur Loewe par le nom du baron de Lowemberg. Naturellement, les parties contractantes signeront le contrat sans le lire, et quand le docteur Loewe se croira bien marié avec miss Anna, on lui prouvera que c'est son coquin de neveu qui a épousé la dame. Cela se fait ainsi dans *le Barbier de Séville*, ajoute notre poëte comique, qui est trop honnête en vérité pour vouloir nous tromper.

Mais, à cette proposition, le notaire a répondu : — Vous me donneriez dix mille écus, que je ne ferais pas ce faux-là! Ce qui est bravement répondu.

A cette horrible nouvelle d'une pareille escroquerie par devant notaire, qui est bien affligé? C'est le bon docteur. Les ingrats! s'écrie-t-il ; et comme ils m'ont trompé ! Cependant on apporte le contrat ; on le signe sans le lire, le docteur Loewe le signe d'une main ferme, Anna d'une main joyeuse, le baron de Lowemberg d'une main tremblante. — O surprise ! ô bonheur ! Anna a été loyale, elle a demandé au notaire un contrat sérieux, dans lequel elle donne tout son bien à son mari ; elle est donc à tout jamais la femme du docteur Loewe ; elle n'a pas voulu épouser ce petit baron qui avait une autre fiancée et qui voulait se marier à l'aide d'un faux contrat. Chacun est heureux, et même la malade imaginaire, qui pourra tout à l'aise consulter le bon docteur.

Voilà cette comédie allemande. Cela est d'une grande et élégante naïveté. C'est ainsi que doit s'amuser une honnête cour toute composée d'affables grands seigneurs, que l'aspect des vices importune et fatigue. Excepté deux ou trois mots cruels de la soubrette, il y a dans tout ce dialogue une réserve, une décence, une tenue incroyables. On dirait l'écho lointain et tamisé d'une petite comédie des premiers jours de M. Scribe. Dans cette comédie, plusieurs petits ridicules contemporains sont effleurés en passant et comme si l'on avait peur de s'y arrêter. — Les gros vices sont traités tout à fait comme la révolution de 1830, dont on n'a point parlé. A quoi bon introduire une si grosse chose dans une si futile comédie ?

Mais, direz-vous, quelle est donc la cour souveraine assez heureuse, assez calme, assez exempte d'ambition et de terreurs, assez dégagée de toutes les passions des sens pour se plaire à ces légères et murmurantes esquisses ? Nous parlions tout à l'heure du *Malade imaginaire* de Molière, de cette comédie faite pour amuser Louis XIV une heure ou deux ; comparez les deux comédies :

Que de silence là-bas ! Le calme heureux et quel sans-gêne bourgeois ! — Ici, dans le Versailles du xviie siècle, que de pompe, que d'éclat ! Quelle gaieté jetée à pleines mains comme l'esprit ! Quelle profusion presque insensée de joies, de paradoxes, de divertissements, de poésies de tout genre ! Cela commence par un prologue entre Célimène et Daphné, Dorilas et Tircis ; cela se termine par une bouffonnerie pour laquelle il ne faut rien moins que tous les comédiens de la comédie. Au troisième acte l'action s'interrompt pour faire place à Polichinelle et à sa bande — musiciens et danseurs. — Ce ne sont que festins, concerts, poésies italiennes, rondeaux, joutes, tournois, illuminations ; la terre et le ciel, l'ironie et l'esprit, l'argent et l'amour, toutes les délices se réunissent dans le même drame pour réjouir le jeune roi de cette cour brillante. — Molière à part, heureux sont les rois et les peuples qui s'amusent à moins de frais!

Maintenant, si vous voulez savoir le nom de l'auteur de *la Malade imaginaire*, — eh bien! saluez Son Altesse Royale madame la princesse Amélie de Saxe, une princesse aimée, honorée, entourée de louanges, facile à vivre, malgré sa double qualité de princesse et de poëte dramatique! Un instant, lorsque S. M. l'empereur Napoléon se lassant, de sa couche bourgeoise et stérile, se mit à chercher autour de lui-même, en Europe, quelque princesse des royales familles à qui il pût confier l'éternité de sa dynastie, le nom de la princesse Amélie de Saxe fut prononcé parmi les aspirantes à cette illustre couronne. Peu s'en fallut qu'elle ne s'appelât S. M. l'impératrice des Français..... et du monde!

L'Autriche l'emporta dans cette lutte qui devait aboutir à tant de misères; soyez-en sûr cependant, si la princesse Amélie a regretté quelquefois cette lourde couronne, son regret n'est venu qu'aux mauvais jours, quand à la place de la couronne l'impératrice des Français n'eut plus à porter que des calamités étranges. — Alors, en comprenant combien eût pu être belle et grande la destinée d'une fille de tant de rois, partageant l'exil de ce grand soldat de la fortune, quelle est la noble femme qui ne se soit prise à pleurer?

Witikind, Witikind, vous le rival de Charlemagne, vous le fier et indompté Saxon que le baptême seul a pu dompter, quand la Germanie tout entière se soulevait à votre voix toute-puissante, quand le Rhin, l'Elbe et l'Oder coulaient sous vos lois, quand vous défendiez la patrie saxonne contre les Francs de Charlemagne, quand, en désespoir de cause, vous alliez chercher les les Danois et les Normands pour revenir en aide à vos Saxons; — ô terrible soldat! vous qui faisiez reculer les Francs, si les Francs n'eussent pas obéi à Charlemagne, qui vous eût dit qu'à onze siècles de distance, un princesse de Saxe charmerait ainsi par sa grâce et par sa fécondité toute française, ces mêmes peuples qui ont été les fiers Saxons de Witikind?

LA DESTINÉE DES HÉROS DE MOLIÈRE.
— HARPAGON. — CATHOS ET MADELON. — L'ÉTOURDI.
GROS-RENÉ. — MASCARILLE. — REGNARD.

C'était en 1696, il y avait déjà vingt-trois ans que Molière était mort, et avec Molière la comédie. Tout ce beau monde du xviie siècle, dont il était l'esprit, le bon sens et la gaieté infatigable, se remettait peu à peu des alarmes qu'il avait causées à tous et à chacun, aux petits marquis et aux bourgeois, aux précieuses et aux hypocrites : les uns avaient tout simplement profité des leçons de Molière ; les autres, les plus endurcis, avaient dissimulé plus que jamais leurs ridicules et leurs vices. Ce serait un beau livre à faire, celui-là : l'influence de cette grande comédie sur les mœurs de cette grande époque. Dites-moi, en effet, si vous le savez, quel a été le sort de tous ces héros de la comédie, ces hommes si nettement dessinés, ces femmes si charmantes et si belles? Que sont-ils devenus depuis que Molière est mort? Qu'ont-ils fait de leurs vices, de leurs ridicules, de tous les travers que Molière a poursuivis? La question est compliquée, et pourtant elle n'est pas d'une solution impossible.

Mademoiselle Cathos et mademoiselle Madelon, les *précieuses*, devenues plus sages, ont épousé, à leur premier cheveu blanc, deux procureurs au Châtelet ; Sganarelle, le cocu imaginaire, est devenu veuf ; il pleure sa femme, et il raconte, à qui veut l'entendre, son aventure avec le jeune Lélie ; la gentille Agnès de *l'École des Femmes*, charmante et malicieuse enfant qui n'a pas d'autre maître que l'amour, vient de mettre au monde son troisième fils, et elle ne demande plus *si les enfants se font par l'oreille*. Avez-vous entendu raconter l'histoire de madame Célimène? Elle est plus triste que celle de Ninon de Lenclos.

Voici le fait : quand le grand et généreux Alceste eut abandonné, à ses passions de chaque jour, cette femme dont il était la gloire et la force, Célimène s'imagina qu'elle n'avait jamais été davantage la souveraine maîtresse de ses actions, de ses amours. Délivrée de ce censeur importun, elle s'abandonna plus que jamais, la frivole! à ses coquetteries cruelles. Mais à force de jouer avec le feu, elle se brûla elle-même. Depuis longtemps le petit marquis Clitandre serrait de très-près Célimène. Le marquis Clitandre était un beau de la cour; il avait à cœur toutes les injures qu'il avait reçues ; il voulait se venger ; il savait attendre — il attendit. — On l'aima, il fut insolent — insolent, on ne l'aima que davantage. — Elle fut battue... et battue, elle adora Clitandre. Clitandre adoré, trouva que la dame était insupportable, et il la joua au pharaon avec le marquis Acaste. Ainsi cette belle veuve de tant d'esprit et de tant de grâces, qui recevait dans son antichambre les plus jeunes et les plus élégants courtisans de Versailles, trahie par ses propres faiblesses, passa de mains en mains et d'amours en amours jusqu'au jour où sa maison fut déserte, où la vieille Arsinoé elle-même la fit consigner à sa porte.

On dit qu'enfin Célimène est morte d'ennui de ne plus être belle et surtout de ne plus être aimée. Avant de mourir, elle écrivit pour demander son pardon au pauvre Alceste, qui la pleura. Tel fut le dénouement de cette comédie, où le rire était mêlé aux larmes. Les larmes ont fini par dominer ; c'est l'histoire de toute comédies en ce monde, quand on la pousse un peu trop loin.

Avec de la bonne volonté et quelques heures de méditation, vous pourriez savoir, à ne pas vous tromper, ce qu'ils sont devenus, tous ces héros galants ou naïfs, amoureux ou ricaneurs. M. Harpagon, malgré la verte leçon, est resté un avare. Seulement, en vieillissant il est devenu plus avare. Il a renvoyé, le même jour, son cuisinier et son cocher, *lesquels* est parti les *trois* mains vides, et sans cette admirable casaque où il y avait une tache d'huile. M. Harpagon a vendu ses deux chevaux dont il volait le foin, et avec son carrosse il a complété un emprunt usuraire. Le carrosse de M. Harpagon a remplacé le *lézard empaillé,* le *luth de Bologne* et le *trou-madame.*

Il y a des vices que l'on ne corrige pas : Molière le savait mieux que personne, et voilà pourquoi il flagelle jusqu'au sang certains vicieux. — Ne me demandez pas des nouvelles de Tartufe. — Cet horrible Tartufe s'est sauvé de la Bastille, non pas sans voler le geôlier et sans lui enlever sa fille. En vain a-t-on couru après lui, nul n'a su retrouver ses traces. Le seul homme qui eût pu le reconnaître, Molière, était mort depuis vingt-quatre heures, quand Tartufe s'est échappé, justement assez à temps pour couvrir de fange la mémoire de Molière. Ainsi peu à peu cette comédie joyeuse et riante devient silencieuse et sévère.

Vingt-trois ans ont passé sur ces têtes brunes et bouclées ; ces têtes si jeunes ont perdu une partie de leur flottante parure, et ces cœurs qui battaient si vite se sont ralentis ; hélas! ce grand éclat de rire est un songe à cette heure, à peine un pâle sourire est resté sur ces lèvres pâlies aujourd'hui par les veilles ou par les baisers. Telle est la comédie, et tel est le monde, son image!

Ces vives passions ont changé et se sont déplacées; ces amours s'amortissent et s'en vont où vont toutes choses. Ces ridicules sont remplacés par d'autres ridicules, comme les modes d'hier sont remplacées par les modes du lendemain. La jeune fille est mère, la mère est grand'mère, la coquette est dévote, la dévote est morte en odeur de sainteté. Le compagnon étourdi de Mascarille prête son argent au denier dix, et si la chose était à refaire il ne se donnerait pas tant de soucis et tant de mensonges pour épouser une fille sans dot et sans famille. Cependant, qu'est devenue Lisette, qui riait toujours? Gros-René, qui se jetait si bien aux genoux de Marinette? Marinette est devenue madame Gros-René, elle est battue autant que la femme de Sganarelle.

C'en est fait, de toutes parts, dans l'univers comique, le bâton remplace l'éclat de rire, le mariage efface l'amour, les passions font place aux intérêts. Versailles s'est attristé tout aussi bien que le théâtre. Tout a vieilli là-bas comme ici. Le temps n'est plus, hélas! où Molière et le roi étaient si jeunes, où ils s'entendaient à demi-mot, pour faire à eux deux, vingt chefs-d'œuvre, où celui-ci empruntait les bons mots de celui-là, où ils soupaient tête à tête aux dépens des petits marquis; le temps n'est plus où la comédie riait, folâtrait et montrait son épaule brune et nue sous les charmilles de ces jardins.

Oui, cela est triste de voir mourir les grands poëtes; mais cela doit être bien plus triste de voir, tout d'un coup, leurs œuvres vieillir et se faner comme les fleurs de l'automne. Seulement les œuvres du génie ne sauraient mourir. Elles ont à réclamer un printemps éternel. Laissez-les vieillir! Laissez mourir la génération qui les a vues naître, laissez-les arriver à leur seconde jeunesse et cette jeunesse ne finira plus. Voilà justement ce qui est arrivé à la comédie de Molière. Lui, mort, le XVIIe siècle tout entier fut saisi d'une profonde indifférence pour cette comédie que le siècle de Louis XIV avait tant aimée. Le xviie siècle s'était figuré tout simplement, l'orgueilleux! qu'il vivrait de la vie de Molière et qu'il vivrait aussi longtemps que Molière!

Comme il vieillissait, comme il était devenu grave et prosaïque, comme il renonçait déjà aux folles et heureuses vanités de la jeunesse, cela lui faisait mal de revenir sur la comédie faite pour ses beaux jours. Ainsi ce siècle boudait contre ce même Molière qui l'avait tant amusé. Il s'en prenait à Molière de la tristesse qui s'était emparée de son esprit et de ses sens. Était-ce la faute de Molière? Eh! donc, cela venait tout simplement de ceci : ce beau siècle était entré dans le cercle fatal où 1789 attendait Louis XIV, et sa monarchie et sa royauté.

Moi, cependant, il me semble que je les entends tous, après Molière, les uns et les autres, à Paris, à Versailles, qui s'écrient et qui se récrient : — « On ne fait plus de comédie! la comédie est morte! Molière est mort! » Les siècles, plus que les hommes, ne veulent pas vieillir, ils aiment bien mieux dire : — Voilà mon chef-d'œuvre qui est mort! Hélas! c'est toi-même, mon pauvre ami, qui es mort; et dans mille ans d'ici ce chef-d'œuvre, dont tu chantes le *De profundis*, plus jeune, plus frais, plus galant et plus amoureux, le pied levé, dansera sur ton cercueil.

La comédie était encore en deuil de son poëte quand tout à coup, comme je vous le disais, en 1696, au commencement de l'hiver, circula dans Paris une rumeur joyeuse. « Un poëte comique nous est né! Tout n'est pas perdu, nous aurons encore de la comédie! » A cette nouvelle, qui était vraiment une grande nouvelle, on s'inquiète, on s'informe, on s'agite. De quel côté nous viendra le nouveau poëte? Quel est son nom? Où se tient-il? Est-il donc, lui aussi, comme l'autre, un comédien ambulant, a-t-il fait son tour de France, de tréteaux en tréteaux? Où sont ses fringantes comédiennes? Il se fait bien temps aussi qu'on nous en donne de nouvelles; les nôtres sont bien vieilles et bien usées; elles ont posé la première pierre de l'Hôtel de Bourgogne, et elles y ont laissé leur dernière dent!

Ainsi l'on parle dans la ville. Depuis que Molière est mort, jamais plus grande anxiété n'a préoccupé les esprits. Un siècle qui se meurt est si heureux de se rattacher à une poésie naissante! La vieille Ninon, à quatre-vingts ans, ne fut pas plus fière de l'abbé de Châteauneuf, que l'an de grâce et d'esprit 1696 ne dut être fier de Regnard. — On sut enfin qu'il s'appelait Regnard, qu'il avait à peine quarante ans, qu'il était beau comme Molière ; l'œil vif et animé, la bouche souriante, non pas sérieuse et grave, toute sa personne joyeuse et vive, non pas mélancolique et simple.

Il aimait les riches habits, les belles dentelles, les parfums exquis; il portait des bijoux comme une reine de théâtre; il riait tout haut de lui-même et des autres. Il ne ressemblait pas, celui-là, à ce Molière si malheureux, au *contemplateur* si triste, si simple, si sobre, si amoureux de sa femme, vêtu de noir, et dont les petits enfants avaient peur. — Vive la joie autour du nouveau venu! Vive le vin, la bonne chère, les coups d'épée, les épigrammes, les longs rubans flottants, les billets galants et les vers amoureux, et les maîtresses que le vent emporte comme il emporte leurs baisers! Voilà ce que l'on disait, tout d'abord, du nouveau poëte comique. Où l'avait-on vu? Où vivait-il? Nul ne pouvait le dire précisément; mais à coup sûr il existait.

On l'avait rencontré donnant le bras à de belles dames qu'il avait ramenées de ses voyages. Et pour entrer en jeu, savez-vous ce qu'il avait fait, le hardi poëte? Il avait fait presque autant que de s'attaquer au roi Louis XIV. Oui, lui-même, ce beau damoiseau si bouclé, il avait écrit contre monsieur Nicolas Boileau Despréaux? Quoi! Despréaux?... Il avait attaqué Despréaux? Quoi! *l'Art poétique!* — Oui, *l'Art poétique!* — Quoi! *les Satires?* Oui, *les Satires!* Il avait refait *les Satires!* Il avait attaqué en vers les vers de Boileau, et ses vers étaient fort bons. Des vers fort bons contre Boileau? — C'est comme j'ai l'honneur de vous le dire! Or, depuis que l'abbé Cottin était mort, depuis que Chapelain avait déposé à la Bibliothèque royale le manuscrit inédit des derniers chants, de *la Pucelle* (il y est toujours), nul, dans cette terre de France, n'avait osé s'attaquer à Boileau. Et pourtant en voilà un qui l'attaquait, vivement, et qui écrivait une satire intitulée : *Le Tombeau de Boileau !* Mais où allons-nous, mon compère, et en quel temps vivons-nous ?

Vous pensez si l'émotion fut grande, au plus épais de tout ce peuple parisien affligé si longtemps de la vieillesse du roi catholique! Il avait si bonne envie de s'amuser! — Il avait vu tous ses poëtes, même les plus charmants, renier les divinités poétiques, les Grâces et l'Amour, et se repentir publiquement d'avoir chanté toutes les passions qui sont le printemps de la vie ! Surtout le scandale avait été grand dans la bonne ville, quand elle eut appris que La Fontaine lui-même, oui, La Fontaine, avait remplacé par un cilice, les belles courtisaneries florentines, et qu'il avait arraché, de son front contrit, les roses de Boccace pour y placer les épines de Baruch.

Mais enfin, assez de colères, assez d'épines, assez de cendres, assez de repentir. Allons donc à celui-là qui rit là-bas d'un si franc rire, et qui boit à longs flots ce vin que l'on dédaigne ; allons à celui-là qui se moque de Boileau en écrivant comme lui, et qui fait l'amour à la barbe des Athéniens. Ce qui fut dit fut fait. A l'instant même, ils oublièrent, les ingrats, *le Misantrope*, *les Femmes Savantes*, *Tartufe*, tous ces chefs-d'œuvre sérieux, pour les comédies plaisantes que leur promettait Regnard. Car à la fin on savait non-seulement son nom, mais sa demeure. Il habitait une belle maison à lui, qui donnait sur la montagne de Montmartre et qu'entourait un vaste jardin rempli d'oiseaux et de fleurs. Et notez bien que ce n'était plus là un poëte crotté, besogneux, parasite, ayant toujours besoin d'un écu gros ou petit, chapeau bas devant Messieurs les comédiens et Mesdames les comédiennes. Non pas, mordieu ! Il ne va pas dîner chez les autres ; mais il donne à dîner chez lui. On cite son cuisinier et sa cave, à Cîteaux, chez le Commandeur, et même chez M. le Grand Prieur.

Les comédiens, chez lui, — chez un poëte ! font antichambre, chapeau bas ; et comme il les traite ! Il a fait attendre M. Baron ! Il se moque des comédiennes, quand elles sont vieilles et laides ; il dit comme cela que le premier devoir d'une comédienne c'est d'être jeune et d'être belle ; que le reste vient tout seul, et qu'après tout, deux beaux yeux bien limpides et bien vrais, valent mieux que cette chose capricieuse : le talent d'une femme ! — Oui, toute comédienne est bonne à cette comédie heureuse, à condition que la comédienne ait vingt ans, et tout au plus ! A ces belles dames il recommande avant tout d'être parées, d'user beaucoup de soie et de velours ; au besoin même il leur en donne.

Surtout il défend à ces dames de fréquenter les comédiens, comme elles n'y ont que trop de penchant ; mais au contraire, il leur ordonne d'aller beaucoup dans les belles et galantes assemblées, quand bien même elles y devraient laisser un petit coin de leur voile et de leur manteau.

Je n'en finirais pas, si je voulais suivre jusqu'au bout la rumeur publique, à propos du nouveau poëte. On ne compte plus ses maîtresses, non plus que ses vices; celui-là a été sauvé, en effet, par ses vices, comme Molière l'a été par sa modération. On était fatigué d'entendre Molière être appelé *le juste*, et ce peuple athénien s'est trouvé heureux quand on lui a présenté enfin un poëte comique aimant le jeu, la table, le vin, les femmes [1]; hardi, tapa-

---

[1]. Il a raconté, lui-même, les fêtes de sa vie, et ses vers, dignes de son contemporain, M. de Chaulieu, ne sauraient soutenir, quoique nous en disions, aucune comparaison avec les vers de Despréaux :

> Tout respire chez toi la joie et l'allégresse,
>   Y peut-on manquer de plaisir!
> A-t-on même le temps de former des désirs?
> De tous les environs la brillante jeunesse
> A te faire la cour donne tous ses loisirs.
>   Tu les reçois avec noblesse;
>   Grand'chère, vins délicieux,
>   Belle maison, liberté tout entière,
> Bals, concerts, enfin tout ce qui peut satisfaire
>   Le goût, les oreilles, les yeux!
>   Ici le moindre domestique
>   A du talent pour la musique.
>   Chacun, d'un soin officieux
>   A ce qui peut plaire s'applique.
>   Les hôtes même en entrant au château,
>   Semblent du maître épouser le génie.
>   Toujours société choisie,
> Et, ce qui me paraît surprenant et nouveau
>   Grand monde et bonne compagnie!

Puis, quand son ami Éraste l'a bien complimenté de son bonheur, Regnard ajoute à ce détail et le complète :

>   Pour être heureux, je l'avoûrai,
>   Je me suis fait une façon de vie,
> Tous ceux qui la suivront seront dignes d'envie,
> Et tant qu'il se pourra je la continûrai.
> Selon mes revenus je règle ma dépense
>   Et je ne vivrais pas content
>   Si toujours en argent comptant
> Je n'en avais au moins deux ans d'avance.
>   Les dames, le jeu, ni le vin

geur, vagabond, audacieux, libertin et sceptique; rempli de son sujet, c'est-à-dire de toutes les passions qui font valoir la comédie, et lui donnent vérité, vraisemblance, intérêt.

Ajoutez qu'en ceci, la curiosité publique était singulièrement favorisée par la vie même du héros de son adoption. Regnard avait été en effet tout ce qu'on disait là, encore autre chose : par exemple, esclave en Alger, un jour qu'il avait accompagné une belle dame dont il était épris. O dieux et déesses! Se hasarder dans cette mer où l'écume cache le pirate, uniquement parce qu'une belle aura franchi ce flot perfide... faites-en autant, aujourd'hui que l'Afrique est à nous, et que vous y pouvez aller porté par la vapeur obéissante, dans un salon orné de gravures et en compagnie d'un piano! Faites-en autant que Regnard, même sans piano, et vous passerez pour un héros de l'amour.

Regnard était allé en Alger à l'époque où *les barbaresques* faisaient la chasse aux hommes et aux femmes sur ces côtes. Il avait été pris de compagnie avec cette beauté blonde qu'il accompagnait de si loin. On l'avait vendu un bon prix, à un amateur de Tunis, et, par-dessus le marché du poëte, le marchand avait donné la dame presque pour rien. Si donc notre Regnard fut content pour son propre compte, il dut être fort mortifié dans ses amours ; car enfin c'était lui dire, bien clairement, qu'il avait joué un louis d'or, contre une pièce de quinze sous.

Ce bel esprit était un épicurien ; il savait trouver des charmes aux choses mêmes les moins charmantes. Ainsi il se laissa être esclave tant que la chose l'amusa, et dès que sa chaîne lui parut lourde il se racheta au prix de douze mille livres — encore son maître eut-il un fort chagrin de perdre un pareil cuisinier.

En preuve irrécusable de toutes ces aventures que l'on dirait copiées sur une nouvelle de Cervantes, il avait rapporté, bel et bien, de ce voyage interrompu, une grande belle chaîne en fer toute rouillée, que ses convives pouvaient voir suspendue dans la salle à manger de sa maison. — Même, il prétendait que cette

> Ne m'arrachent point à moi-même ;
> Et cependant je bois, je joue, et j'aime!
> Faire tout ce qu'on veut, vivre exempt de chagrin,
> Ne se rien refuser, voilà tout mon système,
> Et de mes jours ainsi j'attraperai la fin !

chaîne avait servi bien longtemps à l'attacher. Le menteur !

Ainsi préparé par toutes sortes d'aventures étranges, incroyables, par des amours tels qu'on n'en faisait plus depuis *l'Astrée*, et par un jeu de bassette comme on n'en faisait guère que sous la tente du chevalier de Grammont ; ainsi de retour de longs voyages jusqu'au bout du monde que signalait un beau distique latin dont le poëte Santeuil eût été fier; ainsi recommandé par sa bonne mine, ses beaux habits, ses longs dîners, son argenterie et son hôtel, le moyen qu'un poëte, et un poëte comique, ne fût pas le bienvenu dans cette ville avide de nouveautés?

Ainsi fut fait pour Regnard. Sans le savoir, il frayait à la littérature de ce pays, un sentier que ni Boileau, ni Corneille et ni Racine, ni Molière, et La Fontaine lui-même n'auraient osé tracer à leurs survivants... le sentier de la licence poétique, de la vie facile, des amours vulgaires, des joies de la taverne et des amours débraillés. Pour tout dire il ouvrait brillamment cette route des hasards et des licences au bout de laquelle était le précipice où devait tomber Piron, où J.-B. Rousseau devait périr étouffé sous la honte et le mépris ! Mais cependant qui fut bien surpris, dans ce siècle où vivaient tant de gens graves et bien posés, esclaves du devoir, passés maîtres dans le *quod decet*, austères censeurs des écarts même les plus innocents? Certes ce furent ces gens-là qui restèrent bien surpris, quand Regnard, ce nouveau venu, les força à rire de si bon cœur; quand dans ses plus grands instants de verve et de licence, il se mit à parler une langue assez française, pour rappeler la grande époque.

Ceux-là furent surpris par l'auteur des *Folies amoureuses* quand il se montra à eux, non pas comme un bouffon licencieux, mais comme un grand poëte; quand il les força de rire les uns et les autres, aux éclats, de toutes sortes de polissonneries indiquées à peine par Molière, mais dont lui, Regnard, il tirait, sans vergogne, toutes les conséquences, fouillant même la garde-robe, même l'officine de l'apothicaire, dans leurs recoins les plus cachés. Sa gaîté était contagieuse, sa bonne humeur était irrésistible. Sa gaîté partait de l'âme, non des lèvres; sa bonne humeur lui venait tout simplement de ce qu'il était tout à fait et complétement un homme heureux, riche, bien portant, gourmand, amoureux à ses heures, la conscience aussi large que l'estomac, sans autre ambition que celle qu'il pouvait satisfaire, laissant venir à lui la gloire sans faire un pas au-devant d'elle, et la traitant comme il traitait sa maîtresse, en bonne personne au-dessus du souci, au delà du : *qu'en dira-t-on?* Beauté facile et complaisante, et qui ne regarde pas, quand elle rit, si son tour de gorge est dérangé quelque peu.

Facile gloire, facile vie, heureuse popularité, succession de Molière dignement recueillie, poëte né en effet pour prendre sa part de la bonne humeur qu'il semait autour de lui. Ainsi fait le chien qui porte à son cou le dîner de son maître, et pour ma part je trouve que ce chien peu fidèle a raison.

Aussi bien quand le peuple de France, ce peuple oisif, amoureux et goguenard, sur lequel a déteint Rabelais, et qui sait à fond la langue de Mathurin Regnier, devina qu'il ne s'était pas trompé, et qu'il avait frappé au bon coin pour avoir de la bonne comédie, le peuple fut heureux et bien fier. Il battit des mains à celui-là plus encore qu'il n'avait fait à Molière. Molière... en l'aimant avec passion, tenait son peuple à distance. Il le grondait souvent; il le gourmandait avec véhémence; il ne lui passait rien, ni vanités, ni caprices, ni ridicules. Il se servait à outrance de cette férule que lui avait donnée son génie, et plus d'une fois il fit pousser des cris de douleur à cet enfant incorrigible, mal élevé, rempli de préjugés et de malice. Molière à ces causes fut plus respecté qu'il ne fut aimé. Le peuple de Paris le trouvait un maître quelque peu dur. En vain son précepteur lui accordait-il parfois quelque jour de relâche : *les Fourberies de Scapin, le Cocu imaginaire, le Mariage forcé, le Malade imaginaire, Amphitryon,* ces heureux instants de congé ne duraient guères, et bientôt, quand il pensait que ces écoliers mutins s'étaient assez amusés, le maître les ramenait au devoir. En ce moment le bouffon disparaissait, et l'on ne voyait plus que le philosophe.

« Le roi Messieurs! » disait Louis XV à ses amis, quand les licences des petits appartements allaient trop loin ; aussitôt tout rentrait dans le respect.

Ainsi vécut Molière ; son peuple obéit, comme autant d'écoliers qui ont peur, une fois le maître absent... adieu l'école ! On ne voulut plus que des jours de congé. *Le Misantrope* fut délaissé pour *les Précieuses ridicules*, *les Femmes savantes* pour les

Fourberies de Scapin, et ce fut bien pis, ma foi ! quand ces écoliers sans discipline trouvèrent, pour les amuser et pour les faire rire aux éclats, ce bon vivant nommé Regnard.

Cette fois plus de férules, plus de pensums, plus de bonnets d'âne, plus de bon sens, mais toutes les joies accumulées de la semaine des trois jeudis, de cette semaine tant rêvée par les écoliers de tous les âges. Cette fois la comédie ne s'occupa plus à enseigner, à corriger, à relever des ridicules; sous ce rapport, Molière a tout fait. Mais la comédie, la comédie de Regnard, va faire ce que Molière n'eût jamais voulu faire ; elle va rire de tout, et toujours et à tout propos, des oncles et des neveux, des pères et des fils, des valets et des soubrettes. Elle va enseigner comment on séduit les filles sans les épouser, comment on vole les oncles sans redouter les galères, comment on s'y prend pour escompter de faux billets, piper les dés, bizeauter les cartes, faire des dupes, trahir, mentir, dérober et voler en plein pillage ; et tout cela, en riant, de la plus simple façon du monde, tout naturellement et comme si vous disiez — *bonjour !* Point de scrupules, point d'hésitations. En effet, dans ce monde voué à toutes les filouteries, qu'y a-t-il? Il y a Jean qui pleure et Jean qui rit. Jean qui a des scrupules et Jean qui n'a pas de scrupules..... Il n'y a de véritable Jean que le premier, l'autre est un niais qui vous attriste et vous fatigue, il faut le renvoyer au sermon.

Tel est le raisonnement de Regnard, et jusqu'à la fin l'heureux poëte a été fidèle à sa mission. Il a ri d'un rire intrépide, il s'est abandonné sans réserve, à sa joie et le plus souvent cette joie est une gaîté convulsive. Suivez-le, si vous voulez, dans toutes ses inventions, si plaisantes qu'elles tiennent du délire, et vous reconnaîtrez, à chaque scène, le plus facile, mais aussi le moins scrupuleux des poëtes comiques. Il a effacé de son théâtre la triviale maxime : — *castigat ridendo mores ;* de cette mauvaise épigraphe il n'a laissé que le mot du milieu : — *en riant ;* tout le reste est comme non avenu pour ce *coupe-toujours* en pleine gaîté, et il a agi en conséquence.

Par exemple savez-vous rien de plus amusant que *le Joueur,* ces deux passions, le jeu et l'amour, qui sont aux prises, celle-ci renversant celle-là, le gain plaidant contre Angélique, Angélique moins belle à mesure que son amant a gagné, et ce portrait mis en gage entre les mains de madame La Ressource, et cette honnête commère amenant un dénoûment sensé, juste, gai, excellent; voilà de la comédie! — Mais, direz-vous, ce joueur de Regnard est si aimable et si gai, qu'il ne fait peur à personne.

Pourquoi peur? Voudriez-vous qu'on vous le montrât en guenilles, tout couvert de vermine et de fièvre, et assassinant monsieur son fils qui dort sur un grabat voisin? Vos leçons en haillons me font horreur, votre paille et votre pain noir me répugnent. Si vous allez dans les tavernes, allez-y seul; je ne veux pas de vos cartes grasses, pipées et tachées de vin. — Mais la leçon? direz-vous. La leçon! Que vous êtes simple! Apprenez, mon cher, que le joueur n'est un joueur que parce qu'il est incorrigible. Il joue à toute heure et toujours, et voilà sa vie! Il ne va pas plus à la Porte-Saint-Martin pour voir *le Joueur* de M. Victor Ducange, qu'il ne va au Théâtre-Français pour voir *le Joueur* de Regnard.

La leçon! la leçon, disent les rhétoriques niaises, la leçon de la comédie! Ils nous la donnent belle avec leurs leçons en comédies! Singulières gens qui ne conviendront pas que le théâtre ne corrige rien, si non la façon dont les femmes mettent leurs robes et portent leurs chapeaux; encore faut-il être une bien grande comédienne pour en remontrer, en ceci, à nos grandes coquettes de Paris.

Et du *Légataire universel*, que vous semble? Otez-en l'esprit et la gaîté, vous aurez le plus sombre mélodrame de la Porte-Saint-Martin, au lieu et place de la plus amusante comédie du Théâtre-Français. De quoi s'agit-il en effet? D'un valet digne (au moins)! des galères, d'une soubrette plus qu'égrillarde, d'un neveu fripon, d'un oncle malade, d'un faux testament, d'un vieillard qui meurt et qui ressuscite, d'une malheureuse maison bourgeoise au pillage, à ce point que le valet, non-seulement dérobe l'argent du défunt, mais encore son dernier bonnet de nuit et sa dernière robe de chambre, encore toute chargée des miasmes de sa dernière médecine!

Dans cette comédie abominable, si vous en ôtez l'esprit, la verve et la gaîté, tout ce qui n'appartient pas au gibet appartient à l'apothicaire. Jamais sujet plus triste et cependant jamais sujet plus rempli de gros rire n'avait été inventé; jamais, que je sache, on n'avait fait d'un cercueil un tréteau plus plaisant. *Capuli decus!*

« ornement de cercueil, » ainsi dit Plaute ! Cette fois il ne s'agit pas d'un malade imaginaire comme celui de Molière, mais d'un bel et bon malade qui va mourir pour tout de bon, et qui déjà crache ses poumons, en avancement d'hoirie !

Il ne s'agit pas d'une soubrette éveillée et rieuse, protégeant l'amour des jeunes gens comme c'est son droit, son devoir, son instinct ; il s'agit d'une fine-mouche avide et piquante, qui ne pense qu'à s'enrichir aux dépens de la pauvre vieille imbécile de créature dont elle exploite le dernier souffle. A tous ces personnages qu'il emprunte à Molière, en les poussant aux dernières limites de la garde-robe et du petit Châtelet, Regnard ôte leur innocence, leur vertu, leur probité, leurs scrupules ; il n'en veut qu'à leur bonne humeur. Il les lui faut alertes, non pas timorés ; il faut qu'ils osent tout dire et tout faire et tout penser. Regnard suit Molière, dit-on ; oui, comme, à la même heure, l'abbé Dubois suivait M. le Régent au bal masqué, en lui donnant des coups de pied au cul ; comme Voltaire suivait le grand prêtre dans OEdipe, en portant la queue du grand prêtre, et en tirant la langue au public. Aussi, peu s'en est fallu que Regnard, à force de rire et de dépasser toutes les bornes de la gaîté permise et défendue ne devînt un bouffon, ce qui est la plus misérable condition que je sache en ce monde. Mais, Dieu merci ! Dieu n'a pas voulu que cet homme ne fût qu'un vil bouffon, avec tant de verve, d'éclat, d'imagination et d'esprit.

Faites-vous donc violence, vous tous qui avez été habitués à la retenue de Molière, qui avez toujours rencontré, dans la vieille comédie, les plus honnêtes sentiments cachés sous le rire ; faites-vous violence, vous qui avez crié si haut quand Molière vous a montré, dans *le Bourgeois gentilhomme*, le comte Dorante, chevalier d'industrie, et la marquise Dorimène, entretenue par le marquis, vous en verrez bien d'autres, je vous jure, avec l'ami Regnard ! Rappelez-vous cependant que de violentes clameurs ces deux personnages Dorante et Dorimène, qui se montraient à peine au milieu de toutes ces vertus bourgeoises, ont fait pousser au public de Paris et de Versailles ! Les hurleurs prétendaient en ce temps-là que Molière manquait de respect pour son parterre. Nous supplions messieurs du parterre de se calmer un peu : ils en verront bien d'autres dans les comédies de Regnard.

Ils verront des joueurs, des escrocs, des filous, des chevaliers Dorante, des marquises Dorimène, et avec un moins de sans-gêne encore ; c'est le monde que Regnard préfère et qu'il adopte, c'est le monde dans lequel il a vécu ; il n'en connaît pas d'autre. Il a pris sa part de toutes ces folies plus que galantes. Il n'est pas homme, lui, à tenir, comme faisait Molière, une petite maison d'Auteuil, pour ne boire que de l'eau pendant que Chapelle vide sa cave, et pour s'aller coucher, à dix heures, pendant que sa femme, mademoiselle Molière se promène avec Baron sous les charmilles de son jardin. Quant aux petites filles des comédies de Regnard, quant à ces innocentes, à ces ingénues, la plus innocente de ces ingénues, c'est mademoiselle Agathe des *Folies amoureuses*. Jugez des autres, par cet échantillon !

Que si vous me demandez comment cela se fait qu'à vingt ans de distance l'un de l'autre, ces deux hommes, Molière et Regnard, soient si peu semblables celui-ci à celui-là, et pourquoi donc le public du *Misantrope* et des *Femmes savantes* accepte, avec tant de bonne grâce et de si grands éclats de rire, le *Légataire universel* et les *Folies amoureuses?* je vous répondrai que rien n'est plus simple que cette révolution. Elle s'opère, tous les vingt ans, dans le goût d'un peuple, la génération qui arrive ne voulant rien accepter de la génération passée, pas même son éclat de rire, à plus forte raison ses préjugés et ses amours. En fait d'amours et de préjugés, on tient à honneur d'arriver le premier, et de détacher la jarretière de la mariée. Il est donc arrivé que le jeune public de Regard s'est bien plus amusé au *Retour imprévu,* par exemple, et aux *Ménechmes*, que les anciens ne s'amusaient à *M. de Pourceaugnac* et à l'*Amphitryon*. Le poëte nouveau, Regnard, faisait bien mieux que représenter les mœurs de son époque, il y avait, en son œuvre de démon, un certain pressentiment qui lui faisait deviner les mœurs d'une époque à venir, et cette époque était proche.

En effet, les comtes, les chevaliers, les marquises, et même les valets et les soubrettes de Regnard ne sont déjà plus des êtres du règne de Louis XIV, ils appartiennent à un prince qui va régner tout à l'heure. La Régence n'a commencé pour personne en France, qu'elle a déjà commencé pour Regnard. Sa comédie a tout l'intérêt d'une chose devinée. On était si las enfin de la grandeur et de la sévérité du vieux roi! L'atmosphère était si fort chargée des miasmes catholiques! Ce brillant Versailles était devenu si lourd, si triste, si pédant, si cagot! (On ne parlait plus à Paris, ni de la guerre, ni de l'amour, ni des fêtes, ni des carrousels d'autrefois) que la comédie de Regnard fut acceptée et devait l'être en effet, comme le gage d'un avenir meilleur. Il me semble d'ici que je les entends, ces spectateurs de vingt ans, qui battent des mains à toutes les scènes et qui se disent : — *Pardieu, quand madame de Maintenon sera morte, et quand le roi aura vécu, voilà pourtant comme nous serons à notre tour!*

D'où il suit que le véritable poëte comique de la Régence et de Louis XV, ce n'est pas Marivaux, comme on le dit, c'est Regnard. Placez Marivaux entre Molière et Regnard, comme une transition élégante, facile et retenue, des mœurs bourgeoises aux mœurs relâchées de la cour, et vous remettrez ces deux hommes à la place qui leur convient. Mais ce que commande la logique littéraire, l'inflexible chronologie le défend. Or, ce n'est pas là un des moindres mystères du théâtre, cette histoire et cette représentation des mœurs, comme on l'appelle. Étudiez-le avec soin; le théâtre est toujours un peu en avant de l'époque qu'il amuse, et voilà justement pourquoi c'est un grand art.

Vous savez d'ailleurs que Regnard est mort d'une façon convenable à sa vie. Il était grand chasseur, grand mangeur, grand buveur et le reste. Il était le bailli de son village. Il est mort tout bonnement d'une indigestion, à la suite d'une partie de chasse. Molière est mort comme il avait vécu, en combattant. Molière a été pleuré par ses amis, Regnard a été pleuré par ses maîtresses. Ils manquent à la liste de l'Académie française l'un et l'autre. Ils étaient nés, l'un et l'autre, sous le Pilier des Halles! Quelle heureuse place ce Pilier des Halles! quel endroit privilégié et fertile! Que de philosophie et de poésie à cette place!

Étranger, qui demandez à voir le plus noble endroit de cette grande ville, laissez là même le Louvre, et laissez la Notre-Dame de Paris vermoulue et que M. Victor Hugo a relevée à force d'éloquence et de génie!... Allez saluer avec respect ce Pilier des Halles sous lesquels sont nés Molière et Regnard; lui-même, il est né, tout proche de ce Pilier des Halles, Béranger le poëte, et non loin de Béranger, à l'enseigne du *Chat noir* — le véritable chat qui pelote en attendant la partie, est né aussi le plus grand poëte comique de notre âge, l'auteur de *La Camaraderie* et des *Premières amours!* — Voyez donc que d'esprit, de génie, et de gaîté contenues en cet étroit espace, moins vaste et moins grand que le jardin de Regnard !

LE LÉGATAIRE UNIVERSEL. — LA MARCHANDE A LA TOILETTE.

J'en veux à Regnard, puisqu'il avait deviné *Madame la Ressource* de n'avoir pas fait, d'un bout à l'autre, une comédie intitulée : la *Marchande à la Toilette*, — une comédie en chair et en os, et comme Regnard l'eût faite, cette comédie, à peine indiquée en passant !

Autour de ce personnage qu'on appelle une marchande à la toilette, il y a de tout, du rire et des larmes, de la misère et de l'opulence, du vice et de la vertu. Elle achète et elle vend ; c'est là son métier. Elle achète les vieilles dépouilles et les jeunes défroques ; son commerce s'étend du haillon et du lambeau, au châle de cachemire et au voile de dentelle. Elle habille et elle déshabille à son gré les vieilles femmes et les jeunes femmes, laissant celles-ci toutes nues et les autres pis que nues. — Elle trafique du bas de soie, du gant brodé, de la robe souillée, du chapeau fané, du ruban rose, de l'affreux tartan, du diamant faux, du jupon et même du vêtement le plus nécessaire. C'est un gros être laid, éloquent et difforme, qui entre partout, quoi qu'on fasse, dans la riche maison et dans la mansarde ; elle tente les femmes riches par le changement, les filles pauvres par la vanité. Elle a des paroles emphatiques pour celle-ci, des paroles dédaigneuses pour celle-là.

Grâce à cette femme et à sa hotte infernale, le brin de gaze ou de soie, colporté dans tous les coins de la ville, va passer, tour à tour, des plus fangeuses aux plus honnêtes créatures. Pareille femme vous représente à la fois madame La Ressource du *Joueur* et madame Frosine de *l'Avare*. Elle a la main dans toutes les sales intrigues de la ville ; quand on ne l'y met pas, elle s'y met d'elle même, et, une fois là, il n'y a pas de force qui l'en puisse arracher. — De cette femme, voici la famille : son fils aîné est un usurier, son mari est un chiffonnier ; elle tient de l'un et de l'autre. Joli mélange !

Toute femme, belle ou laide, qui porte un chapeau, un châle, un ruban, une robe, un voile (où vas-tu te nicher, ô modestie?) est nécessairement la proie et la dupe de cette créature, qui est la tentatrice universelle. Cette Pandore en jupon sale a pour elle deux irrésistibles moyens de séduction ; elle flatte les femmes, et elle leur fait crédit. Elle s'appuie sur le bon marché, cette chose si coûteuse ; elle a toutes sortes de merveilleux hasards.

Achetez, c'est pour rien ! c'est une femme qui s'est ruinée hier. — C'est du *pain sur la planche*, et d'ailleurs vous paierez tant par mois, et, quand vous n'en voudrez plus, on vous le reprendra à 50 pour 100 de bénéfice ! Si le mari arrive, la marchande à la toilette lui fait valoir l'hésitation de madame : madame ne veut pas, madame n'ose pas, madame est trop modeste ! Et le mari fait bien d'être du même avis que madame La Ressource, sinon madame La Ressource fournirait, au besoin, et tout ensemble à la dame, la marchandise, et l'acheteur, qui ne serait pas le mari. Malheureusement, quand il empruntait, sans trop de façon, à son ami Dufrény, son *chevalier joueur*, Regnard avait trop de hâte d'arriver le premier, afin d'éviter l'accusation de plagiat (qu'il n'a pas évitée) pour s'amuser à dessiner avec soin le personnage de madame La Ressource.

Ce bel esprit trop heureux n'a pas le temps de tirer d'un personnage le parti qu'il en pourrait tirer ; il veut vivre, il veut obéir à la fantaisie, à la poésie, à la fortune, au rire intérieur ; prends garde, il arrive le tourbillon ! Il arrive, l'insolent, le débraillé, le barbouillé de tabac d'Espagne, l'amant d'Angélique et le protégé de madame La Ressource — le *Joueur* de Regnard, pour tout dire, et le voilà chancelant sous toutes les ivresses des passions de la jeunesse, qui nous rit au nez que c'en est une bénédiction !

Oh ! ce beau Regnard ! la santé, la vie et l'éclat de rire, la chance, la fortune, le bonheur ! Toutes les chances heureuses de la poésie, de la bonne humeur, d'un bon estomac, de l'esprit, circulent dans ses réjouissantes comédies ! Il rit de tout et de si bon cœur ! Certes, son rire n'a rien de cette mélancolie, de cette philosophie, de cette sagesse austère du rire de Molière ; mais, en fin de compte, quel bon vivant, quel bel et bon enfant, quel luron doucement aviné! Regnard a été, de son temps, une nouveauté incroyable; il a été à la fois un écrivain et un homme riche. — Poëte, il avait un jardin à lui; dans ce jardin il avait un hôtel, et dans cet hôtel il donnait à dîner; si bien qu'il avait des flatteurs, et qu'on lui dédiait des comédies, à lui qui n'en dédiait à personne!

Rien qu'à écouter son dialogue, on devine l'homme qui n'a besoin de personne et tout au plus du censeur royal. Il est hardi, il est infatigable, il est l'enfant gâté de la foule; s'il ne réussit pas aujourd'hui, tant pis pour le public et tant pis pour messieurs de la Comédie; ce n'est pas la chute de ce soir, qui l'empêchera de dîner demain. Cette libre allure était alors une chose toute nouvelle en poésie. En voilà donc enfin un, entre mille, parmi tous ces poëtes affamés, qui n'a pas de pension de la cour, qui n'appartient à aucun prince du sang, qui ne sait pas le nom du ministre, qui méprise la favorite et ses faveurs; en voilà un qui ne fait pas d'emprunt à messieurs les Comédiens, qui vit de sa propre vie, et sur son propre bien, à son propre soleil! C'était beaucoup dire, et c'était beaucoup prouver, et surtout c'était là une raison infinie d'être un homme de bonne humeur : deux millions à soi tout seul, et tout cet esprit naturel qui de temps à autre vous permettait d'emprunter l'esprit d'autrui!

Eh bien! telle est la toute-puissance de la bonne humeur, que la gaîté de Regnard l'a sauvé, tout autant pour le moins, que s'il eût été un grand philosophe. Ne cherchez pas dans sa comédie une leçon, une réforme, ou même un vice relevé avec ce soin tout paternel de Molière; le vicieux de Regnard rit de son vice; le ridicule de Regnard ne demande qu'à amuser ceux qui l'approchent; le fripon lui-même (car la comédie de Regnard est remplie de fripons) se met à vous regarder d'un air si narquois et si bienveillant, que vous êtes tenté de lui tendre la main et de vous laisser dérober votre manteau, en plein mois de janvier.

Oh! la gaîté, elle a la vie dure! rien ne la tue et rien ne l'afflige! On peut bien l'obscurcir quelquefois, on y revient toujours. Elle a été la grande passion... la grande vertu de nos pères; la gaîté, fille du courage, de la bonne conscience et de l'honneur, et si, trop souvent elle nous a manqué, à nous autres qui avons si souvent entendu à nos oreilles épouvantées le craquement de cette société aux abois, au moins sera-t-elle (il faut l'espérer) la grande consolation de nos enfants. La gaîté, dans le poëme, c'est l'air, l'espace, le soleil, et la vie !

Même les plus rares productions de l'esprit humain, sont fondées, sur quoi, je vous prie? sur la belle humeur. Dans *l'Iliade*, Homère a placé Thersite, et vous savez de quel rire éclatant il fait rire les immortels ! Dans le *Jugement dernier* de Michel-Ange, page terrible, le grand peintre a placé toutes sortes de charges admirables qui te tirent la langue, qui te montrent le derrière, qui te font toutes sortes de grimaces à te faire rire, même de ta damnation éternelle. Savez-vous quelque chose de plus merveilleux que le *Don Quichotte*, cet éclat de rire sans fin? Le rire a les dents blanches, les lèvres vermeilles, l'oreille un peu rouge, le regard vif et clair. — Quand il arrive, aussitôt tout s'anime et tout s'agrandit; tout danse et tout chante autour de votre tête et de votre cœur, doucement réjouis.

Le rire circule dans l'esprit comme le sang circule dans les veines, comme l'eau coule dans la prairie; ainsi la clarté pénètre dans l'étoile ! Du rire, tout est bon, même l'éclaboussure. Il tient à toutes les choses et à toutes les œuvres de la vie. Il est le père du génie français. Aussi, quand une fois il a pris son domicile quelque part, il y reste gaîment, jusqu'à la fin des siècles.

C'est par la gaîté, rien que par la gaîté, que vivra la comédie de Regnard. On a refait, de nos jours, bien des chefs-d'œuvre dont plusieurs ont passé par nos Fourches Caudines, on n'a pas pu refaire *le Joueur* de Regnard. Vous vous rappelez peut-être une sombre tragédie, venue des pays du Nord : *Trente ans ou la Vie d'un Joueur*... C'était le héros de Regnard, pris au sérieux. Cette fois on vous montrait, du Joueur, les haillons, les misères, les hontes, les crimes, les lâchetés. On le traînait de vice en vice, de crime en crime, à l'échafaud.

A quoi devait aboutir toute cette terreur? — A nous montrer plus charmant que jamais, l'aimable amant d'Angélique ! Grâce à la gaîté de Regnard, *le Joueur* de Frédéric Lemaître et de cette touchante Dorval s'est enfui devant *le Joueur* de Regnard. La gaîté, une bonne grosse gaîté bien franche, l'a emporté sans coup férir, sur toutes les atrocités bien combinées du drame de la Porte-Saint-Martin.

Ce poëte-là, convenez-en, vaut bien la peine qu'on s'y arrête, et qu'on l'étudie avec le zèle, avec le soin que méritent ces êtres à part dans l'esprit, dans la bonne humeur, dans les délassements d'une nation.

BOISSY. — L'HOMME DU JOUR. — L'AMI DE LA MAISON. — LE MARI A BONNES FORTUNES.

Si nous avions besoin d'un cruel contraste à cette vie éclatante, à ce bonheur innocent, hélas ! nous n'aurions que le triste embarras de faire un choix dans le monceau des misères poétiques.

Un jour d'hiver, en 1754, sous les toits d'une maison de la rue Saint-Jacques, par un temps gris et pluvieux, une femme assez jeune encore, mais pâle et déjà ridée, attendait un homme qui devait venir. Autour de cette femme, quelle misère! Décente misère cependant; ces haillons étaient nets et bien lavés, ce plancher froid était balayé avec soin ; sur cette table en sapin reposaient de vieux bons livres, les derniers amis du pauvre; ceux-là qui vous tendent la main quand vous êtes seul, qui murmurent à votre oreille mille consolations décevantes; mais, hélas! encore faut-il pour que ces consolations soient entendues, pour que vous soyez à l'aise avec ces amis immortels, qu'il y ait un peu de feu dans l'âtre, un morceau de pain dans la huche! Or, dans cette maison si pauvre, il n'y avait ni pain, ni feu. Il y avait cette pauvre femme, immobile et résignée, qui avait même cessé de regarder de temps à autre la porte fêlée par laquelle son mari devait entrer. Dans cette misère si tranquille, on n'entendait pas un seul bruit, rien qui ressemblât à la vie, à l'espoir.

A la fin, et après de longues heures d'attente, cette porte s'ouvrit lentement. Un homme entra. Il était d'assez belle stature, maigre et bien fait; il portait la tête haute, et jamais, à le voir, on n'eût pensé que toute cette pauvreté intérieure était le partage de cet homme au bel aspect. En effet, cet habit bien étoffé, cette canne à pomme d'or, la dentelle de ce jabot, ces bas de soie à la jambe, et ces boucles de similor au soulier, cette chaîne d'une montre absente, tout indiquait chez le nouveau venu l'élégance et la fortune. — Signes trompeurs! derniers efforts d'un malheureux qui se respecte!

Or vous devez savoir d'autant plus de gré à cet indigent bel esprit de cette attentive surveillance sur sa personne, que déjà dans ce xviiie siècle, dont l'effronterie égale le génie, le cynisme des esprits a passé dans les habitudes de la vie littéraire.

A force de montrer leur âme à nu, les écrivains de ce temps-là ont fini par habiller leur corps presque aussi peu que leur âme. Diogène est invoqué par ces grands Messieurs comme un modèle excellent que l'on peut suivre en toutes choses. Le haillon devient à la mode. On dit tout, et par suite on ose tout. Laissez-les faire, les uns et les autres, ils vous feront une confession générale de leur vie, sans oublier une seule de ces hontes secrètes que d'ordinaire la conscience se dissimule à elle-même. Et comme ce triste attirail de la mendicité entraîne nécessairement la mendicité, sa conséquence immédiate, vous les verrez tous les uns et les autres, ces fiers esprits, tendre la main aux grands seigneurs qu'ils insultent, aux financiers qu'ils méprisent, aux femmes beaux-esprits dont ils sont les flatteurs, pour en obtenir tantôt un dîner, tantôt quelques pièces d'or, tantôt un morceau de velours afin de remplacer leur haut-de-chausses, tantôt un jupon de flanelle que la dame aura porté, et dans lequel auront déteint ses bas bleus. Triste misère, celle-là, misère sans courage, et sans dignité, la misère du mendiant à l'escopette qui attend messire Gil Blas sur la route de Peñaflor.

Mais l'honnête homme dont nous parlons en ce moment, n'est pas de ceux-là qui mendient pour vivre, et qui portent des guenilles pour faire pitié. Il a été bien malheureux, bien battu de l'orage, bien pauvre; il n'appartient à aucune coterie littéraire ou philosophique; nul ne le prône, car personne ne le craint; à peine s'il peut aller une fois ou deux, chaque année, causer du théâtre au café Procope; il ne va au café Procope que lorsqu'il peut payer son écot. Celui-là, par la dignité de sa vie, par la supériorité de son orgueil, il appartient à l'ancienne république des lettres, dont les membres n'acceptaient que les bienfaits du roi. Ainsi il avait lutté longtemps, mais cette fois ses ressources étaient épuisées; il n'a plus aujourd'hui ni feu ni pain; dans huit jours il n'aura plus d'asile.

C'en est donc fait, il faut mourir! Au premier pas que le pauvre diable a fait dans sa chambre, sa femme a tout deviné. Elle se lève, elle va au devant de son mari, le débarrassant de son chapeau et de sa canne à pomme d'or, qu'elle remet à leur place accoutumée. Lui, cependant, machinalement, il s'assied au coin de la cheminée froide et sombre, sa femme lui donne sa robe de chambre; et, quand elle a tout remis en ordre, elle revient s'asseoir sur le tabouret accoutumé; elle place sa tête sur les genoux de cet homme qu'elle aime et qui lui inspire une si grande pitié, pour le regarder de plus près et pour le réchauffer.

A cette heure, ils se sont compris, ils savent ce qu'ils ont à faire : il faut attendre. Dans deux jours, dans trois jours, demain, peut-être, quel bonheur! ils seront morts de faim et de froid. Rien ne peut les tirer de cette misère : il faut mourir!

Eh bien! cet homme qui mourait en ce taudis, à côté de sa femme, et sans se plaindre, celui-ci, non plus que celle-là, c'était M. de Boissy lui-même, c'était l'auteur des *Dehors trompeurs*, une comédie où se retrouvent à chaque vers, (heureux mensonge!) le luxe exquis et sans frein, les festins sans fin, le jeu, l'amour, l'intrigue, les beaux arts, les merveilles, les élégances les plus coûteuses du siècle passé. Cet homme, qui s'abandonne à la faim comme à son dernier espoir, il a transporté, un des premiers, sur la scène, cette époque de délire que Voltaire a chantée en cent endroits de ses poésies légères, qui sont comme la mousse pétillante de son esprit :

> Moi je rends grâce à la nature sage
> Qui, pour mon bien, m'a fait naître en cet âge...
> J'aime le luxe et même la mollesse,
> Tous les plaisirs, les arts de toute espèce,
> La propreté, le goût, les ornements....
> Tout sert au luxe, aux plaisirs de ce monde...
> Oh! le bon temps que ce siècle de fer!

Le bon temps en effet, où le *neveu de Rameau* tendait la joue à tous les soufflets, au nom de la musique éhontée; où M. de Boissy ce poëte charmant, s'enfermait avec sa femme pour mourir de misère! Oh! le bon temps où ils étaient presque tous si pauvres, que c'est pitié de les entendre raconter leurs misères! Et vous vous étonnez qu'ils aient tout renversé, tout brisé, tout bouleversé sur leur passage, ces mendiants de génie, et vous leur en voulez d'avoir été des ravageurs, ces déshérités du monde féodal ? Mais revenons à la comédie de M. de Boissy qui ne mourut pas ce jour-là, qui fut secouru à temps par une voisine charitable, et qui devint, trois ans plus tard, membre de l'Académie française à la place de Néricault-Destouches, un homme qui avait la verve comique, le style incisif, l'énergie et le talent.

Cette comédie de Boissy, *l'Homme du jour*, écrite avec peu de soin, ou, si vous l'aimez mieux, peu de style, mérite cependant de rester au théâtre comme un tableau assez fidèle de cette belle société qui n'est plus. *L'Homme du jour* est tout à fait le héros de ce beau monde des heureux et des oisifs que nous ne connaissons plus guère aujourd'hui. Du temps de Boissy, être un homme du monde, était une affaire, c'est presque un ridicule aujourd'hui.

Dites à un homme, notre contemporain, qu'il est à la mode, aussitôt, pour peu qu'il ait de l'esprit, votre homme se fâchera net et ferme. — Proposez, même au dandy le plus effréné de faire, seulement pendant vingt-quatre heures, le métier que fait *l'homme du jour* toute l'année, notre dandy vous répondra qu'il a bien d'autres soucis : le bois de Boulogne le matin, l'Opéra le soir, et le club à minuit. L'homme du jour d'autrefois vit pour les autres, il vit pour les femmes qui l'entraînent partout où elles veulent aller, au bal, à la comédie, au concert, au jeu même ; l'homme du jour d'aujourd'hui vit pour lui seul, — il va seul au bal, et il danse vis-à-vis de lui-même ; dans le salon ; il cause avec lui-même ; à table, monsieur dîne tête à tête avec sa propre personne ; pour être heureux, poli, gracieux, bien élevé, charmant, fidèle enfin, cet homme n'a besoin que d'un miroir.

Voilà pourquoi ce caractère de l'égoïste de la bonne compagnie, grâce aux progrès que nous avons faits dans la vie élégante, nous paraît aujourd'hui très-supportable. — Cet homme, dites-vous, est maussade dans son intérieur, mais cependant vous avouez qu'il est charmant dans le monde ! Vous vous plaignez de ses brutalités au dedans, mais cependant vous célébrez son urbanité au dehors ! Avec les siens, il est incivil et brusque ; oui, mais il est d'une extrême politesse avec les étrangers ! Mais certes il n'y a pas là de quoi se plaindre, et vous avez bien tort de n'être pas contents, bonnes gens du siècle présent.

Que diriez-vous, cependant, si au lieu de votre homme du jour, vous aviez le nôtre, brutal au dedans et brutal au dehors, incivil partout, mal élevé toujours ? Vous vous plaignez que le vôtre sent le musc, à la bonne heure ; mais le nôtre, notre homme à la mode, sent le fumier et le tabac.

Ainsi cette comédie de Boissy a subi le sort de toute comédie qui n'est pas la comédie de caractère. Autant celle-ci est vivace, autant la comédie de genre est fugitive. L'une résiste aux siècles, l'autre est emportée comme elle est venue, par la mode. Tartufe, Alceste, Célimène s'en vont rajeunissant chaque jour ; chaque jour ajoute une ride à la riante comédie de Marivaux. Lovelace est immortel, *l'homme du jour* de Boissy est presque mort. Le premier est un terrible gaillard, armé des plus franches passions, des vices les plus décidés ; le second est à peine l'ombre pâle et inanimée de ce puissant modèle. Le jour le plus léger enlève le pastel, l'huile résiste au grand soleil. Cependant il est bon, de temps à autre, de jeter les yeux sur ces légers chefs-d'œuvre de la petite comédie avant que le temps et les révolutions ne les aient précipitées dans le même néant... vieilles gravures des modes d'autrefois.

Les vieilles comédies ne disparaissent pas entièrement ! Le temps les brise, un bel esprit ramasse ces débris et de ces vieilleries, il fait une nouveauté. C'est ainsi qu'un homme de beaucoup d'esprit, notre contemporain, M. de Vaulabelle, avec quelques vers d'une comédie oubliée de M. de Boissy, a composé une agréable petite comédie, oubliée à son tour : *l'Ami de la maison*. Vous vous rappelez, dans *les Dehors trompeurs*, de Boissy, ce M. de Forlis, un ami de dix ans, avec qui chacun se met à l'aise, surtout le maître de la maison :

> S'il s'écarte avec eux du cérémonial,
> L'usage le permet, l'amitié l'en dispense.

Quand Forlis arrive chez son ami, son ami s'écrie qu'il a *mal choisi l'heure* :

> C'est mon ami, je vais l'embrasser simplement.

Forlis est invité, par son ami, à un dîner *sans façon*, et il répond comme un homme sage qu'il est :

> Je crains ces dîners là ; j'aime la bonne chère,
> Et traite-moi plutôt en personne étrangère.

Dans le monde, le baron salue à peine Forlis; son abord l'embarrasse, il rougit d'un ami de province; enfin on lui prend sa chambre pour la donner à un prestolet d'abbé.

> Qu'on eût mis dans ma chambre un militaire, passe ;
> Mais un petit collet me déloger ainsi!

Cet *ami de la maison* de M. de Vaulabelle était en prose, et fut le bienvenu, grâce au peu de mémoire du parterre, qui ne sait pas que M. de Boissy ait jamais écrit les *Dehors trompeurs*. Au même instant, et comme si M. de Vaulabelle lui eût pris son bien, M. Casimir Bonjour remettait en lumière une vieillerie intitulée : *le Mari à bonnes fortunes*, et par un hasard singulier, c'était encore dans *l'Homme du jour* de Boissy, que M. Casimir Bonjour avait trouvé sa comédie. Dans *l'Homme du jour*, mademoiselle Mars disait en assez bons vers :

> Je vous connais, baron....
> L'Hymen en vous, va faire un changement extrême,
> Le monde y perdra trop, vous y perdrez vous-même.....
> L'homme du monde est né pour ne tenir à rien.

Et plus bas, la comtesse s'écrie, avec la même gaîté et le même bon sens :

> A votre porte même on vous fera l'affront
> D'afficher l'épitaphe, et les passants liront :
> *Ci gît dans son hôtel, sans avoir rendu l'âme,*
> *Le baron enterré vis-à-vis de sa femme!*

Donc M. Casimir Bonjour a marié ce même homme du monde, que Boissy, en homme de bon sens, n'a pas osé marier. Puisqu'il le faut, entrons un peu avant dans cette comédie, qu'on pourrait fort bien intituler *la Suite de l'Homme du Jour*. Cette fois, ce qui arrive à toutes les *suites*, l'esprit a beaucoup baissé, l'imagination s'est affaiblie, le style surtout est réduit à rien. Certes, le vers de Boissy ne vaut pas qu'on l'admire bien fort : cela est languissant, et assez lâche, et sauf trois à quatre couplets d'une bonne bonne facture, on n'y sent guère le poëte.

Comparés aux vers de M. Casimir Bonjour, les vers de M. de Boissy sont des miracles. En même temps, pour ce qui touche aux mœurs, à l'observation qui pénètre dans les recoins les plus cachés, comme fait un rayon du soleil, il n'y a aucune comparaison à faire entre M. Casimir Bonjour et M. de Boissy. Sans nul doute, tout pauvre que vous l'avez vu, M. de Boissy a fréquenté la belle et bonne compagnie; il est entré dans les meilleurs salons, il a pris sa bonne part de cette piquante causerie qui cachait toutes choses, et même le bon sens, sous un vernis plein de grâce et d'atticisme; ce n'est pas M. de Boissy qui ferait dire à son héros: — *Ma petite comtesse!*

Ce n'est pas lui qui nous montrerait cet homme, se disant à lui-même ces impertinences qu'il dit tout bas à madame Lasthénie; même au temps de Boissy, pas une femme comme il faut ne s'appelait Lasthénie, à plus forte raison, de nos jours, où les noms féminins les plus simples sont les meilleurs. Il est bien heureux vraiment que la femme du *Mari à bonnes Fortunes* s'appelle Adèle, c'est là un nom bien simple et bien choisi, pour un si grand génie; au train dont y allait le poëte comique, Adèle aurait bien pu se nommer Amanda. Quoi qu'il en soit, cette honnête jeune femme est la plus simple du monde, quand elle entre ainsi à l'improviste chez son mari, de ne pas deviner que ce monsieur est en train d'écrire des billets doux. Pour une femme que la chose intéresse tant soit peu, cela se devine tout de suite, un billet doux, à la forme mystérieuse du papier, à l'odeur pénétrante du billet, à l'écriture fine et menue; et d'ailleurs on ne suppose pas que notre Lovelace bourgeois soit tellement sûr de son fait, qu'il ne soit pas quelque peu troublé par l'arrivée subite de sa femme, qui le surprend dans cette aimable occupation. Si vous voulez que je m'intéresse à cette jeune femme indignement trompée par un fat, donnez au moins à cette femme un peu d'esprit.

Si son mari n'est pas tendre avec elle, faites au moins qu'il soit poli. Or, ce M. Derville est un grossier personnage quand il propose à sa femme de la mener à la campagne, et quand il sort tout seul, à cheval, avec son domestique, l'instant d'après. Au reste, il est impossible de mieux justifier ces deux jolis vers :

> Votre femme est *d'un esprit fort doux*,
> Elle n'a pas de fiel, *c'est très-heureux pour vous.*

Quant au reste de l'assaisonnement, je vous en fais grâce. Toujours est-il qu'à ces traits vulgaires, à cette profusion insensée de billets mal séants, à ce persifflage de mauvais ton, je ne reconnais là qu'un méchant bâtard de Lovelace ou de M. de Richelieu. L'auteur n'a pas même fait grâce du duel à ce mari à bonnes fortunes. Cet homme a des duels, comme on a des poignées de main dans la rue, et il envoie chercher un témoin, par son domestique, comme on envoie chercher sa bourse, quand on l'a oubliée sur sa table.

Deux duels en six mois ! *toujours pour une femme !*

Personne, de nos jours, n'a *deux duels en six mois*, sinon les bretteurs de profession. Quant à l'expression — *toujours pour une femme*, elle peut être juste, elle n'est pas poétique. Ce premier acte de la comédie de M. Casimir Bonjour est assez grossier, et raisonnablement brutal.

Au second acte notre homme revient de son duel, *pour une femme*, et son témoin le félicite de s'être tiré d'affaire *adroitement*. L'expression n'est ni heureuse ni adroite. — Je n'ai fait *qu'obéir à la délicatesse*, répond-il. *Délicatesse* est encore assez bien trouvé. Que si vous le pressez davantage, il vous dira que son adversaire avait tort, pour l'avoir *mis en rapport* avec son épouse. *Mis en rapport* est encore un singulier mot, dont vous ne trouveriez le synonyme que dans le vieux français de la reine de Navarre. Et enfin, si vous lui demandez ce qu'il reproche à sa femme ? voilà notre Don Juan qui porte la main à son front et qui s'écrie : — *Statue !* Statue ! Il n'a pas de plus grande injure à adresser à cette belle créature qu'il offense en courant, sans plaisir, sans pudeur, sans probité. *Statue !* Maintenant allez donc faire un sermon à un pareil mari pour qu'il reste, comme c'est son devoir, dans le *statu quo !*

A peine de retour de son duel, M. Derville entreprend la conquête de madame Franval, la femme d'un sien ami, mais sa conquête *morale*. Comprenne qui pourra. C'était peut-être le cas de vous parler de M. Charles, le petit cousin qui punit et qui venge, le châtiment en gants jaunes, aux cheveux noirs et bouclés, pâle et bien vêtu, qui suit le mari volage, *non pede claudo*. Ce M. Charles est amoureux de madame Derville ; il porte son portrait dans une boîte à double fond, et quand il est chez sa maîtresse, il regarde tendrement ce portrait sur l'air connu : — *Portrait charmant! portrait de mon amie!* Alors survient à coup sûr la femme en question ; elle arrive sur la pointe du pied, le corps penché en avant, les coudes en arrière, et elle devine que c'est elle, elle-même, cachée dans cette boîte à double fond.

> Comment! *Charles aimait!* Qui l'aurait deviné?
> Eh! mon Dieu! quel est donc *cet objet fortuné?*

Mais, pour mieux s'en assurer, que fait la dame? Elle envoie sa soubrette chez M. Charles ; la soubrette raconte à sa façon qu'elle a vu *dans la glace*

> Qu'il prenait un fusil (M. Charles) et sa veste de chasse.
> J'attendais dans un coin. *Il est bientôt dehors ;*
> Dans son appartement je suis entrée ; *alors*
> *J'ai cherché son habit* où j'étais bien *certaine*
> De trouver ce portrait....

Quel récit! quel patois! et madame Derville entendant la servante parler ainsi, a bien raison de dire tout bas :

> Vit-on rien de pareil? *Quelle indiscrétion !*
> Mais qu'attendre de gens *sans éducation ?*

Voyez la force des habitudes vicieuses! voilà maintenant la maîtresse qui parle comme parlait la soubrette tout à l'heure. Quant à M. Charles, M. Charles est à mon sens un pauvre amoureux. Quoi donc! quand il change d'habit, il laisse dans cet habit le portrait de celle qu'il aime avec son mouchoir de poche! Il n'a pas une petite place pour cette miniature *dans sa veste de chasse!* et pour savoir ces secrets amoureux, une soubrette est à l'affût des habits de M. Charles, comme M. Charles sera tantôt à l'affût des lapins! Mais ce sont là des réflexions que ne fait pas madame Derville dans son long monologue dont voici quelques jolis vers :

> Avec moi devrait-il *y mettre du mystère ?*
> *Il me redoute.* — Eh bien, sachons tout malgré lui.
> Que vois-je, juste ciel! Que vois-je? il se pourrait?

Elle en voit tant que sa belle-mère, qui est une assez bonne diablesse de mère, qui sait au juste la valeur morale de monsieur son fils, et qui surtout est une grande logicienne, se dit à elle-même :

> Adèle est vertueuse et pure *au fond de l'âme ;*
> Surveillez-la *pourtant, car* enfin elle est femme.

De son côté, Adèle, en parlant de sa belle-mère :

> Oh! non, elle ne peut penser ce qui n'est pas.

Quoi qu'il en soit, la jeune femme est bien inquiète, bien malheureuse, et tout de suite elle cesse de parler à son cousin — *amicalement.*

Vous vous doutez bien que l'auteur, en homme habile, a placé en dehors de ses personnages, deux valets qui font justement tout le contraire de ce que font leurs maîtres. Zoé, par exemple, veut que Francisque soit coquet avec les femmes, et de son côté elle se promet bien :

> *De ne pas imiter la bonté de Madame.*

Et plus bas :

> Est-ce que j'ai besoin de ta *permission ?*
> Écoute, nous n'avons qu'une seule vengeance,
> Mais aussi c'est qu'elle est sûre *par excellence.*

Il est vrai que Molière avait dit, dans son vers incisif :

> *Qu'une femme a toujours une vengeance prête.*

Mais M. Casimir Bonjour prend son bien où il le trouve, et il a, ma foi, raison. Il n'y a que les honteux qui perdent.

Au reste, on lit, quelques pages plus bas, un autre vers de Molière :

> Mon cousin, *ce discours sent le libertinage.*

Quel bonheur pour lui, et pour nous, si M. Casimir Bonjour prenait encore plus souvent des vers tout faits, et si bien faits !

Cependant notre Don Juan marié poursuit le cours de ses plaisanteries et de ses bonnes fortunes. Il ne veut voir aucune des tendresses que fait son petit-cousin à la jeune femme. Ils sont brouillés, c'est lui qui les raccommode. Charles s'en va, c'est lui qui le ramène. Il n'est pas tellement préoccupé de ses amours, qu'il ne veille fort bien sur les amours de ses voisins.

Eh! mais, j'y songe! Ce prétendu mari à bonnes fortunes n'en n'a pas une seule, excepté *la petite* comtesse du premier acte à qui il écrit comme on n'écrit pas à une fille ; ce monsieur-là est tout à fait le plus honnête des maris. Il fait bien la cour à toutes sortes d'Iris en l'air, mais il sème la fumée, et c'est la cendre qu'il recueille. Il se bat en duel, pour qui? On ne le dit pas. Il est sans cesse sur la route de Passy à Paris pour une *lady* qu'on ne voit pas. Il écrit à madame Franval une assez plate épître, et madame Franval remet cette lettre à madame Adèle. Remarquez donc que si l'on voulait trouver le véritable sujet de cette comédie, il faudrait l'intituler : *la Femme à bonnes fortunes*. Car, à tout prendre, c'est madame Adèle qui les a toutes. D'abord la soubrette va chercher un portrait *dans l'habit* de M. Charles; en second lieu, le mari lui ramène ce M. Charles qui s'en va; une autre fois, c'est la belle-mère qui vient en aide à la belle-fille ; toutes les complaisances sont pour la femme, toutes les fatigues pour le mari ; ce mari, ce bavard qui parle si haut de ses conquêtes, a contre lui tout le monde et même la femme de chambre de Madame. Ah! ce n'est pas ainsi que Molière nous a montré Don Juan, que Richardson nous a montré Lovelace, que Marivaux lui-même s'est amusé à badigeonner du fard le plus charmant, ses aimables petits marquis.

Comparez seulement ce stupide Derville au beau Moncade, et vous jugerez que si madame Adèle court un danger, elle n'a qu'un danger à courir, c'est de mépriser un assez pauvre homme, qui doit se connaître en bons melons beaucoup mieux qu'il ne se connaît en belles femmes, et qui n'est pas déjà trop bon pour être un bon mari, tranquillement assis au coin de son feu, avec sa femme et ses enfants.

Or (et c'est justement à poursuivre ces *variantes* dans les usages et dans les mœurs, que ce livre est consacré), voilà ce qui arrive lorsqu'on se trompe d'époque et de mœurs, lorsqu'on transporte dans l'année 1824 les mœurs de 1750; lorsqu'on suppose que rien n'a changé dans la galanterie d'autrefois; lorsqu'on ne veut pas voir que toutes les peines que se donnait jadis un homme du monde pour obtenir un signe de tête ou un coup d'éventail, il se les donne aujourd'hui pour acheter un arpent de terre, et pour obtenir quelques voix aux élections du conseil municipal. Voilà ce que c'est que de faire de la comédie au hasard, avec des mœurs frelatées, des bons mots équivoques, des appétits passés de modes, des passions devenues insipides, des prétentions devenues ridicules. Aujourd'hui, nul ne voudrait de ce métier d'homme à bonnes fortunes; et même, ceux qui l'osent encore entreprendre, s'en défendent comme d'une honte.

Vous savez ce que disait ce gentilhomme anglais au roi Louis XV : — Vous venez faire l'amour à Paris? disait le roi. — Non Sire! je l'achète tout fait répondit l'autre, brutalement. Or ce qui était une brutalité sous madame de Pompadour, est devenu une vérité courante aujourd'hui.

Si bien, — qu'avec une maladresse infinie, cette prétendue défense du mariage tourne en accusation. Vous vouliez démontrer l'infidélité du mari, vous arrivez à prouver l'infidélité de la femme. Le mari que vous voulez faire vicieux est tout au plus ridicule, la femme que vous donniez comme un modèle de vertu, est bien près de se faire enlever par son cousin. Cette scène du quatrième acte, ce tête-à-tête des deux amants pendant que le mari à bonnes fortunes promène, dans le *taillis voisin*, le cheval du petit cousin, elle est empruntée à un charmant conte d'Hamilton; seulement, dans l'original, la scène qui est très-vraisemblable sous les fenêtres d'une belle courtisane, devient bien incroyable dans le bois de Boulogne, et à propos d'une honnête femme qui n'y entend pas malice. C'est le cas de s'écrier : *Quelle indiscrétion!*

Quand Monsle mari surprend Charles avec sa femme, il se plaint, à son tour, que Charles *y mette du mystère* avec lui; il s'écrie qu'*on le redoute*. M. Casimir Bonjour, qui écrit si difficilement la comédie, a été bien bon de ne pas se copier lui-même comme il copie Molière, de ne pas faire servir deux ou trois fois le même vers, ce vers-ci, par exemple, qui peut s'appliquer à biens des positions :

Que vois-je? juste ciel! Que vois-je? Il se pourrait?...

Encore si ces situations vulgaires, si cette plaisanterie qui court les rues et les vaudevilles, étaient relevées, de temps à autre, par quelque bon petit passage bien écrit et bien pensé, si nous trouvions çà et là quelques-unes de ces tirades de M. de Boissy qui vont si bien dans la bouche de l'acteur qui les débite! Mais non! vous ne sauriez croire la négligence, l'incorrection, la platitude de ces vers; il faudrait tout citer pour vous prouver à quel point de négligence on peut, de nos jours, pousser la comédie en vers :

..... De la *fatalité* je suis *une victime!*.....
Quel désordre effrayant dans *son air*, dans *ses yeux!*....
Mais *véritablement* cette tête s'égare,....
Je ne la conçois plus!

Concevoir une tête! Il est vrai que l'on dit : *piquer une tête*, à l'École de Natation. En même temps revient la douairière, madame Derville, avec son éternel refrain :

J'ai pitié de ma fille, *et malgré sa vertu*,
Je commence *vraiment* à n'être plus tranquille!

Il y a assez longtemps ce me semble que la bonne femme n'est plus *tranquille* sur la vertu de sa bru; *car elle est femme!* Ce n'est pas vous qui le lui avez fait dire. Quoi donc! dans ces cinq actes d'une comédie écrite en vers, nous cherchons en vain une dizaine de vers à citer!

L'HOMME A BONNES FORTUNES. — BARON.

Du *Mari à Bonnes Fortunes* à *l'Homme à Bonnes Fortunes*, il y a aussi loin, que de Baron à M. Casimir Bonjour! Ce Baron fut aimé de Molière; La Bruyère le méprisait; il eut là la haine de Le Sage qui ne haïssait personne. Ce sont là trois fortunes bien diverses. Molière avait recueilli Baron à l'âge de douze ans; il lui avait servi de père; il avait supporté toutes ses ingratitudes; Molière fut pour lui un père indulgent, et quel plus noble appui pouvait tomber du ciel à un jeune homme sans mœurs, qui avait commencé par être une espèce de bohémien dans une de ces troupes de province dont Scarron ne fut que le très-véridique historien?

Le mépris de La Bruyère pour Baron perce en plusieurs passages de cette vaste et vivante comédie : *Les Caractères de ce siècle*.

Vous rappelez-vous ce terrible passage sur Roscius? « Roscius est occupé, dit La Bruyère à une femme, il n'a pas le temps de vous aimer, mais il vous reste le bourreau! » Et l'indignation de La Bruyère à propos de cet *Homme à bonnes Fortunes*, qui oubliait son bonnet de nuit chez les duchesses : « Il peut y avoir
« un ridicule si bas, si grossier ou même si fade et si indiffé-
« rent, qu'il n'est ni permis aux poëtes d'y faire attention, ni pos-
« sible aux spectateurs de s'en divertir... Ces caractères, dit-
« on, sont naturels. Ainsi, par cette règle, on occupera bien-
« tôt tout l'amphithéâtre d'un laquais qui siffle, d'un malade
« dans sa garde-robe, d'un homme ivre qui dort ou qui vomit!
« Y a-t-il rien de plus naturel? » Voilà de l'indignation !

Quant à la haine que porte Le Sage à Baron, on la retrouve en plusieurs endroits du *Diable Boiteux* et de *Gil Blas*, une haine rieuse, une moquerie pleine de gaîté, un coup d'épingle, comparé au fer chaud. Voici le portrait de Baron, par Le Sage :

« Premièrement, c'est un grand homme qui a été comédien.
« — As-tu remarqué ses cheveux noirs? Ils sont teints, aussi
« bien que ses sourcils et sa moustache. Il est plus vieux que
« Saturne; cependant, comme au temps de sa naissance, ses
« parents ont négligé de faire inscrire son nom sur les registres
« de sa paroisse, il profite de leur négligence, et il se dit plus
« jeune qu'il n'est, de vingt ans pour le moins. D'ailleurs c'est le
« personnage le plus rempli de lui-même. Il a passé les douze
« premiers lustres de sa vie dans une ignorance crasse; mais pour
« devenir savant, il a pris un précepteur qui lui a appris à épeler
« en grec et en latin. — On dit que c'est un grand acteur. Je veux
« le croire pieusement; je t'avouerai toutefois qu'il ne me plaît
« point. Je l'entends quelquefois déclamer ici, et je lui trouve,
« entre autres défauts, une prononciation trop affectée, avec une
« voix tremblante qui donne un air antique et ridicule à sa décla-
« mation. »

Certes, l'homme qui a occupé à ce point Molière, La Bruyère, Le Sage, vaut bien la peine qu'on aille voir jouer sa comédie, ne fût-ce que pour chercher à s'expliquer d'où lui venait l'amitié de Molière, le mépris de La Bruyère et la haine de Le Sage? Trois immenses fardeaux à porter.

A vrai dire, en ceci, nous comprenons mieux La Bruyère et

Le Sage que nous ne comprenons Molière. Molière a aimé Baron comme un intelligent comédien, qui était beau, bien fait et insolent à outrance, comme son élève, comme un enfant qu'il avait sauvé, à la bonne heure ; La Bruyère l'a flagellé comme un insipide auteur dramatique sans retenue et sans style ; pour nous, à ne juger Baron que sur son rôle et sur sa comédie de *l'Homme à bonnes Fortunes*, nous trouvons que La Bruyère a raison.

En effet, quelle triste et insipide comédie ! quelles sottes mœurs ! quel plat style, quelle méchante intrigue, et comment le xviie siècle à son apogée a-t-il pu se complaire à la représentation d'une pareille œuvre, si insolemment jetée sur le même théâtre où les chefs-d'œuvre de Molière brillaient, chaque soir, dans l'éclat naïf de leur génie, de leur style et de leur nouveauté ?

Cet homme à bonnes fortunes, ce Moncade, qui est-il ? D'où vient-il ? C'est un nommé Moncade, un beau, d'un certain âge, qui n'a ni feu ni lieu, ni parents, ni amis, ni état dans le monde. Ce n'est pas un marquis, ce n'est pas un bourgeois, il n'est ni de la ville, ni de la cour. Pour comble d'invraisemblance, la scène se passe à Paris, dans le Paris de Molière et de Louis XIV, de Ninon de Lenclos et de madame de Maintenon ; la ville aux élégantes amours, aux belles passions, aux belles manières, au savant langage !

Ce Moncade arrive un jour, lui et son valet, comme fait Tartufe chez Orgon, dans la maison de Lucinde qui l'héberge et le nourrit, un gueux qui n'a pas un sou vaillant ! Que Lucinde ait jamais été la parente de Célimène, cette ravissante coquette, la seule femme sans état dans le monde que Molière se soit permise, on ne saurait le soutenir. Célimène c'est l'esprit qui ose tout, c'est l'ironie qui se permet toutes choses, c'est la grâce un peu effrontée, c'est véritablement la femme libre du xviie siècle, mais si aimable et si habile à se défendre, qu'on a bientôt oublié tout ce que sa conduite a d'équivoque.

A coup sûr la grande Célimène ne voudrait pas de cette Lucinde, pour en faire sa femme de chambre. Une fois installé chez Lucinde, Moncade, qui devrait s'occuper de sa bienfaitrice, au moins tant qu'il est chez elle, à peu près sur le même pied que les gens à ses gages, n'a pas d'autre soin que d'écrire à des femmes étrangères, ou de recevoir des lettres d'amour, sous les yeux et dans la maison même de Lucinde. Il faut que cette Lucinde soit une grande dupe ou que ce Moncade soit un grand niais !

Cependant Moncade est à sa toilette. Il met ses mouches et son rouge. Plus il sera efféminé, *et plus il sera froid et insipide !* comme dit La Bruyère. Arrive alors le *grison* d'Araminte. Il paraît qu'Araminte a remplacé, par un laquais *ad hoc*, sa femme de chambre, son messager naturel. Araminte est une femme comme Lucinde, ni vieille et ni jeune, ni belle, et ni laide, ni bourgeoise, ni grande dame. Le grison d'Araminte apporte une montre et une lettre à Moncade. L'instant d'après arrive *le grison* de Cidalise, qui apporte de la part de sa maîtresse, une agrafe en diamants et une lettre. Moncade ne daigne pas même ouvrir ces tendres billets ; seulement il envoie à Cidalise la montre d'Araminte, Araminte aura l'agrafe de Cidalise. Quant à écrire un mot de remerciement à ces dames, Monsieur ne daigne. Voyez-vous ces deux grisons rapportant à leurs maîtresses, celui-ci une montre pour l'agrafe, celui-là une agrafe pour la montre, sans le moindre compliment ! « *Le grison*, à Moncade : Faites-vous réponse ? — *Moncade* : Non ! — *Le grison* : Viendrez-vous ? — *Moncade* : Non ! » — La galanterie du XVIIe siècle, s'il vous plaît ?

Non-seulement ce Moncade est un drôle impudent, mais c'est encore un homme qui ne sait pas son métier. D'abord son métier est de recevoir de toutes mains : *Suzanne accepte tout*, dit Beaumarchais, et de ne rien donner. Pour une montre ou pour une agrafe, tout ce que doit Moncade, c'est un bouquet ou une lettre. Quand donc il se défait, en pure perte, de ces présents qu'il a dû bien gagner, Moncade se vole lui-même. En même temps il s'expose, ce qui arrive en effet, à ce que Cidalise et Araminte, qui sont de la même société et qui se rencontreront dans les mêmes salons, reconnaissent, au premier coup d'œil, cette substitution de bijoux. Il y a en tout ceci, convenez-en, de quoi perdre la galanterie la mieux établie, et le digne valet Pasquin a fort raison de s'écrier avec un soupir de regret : *Ce qui vient de la flûte s'en retourne au tambour* [1] !

Plus tard arrive, non pas *le grison* de Lucinde, mais sa soubrette Marton. Celle-ci n'apporte ni montre ni agrafe, elle apporte

1. On racontait jadis, au Théâtre Français, l'histoire de quatre montres toutes pareilles, données, en cadeau d'étrennes, à quatre grandes coquettes de

cinquante mille écus et Lucinde! « *Croyez-moi, Monsieur, vous ne serez pas toujours aimable,* » dit la soubrette, en femme qui connaît toute la fragilité des hommes. *Cinquante mille écus!*

A quoi monsieur de Moncade répond : « Ma bourse! ma perruque! mon épée! mes gants! mon chapeau! » Et il sort, sans dire un petit mot pour Lucinde et ses cinquante mille écus! Ainsi, au premier acte, Moncade, cet homme qui doit avoir, pour réussir ainsi, même auprès des femmes les plus faciles, tant de bonnes grâces, tant d'esprit et de politesse, n'a encore dit que ces mots-là : « Non! non! Ma perruque! mon épée! mon chapeau! » N'est-ce pas là un galant seigneur, tout trouvé, pour fréquenter avec les La Bassompierre, les Montbazon, les Sévigné, les Lachâtre et les Villarceaux ?

Au second acte, qui se passe toujours à Paris dans la maison de Lucinde, madame Araminte, la femme à la montre, s'en vient de sa personne, chez Lucinde, pour y chercher Moncade. De quel droit, je vous prie, cette Araminte vient-elle ainsi, chez sa voisine, pour y prendre, de force, un bel homme, que Lucinde loge, nourrit, parfume, habille, etc., à ses frais? Lucinde n'a-t-elle pas bien le droit de dire à madame Araminte : Que venez-vous faire ici, je suis chez moi? Araminte arrive donc, et la première personne qu'elle rencontre, ce n'est même plus Lucinde, la maîtresse de céans, c'est Cidalise, la femme à l'agrafe. Avouez que ces deux dames abusent étrangement de l'abnégation de madame Lucinde! Elles viennent chez cette dame, uniquement pour se disputer l'amant qui lui coûte déjà si cher, le même homme à qui Marton offrait tout à l'heure *cinquante mille écus et Lucinde !*

A cet instant périlleux, comme nous l'avions prévu et comme M. de Moncade devait le prévoir, l'affaire des diamants et de la montre vient à se découvrir. Aussitôt Cidalise et Araminte, qui tout à l'heure aimaient Moncade si tendrement, se réunissent pour le perdre dans l'esprit de Lucinde. Ces dames-là n'ont pas un regret pour un amant ainsi perdu. On comprend à leur sangfroid, qu'elles ont dans leur coffre-fort un moyen sûr d'avoir un autre Moncade, au même prix. Je ne sais pas si vous pensez comme

la Comédie; un aimable prince voulait mettre à l'unisson ces aimables dames, et véritablement le jeune homme se vit délivré, en un tour d'horloge, de ses quatre passions.

moi, mais ces trois femmes qui paient le même homme, qui courent après lui, sans amour et sans passion, et qui le quittent sans regret et sans remords, aussi prêtes à le reprendre qu'à le laisser là ; ces trois femmes, sans esprit et sans cœur, qui n'ont même pas leur passion pour excuse, me paraissent aussi loin d'être dramatiques que d'être vraies ; le dégoût est l'unique sentiment que l'on éprouve à leur aspect.

Moncade, qui a été faire une pratique, revient à l'heure du dîner chez Lucinde, et il trouve son hôtesse dans la plus grande colère. C'est tout simplement la colère d'une maîtresse de maison qui paie bien ses gens, et qui est mal servie. Pas un mot du cœur, pas un tendre sentiment, pas une parole humaine dans les reproches de Lucinde à son *cher* Moncade. Accusé comme un laquais, Moncade se défend comme un laquais, par un mensonge.

A l'aide d'une virgule, il change en louanges pour madame Lucinde, le billet à l'adresse d'Araminte, dans lequel Lucinde était traitée sans pitié et sans tendresse. — Au premier mot d'excuse que dit Moncade, Lucinde est persuadée comme si elle l'aimait d'amour. Ce n'est pas là le propre d'une femme qui paie son amant. Lucinde, cette folle, est désormais convaincue, et obstinée en ses convictions à ce point que l'obstination d'Orgon pour Tartufe n'est rien, comparée à l'obstination de Lucinde pour Moncade. A peine est-elle sortie, Moncade appelle Pasquin :

Porte cette lettre à la comtesse Dorvoir (c'est la seule femme titrée de la pièce) : — la comtesse Dorvoir ! dit Pasquin, il y a quinze mois que vous ne l'avez vue !... Ah ! ah ! elle a vendu une terre depuis huit jours, j'y vais ! »

Il y va ! Soutenez ensuite que la comédie est l'école des mœurs ! — Qu'il n'y a de moral que le vieux répertoire, et plaignez-vous en vile prose, des hardiesses de M. Victor Hugo, et des témérités de l'amant de la Tisbé !

Nous en sommes encore au troisième acte ; cette comédie est si longue ! Tous ces actes se ressemblent ; l'esprit y manque autant que le goût, l'honnêteté, et la vraisemblance. Ce sont toujours les mêmes femmes, à la curée de l'homme à leur solde, et c'est toujours le même homme payé qui en donne à ces femmes, à peine pour leur argent. Léonore, une espèce de femme honnête, a entrepris de démasquer Moncade, à peu près comme Elmire entreprend de démasquer Tartufe ; avec cette différence cependant que la scène de la déclaration dans *Tartufe* est la plus terrible qui se puisse entendre, tant c'est là un habile et hardi scélérat, Tartufe ! Tant il y va de la vie et de l'honneur, pour toute cette honnête famille !

Moncade au contraire Que nous importe Moncade? C'est un vrai drôle qui tombera dans tous les piéges qu'on voudra lui tendre. Et puis, quand il continuerait à abuser toutes les Lucinde de la terre, où est le mal? Est-ce que je m'intéresse à cette vieille folle, pas plus qu'à Cidalise, pas plus qu'à Araminte, ou qu'à la comtesse Dorvoir? Qu'on les trompe, qu'on ne les trompe pas, qu'on les vole ou non, à quoi bon? Voici donc mademoiselle Léonore qui dit à Moncade : « Vous n'aimez point « Lucinde ! vous vivrez éternellement pour moi ! vous me le promettez, et votre main est prête à m'en signer l'aveu ! »

Cette proposition qu'on n'eût pas faite à Tartufe, Moncade la trouve toute naturelle. Tout à l'heure encore, peu s'en fant qu'il n'ait été perdu par une lettre... il va en écrire une autre à l'instant, bien plus claire que la première. Il écrit donc : — *Je n'aime pas Lucinde !*..... La dernière intrigante de la rue qu'il eût consultée, de compère à compagnon, lui aurait pu enseigner que les femmes galantes n'écrivent jamais.

Mais non ! Cette Lucinde est plus sotte encore que ce Moncade n'est sot et impudent. Même après cette lettre, très-bien ponctuée et sans équivoque de Moncade, elle se figure que c'est un tour de Léonore ; et plus que jamais elle offre à Moncade — *cinquante mille écus et Lucinde !* « — *Marton* à Moncade : — Madame demande si vous souperez ici ? — *Moncade* : J'y souperai si cela lui fait plaisir ! » Et il s'en va *chez* Bélise du même pas.

Au quatrième acte, nouveau guet-apens, tendu à Moncade. Léonore ne se tient pas encore pour battue. On appelle un certain grison qui promet d'être exact, de venir, sur le minuit, chez Moncade, et de lui bander les yeux avec un mouchoir, sous prétexte de le conduire à une bonne fortune, ces dames feront le reste. Mais n'est-ce pas se donner bien du mal pour détacher Lucinde de Moncade? Moncade ne veut pas de Lucinde, il vient de le déclarer à Pasquin ! Vraiment on prend plus de soucis pour rompre cet hymen que n'en prend Néron pour se défaire de Britannicus.

Moncade cependant, qui pourtant a ses raisons pour se tenir sur ses gardes, donne encore, et pour la troisième fois, dans le piège qu'on lui tend. Il se laisse bander les yeux, et conduire à ce rendez-vous, comme un enfant. Arrivé dans ce salon mystérieux il garde loyalement ce bandeau qui l'empêche de voir les cinq femmes. Son valet Pasquin qui est là présent, et qui n'a pas d'autre fortune que la fortune de son maître, ne fait pas un seul mouvement pour l'avertir qu'il ait à se tenir sur ses gardes.

Cependant, *Lucinde bien résolue de ne jamais voir Moncade s'il donne dans le panneau*, joue son *tout coup vaille*; elle déguise sa voix pendant toute une longue scène et elle parle à Moncade d'Araminte. — Ah! Madame, s'écrie Moncade, *n'entrons pas dans le détail d'Araminte!* — Et Cidalise? — C'est une folle! (notez bien qu'Araminte et Cidalise sont là qui écoutent et qui ont le plus grand intérêt à ne pas laisser entrer *dans leurs détails!*) Et, pendant tout ce dialogue, Moncade ne voit pas, que la femme qui lui parle, déguise sa voix!

Il ne reconnaît pas la voix de Lucinde! — Il ne sait pas que le salon, dans lequel il parle, est rempli de gens qui l'écoutent; il ne devine pas la rage étouffée d'Araminte, l'indignation de Cidalise, la joie de Léonore, la stupeur de Pasquin, la moquerie de Marton! Sa main est libre, et il n'arrache pas son bandeau dans un moment de transport! et vous appelez cet imbécile, *un homme à bonnes fortunes!* Mais n'avez-vous donc pas appris qu'il y avait un héros de Molière, un homme amoureux à outrance, galant, brave, passionné jusqu'au délire, jusqu'au crime, qui ne croit à rien sur la terre et dans le ciel, élégant et spirituel vagabond tout éclatant d'or, d'esprit, de licence et de passion, perdu de dettes et de débauches, libertin plein de grâces, qui est capable de tout pour plaire aux femmes, et même de les respecter; faut-il donc vous nommer celui-là qui est resté le type de l'homme amoureux et de *l'homme à bonnes fortunes*, et qui s'appelle Don Juan?

Et quand enfin Moncade est démasqué, tout est dit. Araminte et Cidalise s'en vont triomphantes. Lucinde, très-calme et très-souriante, se retourne vers une espèce d'imbécille nommé Éraste, en lui disant : — « Éraste, voulez-vous recevoir ma main? » — A quoi cet Éraste répond avec transport. — « Si je le veux! »

Bon homme en effet. Voilà une femme qui a logé Moncade sous son toit, des mois entiers, qui l'a disputé à ses rivales; qui l'a défendu envers et contre tous, qui lui dit : — *Adieu, perfide!* Et mons Éraste d'épouser la dame à belles baise-mains, en disant : — *Si je le veux!*

Ces trois femmes s'en vont, sans se repentir, sans s'étonner, sans jeter un dernier regard sur le *perfide!* Pasquin, resté seul avec Moncade, regarde cette belle maison dont on les chasse; — *Il faut déloger!* dit-il avec un gros soupir. Et ils s'en vont comme deux valets congédiés!

Je ne ferai pas l'injure aux femmes de *Don Juan*, ces belles personnes si retenues et si modestes, ces innocentes filles si charmantes, ces grandes dames si fières, ces amours si malheureux, ces passions si indignement mais si spirituellement trahies, de les comparer avec les trois à quatre filles de joie, mises en scène par le comédien Baron.

Ceux qui ont dit que Baron s'était mis en scène lui-même, ont dit vrai, et il a pris là une triste copie. Mais ceux qui ont raconté que ce Moncade avait été un des plus grands séducteurs du XVIIe siècle, et qu'il allait, en plein jour, redemander son bonnet de nuit aux duchesses, ont calomnié, juste ciel! les Françaises de ce temps-là.

D'ANCOURT. — LE CHEVALIER A LA MODE. — L'AGE D'OR DES COMÉDIENS. — L'HOMME A BONNES FORTUNES. — LA CRITIQUE DE L'HOMME A BONNES FORTUNES.

De *l'Homme à bonnes fortunes* au *Chevalier à la mode*, il n'y a, comme on dit, que la main. *Le Chevalier à la mode* entre les œuvres de d'Ancourt est, à tout prendre, une vive et curieuse comédie. Rien qu'à voir d'Ancourt, vous eussiez compris qu'il était fait, tout exprès, pour reproduire ces sortes de fantaisies.

On eût dit, en effet, à voir ce jeune homme bien né, savant, hardi, qui vivait dans Paris comme un Bohémien, qu'il était venu au monde pour attirer à soi la comédie et pour la faire descendre des hauteurs où l'avait placée Molière, afin que chacun pût l'aborder, sans trop de façon, cette noble dame d'une tournure si fière, et dont le regard sévère faisait baisser les yeux, aux moins timides.

Hélas! c'en était fait de l'art de Molière. *Le Misantrope, Tartufe, les Femmes savantes, l'Avare, Don Juan*, les grands vices, les grands ridicules, les caractères hardis, Molière les avait épuisés, tout d'un coup. C'en est fait, il vous faut renoncer, et renoncer pour toujours peut-être, à la grande comédie, à la comédie originale, à celle qui s'adresse à tous les hommes, à tous les temps, à tous les âges : mais en revanche vous aurez la pétulante et égrillarde comédie, celle qui s'occupe des moindres détails de nos mœurs fugitives, qui s'en va, le nez retroussé et le nez au vent, la lèvre rebondie, et le pied leste et l'oreille alerte, à la poursuite des scandales, des bons mots, des folies, des mines amoureuses, des guerres du cabaret, des fanfreluches de l'antichambre et des duels au premier sang.

Il faut aimer d'Ancourt pour sa bonne grâce, pour sa leste humeur, pour son esprit impétueux, pour le respect qu'il portait au hasard. En effet, le hasard est le dieu véritable de ces sortes d'esprits prime-sautiers qui vont toujours en avant, qui ne reculent jamais, même pour sauter plus haut et plus loin. Un jour, (il était un avocat sans cause), comme il revenait de plaider sa première cause, et de la plaider avec succès, notre jeune homme fait la rencontre d'une belle fille, alerte et pimpante, accorte et bien tournée! et des cheveux si longs! des mains si blanches! un pied qui brûlait le pavé sans le toucher! d'Ancourt comprit que c'était sa muse qui passait; il la suivit, tenant son cœur à deux mains : *Tout beau, mon cœur!*

Justement la belle fille, poussée par ce vent favorable qui ne souffle plus sur nos têtes folles, passé vingt ans, s'en allait du côté du grenier où logeait d'Ancourt. Justement elle s'arrêta à la porte du jeune homme. Lui, alors, il la prit par la main, et les voilà courant, tout d'une haleine, dans la mansarde poétique. C'était mieux que la muse de d'Ancourt; c'était la fille du comédien La Thorillière, qui n'avait jamais rencontré d'autre amoureux en son chemin. On les chercha longtemps, elle et lui, elle surtout.

La Thorillière pleurait ce joyau de son roman comique; le père de d'Ancourt, bon gentilhomme, ne savait guère s'il devait se fâcher contre son fils ou lui porter envie; la fille était si jolie! Après toute délibération, on résolut, pour les guérir de leur amour, de les laisser mourir de faim.

La faim vint, plus tard qu'on ne l'eût espéré; mais quand ils eurent mangé leur dernière bouchée, et vidé leur dernier verre d'eau fraîche (dans le même verre!) les voilà qui redescendent de leur *Eden*, et qui s'en vont, bras dessus bras dessous, se faire bénir par le père La Thorillière qui les bénit, en bon père de comédie.

Une fois bénis, les voilà mariés, et vive la joie! L'Hôtel de Bourgogne leur donnera tout ce qui leur manque; l'habit et le pain, et un peu de broderie sur l'habit, et quelque chose sur leur pain. Jamais la fille de La Thorillière n'avait été si jolie; jamais le jeune et beau Florent-Gaston d'Ancourt n'avait été si heureux et si charmé de son esprit. En ce temps-là, le Conservatoire de déclamation et de musique, (hélas! il n'a rien conservé), n'était pas inventé, que je sache, non plus que les professeurs de pathétique et de sourire; on jouait la comédie sans trop d'art, mais avec autant de grâce et de naturel que faire se pouvait.

En ce temps-là, messieurs les comédiens ne s'imaginaient pas qu'ils exerçaient la plus difficile des professions; ils s'estimaient heureux de gagner leur vie à si bon compte; ils ne mettaient pas à ce métier-là plus d'importance que la chose ne vaut; ils se donnaient pour ce qu'ils valaient: celui-ci pour un grand paresseux qui n'avait pas osé aborder les occupations sérieuses de la vie; celle-là pour une fille vaniteuse et coquette qui faisait bon marché de la vertu; tous enfin pour de bons vivants, très-contents de vivre, en faisant rire ou pleurer leurs semblables, au gré des poëtes qui les inspiraient.

C'était alors le beau temps du théâtre. Point de raideur, point de gêne, et rien de guindé; des amours-propres de bons garçons et de bonnes filles; des appointements à la portée de tous les entrepreneurs; des gens qui riaient toujours, véritables enfants de ce bon père Molière, qui avait gardé pour lui-même tous les ennuis de la profession, laissant à ses heureux camarades, les vices heureux, les faciles plaisirs, les folles joies, toutes les licences permises, tout ce qui a fait la vie du comédien, depuis Thespis, l'heureux ivrogne, jusqu'à mademoiselle Bourgoin.

Et la preuve que les plus beaux esprits, parmi les comédiens, ne croyaient pas être de si grands hommes, pour avoir appris par cœur et représenté l'esprit des autres, c'est qu'eux-mêmes, pour peu qu'ils se sentissent quelque génie, ils se mettaient à écrire des comédies. Et ces comédies, ils les écrivaient, tout comme ils jouaient les comédies des autres, sans façon, et souvent le plus simplement du monde et sans crier : au miracle !

Un comédien était reçu par ses camarades, pour jouer la comédie, et ensuite pour faire des comédies, si la chose se rencontrait ; cela se faisait par-dessus le marché, et à peine si les camarades disaient au poëte : — *Grand merci!* Tant ils se mettaient de moitié dans l'œuvre commune, celui-ci apportant sa vieille expérience des choses du théâtre, celui-là ses anecdotes et ses bons mots, et celles-là leur beauté, leur jeunesse, leurs sourires, leurs habitudes élégantes, puisées aux meilleures sources. Ils auraient bien ri, en ce temps-là, de la vanité de nos comédiens et de l'amour-propre de nos poëtes ! Ils auraient bien été étonnés de l'argent qui se pouvait gagner, dans l'une ou dans l'autre de ces professions. Quels grands yeux ils auraient ouverts ! d'Ancourt à lui seul a improvisé quatre-vingts pièces de théâtre ; Baron, le frivole Baron, élevé disait-il, sur les genoux des princesses et mort à quatre-vingts ans dans son berceau, a laissé trois volumes de pièces de théâtre ; mais ne comparons pas Baron à d'Ancourt.

Baron est un copiste, un arrangeur égoïste, un homme qui ne pense qu'à se faire des rôles, un inventeur qui prenait de toutes mains, à ce point que le P. Larue a traduit, sous le nom de Baron *l'Andrienne* de Térence ; d'Ancourt, au contraire, il jette son esprit à qui le veut prendre ; il est l'inventeur, non pas de la comédie bourgeoise, mais de la comédie des bourgeois. Il les aimait, il les flairait, il les savait par cœur. Il marchait à la piste de ces petites vanités, dont il riait d'un bon rire. Ajoutez qu'il parlait facilement tous les patois, et qu'au besoin il vous faisait un dialogue tout en proverbes, en naïvetés, en niaiseries, en barbarismes, en bêtises sans égales.

La belle et la bonne société n'existe guère pour d'Ancourt ; il n'a jamais compris le Misantrope, il n'a guère hanté les salons de Célimène ; en revanche, il sait mieux que personne quelle était Célimène, il l'a retrouvée, et surtout il l'a remise à sa véritable place, non plus face à face avec les plus honnêtes gens de la cour, mais côte à côte avec toutes les filles et tous les chevaliers d'industrie qui n'attendaient plus que la régence pour s'emparer, tête levée, de leur domaine. C'est là, en effet, le second plan de la comédie de d'Ancourt. Ici le bourgeois, et plus loin les Misantropes qui vivent de leur esprit, et les Célimènes qui vivent de leur beauté. Et toute cette comédie est soutenue par beaucoup de verve, d'entrain et de malice. Le mauvais sujet s'y montre, les jambes un peu avinées, la tête vacillante, le nez barbouillé de tabac, la dentelle en désordre, en même temps il s'y montre bien vêtu, bien vrai, bien naturel, bien railleur.

Tout au rebours de Baron, qui se faisait des rôles à lui-même, d'Ancourt ne jouait pas dans ses propres comédies; il aimait à jouer la comédie sérieuse, il n'était jamais plus beau que dans les grands rôles de Molière, dont il avait l'éloquence. C'était lui qui portait la parole s'il fallait parler au roi, ou au public. Louis XIV l'aimait pour ses façons de grand seigneur. Au demeurant, esprit cultivé, très-versé dans les langues anciennes, le meilleur disciple de ce Père Larue, qui s'adressait à Baron, non pas à d'Ancourt, pour être le parrain de ses comédies, tant ce bénévole Père Larue était sûr de la probité de d'Ancourt. Quelle belle place on eût donnée à d'Ancourt, après Molière, s'il ne se fût pas rencontré un autre génie, né sous le pilier des halles de Paris, et nommé Jean-François Regnard !

Certes, si nous réunissons ces trois noms-là dans la même dissertation, Regnard, Baron, d'Ancourt, c'est qu'en effet chacun d'eux a écrit une comédie dont *l'Homme à bonnes fortunes* est le héros; et ces trois héros, vous allez voir tout à l'heure qu'ils se ressemblent à s'y méprendre. *L'Homme à bonnes fortunes*, de Baron, et celui de Regnard, et *le Chevalier à la mode*, de d'Ancourt, sont, en effet, celui-ci, et celui-là, et le troisième, trois chevaliers d'industrie qui se vendent à la journée, et qui n'ont pas d'autre métier que de tirer un certain profit de leurs vénales amours. L'un, Moncade, reçoit à son lever une montre d'Araminthe, une agrafe en diamants de Cidalise; il donne son congé à la femme d'un conseiller, *parce qu'elle n'est pas assez riche*; il se laisse aimer de Lucinde, qui est assez riche pour qu'il l'épouse, mais il ne l'épousera que s'il ne trouve pas un meilleur parti; et cependant il est logé, nourri et vêtu chez cette dame, par cette dame. Ce n'est pas tout : chez le fournisseur de Moncade se sont présentées trois dames, dans la matinée, pour payer les petites dettes de ce Moncade. Or, ces dames, qui ne veulent pas être reconnues, étaient *masquées !* En fin de compte, cet homme est mis à la porte de la maison de Lucinde. — « Allons, Monsieur, « il nous faut déloger, changer de nom et de quartier ; nous « sommes décriés dans celui-ci comme de la fausse monnaie ! »

Ainsi finit la pièce. On ne traiterait pas autrement une mauvaise fille qui aurait volé une paire de gants ou un pot de fard.

Le Chevalier à la mode, de d'Ancourt, n'est pas mieux traité que M. le chevalier de Moncade, et il nous paraît encore plus vil. Baron s'est ménagé lui-même dans sa propre comédie. Il n'a pas poussé très-loin les petites indignités de son héros, et en même temps il s'est donné toutes sortes d'occupations durant ces cinq actes ; il a indiqué toutes sortes de minauderies, de petites grâces, de mignardises, ici une manchette à déchirer, là des cheveux qu'on s'arrache, plus loin une chaise cassée, un ongle que l'on se ronge, ou des mines à faire à une dame dans l'avant-scène ; ce sont là autant de détails sur lesquels l'habile comédien a compté, pour faire oublier toute cette affaire mauvaise d'argent, de dons et de présents, envoyés par des femmes. D'Ancourt, lui, ne prend pas tant de soins pour dissimuler la bassesse de son chevalier. A proprement dire, ce chevalier est à vendre à la plus offrante. D'un côté, madame Patin, marchande notre chevalier ; mais, d'autre part, la vieille baronne en est déjà venue à donner des arrhes ; madame Patin a quarante mille livres de rentes, la baronne en aura soixante mille si elle gagne son procès, et « je la préférerais « à madame Patin, quoiqu'elle ait quinze ou vingt années davan- « tage, » dit le chevalier. En un mot, comme le dit très-bien Pasquin — le chevalier *n'aime que son profit.*

En fait de profit, madame la baronne envoie, ce matin même, à M. le chevalier, non pas une montre, ou de méchants petits diamants, mais deux gros chevaux qui *ont l'air aisé,* un carrosse, *un des plus beaux qui se portent* (on disait en ce temps-là : *un carrosse bien porté*, comme les marchands de nouveautés de ce temps-ci vous disent — *un châle bien porté !*), un cocher et un gros barbet ; d'où il suit que la baronne n'y va pas de main morte ; en revanche, elle tient fort à son cher chevalier. — Elle le fait surveiller, comme un bien à soi appartenant, elle le dispute à madame Patin, et même l'épée à la main. En même temps, notre chevalier, qui a rencontré une *petite brune* très-riche, se propose de l'enlever, pour peu qu'elle soit plus riche que la baronne. A fortune égale, il donnera la préférence à la petite brune. L'amour du chevalier n'est pas capable d'un plus grand effort.

Cet homme, autant pour le moins que monsieur Moncade, s'est mis sérieusement aux enchères, et il est trop habile marchand pour rien donner au rabais. Savez-vous, je vous prie, un plus ignoble caractère, et ne faut-il pas que d'Ancourt ait appelé à son aide tout l'esprit qu'il avait en partage, pour nous faire accepter de pareilles hontes? Il nous semble même que le Moncade de Baron, ou le chevalier de d'Ancourt, seraient plus comiques si on nous les montrait enfin, amoureux pour leur propre compte, partagés entre leur amour et leur avarice, et traités par l'objet de leur passion, comme de vrais va-nu-pieds! Mais non, ces deux gredins sont tout occupés à s'aimer eux-mêmes, à se regarder au miroir, à faire des dupes parmi les femmes. Voilà véritablement ce qui s'appelle *avoir des commerces*. Notre chevalier, sous ce rapport, est un grand commerçant avec toutes sortes de femmes. «L'une « a soin de son équipage, l'autre lui fournit de quoi jouer, celle-ci « arrête les comptes de son tailleur, celle-là paie ses meubles et « son appartement, et toutes ses maîtresses sont comme autant « de fermes qui lui paient un gros revenu. »

Il est impossible d'être plus clair, et d'expliquer d'une façon plus complète, le métier que fait le chevalier à la mode.

La pièce finit comme elle a commencé, par une escroquerie du chevalier. Il a fini par arrêter en lui-même qu'il n'épouserait ni madame Patin, ni la baronne, mais en même temps il a résolu d'enlever, à chacune de ces bonnes dames, mille pistoles. Madame Patin, qui n'a rien à refuser *à son méchant petit homme*, lui promet les mille pistoles pour le même soir; ainsi fait la vieille baronne. Voilà notre chevalier bien content; malheureusement, *par une circonstance indépendante de sa volonté*, comme on dit à la cour d'assises, le chevalier est obligé de renoncer à cette dernière friponnerie; on le chasse tout comme a été chassé Moncade, et il s'en va en s'écriant: *Il n'y a que les mille pistoles de madame Patin que je regrette en tout ceci!* — Telle est l'ignominie de ce beau jeune homme, que l'auteur comique n'entreprend même pas de le corriger.

Voilà pour les deux premières comédies, et pour peu que vous sachiez quelle est la gaieté imperturbable de Regnard, vous devez vous imaginer sans peine ce que peut être une comédie de Regnard écrite pour le théâtre italien, à propos du héros de Baron ou de d'Ancourt. — L'homme à bonnes fortunes de Regnard est un escroc plus renforcé que les deux autres. Il a trois maîtresses qui se ruinent pour lui. Chacune de ses maîtresses lui a donné une robe de chambre ; quand une de ces dames arrive chez le galant, il se hâte d'endosser les couleurs de la dame.

Toujours des robes de chambre, dit-il ; *il faut avouer que ces dames nous aiment en déshabillé!* Du reste, il est *courbaturé de ces aventures* qu'on appelle des bonnes fortunes, et son *superflu* suffirait à vingt financiers, à vingt marquis. Quand il a dit toutes sortes d'impertinences et bien d'autres, notre chevalier s'en va pour faire la cour à deux jeunes personnes qui ressemblent à Cathos et à Madelon ; il entre, le cocher de fiacre veut être payé ; le vicomte prie Colombine de payer pour lui. — Molière est moins hardi que Regnard ; c'est le marquis de Mascarille qui paie lui-même ses porteurs. Ceci arrangé, notre vicomte fait à ces dames le récit de la journée d'un *joli homme.*

Le joli homme fait d'abord sa toilette. Après la toilette, il dîne chez Rousseau. Un officier ne peut pas être moins de cinq heures à table, avant qu'il ait fumé cinq ou six douzaines de pipes, il est besoin de s'y remettre pour souper ! — Puis il ajoute : *Quand je vais en femme* (comme on dit : Malbroug s'en va-t-en guerre), j'ai soin de me rincer la bouche avec trois ou quatre pintes d'eau-de-vie ! Il en est là de sa narration lorsqu'on lui annonce qu'on le veut arrêter pour un billet qu'il a signé d'un faux nom ; aussitôt voilà la petite Isabelle qui donne à ce drôle ses deux brillants, son collier, sa montre, son cachet ; le drôle accepte tout, et il s'en va en disant : *Voilà des bonnes fortunes!*

N'est-ce pas bien étrange (sans compter ce que je passe !) que si près du *Misantrope*, que dis-je ? si près du *Malade imaginaire*, la Muse de la comédie se permette de pareils excès ? N'est-ce pas une chose singulière, que tout d'un coup, cet art que l'on croyait dompté, et forcé de marcher dans la voie que lui avaient tracée Louis XIV et Molière, revienne si lestement et en si grande hâte sur ses pas ? Vous aurez beau dire cette fois :

Il s'agit d'une parodie pour les bouffons de l'Italie, il s'agit d'Arlequin et de Colombine... Regnard, au contraire, a pris si fort au sérieux son *Homme à bonnes Fortunes*, qu'il a écrit une comédie tout exprès pour le défendre, et cette comédie est, à coup sûr, la meilleure imitation que l'on ait faite de cet admirable feuilleton de Molière intitulé : *la Critique de l'École des Femmes*.

Dans sa *Critique de l'Homme à bonnes Fortunes*, Regnard raconte tout d'abord le succès de sa comédie; on s'y presse, on s'y tue. L'hôtellerie voisine est encombrée de militaires qui viennent tout exprès pour apprendre comment on *pressure une femme jusqu'au dernier bijou*. Dans cette hôtellerie loge une comtesse bien difficile à servir, si l'on en croit Claudine : « c'est du blanc, c'est du rouge, c'est un gros bourgeon qu'il faut raboter; tant y a qu'il y a toujours quelque chose à calfeutrer à ce visage-là. » Sur l'entrefaite, arrive la comtesse elle-même, elle a vu représenter *l'Homme à bonnes Fortunes*, et elle s'évanouit d'indignation. — « Coupez mon lacet, de l'eau de Hongrie, qu'on me déchausse ! » La cousine de la comtesse en dit autant. — *Ces deux femmes vont nous crever dans la main*, dit le baron.

L'instant d'après entre un marquis : « de la chandelle ! du feu ! une bassinoire ! Ah ! les mauvais comédiens ! » Ce marquis-là, lui aussi, revient de *l'Homme à bonnes Fortunes*, et à ce jeu il a perdu son manteau, son chapeau, son épée; il eût perdu sa bourse, s'il avait eu une bourse; voilà ce que lui coûte cette comédie, *dont tant de femmes lui ont rompu la tête*. — Arrive à son tour M. Bonaventure : s'il vient un peu tard, c'est que *deux mille carrosses* qui reviennent de la comédie l'ont arrêté en chemin. Cette comédie, *c'est la rage de Paris*. Quand ils ont bien déclamé contre Regnard, ces messieurs se mettent à table avec ces dames, et à force de s'échauffer, ils finissent par se jeter les plats à la tête. Ceci n'est pas tout à fait l'atticisme de la *Critique de l'École des Femmes*; mais en fait d'atticisme, il ne faut pas s'adresser à Regnard.

Toujours est-il qu'à cet empressement de la foule, et surtout des femmes, pour voir l'*Homme à bonnes Fortunes*, à l'excellence d'un pareil héros qui occupe, coup sur coup, trois poëtes comiques contemporains, on se demande d'où vient donc un pareil succès, et comment il se fait que ni Baron, ni Regnard, ni d'Ancourt, n'ont pu satisfaire l'engouement public pour ce chevalier d'industrie, qui permet aux femmes de l'aimer, et qui le permet à prix d'argent? Quand on aura dit : — c'étaient là les mœurs de certaines femmes et de certains hommes, on n'aura pas expliqué le moins du monde, pour quelles raisons les plus honnêtes femmes se sont tant amusées du *Chevalier à la mode*, et de *l'Homme à bonnes Fortunes!* La véritable, la seule explication qu'on en peut dire, c'est encore et c'est toujours le *Don Juan*. *Don Juan!* voilà le véritable chevalier à la mode, le véritable homme à bonnes fortunes, celui à qui pas une ne résiste, qui les prend, qui les dompte et qui les harcèle, sans daigner tourner la tête pour voir la place où elles sont tombées.

A coup sûr, cet esprit hautain et dédaigneux, ce malfaiteur sans pitié et sans respect, aura mécontenté les femmes de ce XVIIe siècle, prosterné également devant le roi et devant les dames. *Don Juan*, en effet, n'a rien qui rappelle la galanterie du beau Versailles. C'est un brutal qui ne respecte rien, ni personne. Nul, moins que lui, n'a voyagé sur la carte de Tendre, et même sa première déclaration d'amour a quelque chose qui offense et qui blesse ces délicates personnes, si entendues dans les choses les plus délicates de l'amour. Suivez *Don Juan*, écoutez-le, et vous allez prendre en mépris tout ce qui est la passion, tout ce qui est l'amour. Fi! s'ensevelir à tout jamais, dans une passion, être mort dès sa jeunesse, refuser son cœur à tout ce qu'on voit d'aimable, est-ce là vivre? Parlez-nous, au contraire, de l'inconstance : tout aimer et tout laisser, s'en aller bien vite, une fois qu'il n'y a plus rien à dire ni plus rien à faire, à la bonne heure! Ainsi il parle, ainsi il agit.

Eh bien! les femmes à qui ne déplaît pas Moncade, devaient haïr Don Juan : elles pressentaient que cet homme était la fin de toute galanterie et de toute passion; elles comprenaient confusément que Don Juan et Don Quichotte, deux héros du même pays, venaient mettre un terme, celui-ci par ses insolences et celui-là par ses respects exagérés, à toute la belle et douce galanterie d'autrefois. Voilà ce que ces dames s'avouaient tout bas, en avisant au moyen de châtier Don Juan puisque Don Quichotte était incorrigible. Ce moyen-là, c'était d'avilir autant que possible l'homme à bonnes fortunes ; c'était d'en faire le misérable intrigant que vous avez vu tout à l'heure dans trois comédies.

En effet, ce chevalier à la mode, ce comte *coquet*, ce vicomte escroc, que sont-ils, sinon la parodie de Don Juan ? Don Juan est gentilhomme ; nos héros sont à peine chevaliers. Don Juan est brave ; les nôtres portent une épée comme ils portent des broderies à leur habit et des mouches à leur visage. Don Juan, quand il insulte une femme, voit au moins les frères de cette femme venir lui demander raison de leur honneur ; nos chevaliers d'industrie n'ont pas à redouter le plus petit duel. Moncade, par exemple, est interpellé par Ergaste, le frère de Léonor, pour savoir s'il épousera sa sœur ; Moncade répond à cet Ergaste : — *On n'épouse pas toutes celles qu'on aime*, et les choses en restent là. Ce n'est point ainsi que les choses se passent entre Juan et Carlos, le frère d'Elvire. Enfin si Don Juan dans sa carrière amoureuse ne donne rien à personne, s'il n'a pas une bague au service de ses maîtresses, s'il dédaigne les présents comme un moyen indigne de lui, au moins faut-il reconnaître que notre gentilhomme ne prend à ces dames que ce qu'il peut leur prendre en tout bien, sinon en tout honneur. Ce n'est pas lui à qui dona Elvire elle-même oserait offrir son crédit ou son argent.

Et pourtant, vous l'avez vu, Don Juan est sans argent, ses créanciers le poursuivent à outrance ; M. Dimanche, lui-même, se hasarde à apporter son mémoire. Tout au rebours du tailleur de Moncade qui a touché trois fois, de trois dames masquées, le montant du même mémoire, M. Dimanche ne sait pas comment est fait l'argent de Don Juan et de ses maîtresses.... Vous savez avec quelle monnaie est payé M. Dimanche ; voilà le seul argent dont notre gentilhomme fasse usage : son esprit avec les marchands, son courage avec les gentilshommes, sa beauté avec les dames. Le seul louis d'or dont il soit parlé dans toute la comédie, Don Juan le donne à un pauvre qui passe ; il n'y a qu'un seul homme dont ce brillant Juan accepterait ou même volerait la fortune, et cet homme c'est son propre père ; l'argent de sa maison, est le seul argent qu'il peut dépenser sans rougir ! Aussi bien est-ce du côté de l'argent que notre homme à bonnes fortunes a été attaqué. Plus on le trouvait grand seigneur, et plus on s'est amusé à l'avilir. Et vous pensez si cela dut plaire aux femmes, quand on leur apprit que ce fier, ce formidable, ce féroce et dédaigneux don Juan, en était réduit à se mettre aux gages des femmes, comme un laquais !

Voilà la seule explication que je puisse trouver aux mœurs incroyables de ce personnage vénal, odieux, hâbleur, ridicule, intitulé : *l'Homme à bonnes Fortunes*, *l'Homme du jour*, *le Chevalier à la mode* et autres chevaliers d'industrie; vous le retrouverez dans presque toutes les comédies de ce temps-là, et chaque fois qu'il se montre, ce sont de nouveaux transports, de nouveaux triomphes. Le *Don Juan* de Molière est de 1665 ; celui de Regnard est de 1690 ; il venait quatre ans après celui de Baron !

Mais quoi ! il était écrit que toutes ces parodies ne prévaudraient pas contre le Don Juan original, que l'homme à bonnes fortunes de 1690 vivrait à peine vingt ans encore, et que, pour la confirmation dernière de Don Juan, vous auriez le Lovelace, un autre damné dont la parodie s'est faite toute seule et d'elle-même, et cette parodie-là c'est le dandy !

Il paraît que la vieille Comédie-Française représentait à merveille *l'Homme à bonnes Fortunes* et *le Chevalier à la Mode*. Ces Messieurs et ces dames déployaient à l'envi, dans ces deux pièces, les grâces, l'esprit, et les souvenirs d'un siècle qui n'est plus. Seule de cette compagnie d'illustres comédiens [1], madame Desmousseaux restait, chez nous, pour les représenter ; même il était impossible de le prendre de plus haut, d'avoir plus de verve, plus d'entrain, de grandeur, et, s'il se peut dire, de majesté dans le ridicule. Celle-là partie, plus rien n'est resté de la comédie d'autrefois.

[1] Un mot d'arlequin me revient toujours en mémoire, à propos de ces comédiens, plus ou moins grands et célèbres, qui ont fait valoir toutes ces choses tombées, mortes avec eux :

« Nous serions tous parfaits, si nous n'étions ni hommes ni femmes, » disait maître Arlequin.

CHAPITRE VI

C'est ainsi que nous cherchons à relier, l'une à l'autre, ces diverses études de la comédie aux différentes époques de notre histoire, et nous espérons fort, pour peu que le lecteur nous soit en aide, arriver à quelque utile résultat. On n'a jamais fait, que je sache, une histoire complète de l'art dramatique ; autant vaudrait entreprendre l'histoire universelle du genre humain. Les plus savants se sont contentés d'écrire un chapitre ou deux de cet art changeant et varié à l'infini, après quoi ils se sont reposés, plus fatigués d'avoir entrepris l'histoire des marionnettes que celle des Mèdes, des Assyriens ou des Perses.

Parmi les historiens des choses du théâtre, il y en a qui sont des fanatiques, ceux-là veulent tout voir et tout savoir ; ils courent après l'anecdote, et même ils recherchent la plus intime ; ils s'inquiètent de la couleur d'un manteau, de la façon d'un pourpoint ; ils fréquentent le carrefour, la coulisse et le foyer du théâtre ; ils en savent les passions et les vices, ils en savent l'argot.... Nous ne sommes pas de ces fanatiques, et cela nous paraîtrait malséant de descendre à ces détails de *nouvelles à la main*. Nous nous contentons de savoir, de ces choses-là, ce qu'en doivent savoir les honnêtes gens qui ne veulent pas rester étrangers à une science qui tient de si près à la poésie, à la littérature, à la critique, aux mœurs publiques et privées :

> Docentem
> Artes quas deceat quivis
> Eques atque senator...

De ces choses-là, c'est un danger d'en trop savoir ; pour peu qu'on en sache causer avec ceux qui en jasent, à la bonne heure ! Même celui qui en sait trop ne sait pas tout. Chaque année, chaque jour amène avec soi sa comédie, et ce qu'on appelle *la société*, va changer, en vingt-quatre heures de vices et de ridicules, tout comme une habile coquette arrange et dispose, à son gré, les mouches de son visage et les fanfreluches de son habit. « L'homme n'est que d'un jour, le voilà, il n'est plus ; ce n'est que le songe d'une ombre. » A ce compte, la comédie est l'ombre d'une ombre. « Je vois, dit Ulysse dans une tragédie de Sophocle, que nous ne sommes que des images vaines ou des ombres légères. » C'est dans ce sens que disait La Bruyère : « Il n'y a point d'année où les folies des hommes ne puissent fournir un volume de caractères. » Ajoutez : et de Comédies. « Un volume chaque année, à ce compte, ô Muses, disait Pindare, comment s'y prendre pour être un de vos favoris et pour mener une vie heureuse en faisant des vers. »

Horace a dit aussi, « Celui-là est heureux qui mène une honorable vieillesse, entre la musique et les beaux vers. »

> Nec turpem senectam
> Degere nec cithara carentem !

Chaque année un *volume de caractères*, chaque année *une comédie !* Eh ! je vous prie, si ce travail eût été fait, des mille nuances de la vie humaine, seulement à partir d'Aristophane ou seulement à partir de Théophraste, quelle histoire plus variée à la fois et plus charmante, avec un plus grand nombre d'événements, d'enseignements, de héros, de personnages ! « Hélas ! disait un poëte en se contemplant lui-même, qu'ai-je fait, malheureux, des vices éclatants de ma jeunesse ? Voici maintenant que je n'ai plus que des vices médiocres, ennuyeux, insipides, plus dignes de pitié que de pardon. »

> Mediocribus aquas
> Ignoscos vitiis temor !

A ce vice épuisé s'arrête la comédie, elle est comme le roi du proverbe : « Où il n'y a rien, le roi perd ses droits! » Ce n'est plus que de la rouille. *Ærugo mera!* le fer est rongé. Heureusement qu'à chaque génération les vices et les ridicules renaissent comme la feuille de l'arbre au printemps, et que la comédie aussitôt recommence, nouvelle avec une génération nouvelle.

On eût fait un livre à noter ces différences, comme on notait, dit Lucien en ses *Dialogues, les chansons à danser*, *carmen saliare*, mais non, les historiens de la grande histoire (eh! nous voilà sur les domaines de M. Monteil!), pour plaire à leurs maîtres qui étaient des soldats, ont laissé la comédie, et la tragédie, et le *carmen saliare*, et même le *carmen seculare*, pour raconter uniquement les siéges, les batailles, les villes prises et renversées, les traités violés et rompus.

Ils ont dit mille choses inutiles : ils ont dit comment se battaient les hommes d'autrefois, et non pas comment ils vivaient; ils se sont préoccupés des violences de l'espèce humaine, ils ont négligé d'en raconter les mœurs, les grâces, les élégances, les ridicules, si bien que c'est en pure perte, ou peu s'en faut, que ces misérables sept mille années que nous comptons depuis qu'il y a des hommes en société, ont été dépensées pour l'histoire des usages et des mœurs de la société civile.

Pendant que le nombre des historiens nous échappe, on sait, à un homme près, le nombre des poëtes. Vous ne comptez plus les logiciens, les métaphysiciens, les casuistes, en quatre ou cinq tomes... vous avez la collection complète des moralistes. Dans cette étude des mœurs d'un grand peuple, l'antiquité n'est guère représentée que par Homère et Théophraste, Aristophane, Plaute et Térence; et chez nous Molière et La Bruyère, et puis rien, sinon — tout en bas — des barbouilleurs : Rétif de La Bretonne et Mercier du *Tableau de Paris!* Des maîtres dans l'art d'écrire, nous passons aux badigeonneurs du carrefour! Des rois et des princes nous passons, aux valets de la garde-robe!

Eh bien! à ces grands faiseurs de silhouettes crayonnées sur les murs de l'antichambre, je préfère encore les satiriques, race acharnée et mal élevée, il est vrai, mais la satire même finit par arriver à je ne sais quelle ressemblance violente, qui ressemble à la comédie ou à l'histoire, comme le bistouri qui sauve ressemble au couteau qui égorge ! Encore vaut-il mieux chercher nos pères dans le *Cabinet Satyrique*[1], que dans l'histoire de France écrite en très-beau latin, par M. le président de Thou.

C'est la loi universelle ; s'il est très-vrai de dire que les idées font le tour du monde, et qu'elles aillent, de peuple en peuple et de siècle en siècle, cherchant leur vie jusqu'au jour où elles revêtent définitivement la forme lumineuse qui les fait éternelles, un temps arrive, beaucoup plus rapide, où dans un certain lointain, favorable à la poésie autant qu'à la réalité, les choses humaines vous apparaissent sous un jour tout nouveau. Telle chose était grande alors, qui vous paraît si petite aujourd'hui ! Le géant de l'autre siècle est un nain, à cette heure, pendant que ce pauvre homme oublié, méconnu, méprisé, brille, à cent ans de distance, d'une gloire incontestée. Ésope était esclave, on n'a jamais su le nom de son maître ! Cervantes..... on ne dira pas, tout de suite et sans hésiter, le nom du grand Ministre qui menait l'Espagne, au temps de Cervantes. — Ce XIXe siècle, aujourd'hui si fier de sa fortune, de sa naissance et de ses victoires, il vivra parce qu'il a été fécondé, agrandi, fortifié par quelques grands écrivains, l'honneur de la prose et de la poésie, et ces écrivains déjà dans l'ombre, ils seront tout étonnés de se voir au réveil, devenus les égaux (pour le moins) de la gloire même la plus haute et la moins contestée !

Il ne s'agit que d'attendre l'avenir. Imprudent qui s'amuse à déplacer des idées, c'est l'expression même qu'il faut déplacer, l'idée arrive ensuite, obéissante à la parole nouvelle.

On a fait bien des tableaux de Paris... la plus ressemblante de ces images est, à coup sûr, l'image du dessein le plus formé et le plus net. Quoi qu'on fasse à propos de Paris, vous aurez toujours la même ville, avec les différences que le peintre saura voir, et voilà tout le problème. Une ville avide à la fois de louanges et de blasphème ; elle aime à s'entendre dire : *je vous hais*, et *je vous admire*. Depuis tant de siècles, elle ne s'est pas encore familiarisée avec elle-même, elle ne se connaît pas, elle se fait peur ; elle est également exposée aux vapeurs de l'orgueil et aux

---

1. Le *Cabinet satyrique*, ou recueil parfait des vers piquants et gaillards de ce temps, tirés des secrets cabinets des sieurs Sigognes, Régnier, Motin, Berthelot, Meynard, 1666.

orages de l'envie ; elle se hait, elle se méprise, elle se vante, elle s'adore, elle est la comédie universelle, elle est le drame sans fin ; elle a l'Univers pour témoin, et le genre humain pour complice ; elle réunit au génie et à l'expression des idées créées, la paresse et la lâcheté des plagiaires ; elle invente avec bonheur, elle copie avec rage ; elle est sublime et elle rampe ! Un aigle..... un ver !

Paris, la ville éternelle, non pas par les murailles qu'elle a bâties, mais par les poëmes qu'elle a mis au jour ! Mélange incroyable d'enthousiasme et de mépris, de volontés et d'obéissance ; un assemblage de paradoxes ; une réunion de vérités ; si active à concevoir, si lente à exécuter ce qu'elle a conçu ! Aujourd'hui elle va faire un Louvre d'une chaumière, le lendemain, des marbres et des bronzes du Louvre elle se fera une cabane ! Elle a pour elle, l'éclat de l'histoire et l'éclat du théâtre ; elle a la poésie et le roman ; l'Encyclopédie et l'Évangile, l'opéra-comique et la cathédrale ; elle est en deçà de toute imagination, elle est au delà de tous les arts, au-dessus de tous les royaumes, au niveau de tous les crimes, au niveau de toutes les grandeurs. Elle porte la blouse à faire peur, et la couronne à faire envie ; un pied sur le trône, un pied sur la barricade, elle règne par le droit de sa naissance, elle règne par le droit de sa conquête ! Foule ! et peuple ! domination ! liberté ! — Soudain toute cette foule et tout ce peuple et cette domination, s'arrêtent, le bonnet, le chapeau, ou la couronne à la main, devant l'opinion d'une douzaine de consciences que rien ne peut fléchir, et qui se dressent au milieu de ces abjections et de ces émeutes, semblables aux monts Apennins si quelque géant Adamastor les transportait sur la lisière de la plaine Saint-Denis ! — Et le voilà, appartenant à qui veut l'écrire, ce livre de morale, d'histoire, et de philosophie où se doit rencontrer, à la longue, le poëme universel du genre humain !

Cette image à faire de la ville où fut engendrée la comédie, où la satire a vu le jour, grâce à deux parisiens, c'est à proprement dire, la mer à boire ! Image éternellement changeante, et toujours la même, variable à l'infini, et toujours reconnaissable, une fois qu'on l'a vue. On dira, de Paris, dans cent ans, comme aujourd'hui, de Paris, la ville active, ingénieuse, orageuse et turbulente, qu'elle était la tête d'un corps énorme, et qu'elle absorbait injustement tout un vaste empire. Dans cent ans, comme aujourd'hui, on lui reprochera sa vanité, son imprévoyance, ses colères subites, ses défaillances sans motifs, ses croyances d'un jour, ses enthousiasmes d'un instant, ses répulsions sans cause, et ses adorations au hasard!

Mais quoi! si l'on peut dire, aujourd'hui, comment Paris sera vu et jugé dans cent ans, nul ne peut savoir de quelle comédie il sera le héros, de quel drame il sera la victime! Il n'y a même que les plus grands moralistes qui aient le droit de tracer le portrait actuel de cette puissance et de cette force, au delà de toutes les limites connues. Ainsi fit La Bruyère au temps de Louis XIV! Il s'occupa de reproduire le modèle incroyable qu'il avait sous les yeux, laissant aux lecteurs à venir, le soin de juger du mérite et de l'intérêt de la ressemblance. Ainsi il fit le portrait de la Ville, il fit aussi le portrait de la Cour. A la ville on s'attend au passage, dans une promenade publique, pour se regarder au visage les uns les autres; les femmes se rassemblent pour montrer une belle étoffe et pour recueillir le prix de leur toilette. Il y a *dans la ville*, la grande et la petite robe; il y a les *magistrats-petits-maîtres*; il y a les Crispins qui se cotisent, et recueillent dans leur famille jusqu'à six chevaux pour allonger un équipage. A la ville, les Sannions se divisent en deux branches: la branche aînée et la branche cadette; ils ont avec les Bourbons, sur une même couleur, le même métal. La ville possède encore le bourgeois qui dit:

Ma meute! le marchand qui donne obscurément des fêtes magnifiques à Élamire. On rencontre *à la ville*, le beau Narcisse qui se lève le matin pour se coucher le soir; le nouvelliste dont la présence est aussi essentielle au serment des ligues suisses, que celle du Chancelier et des ligues même; il y a Théramène qui est très-riche, et qui a donc un très-grand mérite; Théramène, la terreur des maris.

Paris, au temps de La Bruyère, est le singe de la Cour. Pour imiter les dames de la cour, les femmes de la ville se ruinent en meubles et en dentelles; le jour de leurs noces elles restent couchées sur un lit, comme sur un théâtre, — exposées à la curiosité publique et aux quolibets des marquis. Ces gens-là passent leur vie à se chercher sans se rencontrer. Ignorants, ils vont plus loin même que leur ignorance. Ainsi, il est de bon ton de ne point distinguer le chêne de l'ormeau, et l'avoine du froment. A la ville, à la cour, au temps de La Bruyère, on se ruinait en chevaux, en équipages, en bougies, en fracas de toutes sortes.

Ceci dit, et le portrait à peine achevé, et tout d'un coup, ce monde éclatant, ce monde éternel, s'en va et disparaît dans l'abîme! Où se cache-t-il, à cette heure, cet univers d'or, de soie et de cordons bleus? Comment s'est-il évanoui, et dans quel nuage sanglant, ce type souriant du courtisan éternel, esclave à tout faire et cependant maître absolu de son front, de son regard, de son visage; infatigable, impénétrable, habile? Ils sont passés à l'état des fossiles, ces courtisans, la honte de l'espèce humaine. — Ils étaient cependant les maîtres absolus de ce monde en proie à leur caprices; il en étaient les arbitres, les héros, les demi-dieux, les gardes-du-corps; ils touchaient, de très-près, les Princes Lorrains, les Rohan, les Foix, les Châtillon, les Montmorency — ces dieux!

Ce Paris de Louis XIV! Il était l'héritier des grandes découvertes du xvie siècle et il mit à profit ce vaste héritage! Il a reçu le contre-coup du premier coup de canon qui se soit tiré dans ce bas monde, il a lu le premier livre sorti des presses naissantes du premier imprimeur, il a mangé le premier fruit venu de l'Amérique, il s'est élevé aux écoles de René Descartes et de Despréaux; il a vu Bossuet face à face, il a souri le premier, aux doctes murmures de Pierre Basyle, il a pleuré, le premier, aux vers du grand Corneille. O siècle heureux! A son tour, il a prodigué la faveur, l'autorité, la grâce et le charme.

Il a rempli l'Univers de ses armes, de sa politique, de sa philosophie et de ses modes nouvelles, de ses comédies et de ses pompons, de sa politique et de ses bons mots; il a régné au théâtre et dans le salon; dans la chaire et sur les champs de bataille; il a vaincu par ses solitaires, autant que par ses capitaines; la langue universelle il l'a trouvée, plus habile en ceci que Leibnitz qui cherchait à réaliser ce beau rêve, et qui le cherchait, comme si les oreilles n'eussent pas été faites pour entendre! Elle est restée un des charmes de l'Europe moderne cette langue éloquente et forte, qui suffit à tout dire, à tout comprendre, à tout garder: élégance, politesse, atticisme, urbanité, — habile à parler des choses de la guerre, ingénieuse et savante à parler des choses de l'amour !

De cette Cité du peuple et de Dieu : *dont le centre est partout, et la circonférence nulle part*, La Bruyère passe à un autre pays, qui était quelque chose, au temps de La Bruyère, il passe ou plutôt il revient à la *cour*. La cour était un monde à part, où il était nécessaire absolument, si l'on y voulait faire un grand chemin, d'être effronté, insolent, mendiant, avide et menteur; où l'oubli, la fierté, l'arrogance, la dureté, l'ingratitude, étaient une courante monnaie; où l'honneur, la vertu, la conscience, étaient des oripeaux passés de mode; où l'on voyait, c'est toujours La Bruyère qui parle ainsi, « des gens enivrés et comme ensorcelés de la faveur, dégouttant l'orgueil, l'arrogance, la présomption. »

De ce monde à part la comédie était à faire, et si Molière l'a tentée, il ne l'a pas faite ! Il n'a pas voulu... il n'eût pas osé dépasser les petits marquis, ce grain de sable, dont le roi avait dit à Molière : *tu n'iras pas plus loin !* et il fallut attendre que le roi fût mort, pour en venir à songer que le roi lui-même, serait quelque jour, un sujet de comédie. — « On peut tout croire, hélas ! depuis que le roi est mort ! » disait un courtisan, le jour où disparut Sa Majesté, dans les profondeurs de Saint-Denis.

C'est bien le plus étrange et le plus incroyable spectacle, cette cour du grand roi ! Les vieillards y sont galants, polis et civils; les jeunes gens y sont durs, féroces, affranchis de toute politesse, et parfaitement délivrés des belles passions, à l'heure ordinaire où les jeunes gens commencent à savoir ce que c'est que l'amour. Il ne manque, à la débauche de ces vieillards de vingt ans, que de boire de l'eau forte. Les maladroits ! Ils avaient oublié l'art des gradations ! Un jour que ces messieurs étaient de frérie, il arriva que M. de Grammont se mit, au début, à chanter une chanson galante; à cette chanson galante, M. de Fronsac répondit par des gravelures — « que diable ! disait M. de Conflans à M. de Fronsac, il y a dix bouteilles de vin de Champagne entre ta chanson et celle de Grammont ! « Les imprudents ! ils commençaient, comme leurs pères n'eussent pas osé finir !

Notez bien que les femmes de la ville ne valaient guère mieux que les femmes de la cour. — Dans cet affreux pays, les femmes précipitent le déclin de leur beauté par toutes sortes d'artifices mauvais; elles chargent, d'un odieux carmin, leurs joues pendantes et leurs lèvres flétries; elles noircissent leurs cheveux, elles blanchissent leurs épaules, elles étalent, avec leurs bras, leur gorge et leurs oreilles, comme si elles craignaient de cacher l'endroit par où elles pourraient plaire.

« Ce pays se nomme Versailles; il est à quelques quarante-huit « degrés d'élévation du pôle, à plus de onze cents lieues de mer « des Iroquois et des Pantagons. »

Hélas! cinquante ans plus tard, dans ce même palais de Versailles qui était la citadelle imprenable de cette royauté d'Asie, le peuple arrivait qui s'emparait du roi et de la reine de France, et qui les emportait eux, leur famille, et la couronne de tant de rois, pour tout briser sur un échafaud sanglant et sous la hache des bourreaux! — Ainsi s'est perdue en ces tempêtes, la comédie aussi bien que la royauté d'autrefois. Tout s'est évanoui; tout a disparu, tout est mort! O cendre et poussière! O misère! ô vanité!

Remarquez cependant que de petites choses du bagage ancien, nous sont restées, plus tenaces que la monarchie! Elle a disparu, cette maison de Bourbon, *qui n'avait pas son égale sous le soleil*, au dire de Bossuet, *et nous avons gardé ce magasin de phrases toutes faites*, et dont on se sert pour se féliciter les uns les autres. Aujourd'hui, comme au temps de La Bruyère, *avec cinq ou six termes de l'art* on se donne pour connaisseur en musique, en tableaux, en bâtiments, en bonne chère.

Aujourd'hui comme autrefois, nous ne manquons pas de ces gens à qui la fortune tient lieu de politesse et de mérite, qui n'ont pas *deux pouces de profondeur*, à qui la faveur arrive par accident; seulement ces fortunes subites qui sont le déshonneur de la Fortune elle-même, arrivent, aujourd'hui, par d'autres moyens que les moyens d'autrefois, elles se produisent, dans des lieux différents, avec des caractères tout nouveaux. Le marquis de Dangeau, ce favori sans mérite, pour quelques vers improvisés, obtient un logement à Versailles; de nos jours, on a vu le maître absolu d'un journal, vendre son journal à un prix énorme, et planter là, au beau milieu de la rue, à la pluie et au vent de bise, ses collaborateurs, étonnés de tant de grandeur d'âme et d'un si complet désintéressement!

Ah! les pauvres niais! Ils ont porté ce pénible fardeau; ils se sont passionnés, ils se sont irrités, ils se sont dévorés, pour le compte et pour l'illustration de ce grand homme; ils ont affronté les émeutes, les tempêtes, l'impopularité violente, et les murmures de celui-ci, et les haines de celui-là! Ils ont dépensé leurs plus belles années, leur plus beau style et leur meilleur esprit, à soutenir, à parer, à décorer, à fortifier *la chose* de ce monsieur; ils ont fécondé sa terre, ils ont taillé sa vigne, ils ont mené paître ses troupeaux, ils ont supporté, pendant que le maître dormait, ou batifolait avec ses esclaves, la chaleur de la journée et la fraîcheur du matin; ils n'ont pas osé être malades sans la permission de ce monsieur; ils ont regardé dans les yeux de Trajan, pour savoir *si Trajan était content;* ils ont été attentifs à sa moindre parole, ils ont interrogé son sourcil de Jupiter Olympien, ils ont flatté même sa cuisinière, la complice de sa toute-puissance; ils ont ri de son rire, et pleuré de son chagrin; ils ont sué, ils ont halé, ils ont râlé.... et les voilà à la porte de cette maison qu'ils ont bâtie, à la porte de ces jardins qu'ils ont plantés; et du jour au lendemain, pendant que ce sol qu'ils ont fécondé de leur esprit, de leur talent, de leur labeur, rapporte au maître un intérêt qui serait un capital pour les ouvriers de la vigne, nul ne s'informe du destin de ces ouvriers habiles, actifs, intelligents, dévoués, braves jusqu'à l'audace, hardis jusqu'à l'abnégation! Ma foi! tant pis pour eux; monsieur est riche, il dort, il mange, il se promène, il est content!

Insere nunc Meliboee piros, pone ordine vites!

Voilà, je l'espère, une comédie à faire, une étrange et agréable exploitation de l'homme par l'homme, un nouveau drame où le capital joue, en se moquant, le rôle ingrat!

Eh bien! comparez ce chapitre tout nouveau du *mérite personnel*, avec le même chapitre *des mœurs et des caractères de ce siècle!* Dans le chapitre de La Bruyère, il est parlé *de la difficulté de se faire un grand nom;* aujourd'hui, le plus petit nom se fait grand, en vingt-quatre heures! La Bruyère admirait, en son temps, la grande étendue d'esprit qu'il faut aux hommes *pour se passer de charges et d'emplois;* aujourd'hui ce sont les maladroits, les modestes et les moins ambitieux qui acceptent les emplois et les charges. Aujourd'hui l'homme habile et qui sait vivre, est une créature à part qui méprise l'ambition comme une fatigue inutile ! Il dit, de la gloire, qu'elle expose ses amoureux à la calomnie, et des plaisirs, qu'ils donnent, trop de peine.

Autrefois il eût fait une exception pour l'amour..... il n'en veut plus depuis qu'il s'est enfoncé dans l'âge mûr et que tout le monde s'en mêle. — « Ah ! dit-il (le bon sujet de comédie !), quand je vois ces grossières créatures se mêler d'amour, je suis tenté de m'écrier, de quoi se mêlent ces gens-là ? Est-ce que le jeu, l'ambition, la fortune, la renommée et la gourmandise, ne seraient pas suffisants à cette canaille ? » Et ceci dit, il rentre dans son repos !

Si maintenant nous passons au chapitre inépuisable, au chapitre des femmes, nous trouverons des différences énormes, et que rien ne ressemble moins à cette femme-ci que cette femme-là. Mesurez-les, tant que vous voudrez, de la coiffure à la chaussure, et vous verrez combien de différences : c'est bien le même amour du luxe, de la toilette et de l'ornement ; c'est bien la même mignardise et la même affectation, et le même caprice, tout proche de la beauté dont il est la juste contrefaçon ; oui, c'est bien, au premier abord, la même coquette, et perfide et galante, le même piége et ses dangers, — et pourtant d'un siècle à l'autre, il nous est impossible de reconnaître et de retrouver les modèles de ces portraits.

Où êtes-vous, Célie, amoureuse tour à tour de Roscius, de Bathylle, du sauteur Cobus ou de Dracon le joueur de flûte ? Qu'a-t-on fait, dans les bonnes maisons de notre siècle, de ce tyran domestique appelé le Directeur, le Confesseur ? Qu'est devenue la fausse dévote, *qui veut tromper Dieu et qui se trompe elle-même* ? Où remplacer la femme savante « que l'on regarde comme on fait d'une belle arme ? » Il ne faut pas les regretter, il ne faut pas non plus se trop féliciter de ces ridicules oubliés, et de ces vices disparus ; d'autres sont venus à la suite de ceux-ci ; nous n'avons plus *les Femmes Savantes* de 1666, nous avons les bas-bleus de 1830 et années suivantes. Nous avons les révoltées qui agitaient au-dessus de l'émeute en furie, un mouchoir brodé à leurs armes ; nous avons les énergumènes-femmes de la plume et de la parole, armées jusqu'aux dents des paradoxes les plus furieux ; nous avons eu les Mirabeau déguenillées du *Club des Femmes;* la femme libre, amie et enfant de chœur de l'abbé Chatel; nous avons eu une race à part de Saint-Simoniennes qui réclamaient la pluralité des femmes dans la petite église d'où sont sortis, à la plus grande gloire de la doctrine, tant d'apôtres réservés aux plus hautes destinées ; nous avons eu la femme découverte par M. de Balzac, *la Femme de trente ans,* un saule-pleureur tout chargé des guirlandes, des lyres, des sonnets de la jeunesse et des hoquets de la suprême passion! Ah Belise! ah dame Philaminthe! ah comtesse d'Escarbagnas! ah Cathos! ah Madelon! vous êtes des innocentes, des immaculées et des charmantes, comparées à ces Vésuviennes, à ces subtilités en chair et en os!

Pauvres femmes, dont nos pères se moquaient, leurs petits enfants vous ont cruellement regrettées quand ils se sont vus aux prises avec ces infantes prétentieuses, desséchées, hargneuses, un pied sur la tribune, un pied sur le Parnasse, échevelées avec art, mêlant la déclamation à l'enthousiasme, le hoquet au sourire, un œil en pleurs, un regard en gaîté, « cendre usée d'un flambleau allumé par Vénus! » Ces harpies, ces mégères, ces vanités, ces robes trouées, ces prix de modestie et de vertu !

Ainsi, qui voudrait faire aujourd'hui la comédie : des *Précieuses ridicules* et des *Femmes Savantes*, irait chercher ses modèles dans un milieu de bas bleus, cent fois plus dangereux, plus nauséabond et plus terrible que le bon Molière au temps de Louis XIV. Il arriverait, le malheureux, non plus à la fille mûre « qui se graisse le museau de blancs d'œufs et de lait virginal, » mais à la femme faite, en casquette, en blouse, la pipe à la bouche et le bâton à la main! Ingrats que nous étions, et sans pitié, de nous moquer avec M. Gorgibus de ces essences, de ces pommades, de ces eaux de senteur... on nous a réduits à des exhalaisons d'ail, de tabac et de vieux fromage! A peine si mademoiselle Madelon cite *Clélie,* ou voyage en barque dorée sur le *Fleuve de Tendre,* et voilà nos déesses en haillons, et nos furies en falbalas qui parlent, sans frémir, la langue horrible du Père Duchêne et de Danton!

Hélas! même le fameux chapitre *des passions du cœur,* il n'a pas moins changé que le chapitre de *la femme savante.* On n'a entendu parler, de nos jours, en fait de *passions du cœur,* que de la plus triste sorte d'adultères inconnus à nos pères, et dont ils n'ont pas l'air même de se douter ; adultères plus réglés que les mariages, plus réguliers que les justes noces. Il n'est pas le mariage, il n'est pas le célibat, il tient au célibat par ses côtés honteux, il tient au mariage par ses inquiétudes et ses ennuis.

Une parodie à la fois, et une image fidèle du mariage ! Comme le mariage, il a ses fêtes ; il a ses anniversaires ; il a ses deuils ; il a ses billets d'enterrement. — On a vu, de nos jours, un homme d'un grand esprit à qui la mort charitable enlevait sa maîtresse, mariée à un autre homme, et qui faisait imprimer le billet que voici : « Monsieur Myrtil a l'honneur de vous faire part de la perte douloureuse qu'il vient de faire en la personne de madame Agnès, et vous prie d'assister..... » etc. C'est imprimé !

La comédie eût-elle inventé ce billet-là, du temps de Molière ? Elle inventait le billet *à La Châtre; ce bon billet* devenait proverbe et passait facilement dans la sagesse des nations.

Il n'y a pas jusqu'à ce mot-là : *un riche*, qui n'ait tout à fait changé de sens et d'acception. Autrefois était riche celui qui mangeait des entremets, qui faisait peindre alcôves et lambris, qui jouissait d'un palais à la ville et d'un palais à la campagne, et qui finissait par mettre un duc dans sa famille. Est riche aujourd'hui qui joue à la Bourse, qui achète plus de terre qu'il n'en peut cultiver, qui habite au second étage et qui marie à quelque usurier bien connu, sa fille unique ; et bien contente d'épouser un si gros monsieur !

Autrefois, le prêteur d'argent était ours immonde ; il habitait une tannière, il était couvert de haillons ; aujourd'hui, *l'ours* est un jeune monsieur qui paie des actrices, qui hante l'Opéra et se dandine, en bel habit, aux premières loges du Théâtre-Italien ! La pelure est changée, eh ! la griffe est la même ; aujourd'hui cependant, comme autrefois, « faire sa fortune » est une belle phrase, éloquente et splendide ; — elle a grandi, cette grande phrase ; elle est devenue un Évangile ! Le riche, ah ! le riche ! c'est bien un autre paire de manches que *le pauvre* de Don Juan !

C'est le riche qui se pique, encore aujourd'hui, d'ouvrir une allée en pleine forêt, d'amener une eau courante à travers les sables en feu, de meubler une ménagerie ; aussi inhabile que les seigneurs d'autrefois, les autres, ceux de La Bruyère, le riche d'aujourd'hui, à rendre une âme contente, à remplir d'une douce joie un cœur blessé, à faire que la pauvreté soit apaisée, heureuse, et que le pauvre puisse mourir en paix.

Après les riches, que dites-vous de nos grands hommes? Nos grands hommes, autant de marionnettes dont le fil est tenu par des mains déliées et cachées; héros, tant qu'ils obéissent aux passions populaires, martyrs, s'ils veulent briser cet esclavage!

Ces grandeurs passagères, un rien les crée, un rien les tue; — aujourd'hui a disparu le héros de la veille, et le lendemain (décoration nouvelle!) où brillait un empire, a surgi un royaume; où le royaume était florissant, éclate une république, et comptez que de grandeurs nouvelles, que de grandeurs déchues!

Or, ce qui se dit ici des royaumes, des républiques et des empires, exposés à ces changements, à ces variations, à ces insolences de la fortune, on en peut dire autant de ces royaumes en miniatures, qu'on appelle un salon! — Ce seul mot : *la Charte* (mot oublié, anéanti: *fabulæ que manes!*), avait créé, chez nous, toute une série de mœurs nouvelles, étranges, incroyables, dont les salons du siècle passé ne pouvaient avoir aucune idée, pas plus que nous n'avons l'idée aujourd'hui des salons du vieux Paris, dans lesquels les moralistes ont trouvé les héros de leurs comédies : Alceste, Orgon, Tartufe et Célimène, M. et madame Jourdain, Sganarelle, Élise, Valère, Marianne; le distrait Ménalque, Argyre la coquette, Gnathon le glouton, Ruffin le jovial, Antagoras le plaideur, Adraste le libertin et dévot, Tryphile le bel esprit, « bel esprit comme tant d'autres sont charpentiers ou maçons. »

Nous en avons encore, il est vrai, des uns et des autres, mais modifiés, et corrigés; tantôt moins ridicules, et parfois plus odieux. Il faut dire aussi que cette image épouvantable, ce fantôme, ce crime, signalé, par La Bruyère lui-même, dans nos campagnes dévastées, le paysan esclave et serf, a disparu du monde français [1].

---

1. Il n'y a rien de plus effrayant et de plus terrible à la fois, que ce tableau de La Bruyère. Voici en revanche un paysage (le lecteur aime le repos et le contraste), où se fait sentir, dans toute sa grâce et dans tout son charme, le repos rustique! Cette page heureuse exhale encore la suave odeur de nos saulées; elle fut écrite, l'été passé, au bord de notre fleuve bien-aimé, *ce diantre de Rhône*, par un poëte ingénieux, passionné, charmant, M. Charles

« On voit certains animaux farouches, des mâles et des
« femelles, répandus par la campagne, noirs, livides et tout brû-
« lés du soleil; attachés à la terre qu'ils fouillent, ils ont comme
« une voix articulée, et, quand ils se lèvent sur leurs pieds, ils mon-
« trent une face humaine. — En effet, ils sont des hommes! » Pis
que des hommes, ils étaient des paysans. Grâce à Dieu, grâce au
soleil fécondant de 1789, et grâce à la Liberté, l'auguste déesse,
cet animal n'existe plus sur le sol de la France, il est devenu
tout à fait un homme, et sa voix compte, et sa voix donne l'empire!

Que si le chapitre du *cœur humain* est à ce point soumis au
changement, à l'aventure, que dirons-nous de cet autre chapitre:
la Mode? Au temps de La Bruyère, la *viande noire* était hors
de mode; aujourd'hui, la mode, qui s'attache à tout, n'oserait

Reynaud! Je donne ici, cette douce élégie, en souvenir de la patrie absente,
et des coteaux dorés de Condrieux!

LA FERME A MIDI.

Il est midi... La ferme a l'air d'être endormie;
Le hangar aux bouviers prête son ombre amie.
Là, profitant de l'heure accordée au repos,
Bergers et laboureurs sont couchés sur le dos,
Et, près de retourner à leurs rudes ouvrages,
Dans un calme sommeil réparent leurs courages.
Autour d'eux sont épars les fourches, les râteaux,
La charrette allongée et les lourds tombereaux.
Par la porte entr'ouverte, on voit l'étable pleine
Des bœufs et des chevaux revenus de la plaine;
Ils prennent leur repas; on les entend de loin
Tirer du râtelier la luzerne et le foin;
Leur queue aux crins flottants, sur leurs flancs qu'ils caressent,
Fouette, à coups redoublés, les mouches qui les blessent.
A quelques pas plus loin, un poulain familier
Frotte son poil bourru le long d'un vieux pailler,
Et des chèvres, debout contre une claire-voie,
Montrent leurs front cornus et leur barbe de soie.
Au seuil de la maison, assise sur un banc,
Entre ses doigts légers tournant son fuseau blanc,
Le pied sur l'escabeau, la ménagère file,
Surveillant du regard cette scène tranquille.
Seul, perché sur un toit, un poulet étourdi
Croit encor au matin, et chante en plein midi.

s'attacher à la viande. Autrefois, le fleuriste s'attachait aux tulipes, aujourd'hui le camélia ne compte plus ses martyrs; — Avant-hier les dalhias avaient tous les honneurs de la culture, avant demain les roses sont remises en honneur, c'est le tour des violettes ce matin. En ce temps-là, on était *bibliomane* ou *bibliophile*, aujourd'hui, au fond de l'âme, il s'agit toujours de la même passion et du même amateur, mais ce ne sont pas les mêmes livres qu'on recherche, on s'attache à d'autres formats, à d'autres beautés!

Comme aussi je reconnais à certains signes ineffaçables, l'antiquaire acharné *dont les filles à peine vêtues se refusent un tour de lit et du linge blanc.* — Celui-ci est toujours *le premier homme du monde* pour les papillons; celui-là rêve, la veille, *par où et comment il pourra se faire remarquer le jour suivant.* « Zélie est riche, elle rit aux éclats; Syrus l'esclave a pris le nom d'un roi, et s'appelle Cyrus » Nous aussi nous avons nos avocats déclamateurs, nos magistrats galants; nous avons Hermippe, qui a porté si loin la science de l'ameublement et *du*

> Par-delà l'horizon heureux de cette ferme,
> Un orage pourtant déjà se montre en germe.
> Il est encore loin... moins que rien... un point noir!
> En montant sur ce mur, tu peux l'apercevoir.
> Le nuage s'avance au souffle de la bise,
> Il porte sur son flanc comme une tache grise...
> C'est la grêle! — Elle est là, sur le pays voisin
> Écrasant sans pitié le seigle et le raisin.

> Rien ne trouble pourtant votre repos robuste,
> Laboureurs endormis dans le sommeil du juste!
> Vous dormez, confiants en la bonté de Dieu,
> Heureux d'être abrités sous ce pan du Ciel bleu.
> On vous a vu dormir de ce sommeil tranquille
> Quand sonnait le tocsin de la guerre civile,
> Alors qu'on entendait, de vos hameaux fleuris,
> Le tonnerre lointain du canon, dans Paris.
> Laboureurs obstinés, semeurs que rien n'effraie,
> Cicatrisant toujours quelque nouvelle plaie,
> Réparant les dégâts faits par l'homme ou le ciel,
> Vous travaillez au blé comme l'abeille au miel.
> Que le tonnerre gronde au ciel ou dans les rues,
> Chaque jour vous revoit, penchés sur vos charrues,
> Confier aux sillons le pain des nations,
> Indifférents au bruit des révolutions!

comfort! Nous avons nos médecins à spécifiques ; il font de l'homœopathie aujourd'hui, naguère ils inventaient la panacée universelle. Hélas! aujourd'hui nous n'avons *plus d'esprits forts ;* on écrirait aujourd'hui : *il n'y a pas de Dieu*, que l'on serait montré au doigt... pour une moindre hardiesse, vous eussiez été brûlé vif, il y a deux cents ans. En revanche, s'il n'y a pas *d'esprits forts*, il y a les *hommes forts*, il y a les disciples de Danton, de Robespierre, de Marat, d'honnêtes sans-culottes, bien vêtus qui ne voudraient pas tuer une mouche, et qui désirent, tout haut, que le genre humain n'ait qu'une tête...

Oui, Suzon soyez-en sûre, ils couperaient la tête du genre humain! D'où il suit qu'il est fort nécessaire de tenir compte aux anciens de leur comédie, et des difficultés qu'elle a rencontrée, en songeant aux difficultés de la comédie aux siècles à venir! « Nos pères, disait La Bruyère, nous ont transmis, avec la connaissance de leurs personnes, celle de leurs habits, de leur coiffure, de leurs armes offensives et défensives et des autres vêtements qu'ils ont aimés pendant leur vie. Nous ne saurions reconnaître cette série de bienfaits qu'en traitant de même leurs descendants! »

Ce sont là d'encourageantes et consolantes paroles! Il n'est pas un de nous qui, trouvant sous sa main, sous ses yeux, un recueil de portraits d'autrefois, quand bien même, dans la suite des temps, ces hommes, dont voici l'image, auraient cessé d'être célèbres ou fameux, n'éprouve cependant un très-grand intérêt à contempler ces visages inconnus, un grand charme à retrouver sur ces calmes visages, les passions, les violences, les cruautés, l'enthousiasme et les amours du moment où cet homme a vécu, combattu, aimé, haï ; du moment où cet homme est mort, emportant, avec soi, dans sa tombe ignorée, un lambeau de la vie et de l'histoire universelles!

En vain les curieux impertinents sont là pour vous dire : « Mais prenez garde, il est peu probable que tous ces portraits soient ressemblants ; prenez garde, cette galerie est incomplète, » ou encore : « A quoi bon vous amuser à étudier ces visages dont le nom même est effacé et qu'entoure, à peine, un lointain souvenir? » Les difficiles ont beau dire, ils ne nous empêcheront pas d'étudier cette iconographie, incomplète, je le veux bien, mais enfin quelle chose est complète ici-bas?

Nous et nos œuvres nous devons le tribut à la mort ! Tôt ou tard, il faut que le poëte meure. A plus forte raison faut-il nécessairement que la nouvelle comédie aujourd'hui, soit demain une vieille comédie !

Aujourd'hui, ta comédienne est vivante, elle règne ! Elle domine, de sa grandeur, les passions environnantes... à peine si demain, le monde saura le nom de cette Muse ! Hélas ! la langue elle-même, ce rebelle instrument, indocile aux plus habiles... elle passe, elle s'efface, elle meurt.

La langue *que je parle* est déjà loin de moi !

LA RETRAITE ET LA MORT DE MADEMOISELLE MARS.

Ainsi il entrait dans le plan de ce tome II, consacré à la comédie et à toutes sortes d'*essais* dont le théâtre est le prétexte, que mademoiselle Mars régnât *en chef et sans partage*, dans ces pages où son souvenir apparaît, à chaque ligne, avec la grâce et le charme que nous trouvons encore à contempler quelqu'un de ces frais pastels du siècle passé, à demi effacés par le soleil des printemps envolés ! Sous la glace attachée aux guirlandes du bois doré, et dans cette poussière éteinte, on devine facilement la rose et la beauté qui se souriaient l'une à l'autre, et peu s'en faut que l'on n'entende encore les paroles, et le charmant duo de la fleur et du sourire !

A Dieu ne plaise que nous tentions d'écrire ici la vie entière de mademoiselle Mars ; un chapitre complet dans ce livre.... et notre livre serait perdu, tant ce chapitre au grand complet, serait la satire de tous les autres. Notre lecteur se contentera de beaucoup moins, je l'espère, et s'il veut mademoiselle Mars tout entière, eh bien, qu'il la cherche çà et là, répandue à chacune de ces pages, et des pages qui viendront, plus tard, comme on ramasse, dans un jardin cultivé sans ordre, les diverses fleurs dont se compose un bouquet !

Hélas ! quand mademoiselle Mars prit congé du théâtre et de la vie, il nous sembla que c'était là un de ces bruits inattendus qui annoncent des choses impossibles, tant nous étions habitués à ne pas douter de cette grâce inépuisable et de cette jeunesse éternelle ! Elle était restée en son déclin même, la toute-puissance des maîtres anciens ; elle était la défense et la protection d'un tas de poëtes nouveaux qu'elle avait vus enfants, et qui venaient abriter, à cette ombre charmante et féconde, les dernières trahisons de leur esprit. Elle avait vu à ses pieds, naître et mourir tant de poëmes fameux dont le nom ne s'était conservé que sur cette frêle couronne d'or faite pour son front !

Ingénieuse, éclatante et chère couronne ! Un voleur entra dans la maison, qui brisa ces feuilles éphémères du laurier d'or, et qui vendit, en bloc, ce laurier déshonoré par le contact de ce misérable. O vanité des plus glorieuses récompenses ! O vanité des royautés les mieux acquises ! Hélas ! si M. le comte de Mornay avait songé à la conservation de ce diadème poétique, il eût commandé qu'il fût d'un plus rude métal ! La couronne de fer des rois Lombards est encore au trésor de l'empereur d'Autriche, et cette même Autriche en est réduite à faire tambouriner, avec les objets perdus, la couronne des rois de Hongrie.... elle était d'or et de diamants !

Tout ce que peut faire le critique, à cette heure, c'est de recomposer, de son mieux, la couronne de mademoiselle Mars. Il me semble que je la vois d'ici cette couronne. Elle était l'ornement le plus précieux du grand salon de ce bel hôtel de la Nouvelle-Athènes que mademoiselle Mars avait bâti, non loin de la maison d'Horace Vernet, de mademoiselle Duchesnois, et de Talma ! La couronne était sous un globe, et posée sur un coussin de velours brodé d'or. Les feuilles nombreuses du chêne et du laurier portaient le nom de tous les rôles créés jusqu'à ce moment, par mademoiselle Mars ; une grande quantité de feuillage attendait les noms qui devaient compléter le couronnement de cette belle vie.

Il y a des voleurs bien bêtes et bien cruels ; tout le monde eût pardonné au destructeur de cette couronne, s'il n'eût volé que l'argent et les diamants de mademoiselle Mars !

Ce fut dans les premiers jours du mois d'octobre de l'an 1840 que pour la première fois, mais cette fois d'un ton très-vif et très-net, la grande artiste annonça l'intention de quitter le théâtre où elle avait régné si longtemps. Elle annonça cette triste nouvelle à ses amis, d'une voix calme et résignée, sans emphase et sans éclat, tout simplement, si bien qu'il était facile de comprendre que sa volonté était irrévocable.

« C'en est fait, disions-nous, elle a parlé de sa retraite, et comme elle est une femme sérieuse, à tout jamais (elle le veut) elle abandonne ce Théâtre-Français dont elle était la gloire et l'orgueil, cette femme de tant de grâce, d'élégance et d'esprit, qui était restée parmi nous comme le dernier et charmant représentant d'une société qui n'est plus! Elle s'en va, emportant avec elle la gaîté souriante de la comédie et son honnête maintien; son innocent sarcasme, et sa douce raillerie.

Elle s'en va, dites adieu, et pour longtemps, aux plus austères chefs-d'œuvre de Molière; adieu au *Misantrope*, dont elle était la Célimène adorée; à *Tartufe*, dont elle était, non pas l'excuse, mais du moins le plus supportable prétexte! Adieu surtout à cette comédie plus légère, qui s'est mise à relever quelque peu sa robe élégante pour marcher, sur les traces de la grande comédie.

Adieu aussi à l'esprit un peu maniéré, à la grâce, à la recherche de Marivaux, dont cette femme était l'appui! De nos jours, elle était la seule qui pût raconter dignement ce qui se passe dans ces petits salons dorés, sur ces sophas qui parlent, en présence des trumeaux et des boiseries rehaussées d'ornements, et de tout ce petit luxe bâtard auquel nous voulions bien croire encore, uniquement par respect pour mademoiselle Mars. C'est une grande perte, et bien cruelle, et qui doit affliger tous les sincères amis de ce grand art de la comédie, qui a été si longtemps en si grand honneur parmi nous.

Je sais bien ce qu'on va dire, et mademoiselle Mars aussi, elle le sait bien. Oui, ses envieux, ses jaloux, et ce troupeau de Béotiens qui se fatiguent d'entendre appeler Aristide : *le juste!* et mademoiselle Mars *la parfaite!* vont arriver en s'écriant tout haut, les ingrats, les barbares et les menteurs (j'ai dit les menteurs), que l'heure de la retraite a sonné, que voilà déjà longtemps que mademoiselle Mars est le plus grand artiste de son siècle, et qu'enfin elle doit faire place à d'autres.

Voilà les grands raisonnements qui ferment son théâtre à mademoiselle Mars! Il est vrai que, par un privilége qui n'appartient qu'aux têtes couronnées, l'extrait de naissance de mademoiselle Mars se retrouve dans l'*Almanach royal;* on a tiré le canon, le jour de sa naissance [1]. Elle est la seule femme de ce siècle (après les reines) à qui il n'ait pas été permis de profiter du bénéfice que toutes les femmes apportent, en ce monde, et dont elles usent largement, d'ôter de leur vie, les premières années inutiles, les années sans amour, l'innocence des premiers jours, les bondissements de l'enfant, les rêveries de la petite fille.

Cela fait toujours dix ou douze ans de moins, sur la tête brune ou blonde de toutes ces adorables menteuses. On ne croit pas tout à fait à leur mensonge ; on en croit la moitié, et, à force d'insister, à force de déranger, tous les ans, vos plus habiles calculs, à force de compter une année de moins, chaque fois qu'elles ont une année de plus, elles font si bien leur compte que vous ne savez plus le leur, ni le vôtre. Elles vous embrouillent si bien dans leurs soustractions que vous ne savez plus (elles ne le sauraient pas elles-mêmes !) comment faire la preuve de tous ces calculs.

Ainsi va le monde. Le monde n'a jamais que trente-six ans. C'est la limite fatale où il s'arrête. Une fois que cette limite fatale est dépassée, on ne compte plus les années, c'est un crime et une insulte de les compter. Il n'y a plus d'autre almanach que la blancheur de ces belles dents, la vivacité du regard, la grâce de la démarche, et toutes les jeunesses extérieures, à l'usage des femmes qui n'ont plus que celles-là. Nos Parisiennes surtout sont

---

1. Mademoiselle Mars était née à Versailles, le même jour que S. A. R. madame la Dauphine. Afin que leur joie eût un long souvenir dans l'âme des pauvres gens, le roi et la reine avaient constitué une pension de douze cents livres sur la tête de chaque enfant, venu au monde le même jour que la princesse royale, et cette pension de douze cents livres, qui avait été la fortune de son enfance et de sa jeunesse, mademoiselle Mars l'a touchée jusqu'à la fin de ses jours. A chaque trimestre, elle attestait elle-même, dans un acte authentique, ainsi le veut *la loi* qui n'use guère de galanterie, qu'elle avait aujourd'hui cinquante ans... et la suite. Ordinairement un jeune clerc de notaire apportait cette quittance, cruelle à signer, et mademoiselle Mars la signait d'une main ferme. Il y a bien de l'héroïsme caché dans ces âmes-là. Avec beaucoup moins d'années que cela, le joyeux Picard a écrit une comédie intitulée : *l'Acte de naissance.* Picard était dans le vrai, mademoiselle Mars était dans son droit. Peut-être on devrait reconnaître au fond de cette obstination à toucher cette faible somme, qu'elle devait trouver si chèrement payée, maintenant qu'elle était riche et âgée, une certaine reconnaissance envers ce roi et cette reine, si misérablement traînés à l'échafaud !

admirables pour ces hâbleries de la beauté; et comme pas une ne s'en fait faute, il en résulte que celle qui, par hasard, dirait justement la vérité, et toute la vérité, pourrait être, à bon droit, accusée de mensonge.

Pour exemple, imaginez que dans un salon une jeune et jolie femme de vingt-sept ans, soit originalité, soit caprice, ou probité, s'avise d'avouer tout haut qu'elle a eu vingt-sept ans, il y a trois jours, aussitôt l'étonnement est général. Vingt-sept ans ! mais c'est un âge qui n'est pas dans le calendrier! — Vingt-sept ans! s'écrient les autres femmes; mais nous sommes vos aînées, et nous n'en avons que vingt-quatre. — Vingt-sept ans, c'est comme cela, répond l'entêtée jeune femme. — Eh bien soit! vingt-sept ans, répondent ses bonnes amies; et trois mois après, au premier bal où elle va réussir, ces bonnes amies diront aux jeunes gens:

— Vous voyez bien, là-bas, cette belle dame qui porte des roses blanches sur la tête et qu'on entoure, c'est une femme de quarante ans, qui le dirait? — Et la preuve? répond le jeune homme. — La preuve, c'est qu'elle en avouait vingt-sept, l'autre jour.

Il y a de quoi dégoûter de la vérité, n'est-il pas vrai?

A mademoiselle Mars cet artifice a manqué, cet heureux mensonge a été impossible. Elle, comme une femme d'esprit, s'en est consolée bien vite en redoublant de jeunesse et de bonne grâce. Elle a été si longtemps ce qu'on appelle une jeune femme, qu'elle se moquait bien fort du calendrier auquel on l'attachait. Quelle taille divine! quel geste honnête! que de feu dans ce regard, et quelle voix! C'est cette même voix qui aujourd'hui encore, en songeant à cet accent plein, sonore et d'un si beau timbre, vous fait paraître plus charmants les plus beaux vers de Molière. O les cruels! les cruels, qui comptent les années de cette femme, et qui ne lui tiennent compte ni de sa grâce, ni de son esprit, ni de son élégance, ni de son tact exquis, ni de son bon goût naturel! O les cruels, qui s'écrient tout à coup, au milieu de l'applaudissement universel, et quand chacun lui bat des mains, qu'il faut mettre à la retraite cette femme; qu'elle n'a pas le droit de rester plus longtemps la reine du théâtre, et enfin : qu'elle *fasse place à d'autres!* — « Ingrat public! que j'ai formé » disait Baron!

Mais cependant à quelles *autres*, mademoiselle Mars fait-elle obstacle [1] ? quelles sont *les autres* qui doivent prendre place à son soleil? Où sont-elles, où les avez-vous rencontrées, à quels signes les avez-vous reconnues? Comment sont-elles faites, je vous prie, d'où viennent-elles, et par quels efforts surnaturels pourrez-vous établir leur généalogie, avec le grand siècle, avec l'élégante société, avec la comédie que représentait mademoiselle Mars?

Mais que disons-nous? Cela serait trop logique d'ôter à mademoiselle Mars son héritage, s'il y avait en effet à son ombre, une beauté naissante, un sourire, une grâce, une promesse, quelque chose qui lui ressemblât, seulement en intelligence, ou quelque belle douée de sa voix, ou bien ornée de cet esprit si fin, ou tout au moins en passe de conquérir un peu de sa popularité européenne; mais non, il n'y a rien pour la remplacer; il y a quelques petites filles qui la copient (*Va-t'en voir s'ils viennent, Jean,*); il y en a qui pleurent la comédie, d'autres qui la chantent, pas une qui la joue, et pas une qui la comprenne!

N'importe, haro disent-ils, sur mademoiselle Mars! Détrônons mademoiselle Mars! nous n'en voulons plus, elle n'est plus, pour nous, assez jeune! Ainsi crient-ils; demandez-leur cependant, à ces difficiles, quel âge ils ont en effet, eux qui parlent? Ils avaient vingt ans que mademoiselle Mars en avait trente à peine; il est vrai que, pour ces ingénus de l'univers et pour ces ingénues de l'éternité, le temps s'arrête; le temps, à leur compte, n'a marché que pour mademoiselle Mars! Le temps, en effet, ne marche que pour ceux et pour celles qui ont à dépenser beaucoup de talent, beaucoup d'esprit, beaucoup de cœur; quant aux autres, aux immobiles, aux oisifs, aux inutiles, aux inconnus, aux esprits blasés, aux beautés hors d'âge, ils se figurent qu'ils restent jeunes, parce que nul ne s'amuse à compter leurs cheveux blancs. Que ces gens-là soient vieux ou jeunes, beaux ou laids, vivants ou morts, qu'importe [2] ?

---

1. Mademoiselle Mars n'a pas vu son héritière en jeunesse, en beauté, en charme, cette admirablement belle Madeleine Brohan! Avec ses leçons, son expérience et ses bons conseils, mademoiselle Mars eût fait de Madeleine sa légataire universelle. Aujourd'hui l'enfant glane, et cherche sa vie, à travers ces domaines, ravagés par mademoiselle Plessis.

2. On se rappelle cette phrase de Marivaux : « Ma beauté! comment! je suis en procès sur de si grands intérêts, et je n'en sais rien! »

Cependant, à force de coups d'épingle, à force de murmures intéressés dans les recoins les plus obscurs de la salle, à force de mauvaise humeur et de mauvais vouloirs, il est arrivé qu'un beau jour, sans consulter personne, et sans attendre que ses amis fussent de retour, mademoiselle Mars s'est écriée : « Vous voulez que je parte, eh bien! je pars! Vous dites que vous avez assez de moi, c'est bien plutôt moi qui ne veux plus de vous ; de vous à qui j'ai consacré ma vie et mon génie et les chefs-d'œuvre des maîtres ; de vous à qui j'ai voulu plaire, même en faisant violence à ma vocation sur la terre ; de vous qui m'avez fait jouer, même des drames ; de vous qui avez mis le sanglot à ma voix, la pâleur à ma joue, le désordre à mes cheveux, le poison à mes lèvres, le poignard à ma main !

« Ingrats qui me reprochez d'être restée, jusqu'à la fin, un grand artiste, lorsque tant d'autres, après les premiers pas dans la carrière, se sont retirés, épuisés, fatigués, n'en pouvant plus ! Injustes, qui me châtiez d'avoir défendu, moi toute seule, Molière et Regnard, et Marivaux, et Lesage, tous nos vieux dieux insultés, dont j'étais, moi seule, le grand défenseur !

« Que me reprochez-vous encore, ô blasés que vous êtes? D'avoir tendu une main secourable à tous les petits beaux-esprits qui ont tenté, chez vous, la comédie, malingres génies que j'ai fait grandir sous mon souffle ; renommées chancelantes que j'ai appuyées de ma renommée; gloires éphémères que j'ai abritées sous ma gloire... des êtres qui ont vécu par moi, de par moi, qui mourront avant moi! Que me reprochez-vous, enfin? de n'être plus une jeune femme ! Eh qu'importe, barbares, si mon talent est jeune, et si rien, dans mon art, ne se fait attendre : la voix, le geste, le sens, le sourire, le talent, la gaîté? Est-ce ma faute à moi, si je ne suis plus jeune, et pourquoi donc comptez-vous ma persévérance, mon courage, et mes luttes de chaque soir? Ainsi pouvait parler mademoiselle Mars!

Mais mademoiselle Mars n'était pas femme à se plaindre, longtemps! Elle n'avait pas, tant s'en faut, l'audace de cette infidèle, qui disait à son amoureux : « Vous ne m'aimez plus, vous croyez plutôt ce que vous voyez, que ce que je vous dis! » Non! elle voulait que l'on eût foi, en sa beauté, non moins qu'en sa parole, en revanche, elle avait le courage de ces hommes généreux qui s'arracheraient le cœur, plutôt que de s'avouer vaincus, en public.

Elle était comme cet empereur romain qui voulait mourir debout, et dans l'exercice entier de sa majesté. Elle savait confusément que si, d'ordinaire, le comédien et l'artiste passent vite, la durée est un des caractères du grand artiste. Que tu sois tout de suite un homme de génie, la chose est possible; mais pour que je l'avoue, et que j'en sois sûr, il faut attendre que nous sachions ce que tu as vécu. L'esprit, le génie, la bonne grâce et l'éclat de l'esprit, la verve, et la passion, l'inspiration et l'amour, quoi d'étonnant, quand vous êtes jeune, quand tout chante au fond de votre âme, quand tout sourit autour de vous, quand vous nagez, de toutes les forces de votre passion, dans le courant joyeux des belles années? Non, certes, je ne dirai pas alors que vous êtes un grand talent, un rare esprit, je dirai mieux que cela, je dirai que vous êtes un heureux artiste.

Mais laissez venir les années et les chagrins; que votre tête soit moins touffue et moins noire ou moins blonde, que votre regard soit moins limpide, votre cœur moins honnête et votre espérance moins vaste et plus lointaine, alors nous saurons si, en effet, c'est l'art qui vous pousse et vous guide au delà de cet horizon que vous appelez l'infini! Tant que vous êtes jeune, vous êtes au-dessus des rumeurs qui s'attachent aux choses débattues; nul ne songe à vous demander qui vous êtes, et ce que vous venez chercher en cette arène ouverte à la jeunesse, à l'espace, au soleil, à la force, à l'espérance, à la beauté?

On te salue, on te bénit, et l'on t'aime, ô jeune homme, enivré de la douce rosée matinale; on se prosterne à tes pieds adorés, ô beauté printanière, ô poésie, éloquence et cantique! Vous régnez du droit despotique de votre jeunesse et vous voilà, de prime abord, au niveau de toutes les adorations humaines, au-dessus de tous les blâmes! Vous êtes jeune, que vous importe ce qu'on raconte de votre talent, de votre renommée et de vos succès de chaque jour? Auprès de vous se tient, souriante et charmée de vous voir, la belle et consolante déesse de la jeunesse; elle est votre consolation, elle est votre force, et si parfois quelque découragement pénètre au fond de votre âme enivrée et chancelante sous les parfums du laurier poétique, eh bien! jetez-vous, à corps perdu, dans les bras de la fée lumineuse, embrassez-la, qu'elle vous aime, vous encourage et vous console !

On est jeune, on est tout; on est roi, on est reine, hélas jusqu'au jour où s'arrête le privilége, où cesse le charme, où s'envole, en poussant un cri plaintif, le printemps des belles années; alors, enfin, mon pauvre artiste, il est temps de s'inquiéter du succès et de l'avenir ! L'âge mûr est le creuset de tes mérites, et le monde, étonné de tes cheveux blancs, va savoir enfin ce que tu vaux par toi-même, ou si vraiment tu étais assez bien doué pour atteindre à la palme ardue et difficile !

A cette épreuve suprême de l'heure sérieuse, combien de grands artistes ont succombé ! Que de gloires se sont brisées à la borne ardente de la cinquantième année, et que de génie immolé sur cet autel de feu ! Donc honneur à l'artiste habile qui peut cesser d'être jeune, impunément ! Honneur *à la durée* en toutes choses; elle est venue en aide à bien des rois tout-puissants; elle a manifesté plus d'un grand écrivain qui serait mort oublié, s'il n'avait pas combattu, durant quarante ans, sur la même brèche. Il faut vivre avant tout; en vivant on se complète, en vivant on se démontre soi-même à soi-même; en vivant, on apprend à vivre d'abord, à écrire ensuite; en vivant on devient S. M. le roi Louis-Philippe, on devient Horace Vernet ou M. Ingres, on devient S. M. la reine des Français, ou S. A. R. madame la Dauphine; en vivant on s'appelle M. de Lacretelle, et dans la guerre civile on parle aux habitants des campagnes, le sincère et tout-puissant langage de la raison.

C'est en vivant que notre admirable patron M. Bertin l'aîné est mort entouré des sympathies, de la reconnaissance et des respects de cette grande famille d'esprits dont il avait été l'appui, l'exemple et le conseil. « Il ne faut pas pleurer sur moi, nous disait l'admirable vieillard, le jour même de sa mort, j'ai vécu heureux, je meurs content, et c'est sur vous que je pleure. » La durée en pleine action, en pleine intelligence, en plein exercice des facultés de l'âme et des puissances du cœur, est un signe, un présage, une promesse, une espérance d'immortalité !

Or, de tous les artistes de ce temps-ci, l'artiste qui a duré le plus longtemps, qui a vécu d'une vie à la fois plus entière et plus hautaine, à coup sûr, c'est mademoiselle Mars. Elle a été patiente outre mesure; elle a attendu longtemps sa beauté, son esprit, sa jeunesse, sa grâce, son charme enfin. Pendant très-longtemps, ce même public, qui la devait adorer, n'a voulu ni la voir, ni l'entendre ; il la trouvait vieille et laide à vingt ans ! De plus anciens que nous, raconteront la vie et le combat de mademoiselle Mars ; nous autres, qui étions plus jeunes qu'elle (aujourd'hui ce n'est pas beaucoup dire), nous l'avons vue à son zénith, et toute parée et toute éclatante des roses de sa couronne épanouie ! — Elle a bien combattu, elle a bien travaillé, et enfin elle a cédé à la force, à la fatigue incessante de ce travail de tous les jours. — *Je suis vaincu du temps,* disait un vieux poëte français.

Ce fut le 18 avril 1841 que mademoiselle Mars se montra, pour la dernière fois, à ce public, dont elle était encore (après tant d'années) la fête la plus sérieuse et la plus charmante. Il faut avoir partagé l'émotion de cette soirée, dramatique, s'il en fut, pour arriver à un juste idée de ce que peut être une réunion d'honnêtes gens qui aiment sincèrement les beaux-arts. Afin que ses adieux suprêmes fussent dignes d'elle, mademoiselle Mars avait appelé à son aide Molière et Marivaux, ses deux amis fidèles, fidèles jusqu'à la fin ; celui-ci austère, sérieux, solennel, même dans sa vie ; celui-là bienveillant, aimable, charmant, plein de grâce, d'élégance et d'abandon. — L'un qui soutenait mademoiselle Mars d'une main si ferme, l'autre qu'elle-même elle soutenait, en lui prêtant sa blanche épaule ; celui-ci qui survivra à toutes choses, même à une perte irréparable ; celui-là qui se sentait mourir, le soir même où il perdait sa comédienne bien-aimée et qui, à cette heure, est mort sans retour !

Oui, Marivaux est mort, pour la seconde fois, le jour où disparut mademoiselle Mars ; elle l'a emporté dans sa tombe, ce bel esprit qui s'éteignait sans elle, et qu'elle avait ressuscité, d'un sourire ! De Marivaux nous devrions faire l'oraison funèbre, avant d'entreprendre l'oraison funèbre de mademoiselle Mars. Je ne crois pas, en effet, que même une femme du plus grand monde, et même parmi les femmes du monde qui aient eu le plus d'esprit, il y en ait une seule qui pour les grâces, les élégances et l'art intime du beau dire, ait pu lutter avec l'auteur de *Marianne* et des *Fausses confidences*.

Cet art tout féminin de cacher sa pensée sous la perfection du langage, Marivaux l'a possédé, à ce point qu'il pourrait en remontrer aux femmes les plus habiles. Il sait donner à l'amour un si bel air de galanterie, et de cette façon il fait de la passion quelque chose de si facile à avouer tout haut, que bien peu de femmes pourraient dire, avec cette effronterie naïve, les plus secrets sentiments de leur cœur. La langue qu'il parle est si retenue en ses plus vifs emportements, elle a quelque chose de si réservé, même quand elle ose le plus, elle est si bien le langage de la meilleure compagnie, même quand elle passe par la bouche de Frontin ou de Lisette, qu'il est impossible, aux femmes les plus sévères, de ne pas écouter, malgré elles, et même assez volontiers, ces beaux discours fleuris, à l'encontre des choses du cœur, ces folles dissertations d'amour, cette éloquence enivrante qui appartient beaucoup plus aux sens et à l'esprit qu'elle ne vient de l'âme.

Passions à part! Elles sont écloses au bruit des poëmes galants, au refrain des chansons à boire, et sous la voûte incendiaire du boudoir de Chloris. Passions d'une heure, elles ont besoin, pour paraître dans tout leur éclat, d'un demi-jour ; elles ne peuvent pas être trop parées, elles n'usent jamais assez de velours, assez de dentelles ; elles ne mettront jamais trop de mouches à leur joli visage, trop de poudre parfumée à leurs beaux cheveux, elles ne sont jamais mieux assises et plus à l'aise, que sur ces riches sofas qui parlent, comme on en voit dans les petits livres du petit Crébillon.

Cependant vous demandez pourquoi donc ce langage à part, cette langue de Marivaux qui est si loin d'être le langage de la nature, et pourquoi donc cette comédie exceptionnelle, qui est si loin d'être la comédie de tout le monde, comme l'entendait, comme la faisait Molière, ont-ils trouvé grâce et faveur parmi les partisans les plus dévoués de Molière lui-même?...

La réponse est facile ; c'est qu'en effet cette langue à part a été la langue d'une société à part ; c'est que Marivaux a été le Molière de ce petit monde de soie et d'or qui s'agitait, à l'ombre de l'éventail de la maîtresse royale ; société éphémère mais élégante ; un monde à part mais plein d'esprit, de loyauté et de courage ; corruption si vous voulez, mais corruption de bon goût ; désordres, à la bonne heure ! mais avouez que ces instants de folle ivresse ont été payés avec usure? Ajoutez à ces folies de la tête et des sens, un sincère courage, une bienveillance inépuisable, et la profonde conviction parmi, ces rois d'un monde croulant, que leur empire leur échappe, et qu'ils ne seront plus, demain, que des victimes. Pauvre société perdue à force d'esprit, d'élégance, de scepticisme! Elle vaut bien, par les spoliations et les supplices qui l'attendent, qu'on lui pardonne son élégance et son imprévoyance à toutes les menaces de l'avenir!

Marivaux était donc, en fin de compte, le représentant le moins dramatique et par conséquent, le plus sincère et le plus vrai, de la fin du XVIIIe siècle. Ce n'était point par l'action, par les passions sans frein, par les déclamations furibondes, par les larmes intarissables, que cette société marchait à l'abîme, mais bien par la galanterie et par la conversation.

Les uns et les autres, ils se sont tous perdus, en mille papotages ingénieux, philosophiques, politiques et littéraires, et ils commençaient à comprendre le danger, lorsque la révolution française est venue interrompre brusquement cette aimable causerie. A ces bruits avant-coureurs du bruit des couronnes brisées et des têtes qui tombent, les grands seigneurs et les belles dames s'imaginaient que c'était tout simplement un coup de tonnerre qui les venait surprendre :

« Allons, disaient-ils en se séparant, allons voir aujourd'hui ce qui se passe à l'assemblée des notables, nous reprendrons demain la conversation où nous l'avons laissée. » Ah! les imprudents, les insensés et les gens à courte vue! Ils n'ont jamais pu se réunir, et se retrouver, une seule fois, avant leur mort, depuis la première irruption du Vésuve, en 1789! Ils causaient, on les arrête; ils dansaient, on les condamne; ils chantaient, on les tue!

Ils n'entendront plus désormais s'ils veulent vivre, et vivre au jour le jour, que le bruit des tribunes et des clubs. En trois cris, la voix tonnante de Mirabeau avait brisé la flûte d'or et de cristal où Marivaux soufflait ses élégies mêlées d'épigrammes. Alors — ô miracle sauveur! quand fut morte, en priant Dieu, cette société qui causait si bien, la tribune nationale pour combler le vide de cette société aux abois, s'éleva éloquente et souveraine, sur les débris des petits salons. Alors vraiment arriva la fin du monde, et nul depuis ce temps, n'a osé reprendre cette facile, et dangereuse conversation du siècle révolté de Voltaire et de Diderot.

De tous ces causeurs, proscrits ou morts, Marivaux est resté, comme celui de tous qui parlait le mieux, et comme le dernier qui ait parlé.

Voilà tout le secret du succès de la comédie de Marivaux ; elle est pour quelques-uns un regret, elle est pour tous de l'histoire ; elle a été un grand écueil pour ceux qui ont voulu imiter ce style à part, et qui avaient imaginé de faire parler les bourgeois de ce temps-ci, comme parlaient les grands seigneurs d'autrefois.

Certes, c'était là un insigne anachronisme : autant valait affubler ces messieurs et ces dames de la Chaussée-d'Antin, des broderies, des insignes, des armoiries et des grands noms du Versailles enseveli dans la poudre du 10 août !

D'ailleurs, je le répète, il n'y avait au monde, pour aimer, pour copier Marivaux, que des femmes choisies, et dignes de comprendre un si parfait modèle. Mais les femmes elles-mêmes ont manqué à Marivaux ; les femmes, de nos jours, ont imité les hommes du jour ; elles se sont livrées à toutes sortes d'imaginations furibondes, à toutes sortes de paradoxes exécrables ; elles ont fait de la poésie érotique, elles ont fait de l'esprit boursouflé, elles ont fait de la critique sentimentale, elles ont déclamé, elles ont plaidé, elles ont fondé des religions, elles ont criblé de pétitions la Chambre des Pairs, elles ont arrangé l'histoire à la taille de leurs petites passions, elles ont essayé de toutes les tristes choses viriles : pas une d'elles n'a voulu se souvenir que la causerie, une causerie fine, agaçante, spirituelle, est surtout le partage des femmes, que le ciel les a faites pour parler aux hommes, non pas du haut de la chaire, de la tribune ou du théâtre, tout simplement, assises dans un fauteuil.

— Nous, causer ! se sont-elles écriées, vous vous moquez ! Nous sommes des hommes, et en cette qualité, nous ne sommes étrangères à rien de ce que font les hommes ! Et c'est ainsi que nos femmes d'esprit ont perdu toute influence et tout empire ; on ne les aime pas, elles font peur ; on ne les écoute pas, elles ennuient ou elles fatiguent ; elles hurlent, elles déclament, elles se lamentent, elles prophétisent, elles soupirent des odes ; elles ne savent plus ni sourire, ni écouter, ni répondre, elles ne causent plus.

Voilà comment, de chute en chute, depuis la retraite de mademoiselle Mars, et quand elle ne fut plus la reine de ce théâtre abandonné, pour donner le ton du beau langage et l'air du beau maintien, cette femme élégante, et quand une révolution nouvelle eut envahi ce monde à grand'peine rétabli sur sa base fragile, il arriva que nous vîmes un beau jour, dans une cave étroite, naguère consacrée aux plus vils funambules, s'établir en gloussant... ô monstruosité du haillon vide et de la parole creuse, une incroyable réunion intitulée — eh! qu'en dites-vous, Marivaux? — *le club des femmes! Le club des femmes!* heureusement pour elle que mademoiselle Mars était morte !

Le club des femmes! Passez, à mademoiselle Mars, son flacon d'éther et son éventail !

Cette représentation, où Marivaux et sa légitime interprète se montraient dans tout leur éclat, pour la dernière fois, fut empreinte de je ne sais quelle fièvre inquiète avec toutes les agitations de la fièvre ; et le public et les comédiens semblaient animés des mêmes regrets; les comédiens jouaient mal, le public écoutait mal, Tartufe (on jouait encore *Tartufe !*) eut grand'peine à se faire entendre ; on n'entendait ce soir-là, ou pour mieux dire, on ne voyait que mademoiselle Mars, attirant à elle toute l'attention, toutes les sympathies.

A chaque vers, on se disait, malgré soi : — adieu à ce mot qui m'a tant charmé! adieu, pour jamais ; adieu à ce beau geste que j'aimais tant; adieu à cet esprit si fin qui s'en va d'où il est venu, qui retourne à Molière ! ainsi l'émotion était double. De temps à autre, le chef-d'œuvre reprenait sa puissance, alors la comédie s'indignait et grondait comme eût fait le remords, singulière comédie en effet, dans laquelle le plus horrible et le plus épouvantable des crimes est flagellé par le rire.

Vous direz de vous-même, sans trop vous faire prier, je suis un avare, un menteur, un débauché, un libertin ; mais jamais, à vous-même, vous ne vous avouerez cette vérité formidable : — *je suis un hypocrite!*

Le drame achevé, mademoiselle Mars revint sous la cornette, sous la robe toute simple, sous les grâces naïves et contenues de Lisette. — Elle avait laissé le velours, les diamants, les dentelles, cette étoffe moelleuse dont s'accommodait maître Tartufe, toute cette parure extérieure, pour arriver comme on arrive quand on a le regard vif et perçant, la voix fraîche et pure, la taille jeune, la main d'une femme comme-il-faut.

— Me voilà! nous disait son regard (ses beaux yeux disaient tant de choses!) me voilà, vous ne direz pas que je me suis trop parée, vous ne direz pas que j'ai fait trop d'efforts, et cependant regardez-moi, écoutez-moi! Alors la voilà qui se met à entrer dans l'interminable jaserie du *Jeu de l'Amour et du Hasard.* Elle s'abandonne librement à l'espièglerie de son rôle; elle est, tour à tour, la fille d'un grand seigneur à l'ancienne marque, et la digne suivante d'une belle dame à la mode des petits appartements! Quelle fête c'était à la voir dans ce double événement, et quelle fête c'était de *l'entendre!*

On l'écoutait bouche béante, on la regardait, à la brûler, et tous ces regards, semblaient dire à leur tour : — C'est impossible, cette femme ne joue pas pour la dernière fois! Hélas! il y avait tant de calme et tant de grâce dans son jeu, elle avait si bien réuni, en un seul bloc, toutes ces perfections divines, que cette perfection même et cette suprême coquetterie, indiquaient aux moins clairvoyants un adieu éternel!

C'est l'histoire et c'est le conte des amoureux qui se séparent, l'homme et la femme bien décidés à ne pas se revoir, mais chacun d'eux voulant laisser à son complice, la meilleure idée de son esprit et de sa personne. A tout jamais on prend congé l'un de l'autre, on ne doit plus se revoir; alors on redouble de câlineries, de tendresses, d'adorations; celui qui est faible, pleure tout haut, celui dont l'âme est forte pleure tout bas; puis quand ils sont bien loin, bien loin, qu'on ne peut plus ni les voir ni les entendre, ils s'en donnent, à cœur joie, de toutes ces larmes; mais qu'importe? on ne sait pas s'ils ont pleuré.

Quand tout a été dit, la salle entière a voulu revoir mademoiselle Mars. Elle l'a redemandée, non pas de cette voix banale et prévue à l'avance qui s'élève dans la salle, en même temps que tombe le lustre, comme si le lustre voulait jeter sa lumière blafarde sur ces faux enthousiastes, mais elle a été redemandée nettement, d'une voix unanime, comme jamais je n'ai entendu redemander personne. La toile s'est levée. Alors, au milieu des comédiens en habits noirs et des comédiennes en robes blanches, a reparu mademoiselle Mars. Elle a salué toute cette foule enthousiaste avec une dignité bien sentie; ses adieux ont été simples, touchants, sérieux; elle tenait son cœur à deux mains, et

elle aussi elle aurait pu dire comme cette héroïne de Corneille :
— *Tout beau, mon cœur!*

Ce jour du 18 avril 1841 fut un jour néfaste pour le Théâtre-Français. Ce jour-là, il perdit, en vingt-quatre heures, sa supériorité incontestable, incontestée ; il perdit sa popularité dans toute l'Europe, la perle de sa couronne est tombée. C'en est fait, pour longtemps du moins, de la gloire des chefs-d'œuvre de ce beau siècle dont mademoiselle Mars était l'interprète ; c'en est fait de cette représentation fidèle des mœurs, des passions et des élégances d'autrefois ; nous retombons, en plein vaudeville, de toutes les hauteurs de la comédie ; de l'Œil-de-Bœuf nous revenons à la Chaussée-d'Antin ; du Versailles de Louis XV nous redescendons dans le faubourg Saint-Honoré ; trop heureux si nous ne sommes pas obligés de rétrograder jusqu'aux duchesses fraîchement peintes de la rue Notre-Dame-de-Lorette, jusqu'aux marquises de la rue du Helder !

Aussi la tristesse de cette retraite a-t-elle été grande, profonde, bien sentie. C'en était fait des plus vifs plaisirs du théâtre pour les hommes qui aimaient, d'une foi sincère, le beau langage, les nobles traditions, les vivants souvenirs. A qui reviendra l'héritage de mademoiselle Mars ? Nul ne peut le dire ; mais celle qui la doit remplacer n'est pas née encore, à coup sûr. Même au théâtre, non-seulement au Théâtre-Français, mais dans tout ce monde dramatique le plus léger, le plus envieux, le plus frivole des univers connus, la douleur fut immense. Il n'était pas un artiste de quelque mérite qui ne regrettât vivement ce modèle inimitable qui inspirait, tant d'émulation et si peu de jalousie, aux comédiens de ce temps-ci.

Le lendemain du jour où mademoiselle Mars prit congé de son public en deuil, chez un honnête citoyen que je ne veux pas nommer, deux braves comédiens du boulevard, faits pour mieux que cela, racontaient, en souriant, les heureuses misères de leur vie, et leur théâtre fermé. La femme est jeune, belle, intelligente, s'il en fut, et grande et bien taillée pour le drame ; l'homme est digne de sa femme, il est plein de verve et de passion, mais il ressemble un peu à un ours, à un ours qui saurait bien tenir la coupe empoisonnée ou le poignard. Tout à coup, au milieu de la conversation commencée, on annonce mademoiselle Mars !

A ce nom admiré, nos deux aimables bohémiens se lèvent, dans un transport unanime d'admiration et de respect. Mademoiselle Mars est assise, ils restent debout, occupés à la contempler. Et enfin, tout d'un coup, voilà la jeune femme qui se prosterne vivement, qui s'empare de la main de mademoiselle Mars avec des sanglots et des larmes. « — Madame ! madame ! disait-elle, nous sommes venus de bien loin, mon mari et moi, pour vous voir jouer une fois encore, mais nous sommes arrivés trop tard ! » Parlant ainsi, elle était belle et elle parlait bien !

L'homme, de son côté, tout honteux d'être si ému, s'était retourné contre la muraille, et il tenait sa tête dans ses mains ; ses épais cheveux, mal en ordre, retombaient sur ses mains, et il pleurait.

Le critique lui-même, un critique, un sans-cœur par métier, une bête féroce, remué par cette douleur si naturelle, si vive, si bien rendue, était sur le point de pleurer, lui aussi !

Mais mademoiselle Mars se mit à les calmer l'un et l'autre. Elle appela madame Mélingue sa fille, lui disant que c'étaient là de nobles larmes ; Mélingue, à son tour, essuya ses larmes, et quant au critique : « Voilà, dis-je à mademoiselle Mars, voilà pourtant comment nous étions tous hier soir ! »

Depuis le jour de sa retraite, elle ne fit plus que languir. Elle vivait par le théâtre et pour le théâtre, et elle ne pouvait pas se consoler de n'être plus la fête de l'esprit, la fête des yeux et du cœur. Tantôt elle se cachait à tous les regards, fuyant la douce lueur du jour, assistant dans sa pensée à ses propres funérailles (ainsi fit l'empereur Charles-Quint après l'abdication), tantôt elle se montrait à son peuple, en belles robes taillées par son artiste favorite Victorine, avec qui elle avait arrangé tant de modes nouvelles, et inventé ce rose à part que les dames du meilleur monde appelaient, par excellence, *le rose de mademoiselle Mars.*

En ces moments elle était gaie et souriante, elle aimait qu'on la vînt voir au Théâtre-Italien, au théâtre de l'Opéra, dans sa loge, et c'était encore un grand charme d'entendre cette voix qui semblait rappeler toutes les mélodies envolées. Dans la rue on la saluait à son passage ; au Théâtre (elle assistait volontiers aux premières représentations !) on était tenté de l'applaudir ; elle voulait être au courant de toutes choses, car elle s'occupait tout à la fois de sa fortune et du drame nouveau. — Où en sont mes terrains des Champs-Élysées? que dit-on de la nouvelle comédie que M. Scribe a lue hier? Les terrains montaient, et elle était contente; la comédie de M. Scribe allait son train, et voilà une femme ravie : — « Ah! disait-elle, homme heureux, qui reste absolument le maître des esprits et des âmes!

Ah! l'homme heureux qui se passe de moi, qui avais tant de peine à me passer de lui! » Elle aimait M. Scribe à dater du jour où ce charmant esprit avait imaginé de couvrir d'un voile, et de charger d'un nuage, les deux beaux yeux de *Valérie*, afin que bientôt le voile tombant rendît une force inattendue à ce regard, perçant comme l'esprit, et tendre comme l'amour.

Cette noble femme restera, pour les comédiennes à venir, un encouragement, un conseil, un exemple en beaucoup de choses. Elle était habile et droite; elle jugeait bien de toutes choses, grâce à ce sang-froid qui ne l'a pas quittée; elle était une vraiment grande artiste et une femme comme il faut, sans exagération, sans excès; prudente, au contraire, et réservée avec un petit fonds d'orgueil, soit dans les petites, soit dans les grandes aventures de sa vie; attentive, et ne négligeant aucun détail, elle protégeait et défendait sa gloire avec le même zèle que sa fortune.

Elle aimait à être riche et célèbre; à compter son bien et ses couronnes; elle exécrait la campagne, elle adorait la ville, et qui lui voulait parler des splendeurs de la matinée ou des pâles clartés d'un beau soir, qui la voulait intéresser aux bêlements de la ferme, au caquetage de la poule, aux roucoulements des pigeons, à cette sentimentalité bête qui est la dernière occupation des vieux comédiens et des vieilles comédiennes à leur retraite, aussitôt elle entrait en fureur, ou bien elle vous jetait un coup d'œil railleur qui ne disait rien de bon.

Enfin, dans cette vie active, occupée, en plein bruit poétique, elle n'avait qu'une seule crainte, c'était d'être prise, à la fin de ses jours, par une de ces longues agonies qui font de votre cœur un lambeau, et de la femme la plus charmante un lugubre objet de pitié et de dégoût.

Si bien qu'elle se cacha pour mourir. Elle tenait à sa gloire, et jusqu'au bout de sa vie elle se battit, pied à pied, contre la vieillesse, semblable à ce maréchal de France sur les bords de la Bérésina qui tient tête aux Cosaques, pendant que l'armée en désordre franchit l'obstacle, et se sauve, à l'abri de ce valeureux !

Lui, cependant, son œuvre accomplie, il remet au fourreau son épée et disparaît dans le lointain !

Donc elle fit si bien, cette héroïne des derniers jours de la comédie expirante, et elle se conduisit, jusqu'aux limites suprêmes, avec tant de bonne volonté et de courage, que Paris attristé apprit en même temps la maladie et la mort de mademoiselle Mars ! Elle mourut le 21 mars 1847, et le lendemain de ce jour de deuil le Feuilleton jetait ses dernières couronnes sur cette femme à jamais célèbre. La critique a beaucoup perdu en perdant mademoiselle Mars ; elle portait un de ces noms très-rares que le public aime à rencontrer dans nos discours ; elle était hardie et se mêlait volontiers aux œuvres nouvelles ; elle enfantait à chaque instant des choses inconnues, elle s'est battue, au premier rang, dans la première œuvre de M. Victor Hugo, dans le premier travail de M. Alexandre Dumas ! On la voyait, aujourd'hui, luttant contre madame Dorval, comme elle avait lutté naguère contre Talma, qui était, lui aussi, un rude jouteur, et le lendemain jouant le rôle principal dans un mélodrame de Frédéric Soulié, prosternée aux pieds « de l'homme qui a tué Raphaël Bazas ! » Ainsi mademoiselle Mars était une de nos forces, ainsi elle qui était un texte inépuisable à toutes sortes de beaux et faciles discours qui donnaient à la critique de ce temps-ci un aspect tout nouveau, une forme inattendue, une grâce inespérée. — Elle a fait, mademoiselle Mars, de la critique une force bienveillante ; elle a appris à la critique le dévouement et la louange ; elle a donné à la critique cet accent nouveau et qui lui va si bien, l'accent même de la sympathie et du respect !

Car voilà, ceci soit dit à notre louange à tous, la toute-puissance de la critique moderne, et voilà le mur de séparation qu'elle a élevé entre elle et la rigoureuse école de l'abbé Desfontaines, de Fréron et de M. de La Harpe ; elle a montré que l'admiration et la sympathie étaient au premier rang de ses droits et de ses devoirs ; elle ne s'est plus contentée, comme autrefois, de relever les erreurs, les fautes, les défauts, les impuissances, elle s'est attachée aux grâces, aux beautés, aux promesses que fait le présent à l'avenir ! Enfin la critique moderne est revenue, et vaillamment aux maîtres de l'antiquité, leur empruntant tout ce qu'elle pouvait leur prendre ! Il y a, dans les livres de Quintilien, un interlocuteur nommé Apollodore, qui disait : « Persuader, c'est s'emparer de l'esprit de celui qui vous écoute, et le conduire en triomphe au but que l'on se propose. » *En triomphe !* Vous l'entendez !

Or, le triomphe se peut-il rencontrer dans cette critique baveuse, inquiète, malsaine, impotente, semblable à ces lourds nuages qui se posent sur la lumière du soleil sans un moment d'éclaircie ? — Et quoi de triomphant, dans ce style muqueux, morose et glaçant d'une main lourde et dolente ? La vie où est-elle, dans ces pages que l'ennui frappe soudain de son plomb ? » *La persuasion*, disait Xénophon, *a plus de force que la violence.* » Il pouvait ajouter qu'une certaine joie aisée, agréable, piquante, vaut cent fois mieux, dans ces dissertations d'art et de goût, que toutes les formules algébriques. — Mais que fais-je, en ce moment, pourquoi donc cette dissertation à propos de mademoiselle Mars ?

En ce moment encore je fais l'éloge de mademoiselle Mars ! — Elle avait donné à la critique un peu de sa vie et de son accent, un peu de son vif regard et de sa parole au beau timbre. En ce moment elle m'apparaît comme cette loi suprême dont il est parlé dans un dialogue de Cicéron ; écoutez ! c'est la règle qui devrait gouverner tous ceux qui veulent atteindre au véritable langage attique [1] :

« On ne manquera pas, disait le Feuilleton, de remarquer dans les biographies qui viendront, plus tard, de cette artiste inimitable, qu'elle est morte un jour du mois printanier dont elle portait le nom, et que le marronnier du 20 mars, en signe de deuil, ne s'est pas couvert, ce jour-là, de ces fleurs accoutumées que le peuple de France acceptait comme un souvenir de la glorieuse et éphémère rentrée de son Empereur. Elle est donc morte tout à fait, cette personne illustre qui était morte une première fois, quand elle nous fit ses derniers adieux dans ses deux rôles qui étaient ses deux chefs-d'œuvre. O triomphe ! ô linceul ! Elle avait appelé à son aide tout ce qui lui restait de force, de grâce, de charme, de beauté ! Jamais son esprit n'avait été plus ingénieux, plus alerte ; jamais son regard n'avait pétillé de plus de vivacité et

---

[1]. Regula ad quam eorum dirigantur rationes, qui Attice volunt dicere.

de malice. — Elle tenait à bien mourir, elle tenait à être pleurée, elle s'attachait, de toutes ses forces, à ce sillon lumineux que laissait après elle cette gloire élégante! — A-t-elle été applaudie! a-t-elle été couverte de fleurs! a-t-elle été appelée trois fois!... Mais enfin l'arrêt était porté ; il a fallu descendre dans l'oubli, cette tombe anticipée des plus grands artistes. — Ame, je te dégage de ton corps! Douce chaleur, abandonne ce beau visage! noble vie, animée des plus correctes passions, rentre dans l'air immense où se perd le souffle supérieur.... *Ad ventos vita recessit.* »

Pour une personne de cette popularité et de ce mérite quitter le théâtre, en effet c'était quitter la vie. Mademoiselle Mars aimait, à en mourir de joie, les enivrements de la foule, les applaudissements du parterre, l'enthousiasme du poëte, la résurrection solennelle des vieux chefs-d'œuvre sauvés par sa parole, les luttes ardentes des premières représentations, s'il fallait imposer à un public rebelle, quelque renommée à son aurore! Que d'esprit elle avait, — et, mêlée à cet esprit, quelle intelligence sûre et prompte, nette et vive! Comédienne dans son moindre geste, dans son sourire, dans le pli de sa robe, dans la forme et dans la couleur de ses habits, dans le son de sa voix, cette voix touchante et ingénue, douce musique qui allait à l'âme, raillerie, innocence, bel esprit, moquerie pleine de verve, causerie sans fin, gracieuse façon de tout dire, profond sentiment, non-seulement des ridicules humains, mais encore des misères humaines ; sa comédie avait quelque chose de grave et d'ingénu tout à la fois, quelque chose de sérieux et de jeune en même temps auquel il eût été bien difficile de résister. Mais quoi! on ne résistait pas à cet entraînement contenu dans les plus correctes limites; au contraire, on s'abandonnait volontiers à cette force sincère, à cette passion naturelle, à cet entraînement, qui obéissent à toutes les règles du goût, du bon sens, de la grâce, du sentiment.

A coup sûr, ce n'était pas là un artiste parfait ; mais bien peu d'artistes ont approché de la perfection plus que n'a fait mademoiselle Mars. Elle était née pour ainsi dire sur le théâtre, au beau moment du siècle passé, à Versailles, au beau milieu du plus grand monde. Son père, le comédien Monvel, était un vrai comédien, un peu philosophe, un peu poëte. Sa mère jouait la comédie, et aussi sa jeune tante dont la beauté était célèbre dans un temps où il était difficile de se faire remarquer parmi tant de beaux visages. Elle débuta le 1ᵉʳ janvier 1793, dans un petit opéra du théâtre Montansier. 1793! vingt jours avant le jour fatal!

Hélas! au même instant, dans la tour du Temple, à côté de son père, de sa mère, de son frère enfant, était enfermée une jeune fille de quinze ans, — l'âge de la jeune débutante! Ces deux enfants étaient nées à Versailles le même jour, et pour ainsi dire à la même heure, aux salves ardentes de l'artillerie, aux chants reconnaissants du *Te Deum!* La fille du comédien avait abrité son berceau à l'ombre du berceau de la princesse royale.... Bientôt l'orage était venu qui avait jeté dans ces prisons du Temple, le roi, la reine et la princesse de Versailles, pendant que la petite Monvel, qui était leur pensionnaire, commençait sa douce vie par des chansons.

Avec beaucoup moins de respect pour de royales infortunes, et pour peu que l'on y mît beaucoup de délicatesse et de réserve, quel parallèle on pourrait faire entre ces deux femmes, venues au monde ensemble, et sous deux astres si contraires! Celle-ci destinée à toutes les grandeurs de l'infortune, orpheline à seize ans, orpheline d'un roi et d'une reine, que dis-je! orpheline de père et de mère, la proie de l'exil et de toutes les horreurs de l'exil; son enfance a été une prison, sa jeunesse une fuite, son âge mûr une immense inquiétude, sa vieillesse.... le silence, l'abandon, la résignation, la prière et les respects du monde épouvanté en présence de tant de clémence, de résignation et de bon sens!

Au contraire, et sur les bords opposés, voyez d'un coup d'œil la vie admirablement heureuse de mademoiselle Mars. Ces louanges, ces splendeurs, ces fortunes, cette beauté adorée à genoux, ces poëtes qui s'empressent à partager tant de gloire, ce parterre de rois, cet Empereur Napoléon, dans tout l'éclat de sa grandeur, qui appelle cette jeune femme en aide à ses victoires, cet entassement de tout ce qui fait la vie fortunée, splendide, radieuse.... Eh bien! s'il faut plaindre l'une de ces femmes, ne plaignez pas celle qui n'a perdu que le trône de France; plaignez l'autre, hélas! elle meurt de regret et de désespoir, parce que la cornette de Lisette échappe à sa tête blanchie, parce que l'éventail de Célimène, dont elle avait fait un sceptre, s'est brisé entre ses doigts.

Nous sommes ingrats pour tout ce qui tombe ; mais nous sommes ingrats surtout pour les reines de théâtre. Tout pour elles d'abord, et à la fin, rien pour elles! Hier encore la flatterie n'avait rien de si lâche et de si rampant qui ne fût à leur taille... le lendemain le public prend sa revanche, et c'est à peine si l'on sait le nom de cette adorée. Tant qu'elle a touché le bois de son théâtre, mademoiselle Mars s'est sentie vivre ; elle vivait dans le passé, elle vivait dans le présent. — C'était elle encore ! on la saluait du regard ; on disait, la voyant passer : — *La voici ! c'est mademoiselle Mars !*

On la voulait voir, on la voulait entendre ; absente, on demandait : *Où est-elle ?* Les jeunes gens se hâtaient pour en conserver la mémoire ; les vieillards venaient chercher à ses pieds quelques souvenirs de ces belles traditions par lesquelles mademoiselle Mars se rattachait à Préville, à Molé, à Fleury, à Saint-Prix, à la grande Contat, à la grande comédie ; les deux écoles dramatiques (mademoiselle Mars, pareille aux Sabines, a assisté à ce combat des Romains et des peuples sabins, combat dans lequel les Romains furent vaincus) appelaient à leur aide, chacune de son côté, cette force irrésistible... Soudain tout ce mouvement s'arrête, et tout ce bruit fait silence... Mademoiselle Mars n'est plus au théâtre, tout est dit. Maintenant, disent les messieurs et les dames, qu'elle vive ou qu'elle meure, ou bien que cette âme en peine remplisse son silence et sa solitude de ses regrets et de ses douleurs, que nous importe ? Cette femme nous a amusés pendant cinquante ans, nous n'avons pas de temps à perdre à ramasser les cendres éteintes de ce flambeau qui a jeté son feu sur nos plus belles soirées d'hiver.

Heureusement la critique est plus humaine que le public. La critique se souvient par reconnaissance et par devoir, et quand une fois l'artiste est à l'abri de ses sévérités, elle ne se croit pas dispensée de le louer pour ses triomphes passés. La critique ne dit pas : « Ce n'est rien, c'est un vieux poëte, c'est un vieux musicien, c'est un vieux comédien qui se meurt! » au contraire, elle s'arrête avec respect dans ce sentier de la mort, et elle tâche d'arracher à l'oubli quelques lambeaux de cette renommée, fugitive comme le nuage dans le ciel de l'été.

Grande consolation, véritablement, pour la gloire consolée, et merveilleuse fortune pour la critique exposée, elle aussi, aux oublis de la foule indifférente, lorsqu'avant de mourir à son tour, elle se met à ressusciter cette gloire éteinte, à rappeler cette idole à la douce clarté de ses beaux jours!

Chose difficile cependant, même une résurrection d'une heure! On se lamente sur la destinée des comédiens, dont rien ne reste, pas plus que le son de l'écho disparu, et l'on ne voit pas que rien ne revient, de ce qui est mort. Est-ce vivre, en effet, que de passer à l'état d'une langue morte, d'un chef-d'œuvre oublié, d'une curiosité littéraire? Est-ce vivre que d'être exposé, à deux mille ans de distance et de respects, à l'imitation puérile des écoliers, à la traduction banale des beaux esprits, à l'enthousiasme écrasant des savants et des commentateurs?

Mademoiselle Mars est partie, en ceci moins heureuse que Talma, mort dans son triomphe de *Charles VI*, et pleuré comme un être réel dont le public espérait encore tant de pitié et tant de terreurs. Elle a emporté avec elle sa belle grâce, ses élégances et les ressources infinies d'un esprit qui ne s'épuisait jamais. Que voulez-vous? c'est la loi. Les comédiens, les chanteurs, les belles personnes, race passagère et périssable, meurent deux fois. Ainsi meurent les grands orateurs et les plus habiles écrivains de la presse (Armand Carrel! Armand Marrast!), ne laissant après eux que de faibles traces de ce talent qui agitait le monde!

Un jour que Cicéron lui-même interrogeait Roscius, le Talma romain, le priant de lui dire, en deux mots, le secret de son art, et par quelle magie il arrivait à produire ces grands effets dramatiques? — Mon secret est bien simple, répondit Roscius, *la bienséance* [1]!

J'étais d'avis que l'on écrivît cette parole de Roscius sur la tombe de mademoiselle Mars.

1. « Quod ipsi Roscio sæpe audio dicere: *Caput artis decere.* »

FIN DU TOME DEUXIÈME.

TABLE DES MATIÈRES

CONTENUES DANS LE TOME DEUXIÈME.

Chapitre premier. — *Ce que devient l'esprit mal dépensé.* . . . .
Définition du feuilleton, par M. le duc de Saint-Simon 7
Les fêtes de la critique. 9
Malherbe à Racan. 10
Molière. — Histoire de la représentation de Tartufe. — L'Anathème de Bossuet. 12
Définition de la comédie, par Fénelon. 14
L'Église et le Théâtre. 17
Tartufe et les Lettres Provinciales 19
Que le théâtre n'a guères corrigé les mœurs. 24
La Vie et les commencements de Molière. 32
La Comédie et le Roi se portent bien. 39
Qu'il faut étudier les anciens, si l'on veut parler des modernes. . 44
Le Feuilleton et le Livre. 46
L'Étourdi. — Madame Menjaud. 47
L'Instinct du comédien. 50
Mot de Talma *sur l'ensemble* au théâtre. 52
Comment Molière copiait Térence. 56
Le Mariage forcé. 57
La comédie et la *farce*. 58
Descartes et le docteur Pancrace. 61
Le Sicilien. — Le Barbier de Séville. 64
Les emprunts de Beaumarchais. 66
La race des Noblet. 69
Le Misantrope. — Les Débutants. — M. Devéria. — La Ville et la Cour. — Alceste. — Molière. — Chapelle. 70
Le comte de Guiche et le Duc de Lauzun. 77
Elmire. — Célimène. — Sylvia. 82
Elmire et Célimène. 83
L'Esprit de Marivaux. 85
Chapitre II. — *Mademoiselle Mars a été toute la comédie de son temps.* La Couronne funèbre. — Molé. — Fleuri. — Menjaud. . 93
M. Duviquet. 96
Les différentes façons de jouer le rôle d'Alceste 98
Le Philinte de Molière. — Fabre d'Églantine. — J.-J. Rousseau. . 102
L'avocat introduit dans la comédie sérieuse. 110
Chapitre III. — *Le théâtre est l'église du diable.* 113
Le Jour du feuilleton. — L'École des femmes. — L'Épreuve nou-

velle. — Mademoiselle Doze. — M. Regnier et le monument à
Molière................................. 119
L'Impromptu de Versailles. — La Troupe de Molière...... 128
Molière acceptait volontiers la critique........... 130
La poétique de Molière vaut bien celle de l'abbé d'Aubignac... 133
Le portrait de la Coquette, par Blaise Pascal.......... 135

CHAPITRE IV. — *Que la critique doit être écrite avec zèle, et par des hommes de talent*............... 136
De l'esprit en critique................... 142
Le Don Juan en vers. — Saint-Thomas d'Aquin......... 143
Une lettre de mademoiselle de Brie.............. 145
Le portrait des libertins, par Bossuet............. 149
Hamlet et Don Juan.................... 151
Le Festin de Pierre, en prose................ 155
Le Pauvre de Don Juan. — M. Proudhon. — *La Propriété c'est le vol*................... 165
Don Juan et Tartufe.................... 168
Le grandeurs de M. Dimanche................ 170
Le Plutus d'Aristophane. — L'Argent. — Un chœur antique. — Un philosophe d'hier.................. 171
L'atticisme, définition de Cicéron............... 174
Le cantique à la pauvreté.................. 175
Les Fêtes de Versailles. — Lulli, Molière et Quinault. — L'Amour médecin. — Le Bourgeois gentilhomme. — Anniversaire de la naissance de Molière................. 177
Mademoiselle De la Vallière au boulevard. — Les infortunes de M. Bulwer sur le théâtre de ses succès.......... 188
Mademoiselle De la Vallière et Madame de Montespan. — Discours pour la prise de voile, etc. ,............. 191
L'Analyse de Don Juan. — Madame la duchesse de Montpensier. 208

CHAPITRE V. — *Comment finissent les comédiennes*...... 216
Les Marionnettes et les comédiens. — De la critique aux premiers temps du théâtre.................. 219
Le gaz et les chandelles................... 224
Mort héroïque et touchante du prince des Sots......... 226
Le Vieil amateur. — Le Kain. — Préville. — Mademoiselle Clairon. — Mademoiselle Dumesnil. — Molé. — Fleury. — Monvel. — Mesdames Desgarcins. — Talma. — Volnays. — Raucourt. — Mezeray. — Rose Dupuis................ 231
Le combat des Marionnettes et du Théâtre Français...... 240
Le Café des comédiens................... 243
Bobèche et Galimafré. — Madame Saint-Amand........ 245
Diderot. — Le Paradoxe du comédien............. 251
Mégani, ou les comédiens du grand-duc........... 263
Menjaud. — Duparay. — Odry. — Brunet. — Le Capitaine Paroles. — Boccace et Shakspear................ 274
Monrose. — Le Docteur Blanche. — Une élégie d'Antony Deschamps. 282

La Comédie et le Vaudeville. — Shakspear copié par Beaumarchais. — De l'Emploi des diamants et des perles. — Mademoiselle Augustine Brohan, Madame Desmousseaux. — Mademoiselle Mante et Mademoiselle Judith. — Les Femmes savantes. — Amphitryon. — Théorie du costume exact. 293
Plaute et Térence. — La Fontaine. — Livius Andronicus. — Aristophane. — La Comédie latine. — L'Eunuque. — Les Affranchies. — Les Parisiennes. — *Le Fanfaron*. — *Le Glouton*. — L'esclave. 303
Aristophane. — Les Nuées. — De la Comédie politique. — Ce n'est pas Aristophane qui a tué Socrate. — Opinion d'Aristote et de Platon. — Strepsiade et Georges Dandin. — Dans toute comédie étrangère il y a des choses intraduisibles. — Le Terroir. . . . 320
La Malade imaginaire, comédie en prose, par une princesse allemande. 335
La Destinée des héros de Molière. — Harpagon. — Cathos et Madelelon. — L'Étourdi. — Gros-René. — Mascarille 343
Regnard. — Le Légataire universel. — *La Marchande à la toilette*. 358
Les bonheurs d'un poëte heureux. — Le pilier des Halles. — Molière. — Béranger. — M. Victor Hugo. — M. Scribe. — Les priviléges de la bonne humeur. 361
Boissy. — Les misères du poëte, et les hontes de l'artiste. — L'Homme du jour. — L'Ami de la maison. — Le Mari à bonnes fortunes. 362
Le Dandy 365
D'Ancourt. — Le Chevalier à la mode. — L'Age d'or des comédiens. — Rameau le fou. — Le Mari à bonnes fortunes, par M. Casimir Bonjour 369
L'Homme à bonnes fortunes. — Baron. 374
La Critique de l'Homme à bonnes fortunes. 382
Moncade. — Les Révolutions de la comédie. 383
Les comédiens d'aujourd'hui, et les comédiens d'autrefois. . . 387

CHAPITRE VI. 394
Le tableau de Paris. 397
L'ancien Paris. 401
L'abdication d'un journaliste, en 1853. 402
Le Bas bleu. 405
Le paysan en 1660. — *La ferme* à midi, élégie de M. Reynaud. . 409
La Retraite et la mort de Mademoiselle Mars. 414
La couronne poétique. — La fille d'un roi. — L'âge des comédiennes 415
Que la *durée* est un des caractères du talent. 419
Adieux à Marivaux. 424

FIN DE LA TABLE DU TOME DEUXIÈME.

PARIS. — IMPRIMERIE J. CLAYE ET Cᵉ, RUE SAINT-BENOIT, 7.

www.ingramcontent.com/pod-product-compliance
Lightning Source LLC
Chambersburg PA
CBHW070334240426
43665CB00045B/1922